儒学与中国社会十五讲

干春松 著

北京大学出版社
PEKING UNIVERSITY PRESS

图书在版编目（CIP）数据

儒学与中国社会十五讲 / 干春松著. —北京：北京大学出版社，2023.10
ISBN 978-7-301-34400-2

Ⅰ.①儒… Ⅱ.①干… Ⅲ.①儒学 – 研究 Ⅳ.① B222.05

中国国家版本馆 CIP 数据核字（2023）第 174754 号

书　　　名	儒学与中国社会十五讲 RUXUE YU ZHONGGUO SHEHUI SHIWU JIANG
著作责任者	干春松　著
责 任 编 辑	刘书广
标 准 书 号	ISBN 978-7-301-34400-2
出 版 发 行	北京大学出版社
地　　　址	北京市海淀区成府路 205 号　100871
网　　　址	http://www.pup.cn　新浪微博 @ 北京大学出版社
电 子 邮 箱	编辑部 wsz@pup.cn　总编室 zpup@pup.cn
电　　　话	邮购部 010-62752015　发行部 010-62750672 编辑部 010-62767315
印 刷 者	北京中科印刷有限公司
经 销 者	新华书店
	880 毫米 ×1230 毫米　A5　13.25 印张　375 千字 2023 年 10 月第 1 版　2023 年 10 月第 1 次印刷
定　　　价	98.00 元

未经许可，不得以任何方式复制或抄袭本书之部分或全部内容。
版权所有，侵权必究
举报电话：010-62752024　电子邮箱：fd@pup.cn
图书如有印装质量问题，请与出版部联系，电话：010-62756370

目　次

第一讲　当为君子儒：儒家的自我定位和社会角色 …………… 1
　一、孔子及其弟子的自我定位 …………………………………… 2
　二、作为诸子百家论敌的儒家 …………………………………… 11
　三、大一统格局下道统和政统之间的紧张 ……………………… 18
　四、近现代学人是如何定位儒家与儒学的呢？ ………………… 22

第二讲　今天我们为什么要读"经" ……………………………… 29
　一、经典系统的形成 ……………………………………………… 31
　二、十三经略说 …………………………………………………… 35
　三、经典与解释 …………………………………………………… 51
　四、经学的发展阶段及后经学时代的经典 ……………………… 61

第三讲　儒学的古今之变：如何理解"儒学的第三期发展" …… 67
　一、反儒家的"儒学史" …………………………………………… 68
　二、现代新儒家如何"叙述"儒学史 ……………………………… 72
　三、为什么不是四期？三期和四期有什么区别 ………………… 85
　四、从历史中拯救儒学 …………………………………………… 91

第四讲　我与他：儒家的自我意识和身体观念 …………… 95
一、人与己：儒家的自我意识 ………………………… 96
二、治气养心：身体是心的"羁绊"吗 ………………… 101
三、礼仪与庄敬：社会化的身体 ……………………… 107
四、身体与忠孝：存身事亲和杀身成仁 ……………… 113
五、身体复制所导致的问题：伦理的、自然的 ……… 118

第五讲　积善之家：宗法、家族与孝道 ………………… 123
一、宗法与中国家族制度的演变 ……………………… 124
二、孝道：治家与治国 ………………………………… 138
三、重思"三纲五常"：人伦与儒家的社会生活 ……… 145

第六讲　国家与天下 ……………………………………… 151
一、中国古代的国家观念 ……………………………… 151
二、中国近代"民族国家"观念的形成及其发展 ……… 162
三、天下观念的"理想"和"现实" ……………………… 165
四、"天下"何以可能：儒家天下观念的认知—心理基础 …… 169

第七讲　儒家的财富观念与经济思想
　　　　——以汉代的盐铁争论为例 …………………… 175
一、儒家对待财富的态度以及财富分配理念 ………… 176
二、政府在经济活动中的角色 ………………………… 183
三、大一统国家的经济政策和社会管理：盐铁争议和
　　王安石、司马光的争论 ………………………… 188

四、亚洲经济奇迹与儒家资本主义问题 …………………… 202

第八讲 必也使无讼乎?
　　——礼法合治与法律的儒家化 ………………………… 206
　　一、必也使无讼乎 …………………………………………… 207
　　二、礼乐刑政,秩序的四个支点 …………………………… 213
　　三、传统法典儒家化与礼法关系 …………………………… 218

第九讲 新旧法律转型过程中的"礼教"问题 ………………… 234
　　一、倒逼的法制改革 ………………………………………… 236
　　二、《大清新刑律》编订过程中的礼法之争 ……………… 244
　　三、家族主义和国家主义之争 ……………………………… 248
　　四、"殊途同归"的劳乃宣和杨度 ………………………… 254

第十讲 "礼尚往来"和"有仇不报非君子":儒家经典与
　　　　生活世界中的"复仇" ………………………………… 258
　　引子 "来而不往非礼也":怎么理解儒家的"直"与"报" …… 258
　　一、儒家经典中的复仇 ……………………………………… 265
　　二、儒家的"爱"与"恨":经典与法律的张力 …………… 274
　　三、唐宋时期的文人学士关于复仇的争论 ………………… 280

第十一讲 神道设教:儒家的宗教性 …………………………… 287
　　一、儒家与中国宗教的特色 ………………………………… 287
　　二、儒家与佛教、道教和基督教 …………………………… 295

三、近代以来孔教会的努力及其回响……………………305

第十二讲 科举、书院：贤能政治与儒家教育……………319
 一、选贤与能以及科举制度的建立、演化……………319
 二、科举与学校、书院……………………………………328
 三、内外矛盾中摇摇欲坠的科举制度……………………335
 四、废除科举之后…………………………………………343

第十三讲 儒家与中国的审美文化……………………………350
 一、尽善尽美：孔子对美和善关系的认识………………350
 二、美与教化：以《礼记·乐记》和《荀子·乐论》为例……356
 三、儒道互补与儒释道在审美观上的融合………………365

第十四讲 进退之间：儒道互补的人生态度
  ——孔子和庄子的梦的解析………………………372
 一、兼济天下和独善其身：中国人生活态度的两个侧面……373
 二、孔子梦周公和庄周梦蝶………………………………377
 三、不确定中，我们是随波浮沉还是去寻找确定性………388

第十五讲 "现代新儒学"：新在哪里……………………390
 一、现代新儒学与现代新儒家……………………………390
 二、新文化运动对儒学的批判与梁漱溟的文化观………398
 三、康有为与现代新儒家思潮……………………………405

第一讲

当为君子儒：儒家的自我定位和社会角色

《论语》中记载，孔子告诫子夏说，你要做君子儒，不要做小人儒。这就意味着做君子是儒家的自我要求。从这段话中我们也可以了解到，"儒"并不是一个人人格特质的保证，儒可以是"君子"也可以是"小人"。

一般我们说孔子是先秦时期儒家学派的创始人，他和他的弟子应该就是最早的儒家社群，所以，孔子的言行很大程度上确定了儒家价值的基本要素。同时，儒家学派自孔子创立之后，不断发展，影响波及世界，故而儒家的自我定位和社会角色也一直在变化。到今天，不但在中国和东亚地区，依然存在着比较活跃的现代新儒家群体，在欧美也有类似"波士顿儒家"这样的海外儒家群体，持续阐发着儒家价值的现代意义，可以说，儒家的精神气质和社会定位也是不断变化和发展的，是"日生日成""生生不息"的。

但无论发生了什么样的变化，总有一些特质让儒家可以称之为儒家。比如重视家庭和人伦、对于仁义等核心价值的肯定、积极的入世精神等，虽然秉持儒家价值的人们可能各有侧重，但殊途同归。本讲主要是追根溯源，以先秦时期的儒家学派的自我确认和思想论敌的概括这种"内证"和"外证"结合的方式来厘定儒家的基本面向。

一、孔子及其弟子的自我定位

说不清是什么原因,在公元前 600 年到公元前 300 年期间,世界不同的地区相继出现了奠定人类文明基本特色的伟大思想家。比如南亚的释迦牟尼、古希腊的伟大的哲学家群体等。在中国早期思想发展史上,孔子、老子和墨子这样一群人的出现则有迹可循。最主要的原因就是西周所确立的封建制的崩溃产生了没有人身依附关系的"士人"群体,面对礼崩乐坏的社会,他们各自提出了重建社会秩序和安顿自己身体、精神的方案。因此在春秋战国时期形成了中国思想的突破期,一下子涌现出许多思想学派,被后世称为诸子百家,他们之间的反复争论形成了中国思想的繁荣局面。

在诸子百家中,儒家对于中华文明的形塑影响最大,原因在于他对于文明的传统继承最多。从商代的巫史文化、祭祀文化发展到西周的礼乐文化,从原始宗教、自然宗教又发展为伦理化的信仰形态,这些都被孔子所吸收和发展。由此,儒家的价值追求和社会理想成为诸子百家争论的基础和母题。

中国早期的思想家们大多不喜欢做抽象的思考,甚至具有逻辑色彩的名学也被人视为扰乱人们思考的无用之学。诸子百家所关注的是社会治理的不同可能性,以及如何在危机四伏的世界安顿自己的身心。他们不仅提出新的思想,也结成遵奉某种信条和理念的行动团体,比如墨家就是一个很有纪律性的组织化的学派。当然也有松散的,比如道家,他们可能始终是以个体化方式活动的。

到春秋时代,周公所构造的以血缘为基础的道德共同体已经难以维持,周天子的权威也不复存在,各封侯国之间不断发生战争,而诸侯国逐渐成为政治主体,封建制日益虚无化。孔子把这称为礼崩乐坏、天下无道。那么该如何应对这种变化呢？不同学派提出的方案各不相同。他们提出各自的理想社会形态，从宏观的角度就是要干预现实的政治，从个体的角度就是想得到施展自己才华的机会，实现人生目标。早期的学派中，儒墨并为显学，在社会上很有影响。墨家学派提倡非攻和兼爱，认为儒家的血缘化社会秩序是导致人们互相争斗的原因，主张选拔有才干的人，而不是让孩子继承父母的爵位。这些思想比儒家还要更具理想主义色彩。他们有比较严密的组织，为了和平不惜牺牲自己的生命，后世的侠客其实大多有墨家的色彩。道家学派是另一个极端，他们中的一部分人认为最好是过一种与世无争的生活，遁迹山林，过一种隐居的生活。但还有一些道家人士则以退为进，这是另一种参与政治的方式。后来的黄老道学就是把无为而治的政治理想和休养生息的治理方略结合起来的典范。

儒家提倡礼乐文明，即试图建立一种伦理化的社会秩序来规范人们的生活，从而实现社会安定的目标。孔子的思想有复古的一面，他主张恢复周礼，同时也有进步的一面，比如他也主张贤者居位，提倡均平，反对爵位的继承。孔子有理想也照顾现实，继承先王之道也与时偕进，因而吸引了世人的目光。儒家思想的全面性和孔子"有教无类"的开放态度、"因材施教"的持续性教育活动，吸引了一大批信奉者。一个经常被人提到的说法是孔门"弟子三千，贤人七十二"。说的就是孔子的学生数量巨大，这也决定了儒家一直是诸子百家中社会影响力最大的群体。

诸子百家的说法是后人总结出来的。在春秋战国时期，有许多人并不一定有严格的学派归属，他们为了生计在不同的学说中间转换角色。比如商鞅一开始游说秦孝公用的就是儒家改变人心然后稳定秩序的那一套主张，但被秦孝公讥为见效慢而没有采纳。商鞅再去游说的时候改为鼓励耕战的方案,得到秦孝公的肯定,并使秦国迅速崛起,商鞅也被视为法家的奠基者。

儒家学派的发展还得益于其不断地强化学派的核心诉求,通过对孔子言行的记录和不断解释,儒家一直在建立某种意义的"边界",即儒家与其他学派的区别。孟子说过一句话很典型,他特别担心相近观念的混淆,所以反复强调仁爱和兼爱的差别,通过这样的辨析来确定学派的边界意识。对于儒家而言,孔子以及孔子以后的儒家代表人物不断对"儒"进行重新的界定,逐步形成了我们现在所了解的儒家的一些基本特征。

我们目前所能见到的最早使用"儒"字的是《论语·雍也》中孔子所说的"女为君子儒,无为小人儒",分辨"君子儒"和"小人儒"可以理解为孔子试图将他所希望的"儒"和一般所谓的儒区别开来,正是这样的区分构成了"儒"的自我要求。一直有这样一种说法,在殷商时代,人们比较相信神的力量,所以有一批人专门从事通神事鬼的工作。在春秋混乱的社会环境中,这些巫、祝、卜、史等人逐渐流入民间,给人算命看风水。也有一部分人则传承了以前的礼制,这些人也是原始的"儒"。孔子告诫当时从事相礼之事的儒者,不要满足于这些事项,而是要从礼制中找到人类秩序的精神和个人人格的尊严,即要从"小人儒"脱胎成为"君子儒"。

从巫史传统来解释儒家的起源,为李泽厚等人所倡导。但如果要说到儒的起源,还有一类人更值得重视,即"士"。按照《说文解字》和《白虎通义》等典籍的解释,从词源学上看,"士"有办事能力,能通古知今,判别事物的准确与否。这个说法主要侧重于士的能力。那么这个"士"的群体是怎么成为一个新的共同体的呢?有学者说,春秋末年,社会流动加剧,诸侯国之间的兼并导致许多小国的贵族失去其封地和社会地位，成为有学识的游散人士。而一些底层的社会成员通过军功和其他的途径上升为士，逐渐在社会上形成了一个很大的群体。在这个急需各类人才的时代，士可以通过自己的学识或能力去获得某个位置，成为新的权力阶层。

子夏说，"学而优则仕"。孟子也说，士之出仕，就好比是农夫去种地，是天经地义的。不过，在孔子和先秦儒家的代表人物看来，儒家接受别人的任用要有一定的前提，即统治者是否愿意接受儒家所主张的社会理想和社会管理方式。如果这个国家的统治者昏庸无道，就要"卷而怀之"，甚至"乘桴浮于海"。士之出仕要看所服务的对象是否符合天道民心，否则，儒士就和那些鸡鸣狗盗之徒没什么区别了。孔子说："笃信好学，守死善道。危邦不入，乱邦不居。天下有道则见，无道则隐。"(《论语·泰伯》)这就表明统治者是否能接受儒家治理之道是士是否出仕的前提之一。

从孔子开始，儒家一直强调士和"道"之间的关联。跟其他的概念一样，在孔孟的作品中，我们能看到各种对于"道"的说法，但并无一个明确的范围。其方向则是统治者要有仁心，政策要符合民意、让百姓丰衣足食，最起码也要养生丧死无所担心。重要的是让人们知道孝敬尊长，而最高的境界则是"天下为公"的"大道"。

基于士与道之间的紧密关联，一个人要能在是非善恶面前做出正确的选择，首先是要培养自己的君子人格，让自己无论是在顺达还是困境中，都能将守持道作为自己的行为准则。"古之人，得志，泽加于民；不得志，修身见于世。穷则独善其身，达则兼善天下。"(《孟子·尽心上》) 在顺境逆境下都不能违背立身处世的基本原则。

达到这个境界的士就可以称之为"君子"。前文所说的君子儒和小人儒，就是要用君子的标准来要求自己。的确，成为君子，是儒家对自身的要求。

君子的含义有一个逐渐变化的过程，最早的时候，"君子"指的是有德有位的人。但自孔子开始，试图改变德和位之间的联系，也就是当德与位不能兼得之时，要优先立足于"德"。从道德品行的角度来界定君子，是儒家自我定位和社会角色的重要标志。在《论语》中，有很多关于君子和小人对举的说法，比如君子成人之美、君子坦荡荡、君子和而不同等，而小人的德性就是君子的对立面。能否成为君子取决于人的自我选择，是一个人不断自我完善的过程，但并不满足于此，进而要让德行传播开来，成为别人的榜样。

"君子"代表着比较高的境界，他与一般的士和老百姓不同的是，他不会因为有世俗的好处就放弃对道的坚持。因此，"谋道不谋食""忧道不忧贫"，身居陋巷，而不改其乐。

在孟子那里，君子是舍生取义、见义忘利之人。有时候孟子也用"大人"和"小人"来加以区分。到战国时期的荀子那里，"君子"是比"士"更高的层次。在荀子的描述中，士是那些具备做事能力的人，而君子则是掌控价值观和行为规范的人。所以统治的关键就是要依靠这些君子。"无土则人不安居，无人则土不守，无道法则人不至，无君子则道不举。故土之与人也，道之与法也者，国家之本作也。君子也者，道法之总要也，不可少顷旷也。得之则治，失之则乱；得之则安，失之则危；得之则存，失之则亡。故有良法而乱者有之矣；有君子而乱者，自古及今，未尝闻也。"(《荀子·致士》)

正如社会上有好人，也必定会有坏人一样，儒家在肯定君子人格的时候，也设定了其对立面——"小人"。这或许是出自这两个词的原意，因为君子本来是统治阶层的人，而"小人"则是普通的老百姓，但后来儒家基本上把原本的这个对立转换为一个道德上的对立。

"君子"与"小人"在所指上的这一转变意义巨大，有德有位的说法有将道德和地位绑定的倾向，这样，本来是说有道德的人才可以有权力，但有时候会转变为一个人有权力，他就一定有道德。而儒家用君子和小人来说明一个人道德品行的高低，就使一个人的社会地位不必然成为道德价值之标准。

集中讨论儒家的行为准则和品格的作品是《礼记·儒行》。《礼记》一般认为是孔子的那些弟子为记载和阐发孔子的思想而作的。《礼记》中很多篇章标明是孔子所作，或未必真是孔子所作。在儒学史上也有很多儒者并不喜欢《儒行》篇，我觉得这种态度过于激进，《儒行》所描述的"行为规范"与儒家总体的价值取向是一致的。

《儒行》记录了孔子和鲁哀公之间的一段对话，可以视为当时对于儒家品行做出最完整表述的一个重要文本。其与《论语》和《孟子》中儒家的自我要求是一脉相承的，而且还有一些诸如儒生的穿戴等更为具体的描述，也是了解儒生外在形象的重要素材。

《儒行》开篇说："鲁哀公问于孔子曰：'夫子之服，其儒服与？'孔子对曰：'丘少居鲁，衣逢掖之衣；长居宋，冠章甫之冠。丘闻之也，君子之学也博，其服也乡。丘不知儒服。'"

《儒行》的开篇对话设计是颇耐人寻味的，哀公对于孔子所穿的服装是否是"儒服"的疑问，可以使人联想其"内在特性"和"外在形象"之间的关系。有一种说法，说孔子弟子对孔子"仰之弥高"，也模仿孔子的衣着，因此也有人将之视为儒家学派的专门服饰。而孔子的否认也十分有针对性，在孔子看来，儒之为儒主要在于内在的精神而非外在的冠服。

按照孔颖达的说法，《儒行》所列的十七个条目，前十五条为对"贤人之儒"的概括，而第十六条为对"圣人之儒"的描述，第十七条是孔子的自谓。①

在对"贤人之儒"的概括中,《儒行》明确地表达了儒家一方面要加强自我修养以等待有德之君的召唤,另一方面则指出,儒者之出仕与否要看君主的政治抱负和理想。

比如,第一条说:"儒有席上之珍以待聘,夙夜强学以待问,怀忠信以待举,力行以待取。其自立有如此者。"(《礼记·儒行》)这段话的核心在于强调儒者应该通过"强学""怀忠信"和"力行"来"自立其本",如果能做到这些,人就好比美玉,自会吸引欣赏者。如果我们能记得姜太公钓鱼而等待周文王来礼贤的故事,就会知道这包含着士人的自尊和无奈。

早期儒家特别强调面对权力体系的独立精神,这与汉代大一统国家建立之后的君臣格局不同。先秦儒家一直寻找改变社会的机会,而不希望被社会所改变。因此我们能看到第十五条说:"儒有上不臣天子,下不事诸侯;慎静而尚宽,强毅以与人,博学以知服;近文章,砥厉廉隅;虽分国,如锱铢,不臣不仕。其规为有如此者。"(《礼记·儒行》)这些话都可以让我们联想到孟子"富贵不能淫,贫贱不能移"的独立人格。

《儒行》中强调的儒家的基本品格有:诚信、中正、忠信、特立、见利不亏其义、刚毅、仁义、博学、笃行、宽裕、推贤、利国等,普通人可能具备其中之一条或几条品格,而圣人则是兼而有之。

第十七条可以看作是孔子的自况,听上去有一些不符合孔子自信但谦虚的本性,孔子说:"温良者,仁之本也。敬慎者,仁之地也。宽裕者,仁之作也。孙接者,仁之能也。礼节者,仁之貌也。言谈者,

---

① 参见(清)孙希旦:《礼记集解》下,中华书局,1989年,第1409页。

仁之文也。歌乐者，仁之和也。分散者，仁之施也。儒者兼此而有之，犹且不敢言'仁'也。其尊让有如此者。"

儒家在先秦时期只是诸子百家之一，因过于理想主义而不被当权者接受，孔子的一生也没有获得施展抱负的机会。甚至有一些人因为儒生的服装和行为方式来讽刺戏弄儒生。孔子的这一席话起码先改变了哀公对于儒生的不尊重态度，《儒行》的结尾引述哀公的话说"终没吾世，不敢以儒为戏"。这是否可以理解为在听孔子的话之前，他是经常以儒为"戏"的呢？

拿儒生的着装来轻蔑儒生的现象到汉初还存在，比如刘邦这位市井无赖出身的强人，一开始就专门拿儒生的服装开玩笑，甚至对着儒生戴的帽子撒尿。可见在汉初，统治者依然没有充分认识到儒生对他们治理天下的作用，尤其是刘邦这样缺乏系统教育的底层人士，对儒生多少存在一种知识上的自卑心理。

先秦时期的儒家代表人物中，对于儒家的特性有明确描述的还有荀子。荀子所处的时代正是法家思想逐渐走红的时期，因此，荀子一方面要强调儒家与法家的不同，同时也要强调儒家解决实际问题的能力。他撰写的《儒效》篇中说"儒者在本朝则美政，在下位则美俗"，就是从儒家对政治秩序的效能的角度来说的。

荀子多次在稷下学宫做祭酒，对各种不同的学派多有接触，这让他有能力通过对不同学派做综合性的评价来突显儒学的意义。他认为许多学派是"蔽于一曲"而不能把握事物的整体。在《非十二子》中，他甚至对同属于儒家的"思孟学派"和子张、子夏、子游等人进行了激烈的批评。

他在《非十二子》中批评子思和孟子打着孔子的旗号来兜售自己的观点，说子思和孟子因为采用了"五行"的观点而使儒家令人费解。

对子张等人，荀子直接就呼之为"贱儒"，这可以视为儒家最严厉的"自我批评"了。他说："弟陀其冠，神襌其辞，禹行而舜趋：是子张氏之贱儒也。正其衣冠，齐其颜色，嗛然而终日不言，是子夏氏之贱儒也。偷儒惮事，无廉耻而耆饮食，必曰君子固不用力：是子游氏之贱儒也。"（《荀子·非十二子》）这些孔子门下的重要弟子，在荀子看来都背离了孔子的主张。尤其是背离了儒家注重实践能力的传统，他批评思孟学派只注重理论阐发和做表面文章，缺乏治国安邦的行动能力，并认为只有孔子和子贡才堪称儒家的表率。

荀子为了强调理想的儒家形象，在《儒效》篇中把儒生分成不同的层次，即"俗儒""雅儒"和"大儒"。

"逢衣浅带，解果其冠，略法先王而足乱世术，缪学杂举，不知法后王而一制度，不知隆礼义而杀《诗》《书》；其衣冠行伪已同于世俗矣，然而不知恶者；其言议谈说已无异于墨子矣，然而明不能别；呼先王以欺愚者而求衣食焉；得委积足以掩其口，则扬扬如也；随其长子，事其便辟，举其上客，倀然若终身之虏而不敢有他志：是俗儒者也。"（《荀子·儒效》）儒墨有大致相同的社会理想，但是儒重礼义而墨主平等，荀子认为俗儒因不知其"别"而与墨子"无异"。这些人是拿儒家做标榜而将之作为谋生的手段，因此，荀子称他们为"俗儒"。

中间的层级是"雅儒"。荀子说："法后王，一制度，隆礼义而杀《诗》《书》；其言行已有大法矣，然而明不能齐法教之所不及，闻见之所未至，则知不能类也；知之曰知之，不知曰不知，内不自以诬，外不自以欺，以是尊贤畏法而不敢怠傲：是雅儒者也。"（《荀子·儒效》）

最高的层次是"大儒"。荀子说："法先王，统礼义，一制度；以浅持博，以古持今，以一持万；苟仁义之类也，虽在鸟兽之中，若别白黑；倚物怪变，所未尝闻也，所未尝见也，卒然起一方，则举统类而

应之,无所拟作;张法而度之,则暗然若合符节:是大儒者也。"(《荀子·儒效》)

诸侯们任用不同层级的儒则会产生不同的社会效能:"故人主用俗人,则万乘之国亡;用俗儒,则万乘之国存;用雅儒,则千乘之国安;用大儒,则百里之地,久而后三年,天下为一,诸侯为臣;用万乘之国,则举错而定,一朝而伯。"(《荀子·儒效》)

对儒家进行分层,既体现了荀子思想驳杂的一面,也反映了荀子希望儒家更为接近现实社会政治的期许。

汉代以后,儒家的独立性虽然遭到皇权的压制,不过以德抗位的精神并没有消退。以修身为本,不断扩展到齐家治国平天下的理想也并没有被人忘记。这种精神特质在宋儒张载那里得到了最为饱满的表述,他在《西铭》中所说的"为天地立心,为生民立命,为往圣继绝学,为万世开太平"的民胞物与的理想成为对中国传统儒生理想人格的写照,激励着一代一代的儒生,并成为所有中国人对于自己的期许。

二、作为诸子百家论敌的儒家

儒家虽然不受统治者待见,但在诸子百家中无疑是影响最大的,包容性也很强。尤其是孔子,在他活着的时候,已经被人视为挽救时局的圣人。因此,其他诸子在立论时往往以批评儒家为先导。通过攻击和否定,甚至改造儒家形象和观点的办法来呈现各自的思想学说。其实,这给我们认识儒家提供了一个特别重要的角度,因为对手最喜欢攻击的地方,往往是最能体现儒家特质的方面。

儒家最初的重量级对手是墨家,儒家和墨家有很多"亲缘关系",比如儒家推崇尧舜禹三代之治,认为他们是后世要追慕的圣王。墨子也推崇大禹。他们都强调选贤任能。儒家主张贤者居位，墨子提出"尚贤"。《淮南子·要略》中说："墨子学儒者之业，受孔子之术"，只是不喜欢儒家过于讲究繁文缛节，并认为儒家主张厚葬会耗费财力，故而背弃以礼乐文明为特征的周代政治理想而接受更为简朴的"夏政"，并自立门户。

儒墨之间最大的差异是仁爱和兼爱的差别。儒家提出要亲亲仁民爱物，认为爱自亲始，慢慢地扩展到陌生人，最后到天地万物。对此，墨家最为不满，认为如果爱有差等，就会虑及亲情而做不到选贤任能。而对于各自私利的关切让统治者忘记了天下的公共利益，并发生无休止的争斗。

墨家的主张共有十个方面，几乎都与儒家相对立。除了仁爱和兼爱的差别外，儒家重视慎终追远，墨家主张节葬、节用；儒家强调敬鬼神而远之，接受"死生有命、富贵在天"的天命论；墨家则反对命运决定论，认为要相信鬼神；儒家肯定基于正义的征伐，墨家则提出"非攻"，反对一切战争等。墨子书中还有两篇是专门攻击儒家思想的，即《非儒》和《公孟》，但有些学者怀疑这些篇目是否真的是墨家的作品。《公孟》中说儒家"足以丧天下者四政焉：儒以天为不明，以鬼为不神，天鬼不说，此足以丧天下。又厚葬久丧……此足以丧天下。又弦歌鼓舞，习为声乐，此足以丧天下。又以命为有；贫富，寿夭，治乱，安危有极矣，不可损益也。为上者行之，必不听治矣；为下者行之，必不从事矣。此足以丧天下"。（《墨子·公孟》）

儒墨之间同中有异的特征对儒家具有更大的解构作用。在《孟子》一书中，就记录了有人对于爱自亲始是否能发展出普遍的爱表示怀疑。对此，孟子发现儒墨之间的相似之处反而更可能对儒家思想造成混乱，因此，孟子说必须加以辨析，甚至将墨子的兼爱说看作是禽兽之论。在孟子看来，兼爱让人混淆了对于父母的爱和对于其他人的爱的区别，这等于看不到父子之伦。在孟子看来，只有"老吾老以及人之老，幼吾幼以及人之幼"才是正常的仁爱，从爱亲人出发，学会爱人类和爱这个世界，这之间是统一的，按孟子自己的说法，这是"一本"，按现在的话来说，就是矛盾的统一。而墨子的无差别的爱反而是违背人类的正常情感发生规律的。

道家与儒家的关系很特别。或者说道家并非如儒墨那样存在着比较严格的师徒关系，他们之间可能更多是一种精神上的共同体。所以，不同的道家人物对于儒家的态度并不一致，到了黄老道家，我们能看到的更多是一种互补性的关系。

道家思想的创始人是老子，他的生平有很多个版本。有一个身份是周王室的守藏史，似乎是一个年长于孔子的智者，传说孔子还问礼于老子。但是我们读到的《道德经》一书，成书时间可能要晚于孔子，理由是《道德经》所反对的都是儒家的观念，比如仁义、孝顺、刚健等。

儒家推崇刚健有为、自强不息的精神，知其不可为而为之，在《论语》中我们可以看到隐逸之士对儒家这种执着精神的讽刺。这一点在《道德经》中变得系统化。老子主张退让、柔顺。在他看来，儒家的主张并不能建立真正好的社会秩序，《老子》十九章可以看作是对儒家思想典型的道家式批评："绝圣弃智，民利百倍；绝仁弃义，民复孝慈；绝巧弃利，盗贼无有。"认为儒家提倡的"仁义"只是追逐利益的借口，只有弃绝儒家主张的仁义礼智圣，才能让百姓过上无忧无虑的生活。儒家和道家都肯定无为而治。不过儒家的无为而治说的是人们在接受了教化之后自觉服从社会规范的状态；而道家的无为更多的是对人的"自然美好"状态的保持。这让儒道两家在对理想社会的描述上有一些接近。《道德经》推崇一种"鸡犬之声相闻，老死不相往来"的小国寡民的生活状态。而孔子在《礼运》中设想的大同世界也是不独亲其亲的天下为公的社会。不断有人认为大同理想与道家思想有千丝万缕的联系，不为无端崖之辞。

所以，也有这样一种说法，老子和孔子都十分忧虑礼崩乐坏的局面，他们之间的区别在于对这种状况的解决方法的设计。老子认为造成这个局面的原因是礼仪带给人的虚伪性，不如直接舍弃礼仪，返回自然。而孔子则主张强调礼与内在的诚意之间的一致性。他们都用"道"来描述他们的主张，但是老子从"无"的角度立论，孔子则看重"道"的现实特性。

道家的另一个代表人物庄子承袭了老子批评儒家的角度，认为儒家之所以提倡仁义道德，是因为他们身上并没有这些德性，儒家提倡仁义违背了人类向往自由自在生活的本性。

庄子具有比较彻底的怀疑精神，他追求"无待"的逍遥境界。他的《齐物论》可以说是中国古代最有哲学意味的作品。该文的核心是要证明所有的确定性都是因为自己认识上的局限，因而不可能找到确定的标准来判别是非善恶，世间万事是无是无非的，这样儒墨之间甚至诸子百家之间的争辩都只是以自己所肯定的东西来否定与自己不同的观点，不过是自欺欺人而已。

《庄子》一书中批评孔子的最常用的办法是将孔子改造成不断放弃儒家立场而改宗道家的人。在《庄子》书中，涉及孔子故事的有四十六则，而关于庄子自己的却只有二十六则。

庄子的叙事风格是三言，即以寓言、重言和卮言的方式来体现汉语在叙事上的独特魅力。所谓寓言就是假托一些人的故事来呈现他所要表达的意义。而《庄子》的巧妙之处，即是经常将孔子及其弟子置身于这些寓言故事中。要么借孔子之口来表达道家的道理，要么将孔子设置为努力提升自己的思想境界以与道家靠近的状态。

在《庄子》创构的寓言故事系统中,孔子问礼于老子的主题被不断阐发,孔子的弟子特别是颜回等也经常被引入作为孔子舍弃其儒家立场而转向道家立场的启发者。比如《庄子·大宗师》中的一段孔子和颜回的对话是这样的:"颜回曰:'回益矣。'仲尼曰:'何谓也?'曰:'回忘仁义矣。'曰:'可矣,犹未也。'他日复见,曰:'回益矣。'曰:'何谓也?'曰:'回忘礼乐矣。'曰:'可矣,犹未也。'他日复见,曰:'回益矣。'曰:'何谓也?'曰:'回坐忘矣。'仲尼蹴然曰:'何谓坐忘?'颜回曰:'堕肢体,黜聪明,离形去知,同于大通,此谓坐忘。'仲尼曰:'同则无好也,化则无常也。而果其贤乎!丘也请从而后也。'"在这里,孔子被描述成受颜回的启示而不断"忘我"的。

《庄子》中有许多寓言是批评儒家的仁义观念的,认为统治者通常会借用仁义来矫饰他们对于权力的觊觎,最终是"窃钩者诛,窃国者为诸侯"。他将儒家的教化看作是对人的天性的戕害。比如在《马蹄》篇中讽刺伯乐治马,说伯乐通过对马的伤害和控制,让马按照伯乐的设计来生活,最终是让大多数马还没有被驯化就死掉了。

因此,《庄子》改造了儒家的圣人君子的人格理想,塑造出圣人神人真人等不以人间的规范来束缚自己的理想人物,比如在《逍遥游》中我们可以看到他对姑射之山上"神人"的描述:"肌肤若冰雪,绰约若处子。不食五谷,吸风饮露。乘云气,御飞龙,而游乎四海之外。"

《庄子》的文采和境界给后世在仕途上和生活中饱受困苦的人们以精神上的慰藉,其实也与儒家"穷则独善其身"的处世哲学异曲同工,所以,我们可以看到后世儒家亦并不排斥老庄哲学,而是将之作为审美生活的重要来源。

在诸子百家中,法家与儒家的关系最为紧密,这倒不是因为他们之间有什么相似之处，恰恰是因为极端对立，而构成了某种程度的对应关系。尤其是，在秦采用法家的主张取得成功之后，实质上构成了中国传统政治中不可磨灭的因素。

在如何治理国家的层面，法家构成了对于儒家的真正挑战，而且这种挑战也一度得到了实践上的验证。为此，荀子还专门去秦国考察了一番，虽然对秦政的残暴有所揭示，但对于其效果也有一定的肯定，这也使荀子经常受到后世儒家的批评。

荀子提出人性恶，法家虽没有专门的人性论理论，但其理论是建立在人性是趋利避害这一假设的基础之上的。这种对人的理解与荀子的性恶论有近似之处。不过荀子的性恶论是其社会管理和圣人教化论的基础。而法家提出的人性趋利避害的倾向，为其严刑峻法的社会管理方法提供了借口。法家认为用刑罚让人恐惧的办法比教化要有效得多，主张用更能迅速产生实效的严刑峻法来统一思想和控制人们的行动。

儒家和法家都主张等级和秩序，也都强调尊君，但是立足点却有天壤之别。法家将维护君主的统治权力作为政治目的本身。而儒家则强调君子的"自我修养"，特别是先秦儒者所谓的"尊君"，强调君主和臣子之间存在着交互责任和义务。也就是说，君主要获得臣民的拥戴，关键在于君主自己的德行和爱民之心。

儒家主张以道德来规范政治，强调教化的重要性，但韩非子敏锐地看到了儒家学说的内在矛盾。韩非子在《五蠹》中利用儒家的"案例"来反对儒家的主张："楚之有直躬，其父窃羊而谒之吏。令尹曰，杀之。以为直于君而曲于父，报而罪之。以是观之，夫君之直臣，父之暴子也。""鲁人从君战，三战三北。仲尼问其故，对曰：吾有老父，身死莫之养也。仲尼以为孝，举而上之。以是观之，夫父之孝子，君之背臣也。"

第一个故事就是著名的"子为父隐",在《论语》中,孔子认为如果父亲犯有偷羊的过失,做孩子的就不应该告发,孩子要替父亲隐瞒罪责,并说这是"直"。而第二个故事是针对儒家的孝道的,韩非子认为家庭和国家存在着类似于公私之间的矛盾,照顾了家庭就不能顾全国家。

韩非子通过这两则故事要说明儒家建立在家庭基础上的道德和社会公共道德责任之间是存在着矛盾的,如果遵循儒家的道德原则,就会对社会的公共福利产生危害。韩非子认定臣下对国君忠诚会伤害父子关系,而强调儿子对父亲的孝顺则会伤害到君臣关系,从而说明儒家的政治原则在现实社会中是难以落实的。

从商鞅的重法到申不害的倚势,再到韩非子将法、术、势结合,法家提出了一整套强调君主权力的社会管理体系。与这些思想上的阐述相比,法家指导下的秦国的强大似乎更有说服力。法家提倡耕战,鼓励军功和开拓荒地,这些都在实质上冲击了当时的血缘政治,并最终以秦国的统一而宣告百家争鸣的结束。

法家相信今胜于昔,并不认为对古代圣王的追慕就能解决现实的问题。法家事实上在直面这样一个问题,在基于出身的封建等级制趋于瓦解的背景下,该如何设计一个政体来管理领土扩大、人口增加的国家。所以在讨论统一以后的大秦要采用封建制还是郡县制的时候,李斯认为血缘的纽带是会随着时间的推移而淡化的,要管理广土众民,必须采用由中央垂直管理的郡县制,并引入更为理性的官僚体制。这事实上奠定了以后中国近千年的政治体制。"百代皆行秦政治"就是对法家的政治效能的最好肯定。

在诸子百家中,名家、农家、阴阳家等都与儒家思想发生过或多或少的关系,但他们并没有提出系统性的思想来与儒家对抗,因此就不再详述了。

三、大一统格局下道统和政统之间的紧张

在战国七雄互相争战的后期,秦国在军事上的优势越来越明显,诸子百家争鸣的形势有了一些变化,曾经处于核心的墨家逐渐退出舞台,法家和阴阳家逐渐展现出了对社会生活的影响力。更为明显的变化是各家思想开始融合,《吕氏春秋》等作品最明显地体现出这种新的综合。

秦汉之际,人们开始对诸子百家的思想进行总结。最重要的文本是《庄子·天下篇》。《天下篇》认为治理天下的道术是共同的,而儒家则是古代道术的文献继承者和阐明者:"其在于诗、书、礼、乐者,邹鲁之士、搢绅先生多能明之。诗以道志,书以道事,礼以道行,乐以道和,易以道阴阳,春秋以道名分。其数散于天下而设于中国者,百家之学时或称而道之。"在《天下篇》作者看来,因为人们不能体察道术之全体,所以各自表述自己认为正确的那部分,这就形成了诸子争鸣的格局。

《天下篇》在《庄子》中是一种非常独特的存在,它所说的"道术将为天下裂"的断言,很像是对诸子时代思想多元化的一种描述。同时从上文中,我们可以看出,儒家的确是古代文明的最大整理者,而这种整理也让这些上古典籍成为诸子的共同思想资源,这也为百家争鸣提供了思想基础。

汉代秦之后,制度上是继承了秦代的制度,而在思想上则尝试有所改变。汉代不断出现学术总结性的文献,其中多有关于儒学的起源和特性的概括,比如《淮南子·要略》说:"武王立三年而崩,成王在襁褓之中,未能用事,蔡叔、管叔辅公子禄父而欲为乱。周公继文王之业,持天子之政,以股肱周室、辅翼成王。惧争道之不塞,臣

下之危上也,故纵马华山,放牛桃林,败鼓折枹,搢笏而朝,以宁静王室,镇抚诸侯。成王既壮,能从政事。周公受封于鲁,以此移风易俗。孔子修成康之道,述周公之训,以教七十子,使服其衣冠,修其篇籍,故儒者之学生焉。"这段文字十分形象地描述了周公和孔子创立儒家的过程。它首先介绍了周公如何继承文武之绪,辅助成王,建立起礼乐秩序的。因周公的封地在鲁,而周公又有行天子之礼的特权,这可能也给孔子了解周公制礼作乐的精神提供了基础。其次说孔子述周公之古训,并以此来教育他的弟子,最终形成了儒家学派。在《论语》中,我们可以感受到孔子与周公的这种"亲近感",他明确地说"吾从周",并对一段时间不能梦到周公发出慨叹。汉代还出现了许多重要的历史著作如《史记》和《汉书》,在这些作品中都有大量的篇幅来记载孔子和儒家学派的发展。在《史记》中,孔子被列在"世家"中,这可能受到汉代儒家将孔子奉为"素王"的影响,但从另一侧面也体现出司马迁对于孔子在中国文明建构中的独特地位的认识。

汉初的思想发生了从黄老占主导到儒家独尊的转变,在《史记·太史公自序》中,司马迁引述了他父亲司马谈所做的"六家要旨",也就是对先秦时期六个重要思想流派的核心观点的概括。司马谈的立场偏重黄老道学,也吸收了墨家对儒家繁琐之礼的不满,他对儒家的总结是这样的:"夫儒者以六艺为法,六艺经传以千万数,累世不能通其学,当年不能究其礼,故曰博而寡要,劳而少功。若夫列君臣父子之礼,序夫妇长幼之别,虽百家弗能易也。"

对于"六艺"一般有两种说法,其一是"孔子以六艺教人"中所指的礼乐射御书数六种技能,其二是指儒家的《诗》《书》《礼》《乐》《易》《春秋》六经。在司马谈看来,儒家所主张的君臣夫妇等社会秩序是百家都接受的,问题是儒家之学问过于繁杂,需要清简,这也符合汉初休养生息的大的国策。在司马谈看来，最为高明的治国之术还是黄老之学。

但在汉武帝接受董仲舒"罢黜百家、独尊儒术"的对策之后，儒家的地位逐渐提高。这种变化突出地体现在《汉书·艺文志》中，《汉书·艺文志》所采纳的是刘歆《七略》的观点，认为诸子百家出自周王室的王官之学。其论"儒家"说："儒家者流，盖出于司徒之官，助人君顺阴阳教化者也。游文于六经之中，留意于仁义之际，祖述尧舜，宪章文武，宗师仲尼，以重其言，于道最为高。"对比《论六家要旨》和《汉书·艺文志》，司马谈虽承认儒家在确立君臣长幼秩序过程中的作用，但是整体上对于儒家是褒贬相济。而《汉书·艺文志》则直接肯定儒家"于道最为高"，并以儒家为标准来评点诸子百家之优劣，可以看到西汉的意识形态已经逐渐由汉初的黄老道学转向中期之后的崇尚儒学。

除了从思想发展的大势对先秦诸子进行评价、比较之外，许多人也从文字起源上来考究儒家的内涵。许慎《说文解字》人部对"儒"的解释是："儒，柔也。术士之称。从人，需声。"这是从字源上说"儒"字的本意是柔，用它来指称古代的"术士"。后来，段玉裁在"柔也"下有注曰："郑目录云'儒行者，以其记有道德所行。儒之言，优也，柔也；能安人，能服人。又儒者濡也，以先王之道能濡其身。'"郑玄对"柔"的解释侧重于儒家安身立人的优点，即儒家总是以一种温柔敦厚的方式来推广其价值。段玉裁在"术士之称"的注中解释了为什么"儒"是"术士"："术，邑中也，因以为道之称。《周礼》'儒以道得民'，注曰：'儒，有六艺以教民者'；《大司徒》'以本俗六安万民''四曰联师儒'，注云'师儒，乡里教以道艺者'。按六艺者，礼乐射御书数也，《周礼》谓六行六艺，曰德行道艺。自真儒不见，而以儒相垢病矣。"这里总结了儒家的一些基本的特点：儒家所赖以生存的法宝是他们对于经典的熟悉。段玉裁的解释把"周礼"的职官和儒家的特征结合起来，比较多地影响了晚清民国时代的学者对于儒家的认识。

汉代中期之后，儒家逐渐取得了独尊的地位，因而儒生的社会地位也不断提高，尤其是博士和博士弟子的设立，使许多人可以凭借对儒家经典的了解而获得社会地位。察举制度的推行，也让儒家的价值观在民间得到传播。东汉之后，佛教的传入、道教的崛起，虽然在思想观念上对儒家造成了一定的冲击，但儒生在社会中的尊崇地位则不可动摇。隋唐以后，科举取士，由此，通晓儒家经典越发成为社会上升的唯一途径，被称为"正途"，这样，儒生逐渐成为官僚系统的主要来源，而与政治权力之间构成共生共存的关系。因此，也有人认为汉以后的儒家已经失去了先秦儒家的独立性，儒家经典也因为被官方垄断了解释权，而越发的繁琐和僵化。

不过，我自己比较愿意接受港台新儒家徐复观所做的"双重主体"的概括。在徐先生看来，固然儒家存在被权力裹挟的一面，但孔孟所树立的独立人格也并没有完全丧失。儒家一直希望通过道统的树立来制约皇权的独断。这样的倾向在宋代道学群体那里表现得最为明显。

在历代史书中，一般设有"儒林传"来记录那个时代最重要的儒生。这些人大多是在国家礼制设计和经典解释上做出巨大贡献的人。而在《宋史》中我们可以看到一种特别的设计，即除了常规的"儒林传"，还设有"道学传"，来记载濂洛关闽这样一些流派的道学家。

何以要为"道学家"专门立传呢？是因为他们为了将自己与一般的传经之儒和礼仪之儒区分开来，重视从心性层面来阐发儒家的义理。在宋代独特的社会环境中，他们积极参与政治，阐发天道性命之学，使儒学的发展达到了新的高度。

宋代之后，儒学的发展逐渐以朱学为主流，不过陆九渊和明代的大思想家王阳明则不同意朱子天理人欲的本体论和格物穷理的工夫论，形成发明本心和良知自足的心学思潮。

对于阳明学，历史上褒贬不一，不过阳明道德和事功的成功使他成为后世儒家的楷模。

四、近现代学人是如何定位儒家与儒学的呢？

清人之学风颇近汉人，比较重视考镜源流，在严酷的政治压力下，儒生们将其精力专注于考据和词章之中。

在这些学人中，章学诚比较特别，其影响深远的著作《文史通义》对儒家的产生和演变提出了一个综合性的说法。他提出，古代官师合一，官师守其典章。而在三代政制衰落之后，治民和教民遂分为两事。官师分离，官有政，师有教，六艺失其官守，赖于师教而传。"至于官师既分，处士横议，诸子纷纷著书立说，而文字始有私家之言，不尽出于典章政教也。儒家者流乃尊六艺而奉以为经"[①]。章学诚认为诸子的产生是重大社会变革的结果，曾经存在着一个官师合一、治教合一的时期，也就是说治理国家的人与教化社会的人是同一批人，这大概相当于巫师时期，但是随着社会分化，开始了官师分职、治教分途的变化，政务官员不再承担教化职能，教化的职能由民间的学者来承担，这种看法实际上是对刘歆诸子出于王官说的进一步发展和延伸。

章学诚认为六经是圣王治理天下的政典，但我们却不能拘泥于其文字，而要理解其中的"道"。这种说法很具有前瞻性，当近代西学东

[①] （清）章学诚：《文史通义·经解上》，上海世纪出版集团、上海古籍出版社，2008年，第27页。

渐之际，儒家经典体系的地位被取代，我们应该去寻章摘句，还是从经典中体会儒家的秩序原理，成为当代儒家所要面临的最尖锐的挑战。

近代以降，西学东渐，儒家思想的地位发生了根本性的变化。随着科举制的废除和帝制的崩溃，建立在自由、平等和民主等理念基础上、以"共和"为政体的新的民族国家"中华民国"，取代了中华帝国的王朝国家体制。儒学作为中国社会秩序合法性依据和价值观念基础的地位被动摇了。而1905年科举制的废除，也让儒家失去了最基本的传播机制，给了儒家致命一击。

在思想学术方面，以西方的教学和学术研究为摹本的现代中国学术体系在寺庙和书院的废墟上建立，并形成了有别于以前科举举子的新知识群体。对于无论从海外留学回国的学者还是在新式学堂中培养的新学生而言，儒学不再是安身立命之本。他们与儒家的关系由"身在其中"转变为"事在其外"，儒学仅仅只是一种研究对象而已。即使是从传统书院中成长起来的人，这个时候也华丽转身，比如章太炎强调孔子是"良史"，但就是不肯再将之视为"圣人"，更不用说康有为口中的"大地教主"了。不再被膜拜，而被作为学术研究的对象，在日益实证化的研究方法面前，尧舜禹是被后人塑造出来的，儒家的经典被安置到文史哲不同的学科中去了。

民国初期对于孔子的态度多种多样，美国汉学家列文森说当时的中国人有点精神分裂，他们在情感上留恋中国文化，但理智上却要背弃儒家。所以，学者们热衷于分辨"真孔子"和"假孔子"。从反对孔子的方面来说，汉代以后的孔子因为被神化或被权力所利用，不再是真实的孔子。他们要清除孔子身上的各种符号，回归到春秋时期活泼泼的孔子自己。从维护的一面来看，认为给孔子以教育家、思想家这样的头衔，便是使孔子变成一个专家，无法体现孔子对中国文化的塑造作用，这样的孔子是假孔子。

最为痛苦的应该是那些经学家，不论是章太炎、刘师培这样的古文经学家，还是廖平、康有为那样的公羊学家。他们都需要给自己一个新的定位，同样也给孔子以新的定位。

康有为在建立孔教会的努力中，一直试图模仿西方宗教的形式将孔子"改造"成教主，不过，显然没有成功。在这里要讨论的是学院派对于儒家的描绘。这就要从刘师培和章太炎入手。他们的看法很大程度上影响了近代以来的相关讨论。

在《儒家出于司徒之官说》中，刘师培首先质疑的是古代史籍"通经为儒"的"窄化"处理。他说《史记》立儒林传，被后世的史家所继承，这样，往往是那些通经之士被称为"儒"。但这些儒在化民成俗、教化百姓方面则成绩稍逊，所以这事实上是把"儒"窄化了。

刘师培从解释"司徒"的职能出发，认为司徒是通过教民来完成治民的职责的，所以由此化身的儒家必然也以教民为其基本身份定位。

刘师培并不十分同意刘歆"诸子出于王官论"的说法。他认为是周王室的衰落使得司徒失去了他的官守，由此与原来的儒家群体合流，致使新的儒家形成。是孔子赋予了儒家以新的意义，孔子的行为方式和价值诉求与古代之儒不同。按刘师培的说法，存在着原始的儒家，而孔子是这些儒家的继承者，只是孔子的学说与司徒的职责有相近之处，所以便有司徒和儒家之混同。他进一步指出后来儒家与原始儒家之间的差异，这个区分与近代以来关于真假孔子的讨论有很大的关联。其实许多人试图说明汉代以后的孔子就不是真孔子、真儒家。

近代的学者中，集革命家与学问家于一身的章太炎有着无与伦比的影响力，他对于儒家的三种区分也成为其后讨论儒学的重要出发点。章太炎曾依据墨子把"名"分为达、类、私三种的做法，提出"儒有三科"之说，即"儒"有达名之儒、类名之儒、私名之儒三种意义。他所谓的"达名之儒"，从最为广泛的意义上来理解就是"术士"。章太炎论证说，秦始皇焚书坑儒，所坑的是"术士"，所以儒即为术士之一种。他在论证时特别把达名之儒理解为知晓天文气候、作法求雨的术士，这种术士实即祝史、史巫。

而类名之儒则是通晓六艺，并以之教人的人。他说："类名为儒，儒者，知礼乐射御书数。《天官》曰'儒以道得民'，说曰：'儒，诸侯保氏，有六艺以教民者。'《地官》曰'联师儒'，说曰：'师儒，乡里教以道艺者。'此则躬备德行为师，效其材艺为儒。"①

最为严格的儒者，则是"私名"。私名之儒，其学"未及六艺"，仅"粗明德行政教之趣"，这就是《周礼》中所述的"师氏"。章太炎认为"儒"的用法过于混乱，所以，除了"师氏之守"外，均不应该再称儒。②

章太炎和刘师培的观点有一个共同的地方，就是强调儒家的教化功能。但是在对儒生角色的判断上，章太炎则倾向于从术士的方面来立说，这形成了后来诸多的儒为一种"职业"的说法。学者们对儒家所从事的具体职业的认知有所差别，比如钱穆先生就倾向于把儒之为"术士"理解为通习六艺之士，古人以礼乐射御书数为六艺，靠这些本事，他们或有机会进身贵族，成为家宰小相，称陪臣焉。孔子的许多弟子其实就是走的这条路。孔子通过对"君子儒"的强调，突出了他教育弟子必须要以德行为先。

胡适的《说儒》也是这一轮讨论中的作品，并引发了巨大争议。胡适素来主张"大胆假设，小心求证"，但在对儒家的探源中，他大胆

---

① 《原儒》，载《章太炎学术史论集》，云南人民出版社，2008年，第241页。
② 同上书，第241—243页。

的想象给人留下了深刻的印象。胡适在 1934 年写作了《说儒》一文，全面检讨了章太炎对"儒"的考订，并提出自己的观点。他根据古代文献中对于儒服的描述，认为"'儒'的第一义是一种穿戴古衣冠，外貌表示文弱迂缓的人"。他认定这样的古衣冠就是殷代的服装，并说："从儒服是殷服的线索上，我们可以大胆的推想：最初的儒都是殷人，都是殷的遗民，他们穿戴殷的古衣冠，习行殷的古礼。这是儒的第二个古义。"①

胡适吸收了儒作为术士的看法，然而他认定儒的主要功能是祭祀时的"祝官"，丧礼时的"相礼"专家。在周代取代殷商之后，儒家因为其多材多艺和安定人心的作用为周所用。这些人作为旧朝的遗民，不仅因为其服装而显得文弱，还养成了"亡国遗民忍辱负重的柔道人生观"②。

胡适不无夸张地认为，孔子是殷遗民心目中的弥赛亚，担负着殷民族复兴的希望。但是孔子认清了历史的发展，吸收周文化中的刚健因素，将一个以相礼等为主的群体改造成富有新精神的儒家。

胡适《说儒》发表之后，引发了许多人的兴趣，当然争议是不可避免的。冯友兰先生就有很尖锐的辩驳。

冯友兰在了解了钱穆等人的观点之后，又读到了胡适的《说儒》，他承认这些看法拓展了他对于儒家的认识。对于如何理解儒家，冯友兰认为应首先讨论儒和儒家的不同，儒指以教书相礼等为职业的一种人，儒家指先秦诸子中之一派。儒为儒家所自出，儒家之人或亦仍操儒之职业，不过二者并不是一回事。显然，冯友兰认同儒是一种职

---

① 胡适：《说儒》，载《胡适论学近著》，山东人民出版社，1998 年，第 7、8 页。
② 同上书，第 15 页。

业，但他综合了前人的多种说法，认为"儒"既教书也兼相礼。他并不同意胡适先生将儒看作是殷遗民的信仰的观点，认为儒更多是贵族体制破败以后人们靠知识谋生的一种新的角色。冯友兰似乎也同意儒来自沦落的祝宗卜史，但他觉得不能确定说他们就是殷遗民，而认为是贵族统治崩溃的产物。这样的说法照顾到了《汉书·艺文志》和章太炎的诸子出于王官说的依据。冯友兰认为，孔子使儒家超越了儒的角色定位，他们希望以昔日之礼乐制度平治天下，又给昔日之礼乐制度以理论上的根据，此等人即后来之儒家。孔子不是第一个儒，但他是儒家学派之创立者和儒家精神的奠基者。[1]

毫无疑问，文献式地讨论儒家的源流是处理这一问题的重要路径，但是哲学和思想式的讨论也有其独特的意义。这样的分歧也可以看做是考据派和义理派之间的分歧在现代学科体系下的延续。对于儒家的特征，熊十力先生在其晚年有许多惊人之论，比如，他说六经已经全部在秦时被毁，现存经典均为汉儒所篡改。这类"骇人之论"，甚至连他的学生徐复观也听不下去了。关于儒家的起源，他的说法也很玄虚。他的《原儒》一文认为，儒家继承了上古的实用派和哲理派的两大思潮，会通而成为儒学系统。他说："孔子之学，始为鸿古时期，两派思想之会通。两派者，一，尧舜至文武之政教等载籍，足以垂范后世者。可谓为实用派。二，伏羲初画八卦。是为穷神知化，与辩证法之导源。可称为哲理派。"[2]

与熊十力的"猜想"相比，劳思光先生的观点则是文献分析和思想脉络的结合。他从分析胡适的《说儒》一文入手，认为思想的脉络和

---

[1] 参见冯友兰：《原儒墨》，载《三松堂全集》，第十一卷，河南人民出版社，2000年，第287—313页。

[2] 熊十力：《原儒》，中国人民大学出版社，2006年，第14页。

思想者所属的社群并无直接的对应关系,"'儒'作为一社群,可能是由职业礼生演进而成,此种职业礼生亦可能与殷士有某种关系。但就'儒学'而论,则孔子以前实无所谓'儒',"'儒学'之基本方向及理论,均由孔子提出,故'儒学'必以孔子为创建人。"① 他说孔子继承的是周人的人文观念,但孔门的弟子并不能完全理解孔子学说的真意,因此发展出不同的方向,从而体现出儒家丰富的角度。

从某种角度来说,这种比较学术化的讨论对于清理儒学的源头有一定的帮助,但对于理解儒家的未来则略显缺乏价值关照。如果我们认为儒家思想对于当下的中国和世界依然有意义,如果我们认为依然存在以儒家价值为其人生信仰的群体的话,那么讨论今天我们应该如何做"儒家"或许依然是一个十分有价值的课题。

---

① 劳思光:《新编中国哲学史》(一卷),广西师范大学出版社,2005年,第78页。

第二讲
今天我们为什么要读"经"

经典是文化的灵魂。世界上最伟大的文明都是建立在历史中形成的核心经典之上的。儒家文明也是如此,在历史上,这些经典与孔子有密切的关系。通常说孔子"述而不作",说的是这些古代文献经过孔子的整理和删削,最终成为"经"。这些经典犹如中国文化的精神源头,后世的人们不断地阅读和解释,使经典承载的意义系统日益丰富,并塑造了中国人的秩序观念和生活方式。

一般中国人都知道"四书五经"的说法,这是宋代的朱熹将《大学》《中庸》从《礼记》里抽出来与《论语》《孟子》组成四书之后,人们对于儒家经典的习惯性称呼。从这里我们也可以看出,儒家的经典系统一直处于变化中,不同时代关注的经典和崇尚的经学风格也有很大的差异。比如西汉盛行公羊学,东汉则是古文学逐渐兴起。宋代经学侧重对经典义理的阐发,而并不拘泥于文字的训释。清代学术复又注重考据,意图复归汉代的学术风气。清末公羊学再度兴起,试图以其比较大的解释空间来容纳西学的挑战,指导社会变革。1905年科举制的废除,使经典失去了其最主要的制度承载。民国建立之后,北京大学废除经学科,意味着经学从中国官方的教育体系中退出。

"经"的本义是丝线,但经典之经则意为"常道",也就是这些典籍中包含了理解世界和处理现实问题的基本原则。所以,学习经典最终是要在实践中运用。孔子说"不学诗,无以言""不学礼,无以立",就是对"通经致用"的最显白的表达。

所以说,经典不但提供原则,也提供针对性的解决方案。自先秦时期起人们就相信孔子删定经典必有其具体的目的。比如孟子就说过,孔子作《春秋》,乱臣贼子惧,这意味着《春秋》中对历史事件的褒贬是要为当时的政治生活提供判断依据的。荀子说得更具体,他在《劝学》篇中说:"故《书》者,政事之纪也;《诗》者,中声之所止也;《礼》者,法之大分,类之纲纪也。……《礼》之敬文也,《乐》之中和也,《诗》《书》之博也,《春秋》之微也,在天地之间者毕矣。"这就是说每部经典各有其不同的功能,并最终构成一个完整的世界观。对此,《礼记·经解》《史记》等不同的典籍中也有大同小异的说法,大致反映了当时人们对经典的基本认知。

"通经致用"在汉代更为明确化,有"春秋决狱""禹贡治河"和"洪范察变"等说法。可以举一个例子来说明"春秋决狱"的运作方式。当时有一个案例,某人父亲在与别人打架的时候,某人想用刀去刺与他父亲打架的人,但是不慎刺伤自己的父亲。按照当时殴打父亲斩首的法令,这个人就应该正法,但是《春秋》中记载了一位叫许止的人,他父亲生病,许止给他父亲进药之后,他父亲死了,《春秋》根据原心定罪的原则,说许止给父亲进药是孝心,并无要谋害父亲的主观意图,不应治罪。由此可以推论这个误伤自己父亲的人,本意是想帮助父亲,而不是要伤害他,应该赦免。这种根据《春秋》的精神来判定罪案的方式就是"春秋决狱"。

有人把这样的现象看作是儒家制度化初期采用的权宜之计。汉初法律粗疏,许多纠纷并无确定的法律条文来应对之,这样,经典的记载可以当作"判例法"来补充法律条文的不足。儒家制度化的过程,即是在现实的制度中灌注儒家精神的过程。随着后世的法律更系统、更全面，深入地浸润了儒家精神，"春秋决狱"现象也就逐渐消失了。而一旦儒家精神变成某种制度固定下来，又可以熔铸人们的生活习惯和价值选择。这是一个双向互动、不断深化的过程。

经学瓦解之后，儒家经典与国人生活的关系发生了转变。在西方文化的冲击下，经典的意义不断受到怀疑。新文化运动之后，中国思想界出现了贬斥经典价值的倾向，比如，鲁迅先生在其《狂人日记》中甚至让主人公在这些经典中读出了"吃人"。更有人说中国的汉字中就包含着专制、懦弱、迷信的基因，应该用罗马字母来取代。不过更多的人则是看到了经典的价值，从20世纪20年代开始，中国出现了多次提倡读经的运动。近年来，随着经济社会的发展，传统的经典又重新回到人们的生活中。国学热的兴起，激发了人们阅读儒释道经典的热情。固然，关于经典的现代意义的争论，还会以各种不同的方式进行下去，但是因否定传统而否定经典的时代已经过去了，可以期待经典在创造中国文化新阶段的过程中发挥更大的作用。

一、经典系统的形成

"经""典""书"这些名称在先秦时期就已经存在，从章太炎以来到现代的许多学者，都对经典的形成问题做出了独到的解释。如章太炎认为经就是指古代的书籍，作为瓦解经学意义的重要推手，章太炎的解释让人看不到"经"所具有的价值上的至上性。我曾经的同事中国社会科学院哲学所的王葆玹先生从《左传》昭公十五年"言以考典，典以传经"这句话来考察由"典"到"经"的发展轨迹，颇有意味。他的结论是"典"是权威书籍"典籍"的简称，"经"则是"典"所要传达的道理,而后"经"逐渐取代了"典"。他说:"基于这样的原则,可以解释儒家的权威著作何以称经,亦可解释各家学派权威著作称经之例。"① 的确,我们可以发现《管子》《墨子》和《韩非子》里面均有"经""传"之类的说法。墨家也将墨子的著作称为"墨经",由此可见,在先秦时期,经并非是儒家作品的专有称呼。

在汉武帝设立五经博士之后,儒家典籍有专人注解和传播,与其他诸子百家的著作相比,其地位发生了根本性的变化。不但博士成为儒家经师的专有称谓,儒家经典宣示的也是高于其他一切著作的道理。

佛教传入中国之后,佛经翻译家喜欢将翻译过来的佛典称为"经",即使是道教,也都将自己的典籍称为"经"。后来基督教的传教士在翻译基督教的作品时,也使用"经"来表示其教义的崇高性,如将 Bible 翻译为《圣经》,不但以中国古代的"圣"来称呼耶稣基督,也将记载犹太教、基督教教义的《新旧约全书》称为"经"。

经典的地位不可动摇,但随着时代的变化,经典中的一些言辞势必会与时代产生疏离感。因此,历史上也经常有人会对圣人之道和圣人之言进行区分。对此,儒学史上有一个著名的命题就与此相关,即"六经皆史"。"六经皆史"从发生学的角度看到了儒家经典在形成之初主要是"史籍",也就是记录各国的历史和制度的文献,但问题在于,孔子之后的儒家学者强调经典中所包含的"常道"和"常理"。固然,脱离经典的历史语境,我们很难理解经典所载的事实;但如果我们只拘泥于经典所载之"事实",则不能体贴其中对于天道人伦的关怀,也不能理解经典在文明建构中的意义。在经典和经典解释中积淀的神圣性是别的书无法替代的。

---

① 王葆玹:《今古文经学新论》,中国社会科学出版社,1997 年,第 34 页。

儒家的经典系统随着时代的变化而不断变化。我们最为熟悉的说法是"六经"。

所谓"六经",就是《诗》《书》《礼》《乐》《易》《春秋》这六部儒家经典。不过最早提出"六经"说法的是《庄子》一书,《庄子·天运篇》说:"孔子谓老聃曰:'丘治《诗》《书》《礼》《乐》《易》《春秋》六经,自以为久矣,孰知其故矣。'"《庄子·天下篇》则进一步宣示了六经的功能:"诗以道志,书以道事,礼以道行,乐以道和,易以道阴阳,春秋以道名分。"《天下篇》可以视为总结先秦思想流派的作品。值得提出的是,《庄子》书中有许多真真假假调侃儒家的言辞,可以看出作者是十分了解儒家的,难怪后世也有不少人认为庄子是孔门子游的学生。

关于六经的排列次序也是大有讲究的。一般来说,先秦诸子作品和今文经学家的排列次序是一《诗》、二《书》、三《礼》、四《乐》、五《易》、六《春秋》,上文所引之《庄子》便是这样的次序,在汉代董仲舒的《春秋繁露·玉杯》中也是如此排列的,但董仲舒对于各部经的功能的描述与《庄子》略有不同。董仲舒说:"《诗》《书》序其志,《礼》《乐》纯其美,《易》《春秋》明其知。"周予同先生认为这可能是按经典的难易程度来排列的,可以略备一说。

在另一批人眼里,经典是逐渐形成并定型的,他们按照六经产生的年代来定次序。比如,认为《易》的八卦是伏羲所画,出现最早列在第一;《书》中最早的篇章是《尧典》,尧比伏羲晚出,排在第二;《诗经》中时间最早的《商颂》又在尧的后面,排第三;《礼》《乐》为周公所作,在商的后面,排第四和第五;《春秋》是鲁国的编年史,又经过孔子的删定,算是春秋时代的作品了,排在最后。

与六经相关的"六艺"是一个值得提出的话题。儒家经典中关于"艺"

的说法有两处经常被引用,一是《论语·述而》篇中:"子曰:志于道,据于德,依于仁,游于艺。"这里的"艺"根据何晏的《论语集解》一般解释为"六艺"。二是《周礼·地官·保氏》中有我们熟悉的说法:"乃教之六艺,一曰五礼,二曰六乐,三曰五射,四曰五驭,五曰六书,六曰九数。"但汉代有把六经和六艺混同的倾向,比如贾谊《新书·六术篇》说:"《诗》《书》《易》《春秋》《礼》《乐》六者之术,谓之六艺。"现在我们再提到六艺,包含有六经和六艺这两种含义。

从六经到十三经经历了很长的历史过程。在《后汉书·赵典传》中,开始有七经的提法。七经有多种说法,最典型的有两种:一种是以六经加上《论语》;还有一种是承认《乐经》本无书或者不传的事实,由《诗》《书》《礼》《易》《春秋》加上《孝经》和《论语》。在儒家的经典发展史上,《论语》意义重大,因为它记载的是孔子本人的言行,《论语》上升为经则意味着孔子地位的提升。同样,在"以孝治天下"的传统中国,《孝经》的地位也非常特殊。

在唐代,出现了"九经"的说法。顾炎武在《日知录》卷十八里说:"自汉以来,儒者相传,但言五经;而唐时立之学官,则为九经者,三礼、三传,分而习之,故云九也。"所谓三传,就是《春秋》的三部传注作品,即《春秋左氏传》《春秋公羊传》和《春秋穀梁传》。而所谓"三礼",则指《周礼》《仪礼》《礼记》。这三部书本来是分属今古文不同的体系,但在东汉伟大经师郑玄兼注这三部书之后,"三礼"之名便确立下来,并成为唐代科举考试制度中明经科的基本考核内容。当然在不同的著作家那里,也有把《春秋》三传合为一经,加上《论语》《孟子》而称为九经的。这透露出《孟子》在唐代开始不断被重视的事实。

唐代也有"十二经"的说法,据宋人晁武公的《郡斋读书志》说,唐文宗太和年间,复刻十二经,而立于国学,这里的十二经是《易》

《书》《诗》《周礼》《仪礼》《礼记》《左传》《公羊传》《穀梁传》《论语》《孝经》《尔雅》。

宋代道学家对于儒家思想有新的认识，因此，他们对于经典的认识也有很大的不同，尤其是道学家们继续抬高《孟子》的地位。朱熹将《礼记》中的《大学》《中庸》两篇与《论语》《孟子》两篇相配，合为四书，并作《四书章句集注》，这样，唐代的十二经，再加上《孟子》，称为十三经。皮锡瑞的《经学历史》中说十三经是在唐代的九经基础上增加《论语》《孝经》《孟子》《尔雅》而成的："唐分三礼、三传合《易》《书》《诗》为九，宋又增《论语》《孝经》《孟子》《尔雅》为十三经。"

二、十三经略说

从上文可见，所谓的十三经其实包含几部分的经典，首先是原初的六部经典，其次是对于这些经典的解释性的作品，还有就是孔子和孟子的言论记载。儒家经典在传承过程中形成了不同的解释系统，因此，对于经典的文字和意义的理解也各不相同。在这里做一个粗略的介绍。

（一）《诗经》

"不学诗，无以言。"在先秦诸子的文献中，特别是儒家的作品中，我们经常会看到引用《诗经》中的诗句来论证其观点的做法。《论语》记录子贡与孔子的对话中，引用了《诗经》中的"如切如磋，如琢如磨"。孔子立刻夸赞子贡懂诗。再比如，《中庸》三十三章说："诗云，'潜虽伏矣，亦孔之昭'。故君子内省不疚，无恶于志。君子之所不可及者，其唯人之所不见乎。"这里《诗经》中的话就被用来解释君子为何要内省。此类例子在先秦典籍中比比皆是。在春秋战国时期的各种朝觐和会盟活动中，如果使者不能引用《诗经》来表达自己的立场，就会被耻笑。

我们现在看到的《诗经》共收入自西周初期至春秋中叶约五百年间的诗歌三百零五篇。最初称《诗》，汉代儒者奉为经典，乃称《诗经》。《诗经》分为《风》《雅》《颂》三部分。

按照《毛诗序》的说法，"风"意思是"风教"和"讽谏"，风教是君主对于臣下的教化，而讽谏则是百姓对于为政者的批评和规劝。朱熹则提出，风是民谣歌曲。《风》包括十五国的"风"，共有诗一百六十篇。

《雅》包括《大雅》三十一篇，《小雅》七十四篇。《毛诗序》说："雅者，正也，言王政之所由废兴也。""雅"还分为"大雅"和"小雅"，"小雅"出现时间稍晚，风格上接近于"风"。

《颂》包括《周颂》三十一篇，《商颂》五篇，《鲁颂》四篇。《毛诗序》说："颂者，美盛德之形容，以其成功告于神明者也。"可见，颂是把王侯的功绩祭告于神明的一种体裁。

古代的诗歌往往是与乐曲连在一起的，所以，《诗经》中的不同内容，也就有不同的音乐形式。"风"是民间歌谣，而"雅"有人说是正乐之歌，也有人说原来是一种乐器的名称，用这样的乐器伴奏的乐歌就是"雅"。《诗集传·颂序》说："颂者，宗庙之乐歌。"也有学者认为颂是祭神和祭祖时候用的歌舞曲。这些诗篇，就其原来的性质而言，是歌曲的歌词。

与我们现在更侧重从《诗经》中感受其文字和意境之美不同，经学意义下的《诗经》解释特别看重其中的道德教化作用。《礼记·经解》引用孔子的话说，经过"诗教"，可以使人"温柔敦厚"。这在习惯于以文学方式阅读《诗经》的人看来，未免有些扫兴。比如，我们熟悉的"关关雎鸠,在河之洲。窈窕淑女,君子好逑"。怎么读也是一首缠绵的爱情诗。但是《毛诗·小序》说:"《关雎》,后妃之德也,风之始也,所以风天下而正夫妇也。"《关雎》是"国风"的开篇。《毛诗·小序》认为《关雎》是用来教化天下夫妇,规范他们的行为的。但为什么说是"后妃之德"呢?单从字面也看不出跟"后妃"有关。不过,《诗序》对"《关雎》之义"和"后妃之德"有进一步的阐释。《诗序》称:"《关雎》乐得淑女以配君子,忧在进贤,不淫其色,哀窈窕,思贤才,而无伤善之心焉,是《关雎》之义也。"这倒让人想起孔子说过未见好德如好色,孔子肯定不是劝人好色,而是以色来比喻对"礼"的欣然。

经过秦朝的焚书之劫,汉初传授《诗经》学的有四家,也就是四个学派:齐之辕固生、鲁之申培、燕之韩婴、赵之毛亨、毛苌,简称齐诗、鲁诗、韩诗、毛诗。前三家西汉时已立于学官,毛诗虽然出现较晚,但到了东汉以后,日渐兴盛,并被立于学官。前三家则逐渐衰落,到南宋,就完全失传了。今天我们看到的《诗经》,就是毛诗一派的传本。

(二)《尚书》

《尚书》原称《书》或《书经》,到汉代改称《尚书》。这是我国第一部上古历史文献和部分追述古代事迹的著作汇编,是我们了解商周特别是西周初期历史的一部重要典籍。

《尚书》的文体,现在一般将之总结为六类,即第一类典,如《尧典》,记述尧舜的事迹和言论;第二类谟,如《大禹谟》,意思是商议;第三类训,如《伊训》,意思是训导、教诲;第四类诰,如《康诰》,是执政者发布的号令;第五类誓,如《汤誓》,主要是战争之前的誓言;第六类命,如《文侯之命》,主要是一些帝王奖励臣子的命令。还有一些篇目不一定能列入这些范围,但却是十分重要的,如《洪范》。

传说孔子时期《尚书》还存三千多篇，是孔子将其删定至一百多篇作为教材。事实上《尚书》确切有多少篇现在已无法了解，在可见的先秦诸子中征引《尚书》最多的是墨子。

汉朝初年，有一个叫伏生的人，将自己保存的《尚书》整理出28篇，并在齐鲁之间传授，逐渐形成了欧阳高的"欧阳尚书"，夏侯胜的"大夏侯尚书"，夏侯建的"小夏侯尚书"，这三家在西汉陆续被立于学官。

这三家《尚书》用汉代通行的文字隶书抄写，称"今文尚书"。受汉代谶纬之风的影响，《尚书》《洪范》篇中的五行思想被改造成五行和灾异思想的源头，西汉末年的儒生甚至把《洪范》"九畴"说成是上天命神龟驮着在洛水上授予大禹，因此成为《洛书》。

《古文尚书》的情况更为复杂，《史记·儒林传》记载孔子的第十一世孙孔安国藏有先世留下的《尚书》，随后陆续有各种《古文尚书》被发现的传闻。晋元帝时，梅颐献伪《古文尚书》及孔安国《尚书传》。这部《古文尚书》比《今文尚书》多出二十五篇，又从《今文尚书》中多分出五篇，而当时今文本中的《秦誓》篇已佚，所以伪古文与今文共五十八篇。唐太宗时，孔颖达奉诏撰《尚书正义》，就是用古今文真伪混合的本子。

历来注释和研究《尚书》的著作很多，有唐孔颖达的《尚书正义》，宋蔡沈的《书集传》，清孙星衍的《尚书今古文注疏》等。

《尚书》源流复杂、多次失传，因此，《古文尚书》的真伪问题，一直受到关注，特别是清阎若璩论证《古文尚书》为伪的结论，得到了近代许多人的肯定，认为其考据方法接近于"科学"。更重要的是这个结论，十分符合今文学家指斥古文家伪造经典的倾向，故而认为阎若璩的结论促成了近代以来思想解放的潮流，由今文家到民国时期的疑古思潮，构成了一个学术链条。

近年来有出土文献称与《古文尚书》一书有关，认为不能简单地判其为伪书。对此学界还未达成一致的意见。

（三）《周礼》《仪礼》《礼记》

中华文明具有十分发达的礼乐教化传统，尤其是礼制十分完备。梁漱溟先生在《中国文化要义》中说中国人以伦理代宗教，以礼乐来规范人们的行为，因此存有以他人为重之心，人们遵守秩序靠自觉而非法律的强制，他认为这种文明代表着人类的未来。

儒家礼制繁复，墨家和道家批评儒家都是从此入手的。不过，礼制不仅使生活仪式化，更是要从中呈现出仁爱的价值。

儒家关于礼的经典主要包括《周礼》《仪礼》《礼记》，通称"三礼"。一般认为《周礼》《仪礼》是周公所作，《礼记》则系汉戴德（人称大戴）、戴圣（人称小戴）叔侄所传。

《周礼》又名《周官》，是"三礼"之首，因为《古文尚书》有《周官》篇，所以也有人将之混为一书。西汉末列为经而属于礼，所以称为《周礼》。唐代的陆德明在《经典释文序录》中说："王莽时，刘歆为国师，始建立《周官经》，以为《周礼》。"

《周礼》记述的是中国古代的官制及其他的政治制度，以儒家的政治理想加以增减取舍汇编而成。《周礼》共分六篇，包括"天官冢宰""地官司徒""春官宗伯""夏官司马""秋官司寇""冬官司空"。其中，"冬官"一篇早已散佚，西汉时补以"考工记"，称为"冬官考工记"。

《周礼》因为在三礼中形成最晚，又没有明确的传经脉络，所以对于该书为何人所作，说法众多。最流行的说法认为是周公所作，称之为"周公致太平之迹""太平经国之书"。有人认为虽为周公所作，但未曾付诸实行或局部为后人添入；也有人认为此书非周公所作，是西汉晚期刘歆校书时，加以整理补充而伪造成书，或与王莽合作窜改。汉代的何休就推断《周礼》作于六国之时。清代以来也有人认为《周礼》是刘歆伪造，方苞《周官义疏》已开其端，康有为在其影响广泛的《新学伪经考》一书中，断言《周礼》为刘歆伪造。

还有人认为《周礼》既不是周公所作，又不是刘歆窜改，而是出于他人之手，作者可能是一人，也可能是许多人。时间为西周初至西汉之末。近代学者根据考古出土文物的周秦铜器铭文所载官制，考究该书中的政治、经济制度和学术思想，认为基本上可以断定为战国时代的作品。

《仪礼》最早称为《礼》，因书中主要是记述春秋战国时期士大夫阶层的礼仪，所以汉代又称《士礼》。相对于《礼记》，又被名之为《礼经》，到晋时始有《仪礼》之名，唐文宗开成年间（公元836—840年）石刻九经，用《仪礼》之名，始成为通称。

《仪礼》的作者也有多种说法，一说是周公所作，另一说为孔子所作，均难以成为定论。

《仪礼》共十七篇，包括《士冠礼》《士昏礼》《士相见礼》《乡饮酒礼》《乡射礼》《燕礼》《大射礼》《聘礼》《公食大夫礼》《觐礼》《丧服》《士丧礼》《既夕礼》《士虞礼》《特性馈食礼》《少牢馈食礼》《有司彻》。内容遍及上古贵族生活的各个方面。宋人王应麟依照《周礼·春官大宗伯》对于礼的分类，将十七篇分为四类：《特性馈食礼》《少牢馈食礼》《有司彻》等三篇是关于祭祀鬼神、祈求福佑之礼，属于吉礼。《丧服》《士丧礼》《既夕礼》《士虞礼》等记述丧葬之礼，属于凶礼。《士相见礼》《聘礼》《觐礼》等记述宾主相见之礼，属于宾礼。《士冠礼》《士昏礼》《乡饮酒礼》《乡射礼》《燕礼》《大射仪》《公食大夫礼》记述冠婚、宾射、燕飨之礼，属于嘉礼。这是王应麟对《仪礼》内容的归纳。在日常生活中，有五礼的说法，即吉凶军宾嘉。以祭祀之事为吉礼，丧葬之事为凶礼，军旅之事为军礼，宾客之事为宾礼，冠婚之事为嘉礼，合称五礼。

《礼记》是战国至秦汉年间儒家学者解释说明经书《仪礼》的文章汇集。其中很多篇章可信是孔子的七十二弟子及再传弟子们的作品。

《礼记》的内容主要是记载和论述先秦的礼制、礼意，解释《仪礼》，由郑玄作注而传世的《礼记》共四十九篇。郑玄和刘向曾经把《礼记》的内容分为八类：通论类的十六篇，包括《檀弓》上下、《礼运》《玉藻》《大传》《学记》《经解》《哀公问》《仲尼燕居》《孔子闲居》《坊记》《中庸》《表记》《缁衣》《儒行》《大学》；制度类五篇，包括《曲礼》上下、《王制》《礼器》《少仪》；明堂阴阳两篇，包括《月令》《明堂位》；丧服类十二篇，包括《曾子问》《丧物小记》《杂记》上下、《丧大记》《丧物大记》《奔丧》《问丧》《服问》《间传》《三年问》《丧服四制》；世子法（含子法，意即为人子示范）两篇，包括《文王世子》《内则》；祭祀类的四篇，包括《郊特牲》《祭法》《祭义》《祭统》；吉礼（含吉事）类七篇，包括《投壶》《冠义》《昏义》《乡饮酒义》《射义》《燕义》《聘义》；乐记类一篇，即《乐记》。

通过《礼记》，我们可以了解儒家对于礼的来源、礼在社会生活和个人修养中的意义的解读。《礼记》中的《大学》和《中庸》两篇，在宋代被朱熹特别强调，认为《大学》是孔子、曾子所传古圣王教人之法，《中庸》是子思忧虑道统失传而做。与《论语》《孟子》合成四书而为宋明道学的核心经典。

（四）《周易》

《周易》被视为群经之首，可能也是儒家经典中对人们日常生活影响最大的一部。即使在今天，许多人依然会通过《周易》来卜知吉凶，寻找人生的方向。

"易"之名充满着辩证的气息,《易纬·乾凿度》说,"易"有三种含义,易简、变易、不易。

对于周易的作者,《汉书·艺文志》中有一个说法叫"人更三圣,世历三古",即认定伏羲画八卦,周文王演为六十四卦,作卦爻辞,孔子作传来解释易之精义。后来又有人说,文王演卦而作"卦辞",周公又祖述文王的思想,著了"爻辞",所以朱熹便说是"人更四圣"。上述说法既体现了这些经典多是数代人不断完善而成,同时,将经典与伟大的历史人物相联结又是为了说明这部经典的重要性。

现在一般的看法认为《周易》的基本素材来自于西周初期,当时掌管卜筮的人将每次占卜过程中所得的兆象和占断的词句记录下来,然后不断整理结集,最后形成了我们现在看到的《易经》。

《易经》分为经和传两部分,历史上一直认定《易传》是孔子所作,但是现代的考证基本上可以确定《易传》十篇并非孔子所作,而是战国时期陆续形成的。

阴阳是《周易》中最为基本的两种"元素",《周易》中的卦一般由阳爻"-"和阴爻"--"构成。将阴阳两爻按照由下往上重叠三次,就形成了八卦。即"乾、坤、坎、离、震、艮、巽、兑"八个基本卦,称为八经卦。每一卦形代表一定的事物:乾代表天,坤代表地,坎代表水,离代表火,震代表雷,艮代表山,巽代表风,兑代表沼泽。再将八经卦两两重叠,共有六十四卦。这六十四卦称为六十四别卦,每一卦都有特定的名称。

总体来说,这些卦爻试图以自然的现象来说明人事变幻,提出一些基本的行为准则。周易所建立的阴阳平衡的观念,六十四卦周而复始的循环形式对中国人历史观、时空观的形成影响至深。

孔子晚年好易,说"五十以学易,可以无大过",或许是他相信《周易》的预测功能，也或许是他能体会《周易》所包含的宇宙人生哲理。孔子沉迷于《周易》卦爻的复杂变化及其中蕴涵的哲理，有记载说他甚至"韦编三绝"，即看的次数太多，以致连缀这些书的线都断了三次。

孔子以后的儒生不断地以各种方式来解读这本书，逐渐形成了《易传》。《易传》共十篇，汉儒郑玄将之称为"十翼"，"翼"，即羽翼，其中包括：《彖传》上下、《象传》上下、《系辞》上下、《文言》《说卦》《序卦》《杂卦》。

现在也不断有人论证《易传》是道家的著作，对于这个问题我们可以这样看，因为《周易》中涉及宇宙和自然的观念，而这些观念在战国时期已经得到广泛的传播，对于诸子百家的思想都有一定的影响。魏晋时期的玄学思潮，以《老子》《庄子》和《周易》为"三玄"，也可以说明《周易》的"跨界"影响。

到汉代，《周易》被尊为五经之首。在不断的传承和演化过程中，属于今文经学的施雠、孟喜、梁丘和京氏四家被立于学官，而以费直为代表的费氏易，属于古文经学，是民间易学的代表。

除了古、今文的差异之外，《周易》因其著作的特殊性，历代解易的方式主要分象数和义理两派。象数派以阴阳奇偶之数和八卦所象征的物象来解释《周易》文本；而义理派则注重阐发《周易》文辞中包含的哲理。历代的重要儒者都有解释《周易》的著作行世，不过是各有侧重。比如程颐的《周易程氏传》关注《周易》的秩序观念和德位思想，朱子的《周易本义》则吸收了象数派的解经思路。现代学者中，有的倾向于阐发《周易》的忧患精神，有人则从乾坤两卦中建构刚健有为、厚德载物的中国文化精神。

（五）《春秋》

"春秋"曾经被用来指称周代记载各诸侯国历史的典册，所以，各自有各自的"春秋"。作为儒家经典的《春秋》其实是一部鲁国编年史，记载了上起鲁隐公元年（公元前722年）下至鲁哀公十四年（公元前481年）之间鲁国的重大事件。

在古代，大多数人坚信《春秋》为孔子所作，孟子就说"孔子成《春秋》而乱臣贼子惧"。不过，如果确定孔子作《春秋》，就会带出一个小的问题，即《春秋》的下限在哪一年？《左传》中的《春秋》经文到鲁哀公十六年孔子卒为止，而《史记·孔子世家》说孔子作《春秋》记录的时间到鲁哀公十四年"获麟"为止。所以，更相信司马迁《史记》的人，认为哀公十五、十六两年的经文是孔子的弟子所补。

对于孔子为什么要作《春秋》，按司马迁在《太史公自序》中的说法，是因为孔子觉得自己不再有机会参与政治了，所以想通过对二百多年鲁国历史的褒贬，来阐述"王道政治"的可能形态。因为在孔子看来，"载之空言，不如见之于行事之深切著明也"。希望以此书来"拨乱世，反诸正"。

司马迁认为，《春秋》阐述了王道之大要，无论是当国者还是为臣者，都必须了解《春秋》。司马迁追随董仲舒，他对于《春秋》意义的说法来自于董仲舒，而董仲舒是汉代公羊学的代表性人物。说到公羊学，我们首先要对《春秋》三传做一个简略的介绍：

据《汉书·艺文志》记载，西汉传《春秋》的有五家，其中《左传》成书最早，而被列入学官的是《公羊传》和《穀梁传》。在刘歆的努力之下，西汉末年《左传》也被列入学官。

《公羊传》因其传述者可能始于公羊高而得名，但阐发公羊家义理最为重要的人物是董仲舒和何休。他们提出了"三统""三世""黜周王鲁""三科九旨"等命题，发挥大一统、尊王攘夷、君臣之道、上下尊卑等道德观念，深刻地影响了中国人的历史观和价值观。晚清时康有为倡导变法,将"据乱世、升平世、太平世"三世说与西方进化论原则相结合,建立了新的历史哲学。

与《公羊传》同为今文经学的《穀梁传》,据说为穀梁赤所传述。其中阐述的"微言大义",与《公羊传》有出入,有人说是同源异流、同本异末。但相比公羊学,穀梁学的影响力要逊色不少。

在《春秋》三传中,《左传》的作者左丘明是与孔子同时代的人物,司马迁说左丘明恐怕后人不了解孔子作《春秋》的意图,所以详细记录史实,以防止"失其真"。与《公羊传》和《穀梁传》主要以阐述经义为主,间或涉及史事不同,《左传》的着重点在从史实上"解经"或"补经"。因此,《左传》也并非如另两传那样与经文一一对应。

与西汉将《公羊》《穀梁》列入官学所不同的是,《左传》一直只在民间传授,一直要到西汉末刘歆勉力争取才开始立为官学,也因为这个原因,一直有一种说法,认为《左传》乃刘歆伪造。

《左传》以记载史实为主,长期以来不被认为是"经",而只是"史"。事实上,《左传》并不是单纯记录史实,也有大量价值陈述的部分,甚至西晋杜预为了强调《左传》也是"为万世之垂教",在解经著作中还为《左传》总结了"凡例"。杜预认为这些凡例是周公所创,是经邦治国的常制,而孔子加以总结归纳,概为"五十凡例"。

到近代,康有为断言《左传》为刘歆伪造,以此来推出他借以推动改革的公羊三世说,以此贯穿在今文和古文中的经史关系讨论中,可见春秋三传在流传过程中的紧张和冲突,播延至今。

(六)《论语》

《论语》记录了孔子和他的门人弟子的言行,可能是在孔子死后由他的弟子和再传弟子收集、整理编辑而成,是研究孔子和儒家学派思想观念最为重要的基础文献。

古代的《论语》也有今文和古文的不同版本，根据《汉书·艺文志》记载，《齐论》二十二篇和《鲁论》二十篇，属于今文，而古文的《论语》有二十一篇。

现在通行的《论语》是根据《张侯论》逐渐形成的。《张侯论》的作者张禹，西汉末博士，官至汉成帝时候的丞相。他对《鲁论语》和《齐论语》做了比较以后，选择了其中二十篇编成一个定本，称为《张侯论》。也有说郑玄根据《张侯论》，参照《齐论语》和古文《论语》作了《论语注》，但后来《齐论语》和古文《论语》失传了，郑玄的《论语注》也只有一部分留传下来，所以《张侯论》便成为最重要的本子。

三国时何晏为之做了《论语集解》，这便是我们现在所见到的《论语》。何晏自己承认根据前人的不同本子，对《论语》做了一些"改易"，从此之后，后人似乎并不再进行"再创造"，都是在何晏《集解》的文本基础上做进一步的解释和考证。

在《论语》的发展史上，有一些重要的注疏类著作，比如南朝皇侃的《论语义疏》、宋代邢昺的《论语正义》、宋代朱熹的《论语集注》、清代刘宝楠的《论语正义》等。朱子在《四书章句集注》中，专门引述了程颐读《论语》《孟子》的方法，其中有一句值得跟大家分享。程颐说，读《论语》的时候，要把弟子问孔子的问题，当作自己的问题再问一遍，而把孔子的回答当作是今天才听到的答复。即使孔孟生于当世，也不过以此教人。若能在此中深求玩味，那将是何等的气质。

《论语》的篇章，一般是取其第一句话的前二三字为标题。全书比较全面地记录了孔子对于仁、礼、中庸等政治伦理观念的论述，这些观念经过几千年的积淀，全面地渗透进中国人的思想、行为、信仰、习俗中，转化为中国人的文化心理结构。古人有"半部《论语》治天下"的说法，对此不一定要从字面去硬解，但不读《论语》，的确难以真正地理解中国和中国人。

（七）《孟子》

韩愈说，孔子之道大而博，门下的弟子不能"遍观而尽识"，后来分散在各诸侯国，各自以自己理解的孔子之道传授给弟子们，使得"源远而末益分"。只有孟子，师从子思，而子思之学来自曾子。在孔子之后，只有孟子才真正得孔门之真传，所以"求观圣人之道者，必自孟子始"。（朱熹：《四书章句集注·孟子序说》）孟子其实并不是一开始就有如此高的评价，唐宋之后，孟子在儒学传承谱系中的地位才日益重要，自韩愈开始，提出儒家道统传到孟子，后不得其传。于是我们就有了以孔孟之道来取代周孔之学进而成为对儒家的"称呼"。

《孟子》一书是记录孟子言行的一部著作，也是十三经中唯一以作者名字命名的经典，它在相当长的时间里是属于"子部"的作品。据说秦始皇焚书的时候，《孟子》因为属于诸子而免于劫难，这也使《孟子》比较完整地保存下来。

按照赵岐的说法，《孟子》在汉孝文帝的时候与《论语》《孝经》《尔雅》等一并设置博士，但后来汉武帝独尊五经，而废置传记博士，所以《孟子》一书又重新回到诸子的地位，但其地位又略高于诸子。

孟子的地位在唐代有一个质的变化，到宋代，孟子的地位进一步提高。由于宋代兴盛起来的理学系统更加侧重于心性之学，《孟子》书中的许多范畴均成为理学的关键词。宋代理学史上的另一个举措是将《论语》《孟子》《大学》《中庸》一起合称"四书"，其地位与五经并列。

同时，在政治层面，孟子的地位也日隆一日。自宋神宗熙宁四年（1071年）改革科举始，《孟子》成为经书。1083年，孟子被封为邹国公，与颜回一起被供奉到孔庙，配祀孔子。到元文宗时（1330年），孟子被封为邹国亚圣公。这样亚圣便成为官方对孟子的称呼。

不过，在宋代孟子"升格运动"的同时，也有对孟子非难的声音，比如司马光就做《疑孟论》，认为孟子是以兜售先王之道来获取声誉。也有人提出要在给皇帝讲经的内容中排除孟子。他们对《孟子》书中的王霸义利之辨和君臣关系的说法都提出了质疑。的确，《孟子》中强烈的民本思想为后世君王所忌惮。明初朱元璋就很不喜欢孟子的君臣观。据传朱元璋在《孟子》中读到"君之视臣如手足，则臣视君如腹心；君之视臣如犬马，则臣视君如国人；君之视臣如土芥，则臣视君如寇仇"的时候，认为这不是臣子所应该说的话。因此罢免了孟子配享孔庙的资格，并让翰林院的学士刘三吾删除《孟子》书中不利于确立君主绝对权力的言论，新编一部《孟子节文》，并下令被删掉的部分不准用来命制科举试题。后来在明世宗嘉靖九年（1530年）的礼制改革中，孟子的地位被恢复甚至进一步提高，直接被称为"亚圣孟子"。

《孟子》的注本中，东汉赵岐的《孟子章句》、宋朱熹的《孟子集注》、清焦循的《孟子正义》最受人重视。

孟子提倡的性善论和王道仁政思想，是儒家道德理想主义和心性之学的重要代表。从宋明时期的陆王心学，提倡致良知于事事物物的知行合一思想，到现代新儒学中的熊十力、牟宗三等人，都以孟子为儒学之正道。

（八）《孝经》

在儒家经典中，《孝经》因为是对儒家所看重的"孝道"进行阐述，所以一直受人重视。清华大学哲学系陈壁生教授说，《论语》中的孝是孔子教人如何行孝，塑造个体道德，而在经学体系中的孝，则是在以家庭为本位的社会中，政治如何开展的问题，断非我们一般人眼里的童蒙读物。这的确是点出了《孝经》在经学体系中的独特性。

《孝经》的作者，传统的说法集中在孔子与曾子两个人身上。司马迁在《史记·仲尼弟子列传》中认定《孝经》为曾子所作。他说:"曾参少孔子四十六岁,孔子以为能通孝道,故授之业,作《孝经》。"而《汉书·艺文志》则说"《孝经》者,孔子为曾子陈孝道也"。从《孝经》的文本看,这样的说法似乎很有一些道理,因为《孝经》记录的主要是孔子和曾子之间的对话。陈壁生写的《孝经学史》里认为是孔子所作,在六经之后,是孔子最晚的著作。

中国传统社会里,家庭伦理是政治、社会秩序的基础。所以《孝经》一书虽只有一千多字,但一直拥有非同一般的地位。汉代的儒生,在政治合法性的建设上主要依据《春秋》,而在社会行为层面则依据《孝经》。所以纬书《孝经钩命诀》中,孔子自称"志在春秋、行在《孝经》",而《隋书·经籍志》化用了郑玄的话说"孔子既叙六经,题目不同,指意差别,恐斯道离散,故作《孝经》,以总汇之。明其枝流虽分,本萌于孝者也"。

鉴于孝道与社会秩序之间的关系,历代帝王十分热衷于注解和讲解《孝经》。《孝经》开宗明义地提出,孝由家到社会,再到成就自己的历程,即所谓"始于事亲,中于事君,终于立身"。它还规定了各阶层人行孝的不同要求,指出不孝是最大的罪行。

不过,《孝经》并不认为孝是一味的顺从,而是认为在父母和君主有过失的时候,应勇于谏诤,使君父从善而改过。

《孝经》鼓励通过事功而使父母得以显耀,这可以看作是光宗耀祖观念的一种体现。《孝经》对于"忠"和"孝"之间的关系也有巧妙的解释,即《广扬名章》所说的:"君子之事亲孝,故忠,可移于君。"这既是儒家家庭和社会国家一致性观念的延伸,同时也使儒家血缘观念和权力阶层的需求之间有一个协调。由此可见,《孝经》的确是古人经纬天下之书。

（九）《尔雅》

《尔雅》是十三经中比较特殊的典籍，因为《尔雅》本身并不提供任何儒家的观念，它是古代治经的工具书。王宁说："《尔雅》是一部古代经典的词语解释之书，它在释词上有三大任务：（1）标准语释方言俗语；（2）当代语言释古语；（3）常用语释难僻词语。对文献语言做出的解释，我们古代称作'故训'，又称'训诂'，《尔雅》实际上是一部训诂的汇编。它不像一般的经书，是供阅读的；而像古代的字书，是供查检的。"[①]

《尔雅》的作者历来说法不一。有的认为是孔子门人所作，有的认为是周公所作，经后人增益而成。更多的人则认为是秦汉时人所作，经过代代相传，各有增益，在西汉时整理加工而成。

班固在《汉书·艺文志》中著录有《尔雅》三卷二十篇。唐朝以后将它列入"经部"，成为儒家经典之一。现存《尔雅》为十九篇，与班固所说的二十篇不同。具体看，（1）释诂上下；（2）释言是对古代的一些单词的训释；（3）释训则主要是训释迭字和连绵字；（4）释亲是对古代亲属关系称谓的解释；（5）释宫、（6）释器、（7）释乐则是对宫室建筑的形制、日常的用具和服饰、乐器等器物名称的解释；（8）释天是对天文历法等名词的训释；（9）释地主要是对古代的行政区划的训释；（10）释丘、（11）释山、（12）释水是对自然地理名词的解释；（13）释草、（14）释木是对植物名词的训释；（15）释虫、（16）释鱼、（17）释鸟、（18）释兽、（19）释畜顾名思义是对动物名称的训释。

对于《尔雅》的注疏，代表性的有晋郭璞所做的《尔雅注》、清代邵晋涵的《尔雅正义》、清代郝懿行的《尔雅义疏》等。

[①] 王宁：《〈尔雅〉说略》，载《经史说略：十三经说略》，北京燕山出版社，2002年，第283页。

三、经典与解释

近几十年，一直有关于竹简和帛书的考古发现的消息。比较有名的如马王堆帛书、郭店楚简、清华简、上博简等，这些帛书和竹简中，既有传世文本的抄写本，也有新发现的作品，丰富了我们对先秦、秦汉时期各家思想发展的认识。看这些出土文献的图片，可能会有一个问题涌现出来，即竹简是否有形制上的规定。我们在读《中庸》的时候，会读到"文武之道，布在方策"。其实，这个"方策"就是指不同的书写载体，现在也可以通过形制的不同，来推断帛书和竹简的时代归属。古书的抄写是有一定规则的，比如说竹简长短，官府用的是长二尺四寸，而私人用的则是长一尺二寸。也有八寸的，还有一种六寸的木板，是用来记录读经时的一些思考。

但形制的问题在帛书和纸张出现之后，已然不成为问题了。后来出现了如我们现在所看到的"书"这样的形制。或许可以说，在汉代以后，当五经博士制度建立之后，经典的抄写方式不再是主要问题，经师的解释方式才成为经典解释的新主题。毕竟被列入博士官学和民间传经，无论在政治影响还是社会资源的获得上都存在着巨大的差别。

我们已然了解，不同时代重视的经典并不相同。因为在历史发展的不同阶段，儒生所面对的问题不同，要对之做出有效的回应。比如汉初要制订朝仪，礼经一定是很重要的。汉代要确立大一统的政治，汉武帝要对匈奴开战，往往依据义理丰富的《春秋》。还比如，四书在唐宋之后受推崇，就是因为佛教的传入给儒家的宗族伦理带来了冲击，需要发展出一套心性的思想与之相抗衡。近代康有为提出"新学伪经""孔子改制"，主要是借助公羊三世吸纳西方的政治观念来论证改革的必要性。

因此在传统中国，经典解释经常是一种政治性的实践，比如白虎观会议和石渠阁会议，皇帝都要"称制临决"，来干预经典解释是否符合他的统治策略。经典解释同时也是儒生对一种观念和价值的传达，当然也可以是学术性的辨析。在大多数情况下，经典解释是这几方面甚至更多层次功能的结合。传统中国的儒生解经，显然不只是传播知识，更是为了寻求生命意义，探索生活普遍规则的源头，追问生命存在和社会、政治规范的合法性。所以，传统的经典解释者总是立足于他们所在的历史环境，在不同的历史处境、历史阶段中面对经典，复活经典的精神。

（一）经典注释的诸形式

经学的注释有其独特方式，一般而言分为传、说、记、章句和笺注等形式。在东汉末年郑玄注经之前，五经的传、说、记、章句都是独立成篇的，其目的是为了保持经的崇高地位。

所谓"传"是指对经的传述，主要指五经的解释性或辅助性的作品。孔子及其弟子讲述经书，一般是口头传授，这些讯息在历代师徒之间口耳相传，互相转达，渐被整理成书籍，这就是传的形成。作为经的解释方式，"传"的功能主要有这些方面：一是对经的义理进行阐发，如《周易》的《系辞》，可以视为对《周易》的产生及其意义做出了系统的说明，或是对经的字义进行解释，例如《毛诗故训传》；还有对经中涉及的历史事件做出说明的，比如《左传》之于《春秋》；也有对经中所涉及的制度进行说明的，如《公羊》《穀梁传》中不乏这类内容。

有的经典，"传"的重要性甚至超过了经本身。如《春秋》，据说是孔子根据鲁国史书"笔削"，因此圣人的意思主要在"传"中，所以三传反而比经文更被看重。对于春秋学而言，在唐代有"舍传求经"的运动。以啖助、赵匡为代表的经学家认为《春秋》经文简易,但先儒治《春秋》,形成了不同的学派,因家法师法所限,三传互攻,各不相通,所以应该"舍传求经",即不死守传注,发挥个人的理解力。中晚唐时期大批学者,如韩愈、卢仝等均赞成此风气,韩愈在《寄卢仝》诗中说"春秋三传束高阁,独抱遗经究终始",说的就是这种经学解释风气。

"记"最常见的作品有《礼记》《乐记》,主要是记录礼仪程序及其意义解释的作品。"传"侧重于忠实地解释传述经义,"记"的作用便是象史官记事那样,补充帮助理解经传的事件和学说。

"笺",主要是对前人解释的引申、发挥或补充、订正,郑玄的《毛诗笺》是其典型。

"疏""正义",是南北朝以后出现的新的注释经典的方式。魏晋南北朝以后,社会生活形式发生了很大的变化,而且去古已远,即使是汉代的许多注释也变得不容易理解。因此,在注释经典的时候,不但要注释正文,还要对前人的注释进行再度注解,这种形式,被称为"义疏""疏""正义"。最典型的作品如《五经正义》。

章句也是经学的重要形式,我们阅读四书的时候,一般会采用朱熹作的《四书章句集注》。章句,最简单的说,就是把原本连在一起的经典进行分章和断句。《后汉书·桓谭传》李贤注说:"章句谓离章辨句,委曲枝派也。"从两汉经学的状况看,"章句"在断句的过程中用义理和旁证进行解释。《后汉书·徐防传》记徐防曾说:"《诗》、《书》、《礼》、《乐》,定自孔子;发明章句,始于子夏。其后诸家分析,各有异说。汉承乱秦,经典废绝,本文略存,或无章句。收拾缺遗,建立明经,博征儒术,开置太学。"这里的意思是说,因为秦始皇焚书,所以经书散乱,而章句之学是在搜集、整理失散的经籍过程中兴起的。这种说法有很多的支持者。

（二）今文经与古文经

儒家的经师在解释经典的时候，因运用的方法不同，对于经典的理解差别会很大。比如对于《周易》，象数派看上去更为注重"技术"，也就是强调它的预测功能。而义理派则侧重阐发卦爻辞里所包含的哲理。儒家经典解释中最主要的对立是今古文的差异。这是从汉代一直延伸到晚清康有为和章太炎的经学内部的学派纷争。而另一种则是从义理与考据来区分汉学和宋学，在这样的区分中，今古文之间的差别似乎就被淹没了，而变成注重文字考辨和义理阐发的区分了。

那么我们先来了解一下今文和古文、今文经和古文经。

所谓今文和古文是两种文字的写法。两汉官方尊崇的五经及其传记全用隶书抄写，被称为"今文"。汉武帝时官方抄写的经文定本被称为今文经，而古文经来源则比较复杂。有些是民间收藏的，有些是出土的经书，最著名的记载是说鲁恭王在扩建其宫殿的时候，把孔子旧宅毁坏了，发现墙壁里面有一些用六国文字书写的《礼》和《尚书》等文本，后由孔安国献上。传统的说法是这些作品主要由战国时代六国文字抄写，这就是汉代以后学者所说的"古文"。

在汉武帝立五经博士的时候，所谓的五经就是今文经，但在西汉末刘歆争立古文经为博士的时候，今文经和古文经之间的冲突便开始了。冲突的起因不仅仅是因为政治权力的分配，也在于对今文派的释经方法的不满。

对于今文经学和古文经学之间的差别，历来有很多不同的见解。例如，晚清时一种很有影响的区分来自廖平。他认为今古文的差异是礼制的差别，今文以《王制》为主，古文以《周礼》为主。它们都来自孔子，古文经是孔子早年的学说，今文经则是孔子晚年的学说。这是一种十分有趣的说法，不过今古文的差异还有其他的方面。综合许多学者的意见，最主要的差异有以下几个方面。

第一，关于经典的构成和来源。今文经学家认为五经皆是孔子手定，经学的历史就应以孔子删定五经为起点。古文经学家认为，六经是孔子以前各时代的官书，并非创始自孔子。

第二，孔子的地位。今文学家极度推崇孔子，认为孔子是圣人，是"素王"，将孔子纳入古代以来的圣王系统。他们还依据谶纬观点，认为孔子是"感生"，获麟后天降异象以示"受命"，孔子才作《春秋》《孝经》以为后世法，并"告成于天"。

古文学家也不否认孔子是圣人，只是他们认为孔子有德无位，不能上接先代的圣王传统。孔子因有继承、删述六经的贡献，被视为是良史与先师。相比之下，周代礼乐的制作者周公，更受古文家的尊崇。

第三，是"微言大义"还是"述而不作"。今文家认为孔子删定五经的主要目的是要立法改制。因此要从这些经典中去发现微言大义，并阐释出一系列治国安邦的理论。但古文家则更相信孔子是"述而不作，信而好古"。

第四，经典系统。在汉成帝和汉哀帝之前，今文经学主要的典籍是《春秋公羊传》。在哀帝之后，今文学与逐渐兴旺的古文学均以《周易》为首要经典。大多数经典都存在着今古文不同的解释系统，并经常互相攻击。古文经学力攻《春秋公羊传》，而今文经学攻击的目标则是《左传》和《周礼》。

第五，传承系统。古文经学的经典因是从民间收集或是偶然发现的，并无确定的传承系统，所以被攻击为"无有本师"，甚至被判定是刘歆伪造而成。今文经学虽然传承系统明确，但因最初主要依赖口传，而且有些典籍如《尚书》并不如古文经完整，因此被指责为"信口说而背传记"和"抱残守缺"。

第六，与谶纬的关系。今文经内含有天人感应、灾异等思想，在西汉末和东汉初，与谶纬思想合流。而古文经则排斥谶纬。

就经学形成的汉代来看，西汉今文经学盛行，东汉则古文经学盛行。与此相关的是，一般的经学史著作都会说西汉重"师法"，东汉重"家法"。皮锡瑞说，先有师法后有家法，师法是溯源，而家法则是创新。家法和师法的结合很自然，既然立专经博士，就有责任把经典解释清楚。为了保住博士的地位，就必须坚持这种解释原则，并能够通经致用。

就严守规矩而言，师法和家法并无本质的区别。师法指的是西汉初年经学确立过程中诸位大师解释经典的基本观念，后来五经各立数家，数家的解说又有不同的传承，所以就产生了家法。家法本身来源于这些大师，所以重家法必然重师法。比如西汉的易学来源于田何，后来形成了施、孟、梁丘三家易学，都立为博士。相对于田何来说，后形成的三家可以说是家法，田何本身的观念可称为师法。但对于三家易学的传人来说，这三家易学的内容就是师法了。

家法确立的一个重要标志是章句。西汉初期的儒生继承先秦诸子的观念，思想比较解放，并不拘泥于文字。但是随着博士的设立，对于经典的解释越来越技术化，经学思想本身也需要体系化和固定化。这种固定化的最初动机可能是为了应付来自于不同门派之间的攻击，但也制约了其解释空间。

的确，经学门派之间的互相攻击一直是十分激烈的。不仅是今古文之间，今古文内部也时有冲突。特别是古文经学，因为长期被今文经学压制，攻击今文经学也最力。这很大程度背离了学习经典的最初目的。儒家经典所要提供的是修养身心和治国安邦之道，人们固然需要把经典的本义弄清楚，但拘泥于个别文字异同的经学争论，会舍本逐末，忘了经之根本意义所在。

虽然古文经学在立为博士的过程中一直不甚顺利，但它作为一种民间的学术，反而显示出活力，名师迭出，最终成为东汉经学的主流。东汉末年，郑玄以古文经为主，兼而吸收了今文经学的一些资源，遍注群经，从而使古文经学和今文经学有一定程度的融合。

今文经学和古文经学的立场对立贯穿了经学史的始末，晚清经学就是以今文经学的康有为和古文经学的章太炎之间的争论作为解体的句号。

在经学史上，我们经常接触的还有汉学和宋学这样的说法。"汉学"这个名称出现于南宋，按刘师培的说法，汉学之名并非汉人对自己学术的称谓，而是后来人的一种概括，并成为一种学术范式。他在《近代汉学变迁论》一文中说，汉学就是"汉儒训故以说经，及用汉儒注书之条例，以治群书耳"。所以，我们也称清代以汉儒之法治学的风气为乾嘉汉学。在清中叶今文经学兴起之后，由于切合当时复杂的社会需要，今文经学所具有的解释空间迸发出巨大的力量。有意思的是，当晚清康有为写《新学伪经考》的时候，认为古文经学不应该当"汉学"之名，因为这些古文经书都是刘歆为配合王莽篡权而伪造的，所以只能称为"新学"。

宋学则主要是指理学。清代的学术便是从考据学对于宋学的批评开始的。他们批评道学家"不读书"，就是指宋明儒者相对不关注经典本身的考据，而以阐发经典所蕴涵的性理和道德等为主。这样的批评有些言过其实，不过程朱的思考重心的确不在文字考据上。宋学体现的是儒家在受佛教和道教的影响之后，试图在天道和人道之间建立一种新的联系的努力。相对于其他时代的儒家学术，宋学更侧重于思辨，强调道德修养的工夫。

(三) 谶纬与经学

在儒家的经典解释历史上，谶纬问题也值得关注，因为谶纬在汉代政治和经典解释中具有独特的意义。谶与纬本来是两种事物，纬书是经学发展的一个变种，因为受谶的影响，所以谶纬经常合在一起说，甚至相互渗透。从字义上看，谶是一种可以得到验证的预言，而纬则与经有对应关系。

刘邦以布衣身份登帝王之位，开创一个平民登极的新纪元，这种新的政权转移方式要有新的合法性资源来论证。首先是道德上的，如何从德与位的关系中解释刘氏天下的道德依据问题；其次是神圣性问题，即从天道流行、五德转移的角度来证明汉朝建立的必然性。显然，传统儒家经典中比较道德理想主义的思路并不足以提供合适的解释。针对这一现实问题，儒生们需要对传统儒家经典做出新的解释，结合阴阳家甚至方士之说的董仲舒的"公羊学"，便是经学自我调整的重要表征。而一些更为贴近需要的"类经典"则被用来扩展儒家对于神圣性问题的态度。这样，原先在中国人观念中就很有市场的谶纬开始典籍化。《隋书·经籍志》就转述了一种当时流行的说法："说者又云：孔子既叙六经，以明天人之道，知后世不能稽同其意，故别立纬及谶以遗来世。"我们可以作这样的分析，当权者需要合法性的支持，或者是因为现实中有许多问题五经中并没有给出明确的答案，这时谶纬的作用就显示出来了。谶纬可以为他们行为的合法性提供证据，尤其在王莽变法和刘秀恢复刘氏帝国时期，谶纬特别兴盛。这就说明，需要做一些非常规的政治操作的时候，谶纬对于鼓动人心十分有效。

的确，一开始，"谶""纬"各有独立的发展历史。《说文解字》说："谶，验也。"即通过隐语、符、图、物等形式来预言人事的吉凶祸福。虽然最早的"谶"字出现在《史记·赵世家》，但相信占卜的中国人很早就相信预兆,比如在秦时流行的"亡秦者胡也",就是典型的谶语。

"纬"即纬书,是经书的支流,主要指的是汉儒假托古代圣人制造的依附于"经"的各种著作。具体有:《易纬》《书纬》《诗纬》《礼纬》《乐纬》《孝经纬》和《春秋纬》,统称"七纬"。

有人说纬书作于孔子,这显然是汉儒为抬高纬书的地位而假托。一般认为,纬书形成于经学确立之际,在西汉末年兴盛,而定型于东汉初年。谶纬在兴盛之时,地位十分特殊,甚至儒生在引证时会先引谶纬,再引五经。谶纬一时被称为"内学",王莽改制、光武中兴都曾以它作正当性的根据。王莽在位时,大量收集谶纬图书,这也使得大量零散的经谶、图谶、谶语、符谶、灵篇得以结集汇编。时势所趋,儒生也多熟悉谶纬。

刘秀以图谶起兵,即位后,崇信谶纬,并将谶纬作为重要政事裁定、决断的参考依据。建武中元元年(56年)"宣布图谶于天下",换句话说就是把制作谶纬的权力集中在他们自己手里。这显然是担心别人也用他曾经利用图谶的方式来起兵造反。从此以后,谶纬所凭借的根本经典——《河图》《洛书》(合四十五篇)及七经之《纬》(合三十六篇),总计八十一篇——正式确立下来。这样,官方垄断了谶纬的解释权,并严厉控制私造谶纬的行为。

汉末以后,谶纬之风渐弱,统治者不断地禁谶。如三国时曹魏政权"科禁内学、兵书",把谶纬之书和兵书归在要禁绝的书里面。晋武帝司马炎"禁星气谶纬之学",隋炀帝即位之后,向全国派出专门人员去搜天下书籍,与谶纬相涉者都焚之。这些统治者担心的就是有人用谶来作预言以引发政治动乱,经过三番五次的打击,隋之后,谶纬基本销声匿迹了。

汉代儒学和阴阳家学之间纠缠不清的关系,使得经学和谶纬之间的关系也异常复杂。一方面，既然有人认为这些纬书可能是孔子或孔门弟子所做，那么这些书必然是传达孔子为天下制法的重要典籍，也就是说，谶纬是经学的一部分。比如公羊学认为孔子作《春秋》是要为汉制法，在纬书中，就会把这种说法坐实。《春秋纬》中说，周代灭亡，就应该是由火德的王朝来替代。孔子在家里推算天地的变化，"为汉帝制法，陈叙图录"。这也是为了表示，孔子的制法是受天意的安排。另一方面，也不仅仅是儒家利用谶纬，民间方士和后起的道教也利用这样的手法，只不过儒家主要采用《七纬》，而民间方士们采用的更为庞杂而已。

何休在作《春秋公羊传解诂》时大量引用谶纬注经的做法，是今文经学与谶纬相结合的例证。《春秋公羊传解诂·哀公十四年》解释"君子曷为《春秋》"，便引用纬书《春秋演孔图》的说法："得麟之后，天下血书鲁端门曰：'趋作法，孔圣没，周姬亡，彗东出。秦政起，胡破术。书记散，孔不绝。'子夏明日往视之，血书飞为赤鸟，化为帛书，署曰《演孔图》，中有作图制法之状。孔子仰推天命，俯察时变，却观未来，豫解无穷。知汉当继大乱之后，故作拨乱之法以授之。"也有学者将这种经典神秘化的倾向说成是儒学宗教化的现象。

在经过皇帝称制临决的《白虎通义》中，征引六经传记而掺杂纬谶的倾向仍是十分显著的，"傅以谶记，援纬证经"的确是《白虎通义》的最大特色。这不但表现为它大量采纳引用了诸如《孝经援神契》《孝经钩命决》《礼纬含文嘉》《春秋元命苞》《乐纬稽耀嘉》《春秋感精符》《周易乾凿度》《乐纬动声仪》等谶纬内容，而且在引征这些典籍时，凡是有经有纬的，通常是先引谶纬，后引经书。

即使是主张以史实为主的古文经学派，在汉代谶纬之风的影响下，也难免与之发生关系。汉章帝时贾逵上书称道《左传》与图谶相合，于是《左传》《古文尚书》《毛诗》等都得到朝廷的承认，古文经学缘此而有大的发展。

四、经学的发展阶段及后经学时代的经典

早期经典的形成是一个历史性的过程，对于经典的起源有很多种说法。今文经学认为六经为孔子所作，更多是一种价值意义上的溯源，或者说本身就是经学立场的体现。从体制性的经学来看，五经博士和博士弟子制度的建立，可以看作是一种开端。对于经学的传承和发展的判定也是见仁见智、各有侧重。

《四库全书总目提要》的《经部总叙》提出经学有六变：(1) 两汉时期；(2) 魏晋至宋初时期；(3) 宋初至宋末时期；(4) 宋末至明初时期；(5) 明正德嘉靖至明末时期；(6) 清初时期。该文点出了各个时期的代表人物和优缺点。站在今天的立场上看，这样的分期有一些问题。首先是没有说明经学起源的问题；其次是 (3)(4)(5) 这三个时期似乎应归入同一时期；最后因为写作年代的问题，对清中后期经学的衰落阶段，无法着笔。

《四库全书》代表的是官方的立场，而清代的江藩在《汉学师承记》中表达了他个人的看法，他将经学分为十个阶段：(1) 三代，人们开始接受诗书的教化；(2) 秦和汉初，诗书被烧，黄老当道，经师勉力使经典之火不至熄灭；(3) 西汉时代，经学繁盛；(4) 东汉时代，经学高峰，尤其是郑玄"博综群经"，几达经学之巅；(5) 晋，伪造经书的时代，比如王肃的《孔子家语》等；(6) 南北朝的宋齐之后，南北不同经学风尚的形成；(7) 唐代，《五经正义》颁示天下，但也有经师用王弼的《周易》注释替代郑玄注，用伪《古文尚书孔传》取代马融和郑玄的《古文尚书》

注解,因此属于"舍珠玉而收瓦砾",不知取去之道;(8)宋,邪说蜂起的时代,儒生以性命之学取代礼乐大道;(9)元明时代,是以科举制义压制经典的时代;(10)清代,拨乱反正时代。

江藩的分段有其独到之处,但鉴于他是一个好辩之人,门户之见太重,比如说把宋代说成是"邪说蜂起",明显体现了清代学者对于宋代道学的贬低。晚清学者皮锡瑞的《经学历史》站在今文经学的立场,也将经学发展分为十期。具体包括:(1)经学开辟时代(断自孔子删定六经为始);(2)经学流传时代(战国至汉初);(3)经学昌明时代(自汉武帝始);(4)经学极盛时代(西汉元帝、成帝至东汉);(5)经学中衰时代(汉末至魏晋);(6)经学分立时代(南、北朝);(7)经学统一时代(唐至宋初);(8)经学变古时代(北宋仁宗至南宋);(9)经学积衰时代(元、明);(10)经学复盛时代(清)。与江藩的论断相比,皮锡瑞要客观一些。

其实,皮锡瑞已然身处晚清经学的危机之中,他直接参与了湖南士绅对康有为经学观点的批判。尽管从大的流派上看,皮锡瑞和康有为都属于今文学,但他们对于西学的看法有很大差异,皮锡瑞更不同意康有为激进的改革方案。

1840年鸦片战争之后,在西方列强军事和经济优势冲击之下,中国面临空前的文明危机,"师夷长技"已经成为对抗西方的一个无可逃避的选择。这种夷夏文化力量对比的变化,最直接地表现为对儒家价值的冲击。

具体到经学研究的领域,则体现为今古文之争的再度激烈化。康有为基于今文立场,为他的社会变革主张而写作的《孔子改制考》和《新学伪经考》,在晚清思想界引发了地震般的反应。而章太炎基于古文经学立场将孔子"史家"化的努力,在肯定孔子对于塑造中华文明的意义的同时,恰是要反对将孔子教主化的康氏新经学。

康有为为了将孔子塑造成改革家和为万世立法的制宪家,将一些经典判定为伪经。在视儒家经典为万世不易之真理的时代,将一部分经典判为"伪经",是对儒家"打通后壁"式的自我毁灭之路。当时很多学者预感到《新学伪经考》牵一发而动全身,势必对儒家经典的神圣性产生颠覆性的影响。叶德辉的反应直接而强烈,他说"宁可以魏忠贤配享孔庭,使奸人知特豚之足贵,断不可以康有为扰乱时政,使四境闻鸡犬之不安"。①当时朱一新给康有为写了五封信,其中明确指出,古文经学和今文经学虽有许多不同之处,但其基本原则是一致的,即旨在阐明"君臣、父子、兄弟、夫妻"的永恒义理。如果站在今文的立场将古文经视为伪经,就有可能造成连锁反应,会让所有人怀疑儒家经典的价值。

主张革命的章太炎对于孔子的态度虽然前后有很大的差异,不过他的古文家的立场更具有与现代学术衔接的可能。在陈壁生看来,章太炎视六经为古史,以孔子为史家之说,导致人们将经学视为尧舜以来的历史记载,并且,这种历史记载对后来历代修史产生了重大影响,成为历史的源头。要通过对六经的历史化解读,寻找这个民族的源头所在,以历史作为国家构建的"国本"。这样我们从经典中要获取的就是制度、掌故和习俗,以此,方能完成建立起现代民族国家的使命。但这也同时造成了"夷经为史",将以经为主导的传统学术都建立在"史"的基础上。

然而,不出叶德辉他们的预料,康有为断定刘歆伪造经典的运

---

① 《叶吏部与南学会皮鹿门孝廉书》,载苏舆编:《翼教丛编》卷六,上海书店出版社,2002年,第169页。

动,成为现代疑古运动的源头。疑古运动的目标即是要剥离附着在古代圣王身上的价值积淀。此外,章太炎"以史为本"的国故之学,随后转化为胡适等人的"整理国故"运动,中国的传统学术都变成了史料,需以西方学术分科来看待、整理,从而建立起了中国的现代学科体系。所以,无论是章太炎的古文经学进路,还是康有为托古改制的今文经学主张,都成为了经学崩解的助攻者。

教育制度和学校制度的变革,成为经学衰落更为致命的原因。在许多的教育变革措施中,模仿西方的学制是最先进行的试点之一。当然,所有新学制的设立,无一例外要考虑"经学"的问题。1901年,张之洞以日本的"六科分立"为蓝本提出了"七科方案",即在大学中设置经学、史学、格致学、政治学、兵学、农学、工学。这个方案最值得注意的地方是将经学列为各科之首,体现了"中学为体,西学为用"的指导性原则。随之担任管学大臣的张百熙提出了新的七科,即政治科、文学科、格致科、农业科、工艺科、商务科、医术科。这个方案与张之洞的最大不同是并未将经学单独成科,而加上了医科。显然,这种取消经学科的做法更符合现代教育以知识教育为主的趋势。不过,在1904年正式颁布的《奏定学堂章程》(亦称"癸卯学制")中,经学科依然存在,因为,主持章程编制的张之洞坚信"若学堂不读经书,则是尧舜禹汤文武周公孔子之道,所谓三纲五常者尽行废绝,中国必不能立国矣"。(《奏定学堂章程·学务纳要》)

在张之洞等人的思路中,在学校体制中设置经学科,甚至设立专门的"存古学堂"是解决经学在现代教育体制中尴尬处境的制度性补偿。但无论如何,在新的教育模式下,儒家很快便发现自己的容身之处已经越来越狭窄。随着中华民国的成立,体制性的经学就崩解了。

1911年辛亥革命之后,儒家已经不再作为统治合法性的依据。随之，教育的目的发生了根本的变化，连带着教育的制度和课程的设置也发生了根本性的变化。比如1912年蔡元培任教育总长发表的《对于教育方针之意见》就明显是针对1906年的教育宗旨而发的。他说："忠君与共和政体不合，尊孔与信教自由相违。"1912年7月召开的临时教育会议通过了新的教育宗旨："注重道德教育，以实利教育、军国民教育辅之，更以美感教育完成其道德。"很显然，新教育观体现了蔡元培先生的教育思想。

中华民国元年（1912），教育部公布普通教育暂行办法，改称学堂为学校，令上海各书局将旧存教科图书暂行修改应用，令废止读经，并禁各校用《大清会典律例》等。当年五月，又由教育部宣布普通教育暂行办法，条文很多，对于学校和教科书特别提出：（一）各项学堂改称学校。（二）各种教科书务合共和民国宗旨。前清学部宣布所颁及民间通行教科书中，有崇清及旧时官制避讳抬头字样，应逐一更改。教员遇有书中有不合共和宗旨者，可随时删改，并报教育司，或教育会，通知书局更正。（三）师范中小（学）一律废止读经。

虽然在康有为等人的呼吁之下，袁世凯政府对于废除读经的教育方针有所反复，但随着洪宪帝制的完结，社会上反而把读经和复辟相勾连，因此废除读经已经成为政治正确的事件，时任北京大学校长的蔡元培在北大也废止读经，经学的体制性崩溃已经无可挽回。

随着经学在学堂体系内外的淡出，中学按照西方的学科体制被纳入文学、历史、哲学等新学科中。中体西用的目标最终发展成为中体被西用所湮没，从而造成中国文明独特价值的迷失。在今天重回体制性的经学或许已无可能，儒家也必须迎接现代性的挑战。那么在后经学化的今天，如何来看待儒家经典及其他古代经典的作用呢？我想以三个方面来概括之：一是要建设新中国，必须认识传统中国，而要认识传统中国，就必须了解经典。二是经典中保存着中国人的价值观念、文化习俗的符号，要认识中国人，就必须了解经典。三是经典中包含着中国的制度建构原理，要树立文化自信，要走出中国人自己的现代化道路，我们需要从经典中去寻根，找到适合中国人独特习性的制度体系和社会理想。

第三讲

儒学的古今之变：如何理解"儒学的第三期发展"

冯友兰先生回忆他在北大听中国哲学史课的时候，遇到两位老师，一位是陈汉章先生，授课半年从伏羲讲到了《尚书》中的《洪范》篇。后来换成胡适，他丢开唐虞夏商，直接从周宣王以后讲起，这给了冯先生很大的震动。的确，他们反映了在不同的学科规范下对中国早期思想认识所可能带来的巨大变化。所以说，思想史的魅力固然在于这些伟大的思想家说了什么，还在于后人的"解读"。解释是经典活力的最好体现，也是思想不断丰富和发展的路径。在经典解释的过程中，每一种外来思想的传入都会带来解释范式的巨大转变，恰如佛教传入所带来的唐宋儒学的转变。这次，胡适带来的则是西方的哲学范式，这是中国古代不曾存在的解释方式。从某种意义上说，胡适将杜威等人的实用主义思想传入中国，开启了现代儒学解释的新阶段。

或许可以这么说，儒学史就是一部儒家经典的形成和解释的历史。在儒家经典中，跟现代意义上的"历史"最接近的是《尚书》和《春秋》。孟子点明了孔子作《春秋》而"乱臣贼子惧"。这种描述是否是孔子删削《春秋》的原始动机，在我看来并不重要。我所要强调的是孟子对孔子作《春秋》目的的揭示，可以看作是对《春秋》经典性质的"呈现"，他强调了《春秋》的政治功能，而非"记事"特性。基于这样的目的，孔子对于史料是"笔则笔、削则削"，有删削和整理。他还经常为尊者讳、为贤者讳，这与现代意义上强调的历史写作应遵循"客观性"的准则相距很远。

借助历史来阐发义理是儒家传统。儒家主张对于"史实"要忠实地记载，秉笔直书。但对于历史意义的阐发及由此带来的价值导向则是阐述的力量所在。孔子就曾夸赞过真实记录晋灵公被刺杀之后，董狐对"赵盾弑君"记录的坚持，并称赞董狐为"良史"。《左传·宣公二年》记载了孔子对董狐的称赞："董狐，古之良史也，书法不隐。"由此可见，"书法不隐"，也是孔子对历史书写的要求。

当然，在赵盾弑君的记载上，其实已经包含了对于赵盾的评判，就是在赵穿杀了晋灵公之后，身为大臣的赵盾有两个选择，要么主持秩序，惩办凶手；要么遁迹天涯，以绝君臣之义。赵盾躲在边境的举动，既不讨贼，又不离国，那就相当于弑君。从这个故事，我们可以了解儒家一直试图通过对"历史事件"的书写来推行其文教。

我们这里还要聚焦一个更为具体的问题，就是儒家是如何回溯自己的历史的呢？其实，儒家学派也是特别愿意记录自己的历史的。纵观儒家学派的发展史，甚至可以做出这样的判断：任何一次对于自身历史的梳理，都是儒家学派的一次价值清理和谱系建构的过程。

本讲立足于对现代思想史中儒学史的叙述方式背后隐藏的叙述者意图与诉求的呈现，从方法论的角度来理解现代历史学科特别是思想史研究方式的复杂性。也就是说，我们可以从不同人建构的不同的儒学史，看出其叙述的目的。

一、反儒家的"儒学史"

现代学术体系中，工具理性和价值理性存在着紧张关系，体现在现代大学教育中,大学的功能更多地体现为知识的传授而不是信仰的确定。因此,儒家的经学必然不容于大学的体系,这些曾经不容置疑的经典被分解到不同学科中,比如《尚书》《春秋》入史学科;《诗经》入文学科;《周易》《礼记》入哲学科。在这样的体系下,经典是作为"科学"研究的对象,历史不再需要褒贬而是记述事实。因此,在中国现代史学的建立过程中,考古学、人类学等方法成为史学之大宗。在这样的背景下,康有为的《新学伪经考》正好成为近代以顾颉刚等为代表的"疑古派"的思想助力。

其实在康有为的早期作品,如《康子内外书》等书中,尧舜的角色就很矛盾,一方面他们是古代的圣王,另一方面,已经接受西方社会发展史和人类学知识的康有为把尧舜看作"部落酋长"式的人物。这些都启发了疑古派试图还原早期中国历史的冲动。

从"科学"的历史学的角度,顾颉刚等人得出的"层累地造成的中国古史"的结论不为无见,顾颉刚看到了"时代愈后,传说的古史期愈长"的古史建构过程。的确,时代越近,远古圣人的人数越多。周代人心目中最古的人是禹;到孔子时有尧舜;到战国时有黄帝、神农;到秦有三皇;到汉以后有盘古。时代越往后发展,这些传说中的圣人形象也越发丰富。如舜,在孔子时只是一个"无为而治"的圣君,到《尧典》就成了一个"家齐而后国治"的建立完美政治秩序的人,再往后的儒家典籍中,舜更是儒家孝的典范。

钱玄同把疑古派的目的说得很清楚,即"疑古"要解构的是儒家所建构的价值系统。他在给顾颉刚写的信里称赞"层累地造成的中国古史"这个观点"精当绝伦"。他说,当了解尧、舜、禹、稷及三皇、五帝、三代相承的故事只是一种"传说"之后,他"惟有欢喜赞叹"。他还希望先生用这方法,多有发明,使后来学子不致再被一切伪史所蒙，认识到尧舜只是理想人格而已。因此，在疑古思潮影响下写就的儒学史只可能是"反儒学"的儒学史。

钱穆虽然也在《古史辨》上发表文章，但他的历史观则主张对本国的历史抱有同情和敬意，他既反对历史虚无主义，视本国以往历史毫无价值，或以西方为标准，视中国古代的历史和文化为现代化的阻力。"将我们当身种种罪恶与弱点，一切诿卸于古人。此乃一种似是而非之文化自谴。"① 同时，他也反对机械的历史决定论，认为今胜于昔是一种浅薄狂妄的进化观。他撰写的《国史大纲》就是在这样的精神指导下的作品。在书中，他对疑古派对历史的看法，提出了"修正"。比如，对于早期历史中的传说乃至神话部分，他认为不能将之归入造假而简单加以排斥，而应将之视为民族对于自己历史的集体记忆。而且与其他民族追述古史的神话气息不同，中国的历史传说，富于理性。比如有巢氏代表巢居时期，燧人氏代表熟食时期，庖牺氏代表畜牧时期，神农氏代表耕稼时期，这些称呼可能古代并不存在，属于后人的想象，但恰与人类历史文化的演进相符合，这种历史叙述，虽是后人加工，但对于认识中国古代社会有很大的意义。

学科化固然是大势所趋，在救亡保国的压力下，如何建构起民族认同以唤醒国民抗争的意识，如何在西学东渐的大潮面前，保存中国学术之固有特性，势必成为近代文化守成主义的内在精神需要。在此趋势下，国粹派、学衡派以及新儒家都试图在西化格局中寻找一种新的思路。比如，学衡派从西方的文化浪漫主义思潮中吸取灵感进而反思科学主义的科学"迷信"；梁漱溟亦从柏格森等人的思想中获得启发，强调意志和人心的独特价值，他提出的文化发展不同路向的说法，就

---

① 钱穆：《国史大纲》上册，商务印书馆，2015年，第1页。

是要为中国自身文化寻求价值支点。

受到多重历史观的影响，也有学者开始尝试从历史与思想的互动关系中来探索儒学发展的历史，最早以历史分期的方法来谈论儒学的历史及其当代使命的是沈有鼎教授，他在一篇名为《中国哲学今后的开展》的文章中，以"哲学的非历史性与历史性"作为讨论连续性和阶段性的方法论基础，认为思想的发展存在着一种"节律"。他指出中国古代的思想可以分为两个阶段，即从起源到秦汉时期作为第一期，自魏晋到明清为第二期。第一期的文化，是"以儒家的穷理尽性的文化为主脉的。它是充满着慎思明辨的逻辑精神的。这一期的思想是刚动的、创造的、健康的、理想的、积极的、政治的、道德的、入世的"[①]。这一时期思想的代表人物是孔子。沈有鼎先生认为，第二期的文化在政治、道德、礼俗上虽然挂着儒家的牌子，但在实际的精神层面已经不再具有第一期儒家"刚健"的创造精神，实际上属于一种道家玄思的精神。

沈有鼎认为，虽然中国经历了挫折，但是文化的第三期发展已经初见端倪，这一复兴是对于第一期儒家精神的回归，同时又必然是结合了道家的艺术趣味和新的社会组织方式，甚至融汇了民主和自由的精神。

沈有鼎的这种三段式的划分带有黑格尔式辩证法的正反合的倾向。他认为宋明时期的儒学失去了原始儒家刚健的精神，而接受西方的民主、自由和逻辑（科学精神）则成为他所期待的新时期儒学的重要特征。进而，儒学的复兴成为众多学者对于文化第三期发展的呼唤。沈有鼎后

[①] 沈有鼎：《中国哲学今后的开展》，载郭齐勇主编：《中国哲学史经典精读》，高等教育出版社，2014年，第246、249—250页。

来以逻辑研究闻名于世,并没有加入新儒家的营垒,但他对儒学历史的描述,却为现代新儒家们描述儒学史提供了启发性的方案。

二、现代新儒家如何"叙述"儒学史

处于近代中国大变局中的李鸿章、康有为等时代的先知先觉者,都清楚地认识到,这是"三千年未有之大变局",即在周孔建立礼乐文明的基调之后的最大变局,远非晋唐时期佛教对中华文明的冲击所能比。

李鸿章所意识到的可能仅仅是王朝国家的存续问题,被西方列强的军事和宗教势力压得喘不过气的李鸿章知道武器差距的背后是生产方式和科学技术的差距,但他并没有突破这个体制的意识,他自嘲是"裱糊匠",说他办了一辈子的事,练兵也好,海军也好,都只能算是纸糊的老虎,从来不能放手办理,只能勉强涂饰,虚有其表,不揭破还可敷衍一时。如一间破屋,由裱糊匠东补西贴。有个小风雨,尚能支应。但遇到大的风浪就不可收拾。既然只是一个裱糊匠,他就无法为这样的局面负责,他的改革也就比较局限于洋务运动这样的"长技",而不敢提出更多的制度变革的主张。

康有为也强调他所处的时代是三千年所未有之大变局。他主张变法,一度也获得了光绪的信任,但终究因过于颠顶而陷于失败。不过,在我看来,康有为虽以戊戌变法而声名载入史籍,但他更重要的贡献是在思想领域的突破之功。

作为康有为的学生,梁启超可能是最早意识到康有为对于儒学改造所具有的划时代意义的人。在《南海康先生传》中,他把康有为比作孔教的马丁·路德,认为康有为在政治改革等方面所做的事可能很快就会被忘掉，但他作为一个宗教家的角色，可能会真正影响这个时代。

事实上，梁启超并不是始终同意康有为的孔教主张的，特别是民国之后，康有为和陈焕章尝试将孔教立为国教的努力更是他所反对的。不过，梁启超能理解康有为的问题意识，即儒家需要寻找新的存在方式。

在戊戌变法之后被迫流亡海外的康有为，因祸得福地看到了西方启蒙之后的政教分离使得基督教依然能在西方人的生活世界里发挥作用，而且也能为西方的政治体制和公共秩序提供价值支撑。这对他的启发是，儒家如何在失去科举等国家制度的庇护下，依然能够成为国家凝聚力的资源和国民道德的基础。他寻到的出路就是孔教。

康有为知道孔教与基督教的差别，比如，孔教并没有一神教信仰，没有教籍这样的团契生活。不过，他并不认为这是孔教的缺点，孔教因为关注人的现世生活而使其摆脱了迷信，也没有强烈的排他性，因此孔子才是真正的"大地教主"。这种惊世骇俗的观念，让康有为有一种新儒学创立者的使命感，从而也被人视为是真正直面西方挑战的人。

当然，因为康有为过于热衷地参与到民国初年的政治纷争中，并与几次复辟活动存在着洗脱不掉的干系，而且他过于激烈的"伪经"论也客观上导致了儒家价值体系的自我消解。在后起的新儒家那里，他们自觉与康有为划清了界线。

五四新文化运动的初期，陈独秀的攻击目标就是袁世凯的皇帝梦和康有为的孔教，认为孔教和专制政治之间存在互为支撑的关系，是中国人接受民主和发展科学的最大障碍。这种非此即彼的对立情绪是如此强烈，以至于在新文化运动中发展起来的新儒学如果想要获得发展空间，就需要很强的"辩护"精神，说明儒学与民主、科学之间的关系，或者说强调儒学与民主、科学之间的相容性成为现代新儒家的重要主题，这一点在牟宗三和徐复观这一代新儒家身上体现得尤其明显。

新文化运动激发的文化保守主义有很多倾向，比如以杜亚泉为代表的调和派和以《学衡》杂志为阵地的"学衡派"，但产生持续影响的则是"现代新儒学思潮"。

现代新儒学思潮的构成十分复杂，一般将20世纪20年代出现的梁漱溟、熊十力等人作为开创性的人物。他们也可以被看作是世界性的保守主义运动的一部分。同样是面对西方的挑战，他们与康有为、章太炎一代所要面对的问题，以及提出的应对方案几乎完全不同。

以梁漱溟和他的父亲为例。梁漱溟的父亲梁济在体制性儒学的框架下，读书，获得功名，然后出仕。因清帝的退位而转入民国政府的民政部门任职。他期待国家的强大和国民道德的完善，但当这个期待落空之后，他选择了自杀。他的遗书中，充满了对于诗礼纲常的肯定，认为数千年的礼教秩序的崩溃最终让他决定以死来"惊醒"世人。

受父亲"这个世界会好吗"的疑问的刺激，梁漱溟希望通过他的研究和社会实践来改变中国，但与他父亲对于纲常的执着不同，他更看重的是礼乐文化中所包含的"以他人为重"的伦理情谊，并从多元文明的角度，指出民主和科学固然是这个时代最伟大的发明，但中国文化的特性导致其不能产生出民主制度和科学精神，因此中国应该找出一条自己的发展道路。

试图在儒家思想和民主、科学之间找到桥梁的是飘零到海外的港台新儒家，如牟宗三和徐复观。尤其是牟宗三，他提出三统并建的思路来全面衔接中西，主张通过肯定"道统"以稳住儒学之传统慧命，开出"学统"以建立科学知识，继续"政统"以确立民主政治。三统并建的关键在于道统的坚持，即认为儒家的道德理想主义，可以通过

"良知坎陷"来开出科学，并使科学的发展符合人类的方向。以"内圣开出新外王"的姿态来矫治民主可能带来的"道德"困境。有鉴于此，牟宗三、唐君毅和徐复观都强调儒家的心性之学，认为这才是儒家思想的正脉。

牟宗三说，理解儒家就要从纷繁的儒学资源中发现本质性的特点。他在一篇名为《所谓"新儒学"：新之所以为新之意义》的文章中说：儒家思想流派众多，在孔子弟子的时代就已经"儒分为八"，后来又有孟子和荀子的分别，时时在发展，代代在更新，谁才能真正代表儒家的"正宗"呢？儒家在几千年的发展过程中，是生生不息又一以贯之的，"孔子之生命与智慧必有其前后相呼应，足以决定一基本之方向，以代表儒家之本质。此点可得而确定否？如能确定，则于了解儒家之本质，孔子生命智慧之基本方向，必大有助益；如不能确定，则必只是一团混杂，难有清晰之眉目"。①

牟宗三所确定的基本方向就是儒家的心性之学，以此来作为真正体现儒学之本质和精神方向的判准。在这个基础上，建立"双重"视角：一是儒学本身发展的历史，二是现实的社会和文化发展需要。因此，在20世纪50年代之后，牟宗三要应对的问题有两个，一是如何落实西方民主和科学的价值；二是对文化虚无主义主张的反传统、反儒学的政治运动进行批评。

港台新儒家对时代的反思和对中国文化存续的忧虑集中体现于1958年由唐君毅、牟宗三、徐复观和张君劢联合发表的《为中国文化敬告世界人士宣言》中。此《宣言》批评了当时人们普遍认为的儒学已

---

① 牟宗三：《心体与性体》，载《牟宗三先生全集》⑤，联经出版事业公司，2003年，第14页。

经属于博物馆里的陈列物的观点,指出儒家还影响着中国人的生命世界,是一个具有生命力的思想体系,儒家的道德理想和宗教精神对于当代世界具有普遍的意义,儒家思想与现代的科学和民主并不矛盾。不仅如此,中国文化本身并不排斥民主和科学,反之,对民主和科学的肯定是中国文化道德精神自身发展的内在要求。所以现代新儒家的工作可视为"返本开新"的事业。

该宣言体现出对五四反传统思想的某种程度的妥协,将儒学与民主和科学的兼容作为支持其具有现代意义的证据,可以看作是对儒学与西方思想的一种不得已的"曲通"。虽然钱穆先生不愿意在宣言上签名,但宣言却延续了钱穆在《国史大纲》中提出的立场,即对中国的历史和文化传统要有"同情"和"敬意"。这实质上是在肯定科学的同时,反对了唯科学主义的偏执,认为客观性和科学性这样的认识标准和认识方式并不一定适合处理价值和信仰问题。既然解决了儒家的生命力问题,那么必然会有对儒家未来的设想,牟宗三等人坚定地相信必然会出现儒学的第三期发展。

早在1948年,牟宗三在《重振鹅湖书院缘起》一文中就提出,孔子、孟子、荀子和董仲舒为儒学第一期,二程、朱熹、陆九渊和王阳明为儒学第二期,现在已经进入第三期,认为经过第二期的沉淀,第三期会接近于第一期的刚健状态。此时牟宗三对于儒学三期发展的设想,还比较接近前面所提到的沈有鼎式的三段论,但是到了20世纪50年代,牟宗三的思路出现了新的拓展。

在《政道与治道》一书中,牟宗三给出了他的儒学三期划分。他认为儒家学术的第一阶段,仍是由先秦儒家开始,发展到东汉末年。儒学的第二阶段主要是宋明理学的形成和发展。在牟宗三看来,魏晋南北朝直至隋唐,是一个儒学脱离正常轨道的阶段,而理学的兴起才使其回归道德意识的主流。针对人们对宋明理学家过于注重内圣而忽视外王的批评,牟宗三认为这是不得已而为之的权宜之计,在专制皇权的统治下,儒家的政治理想难以在现实的政治活动中得到落实,儒生只能下功夫向内求,追求自身道德的完满性。

与沈有鼎的看法接近,牟宗三亦认为第一期儒学是刚健活泼的,而第二期则显得消极。他说:"第一期之心态,孔、孟、荀为典型之铸造时期,孔子以人格之实践与天合一而为大圣,其功效则为汉帝国之建构。此则为积极的,丰富的,建设的,综和的。第二期形态则为宋明儒之彰显绝对主体性时期。此则较为消极的,分解的,空灵的,其功效显于移风易俗。"但在清朝之后,儒学的精神丧失,所以要期待第三期的儒学,其内容"一、自纯学术言,名数之学之吸取以充实最高之原理;二、自历史文化言,民族国家之自觉的建立以丰富普遍之理性。由道德形式转进至国家形式,由普遍理性之纯主题性发展出客观精神"。① 他也将儒学第三期的任务描述为"内圣开出新外王"。

这一"开出",对于儒学而言是一种新的创造,即除了在学术层面肯定科学的价值,在政治层面更要处理如何建国的问题。在牟宗三看来,既然世界格局已经步入民族国家阶段,那么纯粹的道德形式便难以解决现实需要,而一定要有政治上的发展来把道德意识加以落实。这个看法对于理解牟宗三十分重要,现在有一些学者批评牟宗三只重视心性之学而忽视政治儒学的方向,这样的批评并不能看到牟宗三的心性论是要为他的政治理想奠定形而上的基础。他清晰地认识到儒家所要面对的世界是一个以民族国家为基本单元而存在的世界,这客观

---

① 牟宗三:《道德的理想主义》,载《牟宗三先生全集》⑨,联经出版事业公司,2003年,第13—14页。

上要求儒家不能停留于道德形式的表现，也不能停留在超国家的天下体系层面，而要进入国家形式的表现，具体地说是对个体、国民身份的认知。

同样以建国为目标，梁漱溟将他的乡村建设视为一场建国运动，但在牟宗三看来，梁漱溟的建国理念是文化学意义上的，对于儒家的道德理想在国家形态的设置上体现不够。

牟宗三对于建国问题的关注，固然源于民主思想的导入，但亦存在一种寻求国家精神的内在要求。这样，儒家的道德意识便不再局限于个人的修养，而获得了与现实政治架构相衔接的途径。由此，儒家的价值体系不但是一种人生的自我要求，而且在政治上可以对治极端自由主义和唯科学主义等现代性弊端。从这个角度看，牟宗三的建国理论比梁漱溟进了一步。换句话说，梁漱溟基于对中西文化精神不同的判断，指出要建设现代国家，西方人可以按他们的文化特性建立符合他们文化类型的国家，中国可以按照中国文化的方向建立其自己类型的国家。而牟宗三则认为文明的发展可以汇合为一个共同的方向，儒家不但可以接受民主政治，还可以为民主政治体制灌输道德精神。梁漱溟的西方—中国—印度甚至是各不相干的迭次递进的，而牟宗三则是对西方现代政治的改进，以此来证成儒家的普遍性，并为人类提示一个新的方向。

基于对文明变局的历史感，牟宗三认为这是以前儒生所未曾遇到的新挑战，故儒学的第三期发展是一个需要创造的阶段，他有一种开创儒家新阶段的使命感。

唐君毅、牟宗三和徐复观等港台新儒家始终在坚持中国文化主体性的前提下融汇西方的民主政治和科学精神，牟宗三在为《政道与治道》一书所撰写的序言中，提出儒学第三期发展的使命是"民主建国"

和"政治的现代化",即将儒学未曾落实的"藏天下于天下"的理想通过民主和科学的方式加以落实。如果我们更进一步地看,民主建国仍不是牟氏新儒家理论的终极目标。在牟宗三看来,儒学第三期发展还应有更高一层的使命,即维持中国文化的主体性。这实际上要处理的是文化的内在动力问题。牟宗三对此进行了更为深刻的思考,在他看来,制度的移植要做到圆融无碍,就必然要建立在文化融合的基础之上。他甚至认为,如果失去了儒家文化的主体地位,民主和科学在中国亦不能得到真正落实。在《从儒家的当前使命说中国文化的现代意义》一文中牟宗三指出:"此则不只是一个应付一时需要的问题,此乃永恒性的、高一层次的问题……假如中国文化还有发展,还有它发展的动源,还有它的文化生命,那么,我们不能单由民主政治、科学、事功这些地方来看中国文化的问题,而必得往后、往深处看这个文化的动源,文化生命的方向。这是从高一层次来看中国文化如何维持其本身之永恒性问题,且是个如何维持其本身之主位性的问题。"[1] 牟宗三的这个思路存在着一个神秘的圆圈,我们可以简单梳理一下:第一步,为了回应新文化运动将儒家与民主和科学对立的问题,他认为儒家与此二先生并不矛盾,只要曲通,完全可以走上共同的道路。第二步,儒家可以让民主运行更顺利,让科学有更为合理的方向,不至于成为人类的自我伤害。最后,前两步是为了维护中华文化的主位性。如果我们反过来看,文化的主位性是一个"前提预设",儒家与民主科学的结合只是为了实现这个目标的权宜之计。这个想法其实可以视为张之洞"中体西用"文化策略更为学理化的延续,即以儒学的价值为

---

[1] 牟宗三:《政道与治道》,载《牟宗三先生全集》⑩,联经出版事业公司,2003年,第33页。

基础，吸收西政、西艺。所不同的是，张之洞坚持的是纲常伦理，而在牟宗三这里，纲常伦理被形而上学化地表述为一种主体的道德理想。

概括地说，在牟宗三对儒家精神的阐发中，儒学与民主和科学存在着融通的管道，儒家的制度理想在现在这个时代一定会被落实为现代民主制度。因此，在牟宗三的儒学体系中，哲学和宗教成为其核心内容，而以经学为基础的制度构想则被抽象化，良知必然会"坎陷"而落实于民主政治的实践之上。虽然他力图建立起道德和制度之间的内在关系，但其结论却认为民主政治必然是儒家政治的现代选择，如此，他的论证也可能造成唐文明教授所说的"隐秘的颠覆"，儒家价值仅仅只是作为民主政治的"附属品"。

在牟宗三之后，对儒学三期说做出巨大推进的学者是杜维明。

据杜维明自述，他自步入学术领域起，即以对儒家精神进行新诠释作为其使命。而自20世纪80年代之后，他的关注点逐渐集中于阐发儒家传统的内在体验和显扬儒学的现代生命力。他在哈佛的讲堂上传播儒家思想，在祖国大陆和台湾讲学，还在新加坡的儒家伦理课程中实践，这样的多重身份让杜维明提出了许多令人耳目一新的论题，他到北京大学任教之后，甚至对儒学与马克思主义之间的关系深表兴趣。

20世纪90年代以后，他沿着牟宗三儒学三期说的思路，进一步思考儒家在"文明对话"和"文化中国"等论题中的意义。通过对启蒙思潮的反思，进一步认定儒学对于当下世界文明的积极意义。在多元文化的背景以及全球化与本土化交互影响的氛围里，如何为儒学第三期的展开拓展理论和实践空间，是杜维明为儒学"不懈奔走"的精神动力。

如果说牟宗三儒学三期说所依据的是文明的时间性维度，那么，杜维明的儒学第三期发展则更着眼于文明的空间扩展的视角。这与杜维明的学术经历构成某种角度的重合，即早年深受牟宗三和徐复观的影响，关注中国文化的生命力，最后立足在文明对话的独特意义上。

杜维明最初的研究重心集中于港台新儒家关注的核心领域：阳明心学和四书诠释，不过，出于对亚洲经济奇迹背后独特文化因素的关注，他将注意力转到对儒学在东亚国家的现代化过程中作用的分析。

与牟宗三等人试图融合儒学与西方现代性的努力有所不同，杜维明更关注多元现代性的可能。后现代思潮的兴起为他的思考找到了儒学与现代性之间的一种奇异的联系，即儒学这种向来被视为"前现代"的思潮可以转而成为批判现代性的理论因素，杜维明由此展开了对启蒙思潮的反思，认为儒家注重社群和整体的视野，可以矫正极端个人主义的弊端和由工具理性带来的对价值理性的宰制。东亚的工业化带来一种新型的现代化模式，为处理儒学与现代性的关系问题提供了经验性的依据。

在这样的思考框架下，杜维明为儒学提出的根本任务就不再是基于儒家文化主体性的民主建国问题，而是坚守儒家价值基础的不同文明之间的对话。在这样的问题背景下，杜维明认为儒家的发展取决于下述问题：

首先，儒家继续发展的社会基础在哪里？民间社会的儒学运动和地域化的儒学是否可以成为其新的生长点。

其次，能否出现一个儒学知识分子群体。在这一点上杜维明的看法很有意思，他说所谓儒家知识分子并不一定要是华人或东亚人，只要信奉儒家式价值观，就可以称之为儒家。但经常进行不同宗教之间对话的他，把这个看法扩大化了，认为其他宗教的信奉者也可以成为儒家知识分子。杜维明认为儒家不可能成为与世界主要宗教相提并论的一种宗教，但其精神资源可以成为对其进行理解和反思的某种基础，因此可以有儒家式的佛教、基督教、犹太教等。

换句话说，杜维明认为一个人的终极关怀，可以来自基督教，可以来自佛教，可以来自伊斯兰教，可以来自各种其他的精神文明，但这并不妨碍他依然是一个"儒家"。这是一个十分令人费解的论述，在现实中，这样的宗教对话往往使儒家仅仅成为其他宗教信仰显示其宽容的对话者。由此，杜维明所期待的儒家基督徒和儒家伊斯兰教徒会是一个难以界定的存在，所以我个人并不十分认可他提出的"波士顿儒家"之类的说法，因为这将会使"儒家身份"只停留在符号意义层面，日益虚无化。

　　最后，以儒学为基础的沟通和反思，能否形成一种新的东亚人文主义精神，能否形成一种对于现代性的弊端加以反思并产生矫治意义的新思想形态。对这些问题的讨论让杜维明对于儒学发展的历史认识，逐渐从心性之学的发展，转向中国文化如何世界化的脉络上。这意味着，儒学第三期发展的核心问题已经不是中国本土文化中儒家传统自身如何进行现代转化与更新的问题，而是如何使儒学进入汉文化圈以外的全球世界，与以西方文明为代表的各种文明进行对话与沟通的问题。

　　从20世纪80年代开始，杜维明就在中国大陆开设儒学课程，并在东亚地区反复做关于儒学第三期发展的讲演。他的三期说是从传播的范围入手，指出儒家文化从春秋战国时期的鲁国扩散到中国，再向东亚、世界继续发展。从时间上来划分，从先秦源流到儒学发展成为中国思想的主流之一，这是第一期；儒学在宋代复兴以后逐渐成为东亚文明的体现，这是第二期（这一期一直延续到19世纪末叶）；所谓第三期，就是从甲午战争、五四运动以后开始。

　　杜维明认为，如果单纯从学术史的角度，可以把儒学分为八期、十期，甚至更多。他之所以强调三期说，主要是受到路德宗教改革的启发。在他看来，儒学发展到宋代，出现了一个质的变化，这个变化不仅体现为理论形态上的转变,更关键地是它使儒学由中国文化的主流思想转变成东亚文明的典型体现。

尽管杜维明一直强调儒学第三期发展是否会出现只是一种"可能性",但在他眼里,这种可能性并不局限于祖国大陆或台湾,不依赖于中国受到现代性挑战而产生的一些特殊问题,关键在于,儒学能否回应由现代性带来的一些普遍性问题。

杜维明继续概括道,西方文化的挑战所带来的问题主要有:第一,儒家的道德理性、人文思想与西方科学精神的关系;第二,民主运动的问题;第三,宗教情操的问题;第四,心理学上对人性的理解问题。但令人困惑的是,如何证明儒家理论能化解这些问题所导致的文明困境呢?

不可否认,在全球化时代,儒学必须直面与西方文化的关系,甚至还应面对与伊斯兰、印度等多元文化之间的关系问题。不过,在中国的文化和社会环境中,儒学在回应这些问题时,不能完全脱离中国自身的社会和文化背景,亦即儒学更应面对中国内在的问题,或者说外来文化影响下中国所产生的新问题。海外新儒家因其生活和工作的区域主要集中在美国,他们对儒家生命力问题的考虑,必然会集中到对信仰冲突、海外华人的文化认同等问题上。但这些问题对于儒学的发展而言,均属一些衍生性的问题。如果儒学本身并不能确立当下中国人精神生活的基准,那么将其作为中国文化标签的行为本身是值得怀疑的。如果仅仅从经典文本出发而非中国现实中的信仰和价值观问题入手,进一步生发出的儒学与其他文化之间共存和对话的问题,就难以有针对性。

对此,另一位现代新儒学的代表人物刘述先具有清醒的认识。刘述先虽然肯定海外新儒学的国际面向,但作为从多元视角看待儒家命运的学者，他身上不再有唐、牟、徐那一代新儒家的文化负担，甚至放弃了儒家价值的"正当性"与"终极性"。他说："港、台新儒家在借来的空间和时间作出了凌越先贤的学术成绩，发抒了文化抱负，堪称异数。在他们不断的努力之下，还教育了下一代，一部分流寓海外，在美国受高等教育，获得博士学位，谋求一枝之栖，而开启了海外新儒家的国际面向……正因为所谓第三代的新儒家所面对的脉络不同，其思想的走向也就有了很大的差别。他们习惯于西方开放多元的方式，担负远没有上一代那么沉重，以其只需说明，在世界诸多精神传统之中，儒家能够站一席地，便已经足够了。他们不再像第二代新儒家，由于面对存亡继倾的危机，不免护教心切，要突出儒家价值之正当性与终极性，以致引起一些不必要的争议……由现代走向后现代，下一代的新儒家似乎有必要对于新的脉络、新的问题做出适当的回应与调整。"① 于是刘述先提出了"理一分殊"的问题，人类有一种普遍的正当性价值，即所谓"理一"，而儒学或其他文明中的思想形态则可能从不同侧面来对其加以呈现，即所谓"分殊"。这样的多元主义是一种相对主义化的虚无主义。多元主义之所以存在，是因为每一元都具有独立的终极意义，否则文明之间的对话既无可能也没有必要。如果一个学者，他宣称自身代表儒家与别的宗教文明展开对话，那么我们便有理由要求，他要与基督教或伊斯兰教的信徒坚守自己的信仰一样，坚信儒家文明所包含的价值体系具有终极意义，因而亦认定其对于人类的未来有很大价值。文明之间的对话基础是各美其美和美美与共，而不是互相融合却消弭了自身。因此，杜维明所提出的"儒家

---

① 刘述先：《港、台新儒家与经典诠释》，载《儒家哲学研究：问题、方法及未来开展》，上海古籍出版社，2010 年，第 277 页。

基督徒""儒家伊斯兰教徒"的概念,虽然有其合理性,但一旦当儒家价值与基督教、伊斯兰教价值产生冲突的时候,则需要进一步论证他们究竟将会选择儒家还是选择其他信仰,抑或同时放弃两者。

牟宗三对儒学第三期发展的可能性的叙述,对于西方现代政治模式和科学精神过于迁就,这样在文化主体性的"内圣"和现实政治的"外王"之间其实难以建立起一种真正的联系。而杜维明通过儒学影响的扩展而建立起的"三期"方向,则更为模糊,原因在于儒家的意识固然具有一定的普适性,但问题的源起必然得来自于中国及其周边区域,由此"世界眼光"反而会遮蔽"中国问题",也就是说,当儒家成为多元维度中的一元,其价值的独立性和终极性会被虚无化。最终,儒家在由东亚走向世界的过程中,消失在"世界"中。

三、为什么不是四期?三期和四期有什么区别

牟宗三和杜维明等人对于儒学历史的叙述,在儒学价值的终极性认知等问题上存在巨大差异,原因在于他们的学识背景和生活经历在"体知"精神性资源时产生了不可忽视的影响:牟宗三等人经历过抗日战争等民族生死存亡的关键时刻,加上他们在港台的教学生涯有很强的流离感,因此,这引发了他们对于民族文化深层次的忧患意识。对此,钱穆先生所说"为故国招魂"可谓一语道尽心酸。后起的杜维明、刘述先等人,他们是受唐君毅、牟宗三和徐复观等人的影响而产生对儒家的信念。后来他们有机会在美国等地接受更为专业化的训练,并因出色的研究成果而在西方学术界成为新儒学的代言者。他们的文化保守主义立场是建立在多元现代性的基础上的,因此,儒家是多元中的一元,而并非是最终的依据。不过,他们对儒学历史的叙述终究都

具备同样的"内在性"视角。

儒学三期说影响广泛，但也受到了批评，其中李泽厚和杜维明之间则有直接的笔墨论战。

如果说到20世纪80年代的中国大陆思想界，可能没有人的影响能超过李泽厚，那时候，我在读大学本科，校园内外有很多书摊，书摊里主要卖小说和外国学术著作的译本，比如尼采的《悲剧的诞生》、萨特的《存在与虚无》等。而中国大陆学者作品的光环则由李泽厚独享。我在给《南方周末》写的一篇有关自己读书经历的文章中，提到了他的《中国古代思想史论》对我后来的研究趣味的影响，有一句话后来印在三联版《中国古代思想史论》的腰封上。我说，他是一个思想的引领者。他始终是在提出问题并做出自己的解释，而这种解释的新颖性、敏锐性足以激发人们的兴趣。我始终记得第一次阅读《中国古代思想史论》给我带来的快乐。

后来，我对康有为思想产生了浓厚兴趣，在阅读文献的时候，发现一个有趣的现象，即李泽厚一生学术兴趣广泛而多变，但是他却始终保持着对康有为的关切。对此，我们还有过专门的交流。

李泽厚可能是改革开放之后，最早为孔子"平反"的学者。在《中国古代思想史论》书中收入的《孔子再评价》一文中，他充分肯定了孔子思想对于塑造中国人的文化心理结构的影响，扭转了人们心目中的孔子形象。但是李泽厚并不愿意被视作"新儒家"，也不认为心性儒学是儒家的"大宗"。

李泽厚有专文《论儒学四期》来批评牟宗三等人的儒学三期说，认为不能将儒学史"窄化"为"心性伦理史"。李泽厚自述他对三期说的批评有两方面的原因，他称之为"直接源起"和"间接源起"。"直接源起"就是要反对新儒家以心性论为道统而进行的儒学发展历史的概括。他说心性论的儒学史有两大偏误、两大理论困境。两大偏误是：第一，孔子本人罕言性与天道；第二，抹杀了荀子和董仲舒。两大理论困境是：第一，内圣开出新外王；第二，内在超越。在李泽厚看来，良知何以坎陷而对接民主科学，这在理论上并不自洽。而内在超越则因为深受主客对置的理论影响，难以找到道德与本体之间的真正联系。因此，在李泽厚看来，牟宗三等提出儒学三期说，意味着他们的理论思考并没有"超出宋明理学多少"。他说，现代新儒学搞出一套道德形而上学，去继承宋明理学，但并没有脱出宋明理学的基本框架，仍然是内圣开外王，心性第一，只是略微吸收了一些外国哲学，但也不多，只是词语、观念、说法新颖和细致了一些而已，它远不足开出一个真正的新时期。最主要是它对广大的中国人和中国社会没起也不会起什么作用或影响，与第一、二期儒学无法相比，并不能算什么大发展，也很难开出自己的"时代"。李泽厚这种批评有些并不客观，因为牟宗三先生对于康德哲学的理解还是很深入的。但是李泽厚的批评也并非无的放矢，牟宗三的"良知坎陷"论的确在链接儒家心性和科学理论方面有很大的理论跳跃，而且，他的"智的直觉"依然难以解决心性天成与现代性的道德观念的一致性，也就是说探究建立在血缘伦理基础上的儒家道德如何转化为建立在个人自由基础上的现代道德还需要从生产方式的转变上去找原因。

这就要转向讨论李泽厚的哲学底色。毫无疑问，李泽厚的思想具有浓厚的唯物史观的色彩，因此，他坚持认为儒家必须经过转化才能在现代社会焕发出生命力。如果说批评"直接源起"只是因为他不满足于牟宗三和杜维明等对儒学历史的描述，那么批评"间接源起"则是因为他认为以心性为道统的儒学难以回答现代化所带来的"新"的社会问题。例如，个人的权力、利益、独立、自主与传统儒学对于人的社会性的本质认定具有根本差异，而后现代思潮所带来的去中心化倾向等，亦是儒学未来发展所必须应对的问题。

站在现代性所带来的巨大挑战面前，李泽厚认为儒学要发挥作用，不能仅依靠少数知识分子在书斋里的呼吁，而要从社会生活中去寻找活动空间。

李泽厚强调社会文化心理的积淀有其稳定性，因此他不认可儒学已经不再在中国社会发挥作用的观点。但他的理由有些出人意表，他认为中国还停留在前现代的阶段，所以，儒家思想得以依赖这个还未彻底现代化的社会基础而留存，而这也是儒学重获生命力的基础。他说：

> "外王"（政治哲学）上自由、民主的美雨欧风，"内圣"（宗教学、美学）上的"后现代"同样的美雨欧风，既都随着现代化如此汹涌而来，传统儒学究竟能有何凭藉或依据，来加以会通融合？"三期说"以为儒学传统已经丧亡，只有凭藉和张扬孔孟、程朱、陆王、胡（五峰）刘（宗周）的圣贤"道统"才能救活，从而以"道统"的当代真传自命。在"四期说"看来，如果传统真的死光了，今日靠几位知识分子在书斋里高抬圣贤学说，恐怕是无济于事，救不活的。"四期说"以为，正因为传统还活着，还活在尚未完全进入现代化的中国亿万老百姓的心里，发掘、认识这种经千年积淀的深层文化心理，将其明确化、意识化，并提升到理论高度以重释资源，弥补欠缺，也许，这才是吸取、同化上述欧风美雨进行"转化性的创造"的基础。也许，只有这样才能从内外两方面开出中国自己的现代化？①

---

① 李泽厚：《论儒学四期》，载《历史本体论·己卯五说》，生活·读书·新知三联书店，2003年，第145页。

李泽厚从马克思主义的社会存在的决定性作用出发，强调制度、风俗和经济活动对于儒家思想的影响。他对儒学历史的描述，充分关照了制度和礼俗的作用。李泽厚对此具有充分的理论和方法自觉，他并未将儒学分期视为简单的历史编纂过程，而试图通过这种叙事来重新理解儒家传统，为其发展提供方向。他说，儒学分期并不是一个简单的学术问题，而是一个如何理解中国文化特别是儒家传统的问题，进而是下一步如何发展这个传统的根本问题。

与牟宗三等人的三期说相比，李泽厚的四期说看上去仅仅突出了汉代儒学的独特地位，其实质则是要解构以心性道统为中心的儒学观，突出儒家思想的丰富性和复杂性，以便将其未来的发展与社会现实相结合，提供更为丰富的可能性。李泽厚的儒学四期说认为，第一期是先秦时期的原典儒学，代表人物是孔子、孟子和荀子。这个时期儒家的主题是"礼乐论"，不仅提供了儒家文明的基本范畴，如礼、仁、忠、恕、敬、义、诚等，而且也奠定了以仁政为核心的制度精神。第二期儒学，主要是汉代，其主题是"天人论"，基本范畴是阴阳、五行、感应、相类等，但在这个封闭的天人体系中，"个人"被屈从、困促在外在的力量中。第三期儒学即宋明理学，其主题是"心性论"，基本范畴是理、气、心、性、天理人欲、道心人心等。这个时期"人"的道德意识得到了激发，但是外在制约和内在情感之间的矛盾依然使人的自然属性并不能得到完全的彰显。在李泽厚的设想中，第四期儒学的主题是"人类学历史本体论"，其基本范畴是自然人化、将人自然化、积淀、情感、文化心理结构、两种道德、历史与伦理的二律背反等。在这个阶段"个人"将第一次成为多元发展、充分实现自己的自由人。

在李泽厚的儒学四期说中，"个人"的屈伸被解释为是否"充分实现自己"的马克思式的命题，并成为划分儒学不同阶段的决定性因素，但其关键并不取决于内在精神的发展，而需要和经济社会的发展相关联。

鉴于李泽厚对于马克思主义、存在主义、心理分析以及社会经济形态的决定性作用的重视，他一反自张之洞以来的中体西用的路径，肯定社会存在对价值意识的决定作用。在李泽厚看来，随着社会生产方式的普遍西方化，儒学的核心价值在文化心理结构中的支柱性地位将逐渐被替代，而儒学所关注的社会性层面的思考则必将受到理性自由主义的"范导"。如此框架下的第四期儒学，完全步入一个儒学失去主导地位的阶段。

> "儒学四期说"将以工具本体(科技——社会发展的"外王")和心理本体(文化心理结构的"内圣")为根本基础，重视个体生存的独特性，阐释自由直观("以美启真")、自由意志("以美储善")，和自由享受(实现个体自然潜能)，来重新建构"内圣外王之道"，以充满情感的"天地国亲师"的宗教性道德，范导(而不规定)以理性自由主义为原则的社会性道德，以承续中国"实用理性"、"乐感文化"、"一个世界"、"度的艺术"的悠长传统。①

由此可见，基于对当代中国现实的认识，李泽厚并不认为儒学可以作为中国价值的代称，随着全球化的进程，国家和民族并不能成为文化价值的唯一定义者。由此，李泽厚反对三期说和提倡四期

---

① 李泽厚：《论儒学四期》，载《历史本体论·己卯五说》，第155页。

说，并不是要在这个谱系中加入自己。所以，尽管李泽厚提出了"儒学"第四期，但他自己始终不肯接受"新儒家"的头衔，也是很可理解的。

四、从历史中拯救儒学

牟宗三、杜维明和李泽厚的儒学史叙事模式之间最根本的不同在于，前两人持有基本的共同价值立场，坚信即便儒家思想遇到前所未有的挑战，中国未来的发展与儒学的命运依然具有内在的关联性；而李泽厚从历史唯物主义的立场出发，认为社会存在才是价值发挥作用的前提，在中国的现实已经发生根本性变化的当今，儒学作为积淀于人们思维方式中的"文化心理结构"，只是一个不可或缺的变量而已。一方面社会的变革会使儒家的生存基础发生变化，另一方面，儒学要在未来找到新的生存空间，关键在于儒学能否回应时代提出的新问题。

对于儒学发展历史的叙述模型还有很多。在1949年之后，还出现过其他一些对儒学发展历史的叙述框架，比如，在相当长的时期内流行的以世界观、认识论和方法论为基础来概括问题的"中国思想史"或"中国哲学史"，也有对儒学史的理解框架。在这方面，侯外庐和任继愈进行了成就卓著的探索。还有受政治运动影响而以儒法斗争为线索的思想史，比如杨荣国的中国思想史作品。1978年之后，随着各种学术思潮的传入，儒学史作品呈现多样化，如李申的《中国儒教史》便从宗教视角来认识儒学。由汤一介先生主编的七卷本《中国儒学史》，受到学界的特别关注。然而，这些儒学史的写作，多是以学科化的方式来梳理历史，并不直接对应儒学的现代发展问题。

对于儒学在现代学科体系中被子学化、哲学化和历史化的现象，许多学者对学科化的儒学能否传承儒家价值提出过质疑，对此，已故法国学者杜瑞乐先生的一个比喻很值得我们思考。作为一个人类学家，他最先对大学的中医教学充满兴趣，他好奇非量化的中医何以不是个人化的传授而是通过大规模的学校教学来传授呢？通过对一些中医学校的考察，他发现许多中医的学生后来改学西医。他由此得到的启发是儒家的价值观是否可以通过学校教育来传授。儒学作为学术研究的对象和作为一种信仰体系最大的区别是什么？而更为致命的问题是，在现代中国，"谁是儒家？"在科举、书院制度都不复存在的当下中国，大学体系中的中国哲学、中国历史和中国古典文学学科已经成为讲授儒家思想和研究儒学文献的替代性建制，学科化的儒学在某种程度上可以被视为儒家思想经现代转化而形成的一种新形态。问题在于，以"中立"和"客观"为准则的大学学科体系中的儒学教育，是否应成为儒家思想在现代社会中唯一合理的存在方式？

基于经典系统与文明核心价值之间的内在关联，也基于儒家伦理依然在中国社会中发挥很大作用的现状，对于儒家经典的研读，就不应仅仅停留于名物训诂和客观化的学术研究，也应阐发其有利于世道人心的意义。因此，我们可以设想一种从儒学史来拯救儒学的可能性，也就是通过对儒家历史的回顾来醒目地提醒我们儒学在我们生活中的存在状况，而最好的儒学史书写与其是对于过去历史的梳理，不如让儒学在生活中"复活"，让自己成为儒学史的一部分。

21世纪伊始，中国大陆的儒学复兴让人们看到儒学在生活中的"复活"，也就是说让儒学回归生活。比如山东等地的乡村儒学运动就是值得注意的现象。乡村儒学的命名可能会让人回忆起梁漱溟先生在20

世纪二三十年代所推行的乡村建设运动。当时的乡村社会的破败给梁漱溟以巨大的刺激，因此，他认为重建乡村是中国民族自救最为切近的途径。而目前在城镇化进程中，"三农问题"又一次摆在人们的面前。乡村儒学的实践者们通过讲解儒学启蒙读物，来唤起忠孝节义等传统道德，以改善农村的道德面貌。从目前比较成功的山东的乡村儒学实践中可以看到，通过儒家经典和蒙学读物的教育，儒家依然可以在乡村秩序的建构中起到作用，今后还可以继续拓展将儒学与农村组织建设相结合的可能。

由此我们可以预见，未来的中国可能会存在几种身份的"儒者"共存的状态。刘笑敢对于现代中国与传统儒士身份最为接近的中国哲学教师的存在方式所展开的辨析可以给我们一些启示。通过"身份"的界定，他将中国哲学的教师身份区分为"现代学术身份""民族文化身份"和"生命导师身份"三种，他认为其混同虽然不可避免，但学术研究者却需要有身份自觉，并认为"现代学术身份"是另外两种身份的基础。刘笑敢指出，不同的身份定向意味着不同的行为标准和要求。比如，现代学术身份要求客观和真实。不过，吊诡的是，儒学本身的多层次性恰可能因为客观性的态度而导致描述者与对象之间缺乏真正的理解。例如，作为现代中国哲学研究对象的儒学和佛教，在历史上并非只是一种知识层面上的描述对象。佛教是一种宗教，而儒学也具有很强的信仰特征，如果完全以"现代学术身份"去理解儒学的道德伦理面向，则必然会产生价值上的错位。在我看来，更重要的是学术研究者与"民族文化身份"和"生命导师身份"之间的结合。

刘笑敢的问题提醒我们现代中国儒学群体的多层面的存在样态，即在现实中，这三种身份是否存在共生的可能性。从我个人的思考来说，设想儒学该如何回应现代社会的挑战固然是一个关系到儒家未来的问题。但更为关键的是"谁"来代表儒家思考这样的问题，如果没有一个儒家社群的存在，如果没有一个以儒家价值作为自己安身立命信仰的群体的存在，那么儒学的第三期或第四期发展就不会发生，就像没有舞者的舞蹈，一切只是想象。

第四讲
我与他：儒家的自我意识和身体观念

一个深入人心的看法是，自主、自我的个体概念在儒家的观念中并不存在，儒家的自我总是隐没在家庭和血缘关系中。康德在"意志自由"的前提下建立其道德律，由此否定了任何基于外在原则的道德的正当性。若此，儒家的伦理学就会被视为基于外在习俗和规范的"伪道学"。而在中国思想史上，道家也曾尖锐地指出，仁义道德可能来源于社会崩坏而形成的"矫正"机制，即《道德经》中所说的"失德而后仁，失仁而后义，失义而后礼"。但其实，孔子明确反对缺乏诚敬之心的礼仪活动，通过对"为己之学"的强调，他批评了那种做给别人看的"为人之学"的虚饰。

现代儒者牟宗三特别看重此问题。因此，当他听到冯友兰和熊十力关于良知是一种"假定"还是"呈现"的争论之后，便受到了深深的触动。牟宗三并没有否定康德对于"自由意志"的假定，但他同时认为只有儒家才能真正将道德原则和道德实践结合起来。"智的直觉"提供了物自体和现象世界之间的可能通道，从而使个体得以在日常洒扫应对的道德活动中实现完满的人格。

但随着社群主义的兴起，儒家那种注重从"我与他"之关系来定位自己的"自我"观念，也获得了新的发展空间。社群主义认为，若人的尊严只来自于自由、平等、理性这些导向"个人主义"的普遍原则的话，那么种族、宗教、性别等这些决定我与他人相处的重要问题方面，就会被遮蔽。任何先于社会关系和社会身份的"自我"，只能是虚构而已。从这样的理念出发，儒家看起来可以重拾"信心"。因为儒家可以从"人与我"的相互依存性出发，来建构人类情感世界的共通性，以及以社会目标为主的人类行为动机论。人不是孤立的个体，我们需要从家庭、乡里、国家和世界等诸多系统中建构自我意识。因此，从康德到社群主义，我们似乎能发现有两个乃至更多的儒家的"自我"观念。

安乐哲教授将儒家的伦理学视为"角色伦理学"。他认为，儒家重视家庭亲情，所以，儒家强调的生活哲学，并非是从抽象的原则出发，而是依据我们的生活经验，从家庭角色出发，建立起自己的"身份"意识，并将之延伸到与他人和社会的关系世界中。① 安乐哲教授的角色伦理学的解释，充满了对儒家的善意理解，也批评了那种抽象的"个人主义"假设对儒学的误解。

那么，我们应该如何认识儒家的自我观念，以及由此带来的对于个体和社会关系的认知呢？

一、人与己：儒家的自我意识

"自我"的问题是如此重要，以至于我们在讨论"修身"问题之前，若不是以"自我"概念为出发点，就无从理解儒家世界观和人生观的基础。

21世纪以来，中国社会科学院哲学所陈静和中山大学哲学系陈少明等先生先后从对庄子《齐物论》"吾丧我"一语的解读出发，来分辨

---

① 参见（美）安乐哲：《儒家角色伦理学——一套特色伦理学词汇》，（美）孟巍隆译，田辰山等校，山东人民出版社，2017年，第186页。

"吾"和"我"所指的差别,并以此体察中国古典的"自我"观念。这对于我们思考儒家的"自我"认知具有启发意义。

每当读《论语》的时候,我们或多或少都会留意到,孔子用以指称自己的"吾""我"语词会有些微妙差别。比如在《论语·述而》中,孔子说:"二三子以我为隐乎?吾无隐乎尔。吾无行而不与二三子者,是丘也。"这段对话的具体含义并不关键,关键是这里"我"与"吾"的用法。北京师范大学文学院赵芳媛将先秦文献中"吾""我"二者的语用差异归纳为四点:第一,与别人并列比较时,用"我"不用"吾",如"尔爱其羊,我爱其礼"(《论语·八佾》);第二,强调我不同于一般人的特殊性时,用"我"不用"吾",如"用之则行,舍之则藏,唯我与尔有是夫"(《论语·述而》);第三,一句中"我""吾"兼用,则先"我"后"吾",如"二三子以我为隐乎?吾无隐乎尔";第四,不强调唯我,不强调区别于他人,用"吾"。① 赵先生对先秦"我""吾"用法分析的例句大多来自《论语》,这就有助于我们思考孔子的"自我"观念。而且,其分析中的第二项和第四项,其实意义很接近。第二项强调不同于一般人的特殊性(用"我"不用"吾"),与第四项的不强调区别于他人(用"吾"),两者可以概括为:"我"是要将自己与他人进行区分,而"吾"则是体现出与别人"共通"的地方。依此,"吾丧我"也即是要抛却独特的自我,而回归活泼本然的"与物同体"的世界。

上引第一项说,与别人比较时,用"我"不用"吾"。但即使在《论语》中,我们也可以找到反例。比如《公冶长》:"子贡曰:'我不欲人之加诸我也,吾亦欲无加诸人。'子曰:'赐也,非尔所及也。'"

---

① 参见赵芳媛、叶冬梅:《段玉裁"义相反而相成"观念及其思想来源——兼辨"我""吾"》,载《民俗典籍文字研究》,2019年第1期。

这里讨论人我关系，子贡将"我""吾"与"人"对举，说明在与别人并举的情况下，既可以用"我"，也可以用"吾"。而且，此处"我"和"吾"都用作主语，那么这里不同的用词，是否仅仅是为了语言上的丰富性而做的变换呢？也有人发掘了其中的差异："我不欲人之加诸我也"中的"我"，是表示"自我"对于来自别人的影响的拒绝，依然突出了"人""我"关系；而"吾亦欲无加诸人"更侧重于主体的自我克制，表明"吾"更为独立，具有更多自主的面向。

与"吾""我"之间的细微差别相比，《论语》中对"己"的使用也十分复杂。

在大多数情形下，孔子是在人己关系中来讨论自己的行为准则的。比如"己所不欲，勿施于人"（《颜渊》）、"夫仁者，己欲立而立人，己欲达而达人"（《雍也》）。这也是孔子所说的"吾道一以贯之"中的"忠恕之道"。"己所不欲，勿施于人"是一种低限度的道德标准，是以一种将心比心的态度来处理人与人之间的关系，因此，这种道德标准具有巨大的宽容度和普适性。

但儒家又十分强调教化，认为"圣人先得我心之所同然"（《孟子·告子上》），能够理解个人和社会的需要。这使得儒家具有一种十分积极的宣传自己政治主张的态度，并极力劝说统治者接受儒家的治国方略。如在前述《论语·雍也》中，孔子在谈及圣人和仁人的差别时所揭示的：当子贡问"博施济众"能不能称为"仁"时，孔子认为"博施济众"是圣人之作为，而仁人是"己欲立而立人，己欲达而达人"；也就是说，仁人是要积极把自己爱天下之心传达给天下之人，让他们能按照自己的方式来处理世事。

儒家强调以自己作为榜样的责任感，并以自己的努力，吸引别人的模仿和跟随。这在接受上智下愚的社会环境中是合情合理的。但在主张人人平等的现代社会，将自己的社会理想和人格特质作为示范而让别人来"模仿"，这就属于以赛亚·柏林所警惕的"积极自由"，可能会导致对于社会多样化的侵蚀和对个人自由选择的压制。而"己所不欲，勿施于人"恰好因为其"消极自由"的特质，而更适合现代社会的伦理需求。

"己"虽然是强调了"他者"的视野，然而反过来也强化了对于个人独立性的要求——君子不能人云亦云，不能巧言令色，不能失去其原则。所以《论语》中的"己"，呈现出对于个人独立意志的肯定。比如《论语·学而》有"不患人之不己知，患不知人也"的说法，即认为不应该为自己不被社会接受而烦恼，应当焦虑的是对别人的了解不够。所以，君子总是对自己提出要求，而不是把责任推给别人，如谓"君子求诸己，小人求诸人"（《论语·卫灵公》），又如"君子病无能焉，不病人之不己知也"（同上）。

从人与己的关系来讨论修身问题，这一思路为儒家后学所继承。不妨以四书的论述为例子来看。其人己关系往往侧重于君民之间，即以统治者为"己"而以百姓为"人"。与《论语》中的人—己关系相比，后者更侧重于治理层面。比如，《孟子·离娄上》云："爱人不亲，反其仁；治人不治，反其智；礼人不答，反其敬——行有不得者皆反求诸己，其身正而天下归之。"《大学》在铺陈了尧舜的不同治理之术后，总结说"是故君子有诸己而后求诸人，无诸己而后非诸人"，意谓责人须先正己。《中庸》也强调了"正己而不求于人"，认为"忠恕"之道就是对自己的要求，即所云"忠恕违道不远，施诸己而不愿，亦勿施于人"。

到汉代，董仲舒明确指出孔子作《春秋》，就是要处理"人与我"的关系。《春秋繁露·仁义法》篇指出，孔子是通过提倡仁与义，来分别安顿人与我的关系,即仁爱是对人而言,而道义则是对自己的要求,所谓"以仁安人,以义正我"。董仲舒指出,许多人错置了人—我关系,总是去要求别人,而对自己没有反省;在自己过好日子的时候,没有考虑到别人的疾苦。董氏还化用了《大学》"有诸己而后求诸人"之说立论,可见其延续了孔门的一脉正传。

总之,人—我关系或人—己关系的主体是"我"和"己",虽然存有"他者"的视野,但核心是要挺立"自我"。这也意味着,我们需要关注儒家"己"观念的独立倾向。

此一问题延续为现代儒家的基本关切,也即开头所说的,当牟宗三面对冯友兰和熊十力关于良知是"假定"还是"呈现"的争论时,所激发出来的对于康德的"实践理性"的回应。其讨论的核心是,儒家伦理是一种基于外在环境而确立的规范性原则,还是基于先天的道德之"端"?此问题孔子已经有所关注。在一段被后世广为关注的回答颜子问仁的对话中,孔子说:"克己复礼为仁。一日克己复礼,天下归仁焉。为仁由己,而由人乎哉?"(《论语·颜渊》)即仁爱并非出于别人的要求,而必然是"由己"的,亦即"我欲仁,斯仁至矣"(《论语·述而》)。这个问题意识被孟子所发挥。孟子明确区分了"由仁义行"还是"行仁义"(《孟子·离娄下》),并将之视为人禽之别的关键。孟子的"四端"说指出,人们的道德行为并非是基于社会评价和外在的道德要求,而在于内心的"不容已",不得不然;人之有四端,恰如人之有四体,都是天所生;若是不能认识到这一点,即是对人之尊严缺乏自信;人的道德行为只是对这"不忍人之心"的推扩,而非无基础的大厦。而这在《中庸》中,就发展成了"成己"与"成物"的"合内外之道"。

当今伦理学界有规范伦理学与美德伦理学之争。若从孟子的角度看，儒学当然是一种美德伦理学，是强调道德自发性的"为己之学"。然而儒家也强调从"人—己"关系理解人的特性，亦有规范伦理学的明显特征。

或许这正是因为儒家对于"自我"的认识有某种"复合性"。

在儒家看来，人是父母所生，同时人亦为天所生。强调父母所生，意谓我们拥有自然的身体；强调人为天所生，则赋予人的生命以尊严。董仲舒发展的"天人相副"说，意在将人的天赋性和后天的自我修养结合起来。同时，儒家更有一层道德生成论的意涵，即无论是父母所生，还是天所生，都只是提供了人之为人的可能性，而非完成态。就禀赋而言，每个人都是一样的。但是，人能在多大程度上接近圣贤，是否能充分实现自我的禀赋，并发展到人生的最高境界，这完全取决于你的决心和努力。所以，儒家的自我，并非是一个定格于固定格式的目标，而是一个不断完成的自我。既是"生生之为德"，也需要"苟日新，日日新"的工夫来不断推进。

后世儒者之所以推崇孟子胜于荀子，在于荀子认为自我的充分实现，需要圣贤的教诲，而孟子则更为相信个体的自觉，以及由此带来的信心。

二、治气养心：身体是心的"羁绊"吗

若从"复合"的自我来理解人，即人为天生和父母所生，虽然是身心之合体，但从人之为人的角度，起决定性作用的不是身体，而是"心"。

在中外思想史上，一个总体的倾向是对生理性的肉体持负面性评价，而女性则因与男性不同的身体结构和生理特性，更被加以贬斥。

在易朽的身体和不朽的灵魂之间，人们更相信灵魂带给人的尊严和幸福。在佛教的理论中，对身体的眷恋是我们最明显的执念，是人摆脱轮回之苦的障碍。而在基督教的教义中，上帝所造之人亚当和夏娃因受蛇的诱惑而偷食禁果，从而对自己的"身体"有了认知，这是人类的原罪。作为现代哲学的重要源头的笛卡儿，依然不信任身体和情感，强调理性的思考力才是人之存在的最后依据。启蒙运动让人的自然权利得到肯定，但身体和欲望依然不被认为是人的行为的最后依据。康德指出，人的"实践理性"是一种超越性的律令，人在世俗生活中的善恶之别都要以此作为终极性的判准。像叔本华那种基于欲望来理解人的思路，以此强调感官的合理性，已经是很晚近的事了。

就中国古典思想而言，"心"对于"身"的决定性意义亦是一以贯之的。身心问题在《论语》中，还不是中心的议题，而到了子思和孟子那里，则已经是十分重要的问题了。

《大学》认为修身必先正心，因为身若陷溺于欲望，那么心就难以处于"中正"的状态：

> 所谓修身正在其心者：身有所忿懥，则不得其正；有所恐惧，则不得其正；有所好乐，则不得其正；有所忧患，则不得其正。心不在焉，视而不见，听而不闻，食而不知其味。此谓修身在正其心。

这段话似乎表明心的主宰作用容易被感官欲望所摧折，从而会产生"正心"和"诚意"之间次序问题的疑问，这也是朱熹和王阳明对此问题争议之缘由。在王阳明的良知观下，应当是心之本体确立后才诚意格物，并非是格物诚意之后，良知才得以呈现。

基于心之主宰而成就的身心一致论，《大学》和《中庸》都特别看重"诚"的观念。《大学》强调"诚"是"毋自欺"，即使在没有人的地方，也要"慎独"，因为"诚于中"必"形于外"，是不容自欺的。

在《中庸》中，"诚"是天道，不诚无物，而人之诚意，则是对天道的奉行。诚者非"成己"而已，必由成己而成物，终成合内外之道。

《礼记·乐记》就强调礼乐统一的身心双修。《乐记》强调乐主要是"治心"，能让人心安定而稳定；而礼则是让身体"庄敬"；礼乐的配合，则让人身心合一，最终达到内和外顺的境界。"故乐也者，动于内者也。礼也者，动于外者也。乐极和，礼极顺。内和而外顺。"（《礼记·乐记》）

然心之主宰终不能脱离身而存在。"身之同然"亦可以作为"心之同然"的佐证。

孟子在《告子上》中说："口之于味也，有同耆焉；耳之于声也，有同听焉；目之于色也，有同美焉。至于心，独无所同然乎？心之所同然者何也？谓理也，义也。圣人先得我心之所同然耳。故理义之悦我心，犹刍豢之悦我口。"这段话意味着：一方面，心和其他感觉器官的认知对象是不同的，感官的对象是美色、美味等，而心则是"理"和"义"；另一方面，人们在感官体验上的一致性，又可以确认人心对于理义的"同然"。

耳目之官只是接受外物的刺激而产生感觉，而人心则有"思"的功能，能区分善恶美丑。这是上天赋予每个人的，是人尊严之所系。但人心之辨识功能会被欲望遮蔽，因此"养心莫善于寡欲"。这样，儒家就把修身问题导向"养心"，而非对自然之"身体"的养护。

有学者将孟子的修心功夫，分为消极意义的内向凝聚和积极意义的外向充拓两个方面。前者反映在有关"不动心""养心""存心""独其心"和"一其心"的讨论中,后者则分别在"求放心""思""慎其心"和"尽其心"中得到了更为充分的阐发。①

孟子的修身工夫论,特别受人关注的是"养浩然之气"。孟子在回答公孙丑如何能做到"不动心"的时候,指出"志"是"气之帅",而"气"是"体之充",因此要"持其志,无暴其气",并认为自己的长处是"善养浩然之气"。那么,"浩然之气"是什么呢?

> 其为气也,至大至刚,以直养而无害,则塞于天地之间。其为气也,配义与道;无是,馁也。是集义所生者,非义袭而取之也。行有不慊于心,则馁矣。我故曰,告子未尝知义,以其外之也。必有事焉,而勿正,心勿忘,勿助长也。(《孟子·公孙丑上》)

杨儒宾发现,孟子在谈论意识和形体的关系时,一般都会以去"气"作为身心之间的沟通者。此"气"让人内在的道德意志渗透入人的形体,通过"集义"而使之道德化,最终逸出个体身体的范围,而与天地万物流行之气化为一体。②即所谓"若决江河,沛然莫之能御""塞于天地之间"。

作为先秦时期阐发孔学的另一重要思想家,荀子对于修身的讨论与孔孟有一致之处,亦有其独特性。

荀子与孟子最大的差别是对人性的理解。荀子认为"感而自然"产生的情感欲望是天然的,比如目好色、耳好声、口好味、心好利。

---

① 参见彭国翔:《"尽心"与"养气":孟子身心修炼的功夫论》,载《学术月刊》,2018年第4期。

② 杨儒宾:《儒家身体观》,"中央研究院"中国文哲研究所,2003年,第146—147页。

于是圣人才要制礼义以分之,对人的自然欲望进行限制。荀子说儒家的礼让和节制都是"反于性而悖于情"的。只有通过"师法之化,礼义之道",人才会懂得辞让和合于文理。荀子的道德发生论会认为,道德是社会活动的产物,因此具备规范伦理学的一些特征。对此,唐君毅和牟宗三等人会发出这样的质疑:一个生性好利之人,怎么会愿意接受圣人的教化呢?其最初的道德动力来自哪里呢?

荀子提出"化性起伪",强调了道德教化的必要性。所以,当有人问他怎么治国的时候,荀子的回答是,治国要基于修身,只要积善、尽伦,人都可以成为圣人。

在身心关系上,荀子强调了心的主导作用,认为"心者,形之君"(《荀子·解蔽》),心具有分辨是非善恶的能力,那么心何以具有这种能力呢?荀子提出了"虚壹而静"的思想,主张要使人心清明,不被异说和欲望所蔽。

在具体的修身方法上,荀子也关注"治气养心"。关于此,荀子在《修身》中说:

> 治气养心之术:血气刚强,则柔之以调和;知虑渐深,则一之以易良;勇胆猛戾,则辅之以道顺;齐给便利,则节之以动止;狭隘褊小,则廓之以广大;卑湿重迟贪利,则抗之以高志;庸众驽散,则劫之以师友;怠慢僄弃,则炤之以祸灾;愚款端悫,则合之以礼乐,通之以思索。凡治气养心之术,莫径由礼,莫要得师,莫神一好。夫是之谓治气养心之术也。

荀子在此处将"血气""志意"和"知虑"并提,一般而言,是指身体、情绪和认知的完整过程,构成了人的行为动机和过程的系列联系。在荀子看来，单独对其中的某一个环节下功夫是不够的，而必须以礼来调解其全过程，这才能称之为"治气养心"。

荀子也强调"诚"的重要性，提出"养心莫善于诚""诚心守仁"和"诚心行义"，诚则能"理""明"而"慎其独"，这些与《孟子》《大学》《中庸》的修身论有一致性。他说：

> 君子养心莫善于诚，致诚则无它事矣。唯仁之为守，唯义之为行。诚心守仁则形，形则神，神则能化矣。诚心行义则理，理则明，明则能变矣。变化代兴，谓之天德。天不言而人推其高焉，地不言而人推其厚焉，四时不言而百姓期焉。夫此有常，以至其诚者也。君子至德，嘿然而喻，未施而亲，不怒而威：夫此顺命，以慎其独者也。善之为道者，不诚则不独，不独则不形，不形则虽作于心，见于色，出于言，民犹若未从也；虽从必疑。天地为大矣，不诚则不能化万物；圣人为知矣，不诚则不能化万民；父子为亲矣，不诚则疏；君上为尊矣，不诚则卑。夫诚者，君子之所守也，而政事之本也，唯所居以其类至。操之则得之，舍之则失之。操而得之则轻，轻则独行，独行而不舍，则济矣。济而材尽，长迁而不反其初，则化矣。（《荀子·不苟》）

荀子认为唯有"诚"才能形神兼备，其表率才具有感染力。那些缺乏诚意的行为，虽然看上去也很有善意，但百姓"虽从必疑"。因此，君子之守诚，是社会治理的根本，由此才能让百姓心悦诚服。

荀子从礼义来辨别人禽。他认为人都有好逸恶劳的倾向，但人有父子之亲、男女之别，这是其他动物所没有的。

汉儒董仲舒在身心论上有更多的推进。

一方面，他以"人副天数"来强调人的身体的尊贵性。"观人之体一，何高物之甚，而类于天也。物旁折取天之阴阳以生活耳，而人乃烂然有其文理。是故凡物之形，莫不伏从旁折天地而行，人独题直立端尚，正正当之。是故所取天地少者，旁折之；所取天地多者，正当之。此见人之绝于物而参天地。"（《春秋繁露·人副天数》）人的身体与天之阴阳是如此接近。与动物不同，唯有人才能直立行走，这些都是人超绝世间万物而与天地参的原因。

另一方面，董仲舒也继承了儒家心为身之主宰的思想，认为身与心有不同的"取向"，而身体需要心的导引。董仲舒融汇孟子和荀子的义利观，认为人性之好义与好利都是其自然特性。身体会偏好利所带来的安逸，而人心遇到不义之事就不安。因此，心作为身之主宰，就是要以"义"来节制人的好利之惯习。

> 天之生人也，使人生义与利。利以养其体，义以养其心。心不得义，不能乐。体不得利，不能安。义者，心之养也。利者，体之养也。体莫贵于心，故养莫重于义，义之养生人大于利。（《春秋繁露·身之养重于义》）

总体而言，儒家的修身工夫论强调养心，主张心对于身的主宰。后世宋明理学，虽有居敬穷理和易简工夫的争论，但注重修身养性，肯定人心的统摄作用，则是一以贯之的。

三、礼仪与庄敬：社会化的身体

就身心的关系而言，心为身之主宰。但这并不表明身体没有独立的价值。与道家和方术家对"全身"的关注不同，儒家的身体观，更为注重身体的"社会化"意义。

单就身体而言，我们可以有很多种不同的归纳，比如性别意义上的男女，年齿意义上的老幼，权势意义上的尊卑，以及种族意义上的夷夏等。由此也产生出一系列社会规范和行为准则。

从这个意义上，我们生活在这个世界上，首先说的是我们的身体而非心灵存在于这个世界上。身体是自我与社会之间的肉身化纽带，是我们理解社会和意义世界的第一个视角。

有人将身体视为一种"容器"，即可以接受个人在未来的各种可能性。自然身体的肉体和欲望属性，决定了其所具有的不确定性。通过"修身"，我们可以控制这种不确定性。所以，修身既可被理解为具有分辨善恶美丑能力的"心"对感官系统的节制，以免身体被欲望牵引，也可被理解为一种通过礼仪等社会化技术，对人的行为方式进行的"固定化"训练。

儒家特别重视由礼仪所凸显的社会秩序的建构。按照《说文解字》的解释："礼，履也。所以事神致福也。"这就是说，"礼"的最初含义是指用酒、食敬拜神灵来保佑现世秩序的仪式。所以在《尚书·周官》中，"宗伯"的职能是"掌邦礼，治神人，和上下"，也是兼具世俗和宗教职能。

在中国早期的记载中，与神沟通者即巫师。在"绝地天通"之后，人神的沟通渠道被天子垄断，故也有人说，早期的圣王皆有巫的特质。人类学家的观察业已证明，早期人们沟通神明的仪式一般均十分复杂，而且十分精确。对此，中国的史乘文献可提供丰富佐证。比如《史记·封禅书》记载齐桓公在"九合诸侯"后有些膨胀，意欲封禅。管仲劝道，古代的圣王都是在受命之后才能封禅的。但齐桓公依然坚持。于是管仲就说:"古之封禅,鄗上之黍,北里之禾,所以为盛;江淮之间,一茅三脊,所以为藉也。东海致比目之鱼,西海致比翼之鸟,然后物有不召而自至者十有五焉。今凤皇麒麟不来,嘉穀不生,而蓬蒿藜莠茂,鸱枭数至,而欲封禅,毋乃不可乎?"听到如此复杂的仪式要求,齐桓公自己就放弃了。但也有不放弃的,比如秦始皇。秦始皇意欲到泰山封禅,于是问诸儒生。儒生们提出应当坐蒲草裹住轮子的车,以免伤及草木,并对封禅仪式进行了简化。秦始皇由此就不喜欢儒生了。

当然,与神明(天帝、社稷、受命始祖等)沟通的仪式,大多属于诸侯天子以上的典礼,与一般百姓无关。而日常的吉、凶、宾、嘉、军五礼,虽然礼意各不相同,亦各有社会功能,但就仪式本身而言,均需通过"身体"来体现。

如《礼记·玉藻》中记载的儿子对父母之礼,其文曰:"父命呼,唯而不诺,手执业则投之,食在口则吐之,走而不趋。亲老,出不易方,复不过时。亲瘵,色容不盛,此孝子之疏节也。父没而不能读父之书,手泽存焉尔。母没而杯圈不能饮焉,口泽之气存焉尔。"这些规定十分具体。比如父母呼唤的时候,手里拿的东西要扔掉,口里含的食物要吐掉。而这些具体的礼仪规范,就是要依靠身体的规训,将孝顺之德转化为内心的自觉。

我们在读《论语》的时候,经常会对《乡党》篇中孔子的行为状态产生好奇心。但事实上,我们应当从这些描述中,体会到孔子生活时代的礼仪规范对于君子人格乃至社会秩序的塑造力量。

比如描述孔子上朝的表现,谓:"入公门,鞠躬如也,如不容。立不中门,行不履阈。过位,色勃如也,足躩如也,其言似不足者。摄齐升堂,鞠躬如也,屏气似不息者。出,降一等,逞颜色,怡怡如也。没阶，趋进，翼如也。复其位，踧踖如也。"（《论语·乡党》）这是说，孔子走进朝廷之门，躬着身体，就如地方不够容身似的；站，一定是靠在边上；走，则不踩门槛；面色庄重，步履稳重，说话惜字如金；屏住呼吸，大气不出。

关于穿衣、吃饭等方面，我们可看到也有很多十分具体的规定。比如"食不语，寝不言"，又如"席不正，不坐"。甚至当乡人为了做驱鬼仪式而装扮成神的模样时，孔子也要穿着朝服，恭立在东阶上。如此这般，无非是要说明礼仪活动对于社会秩序建构的重要性。

周公在殷周之际所确立的宗法制度，就包含了一种基于身体的区分逻辑，即以人与人之间的血缘关系来确定各自的社会地位和身份体系。而同时，不同社会阶层的人，也要遵循社会对其身体仪态的规范要求。身体是一种社会建构的产物，而礼仪活动则是身体社会性特征中的最主要特征，甚至社会等级本身就是通过身体来"凸显"的。

对于统治者而言，展现其"威仪"是十分重要的。比如《春秋左氏传·襄公三十一年》称："君有君之威仪，其臣畏而爱之，则而象之。故能有其国家，令闻长世。臣有臣之威仪，其下畏而爱之，故能守其官职，保族宜家。顺是以下，皆如是，是以上下能相固也。"在需要服从的体制下，以身体仪态、服饰、宫室、车马来体现不同，是建立起上下等级意识的关键，即使在空间分配上也是如此。

强调隆礼尊法的荀子，也有许多对不同阶层的身体容貌要求的描述。《荀子·非十二子》通过描述父兄、子弟的不同"士君子之容"，来呈现正当的身体形态：

> 士君子之容：其冠进，其衣逢，其容良；俨然，壮然，祺然，蕼然，恢恢然，广广然，昭昭然，荡荡然。是父兄之容也。

其冠进，其衣逢，其容悫；俨然，惕然，辅然，端然，訾然，洞然，缀缀然，瞀瞀然。是子弟之容也。

荀子之所以要描述士君子之身体形态，主要是要批评当时不拘形态的学者之"丑态"。

> 吾语汝学者之嵬容：其冠絻，其缨禁缓，其容简连；填填然，狄狄然，莫莫然，瞡瞡然，瞿瞿然，尽尽然，盱盱然；酒食声色之中，则瞒瞒然，瞑瞑然；礼节之中，则疾疾然，訾訾然；劳苦事业之中，则儢儢然，离离然，偷儒而罔，无廉耻而忍謑诟。是学者之嵬也。（《荀子·非十二子》）

统治者之威仪是其权威的体现。但君民之间，并非只是服从，同时也需要社会精英群体做出表率。有人将儒家伦理学称为"示范伦理学"，即儒家特别强调社会精英群体在道德教化过程中的以身作则。这是因为儒家对不同的人群有不同的道德期待，如君子与小人。《论语·颜渊》说："君子之德风，小人之德草。草上之风，必偃。"儒家虽然也肯定"言传"，但朱子在解释这句话的时候，显然更为推崇"身教"，认为"身教，民易从"。这就是孔子说的："其身正，不令而行；其身不正，虽令不从。"（《论语·子路》）

人的身体的社会化建构是通过价值和意义的填充，使得自然身体的行为目标具有确定性和可预见性。比如《周易》的《恒》卦，其象传解释说："日月得天而能久照，四时变化而能久成。圣人久于其道而天下化成。观其所恒，而天地万物之情可见矣。"通过自然规律来说明圣人之道的恒久性。君子的生活方式，就是遵循这种确定性来呈现其特质，即如《恒》九三爻爻辞所说的"不恒其德，或承之羞"。对此，《孟子·梁惠王上》的说法更为大家所熟悉。孟子说没有稳定的财产支持而能保持自己恒心的，只有士君子才能做到。人如果没有恒心，就会放纵其行为。故而孟子倡导的"大丈夫"精神，就是指那些不因为外在的物质诱惑和暴力胁迫而改变自己行为准则的人。

儒家典籍也经常以身体的不同器官来比喻君民关系。《礼记·缁衣》中说："民以君为心，君以民为体。心庄则体舒，心肃则容敬。心好之，身必安之；君好之，民必欲之。心以体全，亦以体伤；君以民存，亦以民亡。"这种比喻一方面固然是以"心之主宰"比喻君主对于百姓的主宰，另一方面也可理解为"君民一体"的整体意识。对此，十分注重身体象征性的董仲舒是这么说的：

> 一国之君，其犹一体之心也。隐居深宫，若心之藏于胸；至贵无与敌，若心之神无与双也。其官人上士，高清明而下重浊，若身之贵目而贱足也；任群臣无所亲，若四肢之各有职也；内有四辅，若心之有肝肺脾肾也；外有百官，若心之有形体孔窍也；亲圣近贤，若神明皆聚于心也；上下相承顺，若肢体相为使也；布恩施惠，若元气之流皮毛腠理也；百姓皆得其所，若血气和平，形体无所苦也。（《春秋繁露·天地之行》）

儒家以礼乐作为社会治理的最高手段，当然也并不排斥刑政，只是认为刑政的手段是补救性的方案。不过在反对礼乐的道家和墨家看来，礼乐就不见得蕴含那么多的价值意味。

墨子反对的是礼乐所需要的社会成本和知识成本。因为要了解复杂的礼乐系统需要大量的时间和人员投入，累世不能尽其学，会耽误正常的物质生产，墨子尤其反对礼乐活动的物质损耗。墨子在《非乐》篇中说，在老百姓仍处于劳苦饥寒的状况下，还要制作钟鼓、琴瑟、笙竽，筑高台亭榭以供娱乐，这会造成王公大人和贫贱之民之间的苦乐不均，因此他反对乐教。

道家则从价值上否定礼乐活动的崇高性。老子认为儒家推崇礼，只是要掩饰社会已经失去仁义道德之心的事实，因而需要用外在的规范来约束，即所谓"失道而后德，失德而后仁，失仁而后义，失义而后礼。夫礼者，忠信之薄而乱之首"（《道德经·三十八章》）。

最后，我想说的是，儒家的礼仪与其他宗教仪式活动相比，存在着形式和目标上的差异。基督教及其他宗教举行的宗教礼仪，在很大程度上是让自己与世俗产生分离，从而使自身圣化。然而，儒家的礼仪活动更多的是植根于世俗生活；通过赋予世俗生活以某种神圣性因素，来维系现实的社会秩序。通过集体性的仪式活动，人们得以将自己从满足物质生活需要的劳作中解脱出来，获得一种团体的力量。因此，重要的祭祀仪式会让人们通过回顾共同的信仰和传统，以及对伟大祖先的纪念，来强化自己为团体之一员的牺牲精神，并让自己与这些伟大的传统结合起来。

四、身体与忠孝：存身事亲和杀身成仁

《礼记·祭义》记载了这样一个故事，说乐正子春不小心伤到自己的脚，有好几个月不能出门，满脸忧虑之色。他的弟子问他为何如此不开心，乐正子春先转述了一段从曾子那里听到的孔子的话："天之所生，地之所养，无人为大。父母全而生之，子全而归之，可谓孝矣。不亏其体，不辱其身，可谓全矣。故君子顷步而弗敢忘孝也。"意思是

说，父母给我们一个完整的身体，我们要细心使之完整健康；现在我伤着自己的脚，这就是毁伤了身体，就属于不孝了，所以我才很焦急地希望尽快好起来。乐正子春接着说：

> 一举足而不敢忘父母，一出言而不敢忘父母。一举足而不敢忘父母，是故道而不径，舟而不游，不敢以先父母之遗体行殆。一出言而不敢忘父母，是故恶言不出于口，忿言不反于身。不辱其身，不羞其亲，可谓孝矣。

一个孝子举手投足都要考虑自己的父母，在旅途中要避免走危险的道路和使用舟楫，因为不敢死在自己的父母前面；要尽量避免与别人在言语上起冲突，以免使自己的身体受到伤害、让自己的父母受人诅咒。

早期的儒家人物还有很多表述，与上述乐正子春所谓身体为父母所生而须加爱护的说法类似。又如在《祭义》中，乐正子春的老师曾子就说："身也者，父母之遗体也。行父母之遗体，敢不敬乎？"我们每个人的身体都是父母身体的延续，既然如此，我们就要对自己的身体保持敬意。尤其是在父母去世之后，基于对父母的孝，就要对父母的"遗体"持谨慎的态度。类似的说法我们在其他篇章中也可以看到，比如在《礼记·哀公问》中，孔子告诉哀公，君子无所不敬，但敬身为大。理由是，身体好比是父母的树干上发出的枝芽，不能"敬其身"就等于"伤亲"。

即使是处于丧礼中，人亦不能过度悲伤而废食，从而致使身体难以承受礼仪活动。《礼记·杂记》中说，饥而废事，饱而忘哀，都是非礼的行为。同时，如果因为饥饿而导致身体反应迟钝，从而有碍于哀痛之情的表达，也是不对的。虽然许多行为都受到限制，但孔子说，若身体有溃疡或伤口，就应该沐浴并及时治疗，而若生病使体力不支，也是可以喝酒吃肉的。如果因哀伤而生病，甚至因此而丧命，这就不是儿子应该做的。

在儒家的观念中，身体是社会责任的承载者，同样也是血缘延续的保证。《孝经》就说："身体发肤，受之父母，不敢毁伤，孝之始也。"也就是说，孝子要慎重地对待自己的身体，不敢犯险斗勇，以免身体受伤。

事，孰为大？事亲为大；守，孰为大？守身为大。不失其身而能事其亲者，吾闻之矣；失其身而能事其亲者，吾未之闻也。孰不为事？事亲，事之本也；孰不为守？守身，守之本也。（《孟子·离娄上》）

这段话比较难解的还是"守身"和"失身"。按朱熹的解释，守身就是不让自己陷于不义。而"失身"主要解释了其后果，即"亏体辱亲"。这其实既包含了自然的身体，也包含了社会身份在内。一个人如果身体受到伤害，自然就失去了奉养父母的能力，但行不义之事而丧失其身份，可能带给父母的精神伤害更为严重。因此，"守身"是"事亲"的关键。

当然，儒家之孝道包含有几个层次。比如在《论语》中，孔子就区分了"能养"和"能敬"的不同。孔子认为让父母衣食无忧只是孝顺的最低标准，更重要的是在孝顺的过程中，能让父母感到被尊敬。对此，《礼记·祭义》记载的曾子的话"大孝尊亲，其次弗辱，其下能养"，也表达了同样的意思。而若能延续和发扬家族的荣光，则是高层次的孝行。

保存身体以完成孝亲义务的原则还落实到古代司法实践中。对于家里没有人可以照顾年老直系亲属的死囚和流放犯，会按不同的情况加以宽宥，以保证老有所养。比如《唐律·名例》中的"犯死罪应侍家无期亲成丁"条规定，若犯人所犯的死罪并非属于不能赦免的"十恶"范围，同时家里的祖父母或父母因年老患疾而必须服侍，而且家里又没有"期亲成丁"的，可以请求留养。

具体地说，对这些赦免留养都有详细的规定。比如，"年老"是指年八十以上又患有重病的，这种情况下犯人可以向刑部提出申请，禀明情形；而"期亲成丁"指的是年纪二十一岁以上、五十九岁以下直系亲属中的成年人。这个条例虽是保存了罪犯的身体，但目的是要在包括犯人的曾祖父母、祖父母、父母在内的亲人丧失自理能力的前提下，确保犯人亲属的生活有所保障。这是儒家的孝亲原则在法律体系中的表达，旨在使犯人的"身体"得以完成孝亲的责任。

儒家崇尚礼制，以省刑罚、薄赋敛为王政的体现。但直到清末的司法实践中，中国一直存在着以损毁身体为惩罚手段的刑法条例，这种身体上的残缺无疑会给人带来巨大的精神羞辱。读司马迁的《报任安书》，我们可以充分体会到腐刑给他带来的痛苦和羞耻感。他说最大的丑行就是因为自己的行为而让祖先蒙羞，而在他列举的许多对身体的刑罚中，腐刑是对人最为极端的羞辱。司马迁说："人固有一死，或重于泰山，或轻于鸿毛，用之所趋异也。太上不辱先，其次不辱身，其次不辱理色，其次不辱辞令，其次诎体受辱，其次易服受辱，其次关木索、被箠楚受辱，其次剔毛发、婴金铁受辱，其次毁肌肤、断肢体受辱，最下腐刑极矣。"

正如司马迁所说，人固有一死，或重于泰山，或轻于鸿毛。那么,在什么样的情况下,人可以舍弃自己的生命,而去成就更高的价值呢?我们很熟悉孟子所说的"舍生取义",他认为道义的原则若与生命的存续相冲突,就应该果断地舍弃生命。刘向在《说苑·立节》中列举的比干、尾生、伯夷、叔齐四人,即是为保全士人名节而死节者:

> 王子比干杀身以成其忠,伯夷、叔齐杀身以成其廉,尾生杀身以成其信。此四子者,皆天下之通士也。岂不爱其身哉?以为夫义之不立,名之不著,是士之耻也,故杀身以遂其行。

先秦时期崇尚侠义精神。韩非子曾指出扰乱社会秩序的人有两种,一种是儒生,另一种即是侠客。侠之大者,能为知己者死,这是"舍生取义"最极端的表达方式。司马迁在《史记》中专门立《刺客列传》,其中聂政的故事,最能体现孝道和侠义的结合。

聂政,轵深井里人,这个地名听上去就很有诗意。不过,他因为杀了人,带着母亲和姐妹到齐国避仇。有个韩大夫严仲子与侠累有冲突,严仲子怕被杀,故寻求侠义之士帮他刺杀侠累。听说聂政是勇士,所以就带黄金百镒去给聂政母亲做寿。聂政很惊讶,但严仲子坚持这样做。这时,聂政就说,因为母亲在,为了奉养老母,不能以身许人。后来聂政的母亲死了,在守丧期满后,聂政就去报答严仲子的信任,只身前往践约,最终身死。其姊听说聂政暴尸街头,也哀痛而死。

侠义之士往往只看重"知遇"而轻死,其理由未必是为国家或家族之大义,因此与孟子所说的"舍生取义",不能等而视之。

儒家肯定生命的价值,但鄙视苟且偷生。为国家存亡、民族之尊严捐躯者,往往能名显于史籍。近代戊戌变法中,谭嗣同的思想及变革之策并未有超拔于同时代人之高度,然而他慷慨赴死,以"去留肝胆两昆仑"的态度昭示出生命的意义,确为时代之俊杰。

或许有人会批评古人"饿死事小,失节事大"的教条,致使许多人为殉节而牺牲。但我们不宜用后世的道德观念来责备古人。或许孔子所言最洽于我心:"求仁而得仁,又何怨?"(《论语·述而》)

五、身体复制所导致的问题:伦理的、自然的

对于儒家修身问题的讨论本该到此结束,但近年来众说纷纭的人工智能问题却带给我们许多新的冲击,尤其是科学家们对于人工干预生育过程、情感机器人以及芯片植入大脑等可能性的探索,其中的每一项都很可能将彻底改变我们对于生命价值、社会秩序和人类尊严的理解。因此,我也想谈一谈这些变化给儒家生命伦理带来的新的问题。

人工干预生育过程包括试管婴儿、有目的培植人类器官乃至基因复制人类等,已经引发了生物医学和伦理学领域的巨大争议。

人工干预生育过程已经有比较长的探索历史。这些干预最初只是为了防止诸如先天性疾病的遗传,以及改善新生婴儿的健康水平等。但技术的发展往往会突破其初的目标。比如,基因技术的发展,可以在不远的将来彻底改变人类再生产的模式。人类可以"按需培育",甚至人体的器官也可以按需生产。这很可能给人类社会带来一种新的不平等。也就是说,不同于早期社会人们生下来就带着身份和地位的差异,未来的社会是由自然生育的人和"有目的"制造的人所共同构成的,他们之间会在身体素质、竞争能力上存在巨大的差异。

另外一种情况是智能技术和生物技术的结合,比如通过芯片的植入改变人的身体机能和智能水平,以达到改变人们的记忆力、情绪管理等一系列我们期待的目标。

如此,未来世界可能会存在三种人:第一是自然人,即在天然环境下生下来的人;第二是混合人,这类人利用生物技术和人工智能技术,在人脑和身体机能上存在着优势;第三是人造的人,这又可以划分为两种,一种是通过基因和人工手段"创造"的人,另一种是具有人的一切思考和智慧能力的机器人。

这种多样化的人群所构成的社会,必然会引发新的问题。以目前人工智能的迅猛发展来看,且就寡见所及而言,很难完全预估其带来的后果。我所认识到的有以下这些方面:

首先,人们以往是通过世袭或接受高质量教育的方式来延续阶层地位,而人工智能则可以让人们通过技术手段直接达到这个目标;若此,权贵、富人和科学家群体更容易获得这样的"技术优势",由此确立他们在阶层竞争中的优势,社会公平就会被破坏。

其次,在现有的民族国家体系下,国家利益往往成为阻碍技术转移和技术分享的屏障。因此,人工智能技术的进步可能带来的对于人类竞争力的提升,并不能保证泽及所有国家,反而可能加剧目前业已存在的国家间的不平等秩序。而人工智能技术如果被用以改变"种族"的素质,那么从某种意义上说,人工智能也很可能会助长种族主义的复兴。

再次,目前我们通过肤色等特征来区分人种,并通过公民身份来确立其国家归属,然而,面对未来技术革命的冲击,人类又将基于何种分类系统来区分彼此?更为严重的问题是,那些具有自我意识、自我反思能力的机器人,又能否被随意终结其"活动"状态,甚至被拆解或"消灭"?

最后,假定自然人和混合人(借助人工智能等技术而获得自然人所不具备的认知能力的人）都存在"自我意识"，那么他们对于何为"人"的认识，相应地就会出现差异。问题在于一旦落实到社会政治层面，这两类人的身份确定问题，以及相应的权利义务体系的设置，是否应该差别化处理？这也会成为以后社会组织的巨大挑战。

那么，就经典的儒家价值观而言，我们应如何理解和应对这样的挑战呢？

首先，儒家式社会一般被理解为等级性社会，但事实上，传统儒家也强调"学以成人"，一个人的社会地位要靠自己努力去争取。儒家强调"为仁由己"（《论语·颜渊》）、"我欲仁，斯仁至矣"（《论语·述而》）；并且从"人为天生"的角度，肯定了人与人之间的平等。

在社会关系层面，儒家从人的社会性来理解人。也就是说，每个人从生下来的那一天起，就具备社会身份了。因此，指导人们行为的并非抽象的德性，而是"根据我们熟悉的、社会的'角色'而找到指南"。[①] 这样的角色首先是基于人伦来确定的，然后扩充到政治、社会和职业身份。不同的角色之间存在着"差等"，这种差等是自然形成的，被你的角色所确定的，比如父子、夫妇之间，就会存在着权利和义务上的差异。这种差异被梁漱溟称为"伦理本位"。但一个人的社会地位却并不是由他的角色所决定的，不能通过血缘的联系加以继承。儒家虽然十分强调血缘伦理，但也"讥世卿"。除了君主之位依赖世袭传递，其他的社会地位都需要你自己去争取。

因此可以相信，如果有一部分人凭借其权力、财富以及知识上的优势，以占据人工智能和生物技术获取途径上的优先地位，那么从儒家的义理出发来看，这便是非正义的。

---

① （美）安乐哲：《儒家角色伦理学——一套特色伦理学词汇》，第178页。

其次，基因编辑技术，以及通过人工方式来复制人的手段，会造成巨大的伦理困境，特别是对以血缘关系为基础的儒家伦理学来说，更是如此。比如说，一个通过基因技术"制造"出来的婴儿，该如何确定其伦理身份呢？因此，儒家会反对用科学手段来"制造婴儿"，甚至也反对通过人工授精的方式来逃避自然的孕育过程，因为这都将造成"角色"的混乱。

再次，在个体权力优先的社会中，低结婚率、低生育率已成为社会问题。这在欧美和日本等发达国家表现得最为明显。随着中国社会的发展，很多大都市也已经出现这种低情感社会现象了。而情感机器人，特别是性爱机器人的发明和商品化，将进一步改变人类的情感表达方式，最终冲击目前的家庭模式。

最后，基因技术等生物科技的革命在未来将大大延长人的寿命，这客观上会造成现代家庭的变体。我们现在所理解的人伦亲情，其实基本上不超出祖父和孙辈这样的范围，如果超出这个范围，亲情关系就会疏远，而实际上就跟一般的"陌生人"相类似。因此，人工智能和生物技术将从根本上冲击儒家伦理体系。

在大多数中国人的心目中，好的生活就是"儿孙绕膝行"的家庭和睦的生活，而善的生活则是"老吾老以及人之老，幼吾幼以及人之幼"，即将对父母和孩子的爱扩展到对所有的人。相比之下，中国人更愿意接受集群式的生活状态，因此，对于人与人之间情感沟通的要求也比较高。所以，从人际交往的角度，我希望以后的人工智能里要植入"情感"特别是"亲情"的因素。否则，当人工智能的非血缘化社会形成后，未来是否会退化成一个"无情"的社会？这是一个颇令人担忧的问题。

儒家特别强调教化在社会秩序建构过程中的作用，认为人们应该而且可以通过教化的方式互相理解，建立起共同体的基本价值观。而人工智能和智能机器人最值得期待的地方，就在于它们可以轻易获得人类至今为止所有的知识，但人工智能技术是否能在价值和伦理方面取得同样的进展，则是一个未知数。以在中国被广泛宣传的阿尔法狗与柯洁、李世石的围棋比赛为例。围棋的变化被认为是所有智力游戏中最为复杂的，但是阿尔法狗还是很"轻易"地掌握了，并战胜了人类当下最高水平的棋手。但是，要让阿尔法狗也具有柯洁那种会因为失败而产生的挫败感，应该比学会如何战胜柯洁要复杂得多。因此，植入知识能力可能并不会构成对人类社会的致命一击，而当"有感情""有自主意识"的机器人出现，人类的未来或许真的就处于高度的"不确定性"之中了。

第五讲
积善之家：宗法、家族与孝道

就现时代而言，家庭依然是我们社会中最为重要的共同体类型，尽管无论在世界还是在中国，家庭的形态一直在发生变化。有研究指出，工业化和城镇化导致亲属关系越来越疏远，于是，由夫妻和孩子组成的核心家庭形态便逐渐成为中心。这样的趋势在中国近几十年迅速的城镇化过程中再度发生。如果说传统中国家庭生活一直是以父子关系为轴心的话，那么当下中国社会中夫妻关系肯定是家庭关系的重心。由此而来的进一步变化则是，在人们的关系网络中，因婚姻关系而建立起来的社会网络的重要性，要远远大于由宗族势力所建立的社会组织结构。

当然，中国宗族势力的式微可以远溯到 20 世纪初。五四运动从观念上将"家"及其背后的宗法组织看作是阻碍个人权利和自由创造精神的原因。这些观念经由以吴虞为代表的学者，或者以巴金、曹禺为代表的作家的富有感染力的文学作品而影响深远。在 1949 年之后，国家倡导家庭变革，并将祖宗崇拜等视为封建迷信，宗族组织逐渐瓦解。因为社会组织方式的变化，家庭的社会公共职能逐渐消失，父母也不再具有权威性。自由的婚姻、经济上的独立都让家庭生活趋向于去宗族化。因此从某种意义上说，当我们在讨论儒家式的"家"的时候，更像是在讨论一个已经流失的陈迹。

一、宗法与中国家族制度的演变

要理解儒家文化,离开"家"这个维度,就难以窥其堂奥。虽然"家"的含义和组织形态一直在发生变化,但家对中国人的价值观和秩序观的决定性意义并没有减弱。

不可否认,与世界上所有地区一样,家庭担负着人类"再生产"的重要功能。与世界上很多地区不一样的是,在中国,家更是政治秩序和社会秩序之建立的逻辑机理的源头。我们知道,政治秩序和社会秩序都有赖于人们的"设计"。不论我们将这种设计归功于圣贤,还是普通的百姓,不同地区之所以出现不同的政治秩序,都依赖于该地区的风俗习惯、价值观念乃至对于人与自然、人与人关系的不同认识。按照儒家的观念,在所有的关系形态中,只有父子之情才是最自然的,并由此发展出其他的伦理关系。所以,唯有将社会关系、制度模式纳入到这样的"自然秩序"中,其内在原则才是可以被理解和接受的。由此,不但有血缘关系的人被纳入宗法体系中,其他的非血缘性的关系如君臣、朋友等,也通过与"家族成员的关系模式"进行比照和类推来建立起原则和规律。

(一)先秦时期的宗族与宗法

许多人认为人类社会的早期形态是母系社会,但那个时代的社会结构目前文献不足征,所以这里介绍的中国的宗法社会,就是男性逐渐成为社会主导角色之后的社会形态。"宗"和"族"本义上并不一致,族是指有血缘关系的人的聚集,而宗则是在亲族中选择一个人作为"主"。在儒家的经典中,宗族的问题涉及方方面面,核心可以归纳为三个:宗法、服制和庙制。下面分述之。

1. 宗法

通常我们会将宗族和宗法混用，吕思勉先生说："宗与族异。族但举血统有关系之人，统称为族耳。其中无主从之别也。宗则于亲族之中。奉一人以为主。主者死，则奉其继世之人。"① 这就是说"族"主要指同血缘的人，而宗则是依据血统之"纯正"而确立所尊奉的人。所以宗族制度包含有宗法，而狭义的宗法则主要指尊长部分的内容。对此，《白虎通》在"宗族"章中有如下描述：

> 宗其为始祖后者为大宗，此百世之所宗也。宗其为高祖后者，五世而迁者也，故曰："祖迁于上，宗易于下。"宗其为曾祖后者为曾祖宗，宗其为祖后者为祖宗，宗其为父后者为父宗。父宗以上至高祖皆为小宗，以其转迁，别于大宗也。别子者，自为其子孙祖；继别者，各自为宗。所谓小宗有四，大宗有一，凡有五宗，人之亲所以备矣。（《白虎通·宗族》）

这段话的核心内容包括始祖的嫡长子，代代为大宗；其余的子孙各为小宗，而传至五代之后，就不再继续，其成员就跟普通的族人一样了。按照王国维在《殷周制度论》里的描述，大宗是指国君及其嫡长子，这是万世不迁的。其他的一些就被分封到不同的诸侯国里，由此不断出现新的宗族。之所以要确定嫡长子继承制来取代兄终弟及的制度，主要是为了平息对于大位的争夺。王国维说，古人并非不知"官天下"比"家天下"要美名远传，原因在于天下之大利在于"定"，而"任天者定，任人者争；定之以天，争乃不生。……而定为立子、立嫡

---

① 吕思勉：《中国制度史》，上海教育出版社，2005年，第216页。

之法，以利天下后世。……有周一代礼制，大抵由是出也"。①

嫡庶之制是宗法制度的基础，宗法制度的目的在于安顿社会秩序、凝聚血缘共同体。王国维说嫡庶之制如果核心是要解决统治权力的继承法则问题，那么宗法制度更多的是针对大夫以下的人而设。《礼记·丧服小记》说："别子为祖，继别为宗。继祢者为小宗。有五世而迁之宗，其继高祖者也。是故祖迁与上，宗易于下。尊祖故敬宗，敬宗所以尊祢也。"《礼记·大传》讲："亲亲故尊祖，尊祖故敬宗，敬宗故收族"。《正义》孔疏解释说："'亲亲故尊祖'者，以己上亲于亲，亲亦上亲于祖，以次相亲，去己高远，故云'尊祖'。'尊祖故敬宗'者，祖既高远，无由可尊，宗是祖之正胤，故敬宗。"子亲于父，而父亦亲其父（子的祖父），以此上推，及于大宗始祖，其目的既有大的家族共同体的凝结，也有因"别子为祖"而产生的小家族共同体的凝聚，这样构成一个复杂的家族共同体。

区分嫡庶的尊卑关系，也就是确立先祖和正统继承者的关系，就国家而言，关系到王位继承者这样的大事；对一般的家族而言，也关系到祭祀甚至确定家庭事务的最终决定者这样的问题。据此，还有一个"序昭穆"的问题。

所谓"昭穆"，《国语》是这样解释的："夫宗庙之有昭穆也，以次世之长幼，而等胄之亲疏也。"韦昭注说："等，齐也。胄，裔也。"意思是说，昭穆就是确定宗族成员在以大宗为主干的宗族血缘谱系中的位置。相比于血缘的远近，昭穆制度更注重辈分。明确的辈分可以让宗庙祭祀秩序井然。

---

① 王国维：《殷周制度论》，载《王国维全集》第八卷，浙江教育出版社、广东教育出版社，2009年，第306页。

序昭穆是通过什么形式得以实现呢？《礼记·大传》讲："上治祖祢，尊尊也。下治子孙，亲亲也。旁治昆弟，合族以食，序以昭缪，别之以礼义，人道竭矣。"

也就是说在家族活动中，宗子主持的祭祀之后一般都有家族成员一起吃饭的场合，而以血缘关系来安排座次和相关礼节，则可以明确和强调族人间的血缘关系。当然昭穆制度和大小宗之间存在着一定的紧张，后世其实是多种礼制的混合，比如《中庸》说："宗庙之礼，所以序昭穆也；序爵，所以辨贵贱也；序事，所以辨贤也；旅酬下为上，所以逮贱也；燕毛，所以序齿也。"这说明在不同的情景下采用礼制的原则是多样的。

因为大宗内部通过血缘关系维系，所以并非一个经济实体，但是中国历代的家族制度都十分强调宗族成员之间的互相扶助。儒家的价值观推崇合族居住，虽然通常认为堂兄弟之后就应该分家，不过还是会鼓励有富余财力的家族将一部分财产贡献给整个宗族。

这样严密的宗法制度，其实主要是针对有地位的士大夫确立的。《仪礼·丧服传》说："大宗者，尊之统也。禽兽知母而不知父。野人曰：父母何算焉？都邑之士，则知尊祢矣。大夫及学士，则知尊祖矣。"郑玄注："都邑之士，则知尊祢，近政化也。"从上述内容我们可以看到宗法制度跟权力分配关系密切，所以，从权力阶层而言，宗法制让大夫和士阶层与诸侯、天子区分开来，什么样的身份可以祭祀什么对象，这决定了你在未来的权力体系中所可能获得的社会资源。而对于庶人而言，他们一般生活在父母兄弟妻子这样由若干人口组成的核心家庭里，因此礼的意义就要简单得多。通常所说"礼不下庶人"（《礼记·曲礼》）就是这个意思，对此《礼记正义》中孔颖达解释说：

> 庶人贫，无物为礼，又分地是务，不暇燕饮，故此礼不下与庶人行也。

意思是说普通百姓既然才及温饱，也就无法收族，宗法制度也不会有实际的意义。

2. 丧服制度

与宗法制度密切相关的就是丧服制度。丧服制度的核心是依据死者与己关系的亲疏远近决定相应的服制与丧期。王国维说丧服所呈现的价值观有四：即"亲亲""尊尊""长长"和"男女有别"。① 丧服分为五个等级，分别是斩衰、齐衰、大功、小功、缌麻。血缘越近，则丧服所用布及做工越粗，服期越长。

与宗法一样，在丧服中，也同样要遵循尊尊的原则，即同样的血缘远近关系中，儿子对父亲和父亲对儿子所要遵守的服制就不一样，需要减等。比如，为父服斩衰三年，为子服齐衰期，轻重不等。儒家强调"称情而立文"（《荀子·礼论》），意思是礼制的确立要依据人的情感。而丧服制度，则是从礼制的角度，规定了人的情感随血缘关系的远近而有所不同，这意味着礼制反过来约束情感的抒发，从而达到安定社会秩序的目的。

斩衰是五服中最重的一种，所谓"衰"就是丧服的上衣，"斩"就是衣服不缝边的意思，子为父、父为长子都采用斩衰，而丧期则长达三年，俗称三年之丧。

齐衰次于斩衰，因为缝边整齐，所以称为齐衰。分为四等：若是父卒为母、母为长子，一般要三年；而父在为母，夫为妻则是齐衰一

---

① 王国维：《殷周制度论》，第309页。

年,要用杖;第三等是齐衰一年不用杖,主要是为伯父叔父或兄弟而服;第四是齐衰三月,是为曾祖父母。

大功的期限为九个月,男子为出嫁的姐妹和姑母、为堂兄妹都是大功,而女子则要为丈夫的祖父母、伯叔父,为自己的兄弟服大功。

小功的期限为五个月,主要是为从祖祖父母、从祖父母和从父姐妹所服。

缌麻丧期是三个月,主要是为同一宗族的长辈和亲戚所服。

丧服制度与宗族血缘之间构成了正相关的关系,既体现了男方亲属和女方亲属之间的差异,也体现了嫡庶之间的差异,因此,通过丧礼可以强化宗法制度。

3. 庙制

宗法制度中,与贵族阶层密切相关的是庙制。据《礼记·王制》记载,"天子七庙,三昭三穆,与大祖之庙而七。诸侯五庙,二昭二穆,与大祖之庙而五。大夫三庙,一昭一穆,与大祖之庙而三。士一庙,庶人祭于寝。"天子七庙,这大约是周代的建制,包括太祖及周文王、周武王二祧,这是三位有特殊功德的君主,百世不迁。其余四庙即高祖至父,随着世代传承,依次迁庙。诸侯五庙,即百世不迁的始封君,加上依次迁庙的高祖至父。大夫的情况较复杂,别子为大夫,则其子孙为大夫者立太祖庙祭别子,余二庙祭父与祖。若别子非大夫,则大夫三庙乃父、祖与曾祖庙。士虽一庙,兼祭父祖。庶人亦于寝祭祀父祖。

因为早期宗法制度不下庶人,所以庙制与丧服、宗法之间的关系十分明显。天子、诸侯常祭均止于高祖,大夫、士虽不及高祖,但《礼记·大传》讲:"大夫、士有大事,省于其君,干祫及其高祖。"这就是说,大夫、士有大功德,可特祭及于高祖。

不过在封建制被郡县制取代之后,这样的庙制也有了相应的改变,最大的改变就是世家大族一般通过建立家庙来祭祀祖先。一般仕宦家庭的家庙往往建于房宅之东偏,而普通百姓则主要在自己家房子的正厅。

宋代之后,理学家积极倡导宗法的重建,张载就提出应该把普通人家的正厅一律改成祭祀场所,不居人。程颐则是历史上第一个提出不分贵贱都要建立家庙主张的人。他说:"士大夫必建家庙,庙必东向,其位取地洁不喧处。设席坐位皆如事生,以太祖面东,左昭右穆而已。男女异位,盖舅妇生无共坐也。姑妇之位亦同。太祖之设,其主皆刻木牌,取生前行第或衔位而已。"(《河南程氏外书》卷一《朱公掞录拾遗》)这个建议是要在家宅之外另建庙,并供奉祖先牌位,家族成员定期去祭拜。

朱熹也十分强调礼仪和宗族的重要性,一是重新编定家礼,试图化繁就简,制定一种普遍适用的日常礼仪系统;二是强调祠堂和族田对于家族制度的重要意义。朱子在家礼中专立"祠堂"一节,认为祠堂应该是一个专门的建筑,按照家庭的经济实力建立不同规模的祠堂,但都要供奉高、曾、祖、祢四世的神主,由家族的世子世代主持祭祀及其他活动。虽然元明之后的祠堂是祭祀迁祖以来的所有祖先,但朱熹的设计奠定了后世祠堂制度的基本形态。

(二)秦汉至宋的家族制度变迁

从战国到秦,由于法家实行耕战制度,原先的家族制度被瓦解。此后随着儒家观念在汉代的流行,一种世家大族式的家族制度在东汉以后逐渐形成,其特点就是那些有权势或有经济实力的人,用血缘、政治等手段将同宗子弟聚合在一起,建立起家族共同体。

秦汉时期,垂直统治的郡县制建立起来了,县以下设乡、里和亭，乡和里是行政机构，亭为治安组织。其社会结构包括以百户为标准的"里"，和由几个"里"构成的乡。里的管理者是"父老"，就是后世所说的"族长"。乡的三老是从里的"父老"里面选拔出来的，这实质上构成了县以下相对自治的空间。

应当指出，三老和啬夫等基层领导者所管理之乡里，并非血缘社群，而是以"户"为单位，以所住地为籍贯的"编户齐民"。虽然这些"住户"的聚集依然有血缘的原因，但秦汉以下，政府掌握每户的人口，并以此来赋税和劳役。编户五家为伍，十家相保，组成一个互相监督的社会管理系统。比如秦国的时候，规定四邻八舍不允许收留流亡的人，出现盗贼要举报，否则要连坐。而作为政府和编户齐民之间纽带的三老，一方面要教化民众，另一方面也要担负起维护地方秩序的责任。

虽然，累世聚居为儒家所推崇，同居共财也体现在儒家化的法律中，然而在现实中，除世家大族外，中国的"户"的规模一般在六口左右。

任何朝廷其实都对豪门贵族保持警惕，因为他们很大程度上会是统治意志贯彻到社会末梢的障碍，但无论是经济上的优势还是对权力资源的掌握，都不可避免地会导致大家族的产生。汉代大家族的产生，其实跟经学取士有关。当社会以儒学作为上升流动的主要依据的时候，精英家庭所拥有的经济和知识上的优势就会被放大，客观上导致社会地位的代际传递。

在一般平民均为文盲的情形下，察举制度对儒学知识的强调致使东汉孝廉的家世背景有一半以上是仕宦之门，这也为东汉末期以后世家大族的形成及其对社会资源的垄断奠定了基础。而东汉末期的社会动荡与由此而带来的家族自保的需要和社会财富的非自然流动，则进一步导致了豪门大族的形成。

魏晋时期，世家大族参与政治的程度越发深入，反过来又强化了血缘关系的纽带，最后形成了士庶地位悬殊的门阀制度。

魏晋门阀制度的形成是逐渐登上政治舞台的世家大族，通过制度设计来保障自己的政治地位和经济特权的一个结果。其政治地位上的特权主要依赖九品中正制。这个制度的基本设置是在州设立大中正，郡设中正，县设小中正，由他们将选拔出来的人物评定为上上、上中以至下下共九品，最终由朝廷根据中正官的评级授予官职。这种做法一方面使官府独掌了人物品鉴的权力，另一方面是评出来的上品人物，主要被世家大族所垄断，即通常所说的"上品无寒门，下品无势族"。

政治权力的垄断必然会带来经济上的利益。在西晋建国之后，政府颁布占田令，即按照政治地位的高低设定可以占田的标准。比如一品占田五十顷，然后每降一级减少五顷，至九品占田十顷。

与占田令同时颁布的还有荫户制，即按照政治地位的高低设定受益的亲属范围，这些被荫庇的亲属可以免除国家的课役义务，而只向各自的主人服役和缴纳费用。

这样的世家大族制度一直延续到东晋南北朝，比如东晋的皇室司马家族与琅琊王氏，曾经有"王与马，共天下"的说法。但是南北朝时期频繁的战乱对士族造成了很大的打击，这时候发生的"衣冠南渡"虽有北方文明向南传播的历史意义，但其实质是世家大族逃离战乱的北方而向南寻找安身之所的无奈之举。

到隋唐时期，世家大族的势力虽然不及以前，但山东士族对新崛起的关陇统治集团并无好脸色。李唐因为有外来民族的血统，在礼数和文教上的差异多为山东士族所不齿，后者甚至拒绝跟皇族通婚。虽然李唐王朝多次下诏批评山东士族在联姻时索要财礼的行为,并带头不与山东士族联姻以贬低对方,但真正改变世家大族的社会地位,并改变社会声誉获得方式的还是科举制的兴起。

单纯就选官制度而言,科举考试对唐朝社会身份群体形成的影响并不大。据统计,朝廷每一年能录取的进士层次的人数不超过三十人。即使在公元9世纪,科举入仕人数最多的时期,这一群体占当时官员的总数也没超过15%。但其象征意义仍然是十分明显的,即一个有才华的人,他完全可以不依靠自己的家世来获得社会上升性流动的机会。

严谨的历史学家当然会统计出世家大族的子弟更容易获得科举的成功,这是毋庸置疑的,但这依然不能否定科举制所带来的"公平性"。科举制对唐代社会变革的意义也是影响深远的中国社会"唐宋变革论"的重要体现之一。

唐宋变革论由日本学者内藤湖南提出,这里借助历史学家张广达先生在《内藤湖南的唐宋变革说及其影响》一文中的概括来陈述一下唐宋变革的一些基本内容:

第一是经济方面,两税法的改革,农业技术的进步,水稻和茶等商业作物的增长,烧瓷冶铁等行业的进步,商业的繁荣取代了律令之下的官市和关津贸易,单一货币的流通取代了以前的多元化的货币形式,集市和城镇兴起,人口急剧增长,南方在中国的经济版图上的重要性逐渐超过了北方。

第二是社会方面,士农工商四民社会的结构发生变化,精英的地域化和世家大族的影响被有意识地压制,多样化的家族出现,乡村制度和村落秩序形成。

第三是政治方面,世家贵族权势衰减,君主专制兴起,中央集权和地方势力之间波动消长。科举官僚体制和士大夫文化、政治独立意识形成。

第四是文化艺术方面的繁荣，科技进步和新儒学萌芽。

这些影响中，家庭和户的转变，特别是由地主庄园制向村落聚居的转化，使中国的家庭结构和乡村秩序出现了许多新的面貌，并在宋代得到定型，一直沿袭到今天。

（三）宋明之后的宗法家族制度变迁

五四时期受到激烈批判的中国宗法家族制度主要是宋以后逐渐形成的。那么宋以后中国的家族制度发生了哪些重要的变化呢？

唐宋之间的社会动荡对于大家族产生了进一步的打击，到北宋时期，数口之家的半自耕农和佃户占全国总户数的80%。随着世家大族的消解，农户被编入国家的户籍中，这有助于国家获得更多赋税、徭役和兵源。但小农户的出现也意味着农民对地主人身依附关系的减弱。在生产力低下的社会环境中，小门小户在抵御自然灾害和其他侵扰时，力量薄弱。因此，寻求一种新的社会组织来帮助政府管理日趋分散的家庭以及增加小农阶层的风险抵御能力，成为共识。

宋代的理学家们首先从儒家经典关于宗族的理论中寻找灵感。他们认为敬宗收族是社会稳定的一个重要支撑。北宋时期的程颐说："今无宗子法，故朝廷无世臣。若立宗子法，则人知尊祖重本。人既重本，则朝廷之势自尊。……且立宗子法，亦是天理。譬如木，必从根直上一干（如大宗），亦必有旁枝。又如水，虽远，必有正源，亦必有分派处，自然之势也。"（《二程遗书》卷十八）我们知道，儒家主张选贤与能，但科举制的完善，使上一代的权势很难直接传递到下一代，进而官员对朝廷的依附关系就会松弛，所以程颐认为可以通过重建宗法意识来强化人们对朝廷的忠诚感。魏晋唐宋时期的谱牒是人们通过追溯家族传衍来增强宗族凝聚力的一种方法，有司选举必稽谱牒，唐代朝廷也曾经试图通过重修谱牒来打击山东士族的气焰,但唐后期以后逐渐废除。程颐认为:"宗子法废,后世谱牒,尚有遗风。谱牒又废,人家不知来处,无百年之家,骨肉无统,虽至亲,恩亦薄。"(《二程遗书》卷十五)所以他也主张要恢复家谱的编订。

对于宗族组织的意义,张载有与程颐相似的看法。他说:"管摄天下人心,收宗族,厚风俗,使人不忘本,须是明谱系世族与立宗子法。宗法不立,则人不知统系来处。"(《经学理窟·宗法》)"宗子之法不立,则朝廷无世臣。且如公卿一日崛起于贫贱之中以至公相,宗法不立,既死遂族散,其家不传。宗法若立,则人人各知来出,朝廷大有所益。或问'朝廷何所益?'公卿各保其家,忠义岂有不立?忠义既立,朝廷之本岂有不固?"(《经学理窟·宗法》)张载和二程也都提出了恢复宗法制度的一些设想,比如首先以血缘关系为纽带,在家族内部设立"宗子",来管理家族事务。这个宗子相当于后世的"族长"。其次是立家庙,这是祠堂的雏形。最后是立家法。在无讼的传统下,家族内部的纠纷,一般通过协商来解决。

二程和张载的构想,在朱熹那里得到了特别具体的完善。按照朱熹《朱子家礼》中的设计,家族制度是一个完善的社会组织,有分工、有法度,并以此来规范族人的行为和家族成员的关系。每一个家族都建立祠堂,里面供奉高祖、曾祖、祖、祢四世的神主牌位。家族要设立族田,一般由家族中比较富裕的成员捐赠,主要用来承担诸如祭祖、帮助弱势族人的费用开支。建祠堂可以重建对祖宗的敬拜,并与重修族谱有密切关系,而置族田则是通过家族内的互助机制来强化血缘之间的亲情。

修族谱是宋以后家族制度建构的一个重要方面,族谱与宗法是互为表里的,对此清代程瑶田阐发得很清楚:"族谱之作也,上治祖祢,下治子孙,旁治昆弟,使散无友纪不能立宗法以统之者,而皆笔之于书,然后一披册焉,不啻伯父、伯兄、仲叔、季弟、幼子、童孙群居和壹于一堂之上也。夫所谓'大宗收族'者,盖同姓从宗合族属,合之宗子之家序昭穆也。今乃序其昭穆,合而载之族谱中,吾故曰:族谱之作,与宗法相为表里者也。"(程瑶田:《宗法小记·嘉定石氏重修族谱叙》)按照程瑶田的说法,家谱是宗法秩序最为明显的体现。每个人都可以通过族谱知道自己所属族群的来龙去脉,以及自己与族群其他成员的辈分和血缘远近。宋元以来的新宗族实质上成为地方自治的单位,与行政系统的乡里保甲相辅相依,对于稳定政治社会秩序作用很大。有鉴于此,国家也对各种宗族组织进行表彰,比如对维持地方秩序贡献很大的家族授予"义门"的匾额,对在孝道和贞节方面影响巨大的人士予以表彰,甚至树立牌坊加以鼓励,还有免除徭役等直接的经济支持。

张载等人所提出的宗族复兴主张的目标是让朝廷有"世臣",不过在实际的宗族建构过程中,"宗子"地位的获得并非完全通过世袭继承,而往往是需经过全体族人的"公举"。这就意味着,只要在族中居于德高望重的地位,他就有可能通过选举而成为宗族的领导者。"义庄经营中体现出的族人间的相互对等关系,其要义是由形成于义庄内的宗族这一血缘集团,按其本来特质所规定的,把建立在尊长—卑幼关系基础之上的族人间的相互平等,作为维持秩序的基本原则。"①

家族制度与国家政权之间的关系也是既一致又有不同的。一致的方面包括家族制度协助完成国家的赋税收缴,并辅助里甲、保甲等制

---

① (日)井上徹:《中国的宗族与国家礼制:从宗法主义角度所作的分析》,钱杭译,上海书店出版社,2008年,第31页。

度维持乡村的法律和伦理秩序，如果是一般的族内纠纷和族与族之间的纠纷，须先经由族长处置，不能任意至官府起诉。这样的家族制度构成了中国古代社会中晚期的基本特色，即家族拥有共同的财产，因此可以赈济家族内贫困的家庭，为家族内的年轻人提供教育经费，在混乱的年代甚至要出资建立共同的防御工事，来保护家族的财产。

经过五四时期吴虞的猛烈批判，特别是经过《雷雨》和《家》这样家喻户晓的文学作品的渲染，家族制度似乎对中国人建立国家观念和个人独立意识有阻碍。但是家族观念特别是家族内的互助并没有完全退出历史舞台。历史学家何炳棣先生在《读史阅世六十年》一书的开头部分，特别描写了他们金华何氏家族所涌现的两大砥柱何炳松和何德奎对家族成员的帮助，以及他自己成名之后，如何承担家族义务的经历。这对于我们理解宋明以来的家族制度对民国之后，乃至当下中国的影响，有很大的启发性。他说，他写回忆录的目的是为了记录"何氏一族在20世纪前半的实际运作"：

> 很明显，此期间对全族发挥力量最大的非德奎莫属。他任上海公共租界工部局会办和副总办时的薪金是按海关两算的，是远远高过国内高级官员的。就我所知他曾承担或资助过以下的族人和亲戚：胞弟德柽夫妇长期的全部生活费用（德柽银行职员的收入，德奎坚持全部作为弟弟的私蓄）；伯父炳金（旧族产的破耗者，老年忏悔信佛）长子德华，自小学至上海交通大学毕业赴美实习的费用，全部由德奎承担；把妹夫宋文炳及何家第四房的炳镁叔都安插在待遇优厚的工部局小学；自1934至1938年秋总共对我的资助不下1500元之巨（由于种种原因，我1937—1938年在上海借读的一年用费很大）。德奎真不愧是何家的中流砥柱！

此外，1931年八一三沪战爆发后，德奎邀请岳父全家（除了钱锺书夫人杨绛）来沪和他同居共馔。超越长房，主动支持较困难的三房和四房的族人是很难能可贵的。①

在20世纪70年代末农村实行包产到户政策之后，乡村秩序中的家族影响又开始恢复。据我们对广东和浙江等地农村的调查，建立在宗族基础上的基金会也会帮扶家族内部的弱势族人以及给高考成功的族人以奖励等。超越家族的乡里情感也被地方政府用来鼓励外出工作的成功人士回馈故乡，而村庄里的成功人士也会主动出资修缮村里的道路和其他公共设施。在这些现象中，我们可以感受到儒家生命力的延续和发展。

二、孝道：治家与治国

家是社会最基本的组成单位，是家庭成员维持生计的生活共同体。中国传统家庭的核心特征是以父系血缘关系维系，以同居共财为标志。从前面的介绍可知，春秋以前虽然有家，但社会的基础在族，即包含血缘团体、以一定的伦理和政治原则凝结在一起的共同体，是以当权贵族为主导，兼具战斗、行政、祭祀和财产等多项功能的社会组织，近亲血缘团体的家庭则荫附于其下。这就是说，普通的家庭是依附在"族"这一组织之下的。

周公面对殷周之变，以伦理原则建构家国天下体制，所以，传统的国家是家族的拟血缘化扩大，这从《大学》的"身—家—国—天下"

---

① 何炳棣：《读史阅世六十年》，广西师范大学出版社，2005年，第18页。

的逻辑发展就可以体会到。郡县制国家建立之后，封建的家国天下体制受到挑战，君臣关系不复是父子关系的延展。如此，治家和治国就分属于不同的领域。然而统治者依然企图从血缘伦理的原则中提炼出君臣关系的一体化观念。人伦和政治的结合是中国传统社会构造的独特之处，也是"公""私"之间的艰难转换，要把握这一点，需从儒家对于"孝"的观念的阐发来梳理。

家国一体就是从拟血缘的方式来理解君臣关系，这在早期儒家文献中，似乎并不需要做正当性的说明。如《尚书·洪范》中"天子作民父母"，就是通过把天子类比为百姓的父母来定位君民关系的。

从血缘关系的原则出发来建构家国体系，意味着"孝"的德行在建立社会秩序中占据着重要地位。因此，早期儒家的圣王舜就是因其"孝"而被视为最合适的帝位继承者。据《尚书·尧典》记载，尧准备寻找一个贤能的人作为自己的继任者。尧最早欲使四岳来顺行帝位，众人却向他推举了虞舜。尧帝虽然听说过舜，但还是希望大家提供更多的舜的德行。四岳告诉尧说："瞽子，父顽，母嚚，象傲，克谐以孝，烝烝乂，不格奸。"也就是说，舜的父亲、母亲和兄弟都在德行上有欠缺，但舜却能跟他们和谐相处。为什么这一条对于治理国家是如此的重要呢？我们从孔颖达的解释中可以找到线索。他说："言能以至孝和谐顽嚚昏傲，使进进以善自治，不至于奸恶。"意思是说，舜能用孝行来感化德行欠缺的家人，因而也能治理天下之人。在《孟子》和《史记》中均记载了象与瞽瞍共谋杀舜的故事，但舜以自身的孝行感化他们。"舜顺适不失子道，兄弟孝慈。欲杀，不可得；即求，尝在侧。"（《史记·五帝本纪》）舜以自身至孝之行，在父兄弟要杀他的时候，他能顺利躲过，保全自身而不让父兄的计谋得逞，而当父兄需要他的时候，又能够在身边尽孝。《尧典》中故事的发展或许难以让现代人接受，由于尧想亲自考察一下舜能不能在恶劣的家庭环境中处理好家人之间的关系，就将自己的两个女儿嫁给了舜。按孔颖达的解释："舜家有三恶，身为匹夫，忽纳帝女，难以和协，观其施法度于二女，以法治家观治国。将使治国，故先使治家。"也就是说，尧要从舜的治家能力中观察他能否治国，所以就要增加难度系数。舜家中已有三恶，一个没有官职的人，能否协调可能骄矜的妻子做出的不合理的行为，"将使治国，故先使治家"，这便是将齐家看作治国平天下能力的前提性条件。

儒家将"孝"视为仁义之本，实质是要从对父母的亲爱之情这种最自然的情感出发来理解"由仁义行"和"行仁义"的区别，即以仁爱之心来对待百姓是一种自发自觉的行为，而不是来自"爱民如子"的道德要求，因此，在孟子的文本中，舜的故事依然是用来推导家、国之间矛盾的极端化情形的范本。

《孟子·尽心上》记录了这样一则基于假设的讨论："桃应问曰：'舜为天子，皋陶为士，瞽瞍杀人，则如之何？'孟子曰：'执之而已矣。''然则舜不禁与？'曰：'夫舜恶得而禁之？夫有所受之也。''然则舜如之何？'曰：'舜视弃天下犹弃敝蹝也。窃负而逃，遵海滨而处，终身䜣然，乐而忘天下。'"这个故事一直得到广泛的讨论，在费孝通先生的《乡土中国》中，他认为"窃负而逃"所显现的是舜作为"子"尽人伦孝道、保全父亲与作为"君"负政治责任、维持公义之间的矛盾，并据此批评中国传统中私人领域的道德相对于公共规则的优先性。

但事实上，《孟子》中这则假设的故事，要说明的是自然伦理情感对于社会秩序的奠基作用。孟子并不认为身为天子的舜可以干预官府对犯了罪的父亲的拘捕行为。舜能做的就是放弃作为天子的身份，带着自己的父亲跑到"海滨"去过悠闲的生活。这个所谓的海滨，意思是天子所管辖的政治区域以外的地区。如果从儒家逻辑的视角看，孟子所要强调的是只有建立在孝亲基础上的政治秩序才可能是正当的。

对于伦理秩序和政治秩序之间的一致性，在《论语》中也有很多地方说到。《论语·颜渊》中所说的"君君、臣臣、父父、子子"虽然是从社会身份的角度来"正名"，所揭示的却是血亲伦理与社会秩序之间的互证关系。

若是更为直白地表达，孝悌之人不会轻易与长辈对抗，因此，不会犯上作乱，这样的人才能承担起对社会的仁爱的责任。《论语·学而》说：

> 有子曰："其为人也孝弟，而好犯上者，鲜矣；不好犯上，而好作乱者，未之有也。君子务本，本立而道生。孝弟也者，其为仁之本与！"

在家庭秩序和政治秩序间建立起一致性，主要是通过强调孝与忠的联系实现的。在《礼记·祭义》中，我们就可以看到糅合二者的表述。其中引曾子的话说："事君不忠，非孝也。莅官不敬，非孝也。朋友不信，非孝也。战阵无勇，非孝也。"这就把社会责任纳入孝道的范围内。要建立忠孝一体的观念，反过来就是将君臣关系拟家庭化，让以义合的"忠"自然化。

在另一部经典《孝经》中，儒家也是将"事亲"作为孝的开端，并从"移孝作忠"的原则推导出"事君"，最后通过确立自己的意义世界实现孝的进阶。

《孝经》说："身体发肤，受之父母，不敢毁伤，孝之始也。立身行道，扬名于后世，以显父母，孝之终也。夫孝，始于事亲，中于事君，终于立身。"这就是说，对于个人而言，首先应当保持健康，保全父母给予的身体，并以此作为回报父母养育之恩的基础。而这仅仅是孝的开端。孝的进一步发展就是事业有成，能食君之禄，从而奉养父母。最终则是立功、立德、立言，能传扬家族的荣耀，这是孝的最高境界。

《孝经》还对不同人的孝的表现进行了区分。比如天子之孝，就是通过德教加于百姓而让天下和乐，而诸侯则是能守住社稷。类似这样分层式的孝的表达在《中庸》中则是通过对"大孝"和"达孝"的比较来呈现的。

《中庸》第十七章谈"大孝"，同样以舜的行为作为例子：

> 子曰："舜其大孝也与！德为圣人，尊为天子，富有四海之内。宗庙飨之，子孙保之。故大德必得其位，必得其禄，必得其名，必得其寿。"

这段对"大孝"的论述，并没有像其他文本那样讨论舜与他的父亲、兄弟之间的关系，而是聚焦于舜所具备的德性和他所获得的社会地位。也就是说，舜能做到德为圣人，并拥有天子之位，就是"大孝"的表现，这相当于《孝经》中所说的天子之孝。这也表明，天子的孝更多体现为他的政治功绩，与一般意义上以对父母的孝敬为形式的庶民之孝有很大的区别。

《中庸》第十九章还提到了"达孝"。按照舜与文武周公在道统中的地位，"达孝"应该在等级上略低于"大孝"。不过这里提出的"达孝"的要素就是"善继人之志，善述人之事"。这令人想起《论语》中关于父亲死后"三年无改于父之道"的要求，这种要求首先表现为孩子对于家庭责任的承担，而对于武王和周公来说，更是通过他们对于文王革命之志的继承来呈现他们的"孝心"。不过,构成社会的最大多数成员是普通民众,他们的孝道主要体现在父母、兄弟的层面。对此,儒家也有一些虽然基本但很关键的要求,即在孝中所必须包含的"敬意"。

《论语》十分强调孝行中"敬"的情感。《论语·为政》中记录了子游问孔子何为孝的问题。孔子回答说:"今之孝者,是谓能养。至于犬马,皆能有养;不敬,何以别乎?"孔子并不认可当时人们将养生丧死看成孝行的做法。他说,若是从吃饱的角度,那么即使家里养的狗和马,我们也会让它们吃饱,若是没有"尊敬"和"恭敬",那么赡养父母与豢养犬马有什么差别呢?

关于养与敬的关系,《礼记·祭义》篇中有一段更为周详的论述:"君子之所谓孝也者,国人称愿然曰'幸哉有子如此',所谓孝也已。众之本教曰孝,其行曰养。养可能也,敬为难;敬可能也,安为难;安可能也,卒为难。父母既没,慎行其身,不遗父母恶名,可谓能终矣。"在《祭义》这段话当中,敬不仅指向父母,也指向了自身,因为"身也者,父母之遗体也。行父母之遗体,敢不敬乎?"

同时,《礼记·乐记》里说:"礼者,殊事合敬者也。乐者,异文合爱者也。"又说:"乐者为同,礼者为异。同则相亲,异则相敬。"《孟子·告子上》更是直接将二者等同起来:"恻隐之心,仁也;羞恶之心,义也;恭敬之心,礼也;是非之心,智也。"从上面的材料可知,敬正是礼的精神实质。结合上引《论语》里关于孝的论述,我们可以看到,孔子所说的孝是以敬为根本的。

在《论语·为政》中,孔子还强调了行孝过程中遵循礼仪规范的重要性。

孟懿子问孝。子曰:"无违。"樊迟御,子告之曰:"孟孙问孝于我，我对曰，无违。"樊迟曰："何谓也?"子曰："生，事之以礼；死，葬之以礼，祭之以礼。"

对于循"礼"的问题，也有一个例子与舜有关。因为父母兄长的恶，所以舜在尧以两个女儿许他为妻的时候，不告而娶。在古代，婚姻必须是父母之命，擅自结婚是违礼的行为。对此，孟子为舜的行为做了辩护。"孟子曰：'不孝有三，无后为大。舜不告而娶，为无后也，君子以为犹告也。'"（《孟子·离娄上》）赵岐的解释是："于礼有不孝者三事，谓阿意曲从，陷亲不义，一不孝也。家贫亲老，不为禄仕，二不孝也。不娶无子，绝先祖祀，三不孝也。三者之中，无后为大。舜惧无后，故不告而娶。君子知舜告焉不得而娶，娶而告父母，礼也；舜不以告，权也。故曰犹告，与告同也。"也就是说，陷亲于不义，无力赡养父母，没有后代，导致血缘中断，这是三种最为"不孝"的行为，舜为了防止无后的结果出现，所以采取了变通的办法，不告而娶，为了延续血脉而违礼，与告而娶是一样的。

以孝道治国在中国传统社会是一以贯之的，即使是在秦国这样的反对同居共财的王朝中，父母若告自己的孩子不孝，地方司法官员也会很快去处置的。比如睡虎地秦简《封诊式》里有《告子》和《迁子》两份文书。《告子》是父母告孩子不孝，希望官府将之杀掉，而官府立刻前往捉拿，并认定父母所告的确是他们的亲生儿子，不孝事实成立。而在《迁子》中，也是父母状告孩子不孝，希望将孩子流放到蜀地。类似的案例表明秦国对于"不孝"的罪名可以做出很严厉的判罚，尤其是在父母禀告的前提下。

汉代以孝治国，若有孝名，则可以被地方三老等举荐为官，若不孝，也可能被地方管理者禀之于官。在儒家化法律的典范文本《唐律》

中，有两类罪是不能赦免的，第一类是谋叛和诋毁皇帝，第二类就是不孝。就此亦可见治国和治家之间的一致性。

三、重思"三纲五常"：人伦与儒家的社会生活

本讲最后我们来讨论一下"三纲五常"。对此问题从五四以来一直议论纷纷，激进者以为纲常伦理乃封建之陈迹，而保守者则许之为民族精神之特色，双方争论不绝。

陈寅恪曾经说过，中国文化之精神，最关键的体现就是《白虎通》三纲六纪之说，这些原则体现在有形的社会制度和经济制度中。这里所说的经济制度最关键的是"同居共财"。《唐律》里有"子孙别籍异财"条说，若是祖父母、父母健在，而子孙另立门户，分离财产就要判三年徒刑。而若祖父母、父母让孩子别籍或子孙继承别人家的财产者，就判两年。这就意味着不但孩子不能主动提出跟直系长辈分家分财产，长辈也不能强迫孩子分家。其背后的原则就是父子一体和夫妇一体。这在《白虎通》里也有多次说明。在滋贺秀三看来，父子一体中虽然存在着父亲一方的绝对权威，但在经济方面则表现出相互性，一方面是儿子有权利继承祖辈的财产，另一方面，父亲也得以托付其在年老和死后的幸福，并且他在传宗接代等家族使命上也要依赖其儿子。① 此一法律条文即可视为"父为子纲"的体现。

"三纲"就是君为臣纲、父为子纲、夫为妻纲。这种主从秩序的源头可以追溯到韩非子的"三顺"，在《韩非子·忠孝》中说道："臣事君，子事父，妻事夫，三者顺则天下治，三者逆则天下乱，此天下之常道

---

① 参见（日）滋贺秀三：《中国家族法原理》，张建国、李力译，商务印书馆，2013年，第139页。

也,明王贤臣而弗易也。"这个说法基本上为汉以后的儒家所接受,或者可以这么说,汉代的儒家不但综合了黄老和阴阳家的思想,他们也没有忽视法家作为冷静的社会观察家的许多看法。

董仲舒在《春秋繁露·基义》中首先提出"三纲"的说法,并将之作为王道的一个表征:"王道之三纲,可求于天。"跟他的其他立论方式一样,董仲舒总是用天人和阴阳的观点来说明这个秩序的正当性。"阳兼于阴,阴兼于阳;夫兼于妻,妻兼于夫;父兼于子,子兼于父;君兼于臣,臣兼于君。君臣、父子、夫妇之义,皆取诸阴阳之道。"所谓"兼"大约是相得的意思,不过这里有一个次序的问题,即君、父、夫为阳尊为主,臣、子、妻为阴为卑为从,而阳尊阴卑的原则又是上天所赋予的。给一个人之常情赋予天道的高度,是儒学进入汉代之后的一个重要转变。

"六纪"则是另外六种人伦关系,即我们通常所说的六亲。当时有一本纬书《礼纬·含文嘉》已经把这三纲六纪的秩序表述出来了:"君为臣纲、父为子纲、夫为妻纲","敬诸父兄,六纪道行,诸舅有义,族人有序,昆弟有亲,师长有尊,朋友有旧"。这六种人伦关系包括了父系和母系的亲属关系。

但是将这样的观念进一步上升至国宪地位的则是《白虎通》。东汉章帝建初四年(公元79年),在白虎观举行了一次折衷当时各家对于经典理解的歧义的会议,会议的成果便是《白虎通》,因为是由皇帝亲自裁断,它便具有一种至高无上的权威性。从记录的角度来看,讨论的重点主要在制度典章,并不太涉及具体的文字,因此,它具有清正秩序的意义,并由此成为具体法律和规章的依据,因此我们可以说它是汉代的一部宪法。

三纲六纪之所以能在如此多的礼制中逐渐成为中国古代生活的基

本原则，主要在于其普遍性的表述，许多关于爵位和礼制的规定其实与普通人的日常生活无涉，而纲纪则上至君臣，下至每个人都被纳入这个系统，有"整齐人道"之功用。

《白虎通》是如此来解释三纲六纪的："三纲法天、地、人，六纪法六合。君臣法天，取象日月屈信，归功天也。父子法地，取象五行转相生也。夫妇法人，取象人合阴阳，有施化端也。六纪者，为三纲之纪者也。师长，君臣之纪也，以其皆成己也。诸父、兄弟，父子之纪也，以其有亲恩连也。诸舅、朋友，夫妇之纪也，以其皆有同志为纪助也。"(《白虎通·三纲六纪》)这段话意思很明显，就是说三纲是统领，而六纪则是从三纲中演化出来的。

显而易见，三纲六纪是对自先秦以来的人伦关系的一次总体性的清理，其根本性的标志有二：其一是将人伦关系神圣化，其二是将原先儒家强调的关系中的相互性转变为上下等级关系之下的垂直服从性。

与三纲六纪联系密切的另一种说法是三纲五常。五常可能与"五行"有一定的关系，郭店竹简《五行》篇所说的五行是仁、义、礼、智、圣，与同时阴阳家所言之金木水火土之五行有所不同，但是综合起来，五行应该都含有指称人的五种德行的意义。

由此我们就可以理解为什么谶纬家比较愿意用五常来解释六纪的正当性。《白虎通·三纲六纪》说："人皆怀五常之性，有亲爱之心，是以纲纪为化，若罗网之有纲纪而万目张也。"可见，三纲六纪是一种社会规范，而五常则是产生和维护这种秩序的道德依据。

从纬书中我们也可以看到五常与五气之间的关系：《易纬·乾凿度》载："孔子曰：八卦之序成立，则五气变形，故人生而应八卦之体。得五气，以为五常，仁义礼智信是也。……故道兴于仁，立于礼，理于义，定于信，成于智，五者道德之分，天人之际也。圣人所以通天意、理人伦，而明至道也。"这就是将五常对应于自然界的五气和周易的八卦，目的是用天道流行之规律来论证人伦的合法性。

与五常相关，人的伦理关系有时候也被概括为五伦，这种说法在《孟子》书中已经有十分明确的表述。《孟子·滕文公上》说："圣人有忧之，使契为司徒，教以人伦，——父子有亲，君臣有义，夫妇有别，长幼有叙，朋友有信。"孟子所强调的是五伦秩序乃是圣人所作，其中包含了中国社会中人与人关系的五种基本类型。

三纲、五常和六纪都被灌注到了中国的法律体系和民间习俗之中，但三纲被认为是一种差序格局，由于不符合现代社会的平等理念而饱受批评。因此，一直有人希望将三纲与五常进行区分。

近代以来，三纲五常被视为儒家思想中最束缚人的观念，特别是谭嗣同和吴虞均对儒家的纲常伦理做出了尖锐的批判，认为这是中国愚昧落后和专制政治的源头。但也有学者认为应客观理解三纲五常的涵义，比如柳诒徵和贺麟，而尤其以贺麟的《五伦观念的新检讨》值得关注。

贺麟说不能站在非历史主义和功利主义的立场简单把五伦看成是吃人的礼教，而应重新看待五伦的真正意义。他认为，第一，五伦说的是五种人与人之间的关系，它比较侧重于道德价值，而不甚重视科学、艺术和宗教的价值。第二，五伦意味着五种人生中正常永久的关系。以五伦为中心的礼教，认为这些关系是无所逃于天地之间，反对人脱离家庭、社会、国家的生活。第三，从实践的方面看，五伦说强调差等，认为这些差等是普遍的心理事实。贺麟先生认为，差等强调的是外推。但必须有两种观念来补充，即不要只关注血缘，也要关注精神层面的爱，同时要强调普遍的爱。第四，五伦说的基础是三纲。因为人与人之间的差异，所以五伦处于一种不确定的状态中，必然会发展出三纲作为一个稳定的秩序，并转化为绝对的义务。

贺麟说三纲的确因为僵化和权威性而束缚个性，妨碍进步，我们要破除其僵化的躯壳而加以新的解释和发挥。他说："最奇怪的是，而且使我自己都感到惊异的，就是在这中国特有的最陈腐、最为世所诟病的旧礼教核心三纲说中，发现了与西洋正宗的高深的伦理思想和西洋向前进展向外扩充的近代精神相符合的地方。"这个相同的地方即为"道德本身就是目的不是手段"。

对这些伦理原则的解释一直在进行着，刘述先先生曾代表东亚出席《世界伦理宣言》的起草工作，虽然这个宣言最后未获通过，但是它体现了人类追求多元共存的愿望，宣言对于"己所不欲，勿施于人"的原则有四个解释性的说明：对于非暴力的文化与尊敬生命的承诺；对于团结的文化与公正经济秩序的承诺；对于宽容的文化与真实的生活的承诺；对于平等权利与男女之间的伙伴关系的承诺。刘述先在《从当代新儒家观点看世界伦理》一文中指出儒家"五常"的基本精神与此原则有很多相符合的地方，比如，对于"仁"，儒家一直强调其对生命的尊重，提倡仁民爱物；对合理经济秩序的追求，是义利之辨的现代含义；缺乏诚信的世界需要"信"；"礼"就是要确立新的平等原则和男女平等的精神；"智"则可以理解为对这些原则的"体知"和"体认"。

近年来，景海峰、李存山等先生及方朝晖、唐文明先生，均发表论文或著作对三纲五常思想做出现代解释，其中尤其以方朝晖用力最勤。他说："三纲既有它的普遍性，也有它的特殊性。它的特殊性在于，它是在中国古代君主制和一夫多妻制的客观现实下提出来的，确实具有维护君权、父权、夫权的客观效果。这是它的特殊时代性所致。但是，它的普遍性在于，这个'纲'的含义，并不包含无条件地服从和绝对的等级关系，它所代表的是一种服从大局的精神。"① 所谓"服从大局的精神"或许可以被理解为小我服从大我，也就是指尊其"位"而不是尊其"人"。而李存山先生则认为"三纲"思想并不是儒家思想中最值得肯定的价值，因为其中的确包含有维护等级秩序的含义，因此，五常可以接受，而三纲则不可肯定。

我觉得这些争论将一直持续下去。

---

① 方朝晖、李存山、干春松：《三纲之辩》，载《光明日报》，2013年2月25日。

第六讲
国家与天下

1900年，当时足以左右舆论乃至国人认知的梁启超写了《中国积弱溯源论》一文。其中指出国人国家观念薄弱的两个原因，其一是只知有天下，而不知有国家。基于对文化和道德秩序的自信，大一统观念下的国人并无种族性的国家观念，而持"夷狄进于中国则中国之"的文化主义观念，认为通过教化和示范，自然会"近者悦而远者来"，最后达成王者无外的全人类共同体。其二是只知有朝廷而不知有国家。梁启超说中国绵延数千年，并无一个国名，大家只知道朝代的更迭。梁启超认为，国家观念的缺乏使得中国难以在万国竞逐的近代世界抵御外国欺凌，因此呼吁国民国家意识的建立。

梁启超的说法影响巨大，比如孙中山在论述三民主义之"民族主义"的时候，就认为国人只有家族主义和宗族主义，没有国族主义，即指国人并没有"国家"意识而致一盘散沙。所以，孙中山认为民族主义观念是当时中国救国图强的"宝贝"。

那么梁启超的批评是否有道理呢？中国古代是否存在"国家"观念，或者说，古代经典中"国"的含义为何呢？

一、中国古代的国家观念

《孟子·离娄上》说："人有恒言，皆曰，'天下国家。'天下之本在国，国之本在家，家之本在身。"这里除了强调政治的根源在"修身"之外，还提出了一个重要观念，即"天下国家"。通观《孟子》一书，天下国家的观念保持了传统意义上的"无外"之空间，天下和国家之间的差别是明确的。比如《离娄上》篇中还说："三代之得天下也以人，其失天下也以不仁，国之所以废兴存亡者亦然。"不过，在其他的地方，孟子也会说，天下只是比国家空间更大、兵车更多的政治实体而已，《梁惠王上》中，他在跟梁惠王讨论"何必曰利"的时候，就强调如果上下交征利，政权就会被颠覆。这里孟子所说的是"万乘之国，弑其君者，必千乘之家；千乘之国，弑其君者，必百乘之家"。如果对照《礼记·王制》，万乘之国相当于天子之辖，而千乘之国，则是诸侯统治之地，所辖面积之大小是与其承担的政治功能相适应的。所以，孟子反对战国时期的兼并，他说"夏后、殷、周之盛，地未有过千里者也，而齐有其地矣"（《孟子·公孙丑上》）。批评齐桓公在管仲的辅助下，虽然国土不断扩大，但不行王道仁政。

当然，《王制》所说的仅为一种"制度理想"，实质上，尧舜禹的时代大约属于部落时代，而考古学家们则通常将二里头，即夏的一个都城，视为中国早期国家形成的一个标志。

（一）先秦时期的封建国家

尽管二里头所处的时代是在夏还是在夏殷之间目前尚有争议，但宫殿和陶器的挖掘说明了有政治组织可以动员人力，并有了初步的符号系统的设计，这符合早期国家形成的一些特征。因文献不足，我们难以了解更多的情况。一般认为，夏朝改变了原先禅让的统治权的继承方式，由"公天下"转变为"家天下"，这也从一个侧面说明，夏朝已经有了稳定的王位继承方式。

根据出土的卜辞，我们可以对商代的国家形态有更多的了解，在统治权的继承方式上，商代采用的是以父子相继补充兄终弟及。张光直先生还推测统治权可能由亲属集团分享。早期的商人经常迁徙，盘庚迁殷之后，安阳就成为统治中心。

对于商的国家形态，目前意见不一。有人说殷商只是部落联盟，而商王是其中最有实力的一个部落的首领；也有人说，商朝已经建立起统一的专制政权。这个问题在短时期内恐难以有定论。不过那时候的国家形态，基本上是以城邦为中心辐射至周边的，国在甲骨文里写作"或"，其中的口就有城墙的意思，而戈与口的结合即含有武装保护城市的意思。

商代的政治结构已经非常复杂，除了王权继承制度之外，还建立起包括祭祀、占卜等一系列意识形态功能的管理机制，商代的帝王自称领受了天命来进行统治，他们身负军事首领和宗教领袖的多重功能，通过结盟和武力征服，将势力范围扩展到中原的大部分地区。

在武王伐纣取得胜利之后，周人相信他们以其德行获得了天命之眷顾。不过，他们根据自己的军事实力和凝聚天下的目标采取了以分封亲属和军功集团为主，以褒封先王之后和归附的方国为辅的"封土建国"的新型国家体制。司马迁在《史记·周本纪》中描述道：

> 武王追思先圣王，乃褒封神农之后于焦，黄帝之后于祝，帝尧之后于蓟，帝舜之后于陈，大禹之后于杞。于是封功臣谋士，而师尚父为首封。封尚父于营丘，曰齐。封弟周公旦于曲阜，曰鲁。封召公奭于燕，封弟叔鲜于管，弟叔度于蔡。余各以次受封。

现代学者认为分封不可能是一次完成的，这或许是更符合历史事实的推测。很显然，封国的依据是多重的，司马迁在《史记·汉兴以来诸侯王年表》中说，封伯禽、康叔于鲁、卫，地方四百里，主要是要体现亲亲之义，褒扬他们的德行。而封姜太公于齐，则主要是尊崇勤劳。其他封国数百，同姓的五十五国，地最多不超过百里，最少不少于三十里。而对于其他从殷商的附属国转而归附者，则主要采取怀柔政策，在政治上分享权力，经济上保护他们的利益，甚至在风俗上也允许他们保持原来的风俗习惯。

综合许倬云等人的观点，西周的分封制度既是周人对新征服的地区进行殖民统治的方式，同时，在建立殖民统治的时候，也分领了不同的人群，以赐姓的方式，让原先或许属于不同族群的人民组成新的族群。有人甚至认为人口再组合的意义要大于分封疆土的意义，由此发展出超越宗族族群的地缘政治的新特征，从而使诸侯国随着时间的推移越发显示出其独立性。

封建制度最为孔子所肯定的是凝聚国家时采用的宗法制度。宗法制最初的意义可能在于对新开拓的疆土进行统治时所需要的统治阶层的凝聚力，这需要双重的结构设计，即宗族内部根据与西周王室的关联确立分封秩序，对外则以各种手段维持族群的团结，以构成对被统治地区的原住民（野人）的控制力。在这个过程中，西周借助了赐姓、命氏的方式来进行制度创新。武王伐纣之后，西周要统治远大于自己管辖区域的更大地区，必须采用混杂不同人群于一体的方式，为此，周人通过给既有功绩，又有血缘联系的贵族赐姓的方式来重构共同体。而对于封有土地的贵族命氏，完成诸侯立家。由此，天子建国和诸侯立家构成了完整的分封制。

有人把西周的邦国与古希腊的城邦相类比，因为这些分封地区有其独立性，但理论上，这些城邦是周代分封而产生的封国①，是周王朝的组成部分。它是封建层级结构的一部分，往下还有卿大夫的家邑等复杂的系统，即每一个阶层都是相对独立的政治体。由这些相对独立又有共同体意识的政治体组成的国家形态，终于经由教化而熔铸成一个具有包容性和开放性的文化系统。

孔子所谓的礼崩乐坏，即是诸侯的独立性逐渐摆脱了周天子的"一统"。按照宗法体制，天子和诸侯国的国君，其实也很难深入到卿大夫的家族内部事务中，"家"亦是相对独立的政治实体。而在春秋时期，最为常见的政治"变革"则是这些拥有实际土地的"家"掌握了国家的实际权力，导致诸侯国的国君被"虚空化"。

促使孔子离开鲁国的"隳三都"事件，就是因为季孙氏、叔孙氏和孟孙氏三家的城邑大小都超过了礼制的规定，并拥有了私人武装。当时身为鲁国司寇的孔子，想借助三桓之间的意见分歧，拆毁这些超过礼制的城墙，实质是想强化鲁国国君的统治权，但最后因为孟孙氏和齐国的干涉而没有获得成功，于是孔子开始了周游列国的"丧家"之旅。

鲁公试图从这些"家"手中夺取政治权力的努力一直在进行，比如鲁昭公时期就曾联手其他"家"发动过对季氏的攻击，失败之后昭公被迫流亡，客死他乡。从这些故事中我们可以一窥春秋时期拥有领地的家邑在封建体系中的实际政治地位。

到战国时代，这些在春秋时期横行天下的"家"相对淡出了历史记载，诸侯国的国君地位越来越高，统治国家的管理阶层中越来越多

---

① 焦循认为国有三种含义。其一是"大曰邦，小曰国"。其二是郊内区域称国，《国语》《孟子》里提到的国都是这个意思。最后，城中区域称"国"。他总结说："盖合天下言之，则每一封为一国，而就一国言之，则郊以内为国，外为野。就以郊内言之，则城内为国，城外为郊。"（焦循：《孟子正义》上，中华书局，1987年，第110页）

地出现了非血缘的职业官员身影，食俸禄而任职的官吏逐渐取代了世袭制贵族。比如秦国的商鞅、李斯，都属于客卿。他们主要以自己的学识和管理能力来取得诸侯国国君的信任。由于各国之间频繁地征战和兼并，土地的所有权逐渐归属于普通百姓，自由工商业得以展开。

在这个过程中，一种新的政治建制逐渐形成，即"县"与"郡"。综合周振鹤等人的研究，人们认为春秋战国时期，兼并频繁，一些小国被兼并之后，设立了一些直属诸侯的"县"。一些新的地区繁盛之后，也会聚"乡"为"县"，总体来说，"县"的普遍推行，是为了把全国政权和兵权集中到朝廷，建立中央集权的政治体制。而"郡"的设立可能要晚于"县"，最初是在一些相对荒芜的边陲地区设郡，后来随着这些地区的繁荣，郡下面又设立县，以郡统县的制度慢慢形成。

封建制度背后的原则是宗法制，因此，儒家处理国家层面的君臣关系、国与国之间的关系都是从父子和兄弟的原则扩展开来的。

以家族关系原理来推演其他社会关系，最核心的问题是如何处理君臣关系，即安顿亲亲和尊尊的关系问题。《礼记·大传》说："圣人南面而治天下，必自人道始矣。立权、度、量，考文章，改正朔，易服色，殊徽号，异器械，别衣服，此其所得与民变革者也。其不可得与民变革者则有矣，亲亲也，尊尊也，长长也，男女有别，此其不可得与民变革者也。"意思是说器物、服色、正朔等方面的国家符号系统可以改，但男女有别、长幼有序是治理国家的一贯原则，不能改易。为什么呢，"自仁率观，等而上之至于祖。自义率祖，顺而下之至于祢。是故人道亲亲也。亲亲故尊祖，尊祖故敬宗，敬宗故收族，收族故宗庙严，宗庙严故重社稷，重社稷故爱百姓，爱百姓故刑罚中，刑罚中故庶民安，庶民安故财用足，财用足故百志成，百志成故礼俗刑，礼俗刑然后乐"。这种推论的确反映了由家庭到国家、由伦理而政治的儒家精神，更确切地说，这是一种伦理和政治一体化的路径，也就是"家国一体"的原则。

家国一体，其原理是通过血缘的同一性来建立其天下和国家之间的利益共同体。《尚书·尧典》就描述了这样一个以血缘为中心逐渐扩展到整个统治区域的过程，"克明俊德，以亲九族；九族既睦，平章百姓；百姓昭明，协和万邦"。通过分封亲属，在统治区域内所设立的封国，具有很大的自主权。

封国之间的关系最初也带有兄弟相友的特征，因此，儒家的国家观特别注重兴亡继绝。比如说诸侯受封，必有采邑，其后的子孙可能因为获罪被罢黜，但其封地依然会被保留。《礼记·郊特牲》中有"存二王之后"，要保留古代圣王后代的祭祀和独立的生活方式，其实质也是一种继绝世的意涵的表现。

不过到了孟子，这样的态度有了一些变化。比如在《孟子·梁惠王下》中，齐宣王多次提到伐燕的问题。孟子并没有直接批评齐国与燕国的战争本身，而是将问题延伸到燕国人的态度上。齐宣王认为若伐取燕国而燕国人高兴的话，伐燕战争就是合理的，以前武王也是这样做的。如果实力相当的国家之间发生战争，而一方百姓都支持对方国家，就说明该国的统治者不再拥有治理这个国家的正当性。孟子则认为，燕王不行仁义，齐王应该出兵颠覆燕国无道君王的统治，让燕国民众推举合适的君子，然后军队再离开。由此可见，孟子认同以武力颠覆不行仁义的君主，但并不肯定兼并行为。

然后，宗法伦理和君臣关系的同构要面临的一个最大挑战是当君臣关系的绝对性被确立之后，基于血缘的父子和兄弟关系要服从于君臣尊卑之礼。君臣和父子之间的紧张源自国家之公和家庭之私在利益上存在的可能对立。比如在面对战争的情况下，如果要做一个孝子，就要尽量保存生命，不去参战。而如果站在国家的立场上，就应该舍弃私家的利益，为国捐躯。

对此，《史记·高祖本纪》所记录的刘邦和他父亲见面之礼的转变，就充分体现了君臣关系与家人之礼之间的主次关系。故事说，刘邦在成为汉高祖之后，依然每隔五天拜见父亲，行父子之礼。这时刘邦的父亲说，虽然我们之间是父子，但你是人主，我是人臣，人主怎么可以拜人臣呢？这样就会丧失人主的威严。后来刘邦上朝，看见父亲后退行礼，连忙上前去扶，而刘父说，你是人主，不能以家人之礼乱了"天下法"。

的确，随着郡县制的建立，皇权的绝对性也逐渐建立起来了。

（二）郡县制和大一统国家的建立

在血缘联系日益松弛和封国之间实力不平衡的状态下，诸侯国之间的结盟和征伐、兼并日趋频繁，宗法制逻辑下天子和诸侯之间的关系已经难以维持。诸侯国纷纷称王，甚至称帝，这导致周王室的权威式微终至被废除。

秦始皇统一六国之后，人们对于采取什么样的国家体制是存在着争议的。有人主张沿袭封建方式来统治新征服的燕齐荆楚之地，并且得到大多数人的赞成。李斯认为血缘纽带必然会随着时间的推演而废弛，六国之间的征战就是前车之鉴，因此主张确立君主垂直统治的郡县制。

即使在分天下为三十六郡之后，又有博士来劝告秦始皇，认为周代封建统治国祚绵长，而郡县制确立后，亲属子弟成为匹夫，一旦有变无以相救。这种以古论今的方式最终以"焚书"了断。

这样，宗法制度在秦统一之后就让位于大一统的郡县制。秦国确立大一统格局之后，以车同轨、书同文、行同伦的原则，统一全国的制度和风俗，将与秦国不同的习俗和法规，一概以妨碍国家统治的理由加以废弃，而大规模的基础建设也让这个从战乱中新建的国家的财政系统趋于崩溃。因此，各地起义蜂起，并最终由汉代秦。

刘邦集团取得最终的胜利是联合了多方力量的结果，因此，在汉朝建立之后，必须面对如何"安置"军功集团和平衡亲属团体的复杂任务。因此，刘邦一方面为安抚军功集团大封以韩信等人为代表的异姓王，同时作为制约也封包括淮南王子长、吴王刘濞等为代表的一批同姓王。不过这属于国家初定时的权宜之计，最终这些异姓王和同姓王的势力都被剪灭，到文景之际，逐渐确立郡县制的国家形态，由此百代皆行秦政制，按柳宗元的说法，这是时势发展的必然结果，并非有意的设计。

大一统国家的建立，最为突出的标志就是皇帝制度的确立。在秦始皇合并天下之后，一批朝臣都认为在古代封建制下，中央政权往往难以真正控制地方，也不能让四夷臣服。而秦王能平定天下，统一法令，所以应该尊为"皇"。这个称号也被刘邦继承。皇帝掌握最终裁决权，集行政、司法、监察和人员任用的权力于一身，并在皇子中确定未来的皇帝人选。一般而言立嫡长子为太子，进行专门的教育，以使其具备未来统治国家的素质。

大一统国家的建立需要相应的意识形态建构作为支持。公羊学通过将孔子塑造为改制立法的素王，并通过"屈民而伸君、屈君而伸天"的方式，一方面以道德之天和自然之天结合的方式来为君主的绝对权力提供合法性依据，另一方面也希望通过灾异和谴告的方式促使君主施行王道政治。这也是后世儒家与现实政权的既合作又制约模式的滥觞。而从根本上说，君权的确立意味着君臣之纲压倒了父子夫妇之纲。

总体而言，大一统政治体制的建立，使得儒家必须与权力合作才可能发挥其作用，在董仲舒等人的努力下，太学系统和五经博士的设立，在儒家与政权之间探索出了制度化的合作渠道。

中国古代是否是君主专制社会，这一点自钱穆与张君劢的争论以来，一直受到关注。就古代的交通和通讯能力而言，君主要无远弗届地对统治区域内进行有效的统治，是一件不可能完成的任务。因此在很长时间内一般采取的是君臣分权的体制。钱穆先生在《中国历代政治得失》一书中，说皇帝是国家元首，象征国家的统一与稳定，而相位则代表政府，负政治上的责任。所以皇权对相权有最后统御权，但相权对皇权也有一定的制约。同时，太祖皇帝制定的规矩、皇室内部的亲属团体，都会对皇权产生一定的制约作用。

除了君臣分权之外，中央和地方也构成相互制约的关系，历来有"皇权不下县"的说法，这大约也能反映广土众民的国度，地方宗族势力一直在发挥其作用，从而形成相对自治的格局。鉴于此，汉初的黄老道家甚至主张君主应该从杂务中抽离出来，而把管理国家的责任交给臣子或其他人。

在新统治的区域，现实要求皇帝既要表现出威势，但也必须有更多的妥协性，比如保持其原有的风俗特征和生活方式。《史记·平准书》中说，汉代通过三年征战，吞并了羌、南越，在番禺以西至蜀南南里十七个郡，"且以其故俗治，毋赋税"。这些地方的管理费用，甚至直接要以中原核心区域收取的赋税来支持。

但若由此就否定中国古代皇帝的"专制"特性未免也夸饰过当。皇帝在秦汉以后成为一个特殊的存在，并非只是礼仪性的，理论上天下的财富和资源，甚至民众都是由他所有，皇帝成为国家的代名词。如果用公私观念来说，皇帝代表天下之公，而其他所有的家无论地位高低都是"私"。在这个意义上发展出"天下一家"的观念。如果说封建国家是"家"的联合体,那么皇帝制度建立之后,天下就成为皇帝一家之天下了。

在《礼记·王制》和《荀子》的文本中,我们都能看到"四海之内若一家"的说法,这主要描述的是天下一统的格局,或者国家秩序的拟家族化。而在秦汉之后,更多的时候,天下一家意味着天下乃归君主一家所有。在四海之内,无有边界,均为天子之土地。因此,王者无外,既可以理解为王道政治的普遍性维度,同时也意味着在君主眼里,"普天之下莫非王土",皇帝本人就是天下的主人。

在儒家的理想中,天下为公,不私一家。但是在大一统国家的皇帝制度下,天下却变成一家之私产,恰如黄宗羲在《明夷待访录》中所指出的,尊君的后果是使君主将天下视为自家的私产:"后之为人君者不然,以为天下利害之权皆出于我,我以天下之利尽归于己,以天下之害尽归于人,亦无不可;使天下之人不敢自私,不敢自利,以我之大私为天下之大公。始而惭焉,久而安焉,视天下为莫大之产业,传之子孙,受享无穷。"(《明夷待访录·原君》)

在新的公、私意识之下,黄宗羲试图解构传统上以父子关系来推演君臣关系的定则,转而强调士之出仕,非君主之家臣,而是为天下百姓之利益。所以在《原臣》篇中说:"或曰:臣不与子并称乎?曰:非也。父子一气,子分父之身而为身。故孝子虽异身,而能日近其气,久之无不通矣;不孝之子,分身而后,日远日疏,久之而气不相似矣。君臣之名,从天下而有之者也。吾无天下之责,则吾在君为路人。出而仕于君也,不以天下为事,则君之仆妾也;以天下为事,则君之师友也。夫然,谓之臣,其名累变。夫父子固不可变者也。"这其实是否定了移孝作忠的君臣伦理观。

我们在顾炎武等人的著作中也可以看到类似的观点,这意味着,儒家自身对于家国同构的关系也已经有了深刻的反思，这可以称为儒家的自我批判。

二、中国近代"民族国家"观念的形成及其发展

民族国家是欧洲人逐渐建立起来的一种现代国家形态，以领土、主权和人口为其核心特征。然而在葛兆光等先生看来，中国至迟到宋代已经表现出"民族国家"的一些基本特征，因为北方的辽、金、西夏等不同少数民族政权之间的冲突以及敌对而非附属关系的状态，形塑了宋朝对于自身作为"国家"的认知。

随着元、清等大一统王朝国家的形成，其对于国家的认知又出现不同的趋势。这些征服民族，一方面接受了"中国"的观念，另一方面，则通过民族结盟等方式，创立了异于传统中国的国家体制。所以总体而言，中国既具有民族国家的特征，也具有帝国的因素，更因为夷夏观念，呈现为一个"文明共同体"。

晚清时期，西方的军事和经济侵略，让国人意识到目前的世界已经不能以传统儒家的世界秩序观念来理解。每一个不平等条约的签订都让当时的朝廷和知识群体认识到中国处于三千年未有之大变局。按梁启超和孙中山的看法，家国体系让中国人只知有家，不知有国。

因此，"民族"和"万国（世界）""立宪"等现代国家要素成为人们重新理解"中国"的基础，但人们对这些新观念的接受，又不可避免地渗透着大一统帝国的观念。葛兆光先生在《何为"中国"：疆域民族文化与历史》一书中有精彩的描述：近代中国的民族国家是从传统中央帝国蜕变而来的，所以在有限的"国家"认知中，保持着无限的帝国想象。在无边的帝国意识中，开始接受有限的"国家"观念。

康有为、梁启超等改良派试图通过公羊学的"夷狄进于中国则中国之"的文化民族主义立场,在君主立宪的国家体制下建立"超单一民族"的民族国家。

康有为有很强的民族融合倾向,希望通过"旁纳诸种"的方式来保全当时清朝土地上的人民,以此抵抗西方的侵略,实现保国、保种、保教的目标。这点与革命派的主张有很大的差异。1894 年孙中山在檀香山建立兴中会,同年他在香港就修正革命目标为"驱逐鞑虏、恢复中华、建立民国",将排满作为革命的第一个目标。

针对前文所说的梁启超《中国积弱溯源论》一文,章太炎撰写了《正仇满论》(1901 年 8 月 10 日,刊于《国民报》)以批驳,在《正仇满论》中,章太炎指出自己之所以主张革命,是由于"清政府之腐败无能"。他强调,排满,并非是为了报满洲的私仇,而是顺应历史的潮流。他说,满族人在漫长的清朝时期对汉族人进行屠剠、焚掠、钳束,而义和团等事件则表明满族统治者已经没有能力统领这个国家走出困境,所以就应该通过革命来推翻。革命乃社会之公理而非为汉族之复"私仇"。

孙中山将自己的革命目标分为两个阶段,首先是民族革命,其次是社会革命。因此,1905 年他联合革命团体成立同盟会之时,其章程就是在兴中会的目标上加上了一个社会革命的目标——"平均地权"。在 1906 年的《同盟会军政府宣言》中,明确说要建立"中国人之中国",认为中国之政治要由中国人自己来主持,要在"驱除鞑虏后,光复我民族的国家"。这里的"中国人"主要指的是汉族。

当时的康有为和杨度等人,都持文化民族主义的立场,认为孔子之所谓中国、夷狄之别,只是强调文明、野蛮之别。这是一种进化理论,不是要进行种族区分。况且满族人在入主中原之后,接受了儒家教化,所以,满族事实上已进于中国,不能再视之为异族而加以排斥。对此，章太炎主张"历史民族"的立场。他在《序种姓》等文章中指出，即使从起源上是同一种族，基于不同的历史和地理环境的影响，形成了不同的文化和风俗习惯，这样，也就自然变成不同的民族了。看上去"历史民族"的观念与公羊学"夷狄进于中国则中国之"有类似的地方，但仔细分析，其区别甚为关键。章太炎主张的历史民族更强调主体民族的共同生活经历，这其实也回应了日本和韩国在明代之后，认为他们更能够代表中国的论调。1907年章太炎写的《中华民国解》其实质也是单一民族的民族国家构想，是以汉朝和明朝的疆域为基础的"复国"。

革命派以推翻种族压迫来强调"民族主义"与改良派的民族融合论之间的矛盾，来自于他们对未来国家设计的差异。具体而言，他们之间的矛盾和冲突源自于对当时中国所要面对的国际和国内双重任务的认知上的差异：为了应对外敌的欺凌，就必须推翻腐败无能的清政府，对此目标，诉诸满汉矛盾的狭义的民族主义是十分有效的。而为了应对列强的联合掠夺，强调国内各民族的团结，保全中国的领土完整，那么一致对外则是十分必要的。1911年中华民国建立，这样的矛盾通过以"五族共和"为内核的"中华民族"观念的形成，并通过孙中山以"国族"来解释"民族"而得到了理论和实践上的解决。

辛亥首义和各地督军独立后建立的共和政体的中华民国，实质上是各种政治势力妥协的结果，而孙中山领导的革命派也认识到种族主义色彩的民族主义可能导致国家分裂和西方列强的干预，因此，在1912年1月1日发布的《中华民国宣言》中，强调"合汉、满、蒙、回、藏诸地为一国，即合汉、满、蒙、回、藏诸族为一人"。同年2月12日，在清帝颁布的退位诏书中，也有这样的表达："仍合汉、满、蒙、回、藏五族完全领土，为一大中华民国。"这就奠定了"五族共和"的政治基础,并得到了国内各民族和各政治势力的拥护。1924年,孙中山就他的三民主义理论做了数次演讲,对其民族主义理论做了修正。在这些演讲中,孙中山认为,民族主义在反对帝国主义以及假借世界主义之名而有帝国主义之实的各种理论和实践时有抵御作用。

孙中山认为他所说的民族就是"国族",包括生活在中国的所有民族。他强调,要反对国内民族的分离主义倾向,并借助中国古代家国一体的观念,把中国国内的所有人都凝聚起来。

三、天下观念的"理想"和"现实"

在一些学者的眼里,儒家的"天下观""重新"受到关注是因为中国经济实力增长而催生的增加国际影响力的工具,所以,"天下主义"尽管就其内容而言是强调和平与共享的,但基于中国十分巨大的经济实力和政治影响力,也可能会造成对于周边国家的各方面压力。这或许是历史上的天下观所体现的"朝贡体系"等制度形态的"记忆",对于东亚,乃至东南亚国家而言,比较容易受到这样的思维定势的影响,而对"天下观"的复活持有顾虑。

不过,从现实的历史进程来看,中国在近代遭受西方殖民侵略之后,文化自信逐渐丧失,那种"中国中心主义"已经成为历史的陈迹。所以,21世纪以来对于天下观念的重新发现,主要基于对不平等的国际格局的批评,同时也基于这样一种认识:现代国家间的关系如此以利益为行为准则,完全在于"民族国家"体系所造成的国家利益至上对于全人类共同利益的"忽略"。了解中国思想文化传统的学者试图从传统的天下观念中,去发现矫正现代国家格局的价值观念。因此,儒家"天下观"的再发现,既是对中国文明传统的再认识,也是对目前日趋紧张的国际局势的反思。毫无疑问，全球化的推进让人们日益认识到人类共同利益与国家利益之间平衡的必要性，特别是在人权、环境和科技发展等方面，人类寻求共同行为准则和价值基础的努力显得尤其迫切。

"天下"一词，在先秦文献中已经被广泛地使用，总体而言，可以归纳为三个方面：第一是价值上的，第二是地理上的，第三是制度上的。

虽然在诸如《大学》的修身齐家治国平天下的体系中，天下似乎只是最大范围的空间概念。但在孟子和荀子这里，天下是跟国家不同的治理原则，比如《孟子·尽心下》说："不仁而得国者，有之矣；不仁而得天下者，未之有也。"也就是说，如果只是占有一个国家，那么不行仁义或许也可以实现。但要得天下人之心，则必须行仁义。荀子将国和天下区分为"小具"和"大具"。《荀子·正论》说："国，小具也，可以小人有也，可以小道得也，可以小力持也；天下者，大具也，不可以小人有也，不可以小道得也，不可以小力持也。……天下者，至大也，非圣人莫之能有也。"所以荀子反对尧舜禹的禅让说，原因就在于"天下"不能私下授受，治理天下的合法性源自于上天和百姓。因此尧舜并非夺取别人的天下，而是"天下归之"。

《管子》书里也表达了类似的意思。《管子·牧民》说，家、乡、国、天下是不同层次的社会单位，不能用同一种方法来治理，尤其是用低一层次的治理方法来治理高一层次的政治单位，是不可行的。虽然他也认为以道德为基础是一致的。

地理上的天下顾名思义就是被"天"覆盖的所有地区，不过限于中国古人对于"世界"地理的认识，其"天下"所指或是"四海之内"的"九州"。但在更为具体的表述中，天下往往与"中国"重合，有时候也包括围绕着"中国"的"四夷"。这样的"多重性"地理观念延伸到秦汉大一统国家建立之后,"天下"就兼而包括中原朝廷与周边的民族,甚至更为遥远的地区。尤其是与中亚和印度等地存在地理交往之后,"天下"的范围其实包括了当时中国人所能了解的最为遥远的地方。

"天下"还是一种秩序观念。与人伦秩序上存在的"差序格局"相一致,在地理上也存在着根据与王畿的距离远近而确立的权力和义务关系的差等性结构。比如《尚书·禹贡》《国语·周语上》《周礼·职方氏》描述的"五服"(王畿与甸、侯、宾、要、荒服)或"九服"(王畿与侯服、甸服、男服、采服、卫服、蛮服、夷服、镇服、藩服),虽然具有一种"虚拟性",但其所表述的基于差别性的原则却是肯定的。这样的原则在汉儒的作品中得到了肯定,比如《春秋繁露》中的《爵国》篇,还有《白虎通》中的相关篇章。在经典的封建原则中,天子居于王畿,而按血缘的远近和军功的大小,国戚功臣们受封不同的爵位并获得相应的封地和配置行政人员。这种政治格局的核心是要突出天子的地位,由此确立的天下秩序,可能会接近"中心—边缘"的金字塔型结构。然而,必须做出说明的是,儒家所确立的内外、夷夏的差等结构,并非绝对的"等级"差异,而是文明发展程度的差异,在儒家的价值结构中,等差性和平等性包含一种辩证法,这也是理解儒家价值观的关键。

儒家从来不否定差异性,自然也不否认夷夏之间存在的文化发展程度的差异。从这个角度来看"天下"的价值维度,我们可以发现,儒家并非绝对否定"夷夏""内外",因为如若否定夷夏和内外,那么价值的支点就会模糊化。夷夏问题向来被儒家所重视,从《春秋公羊传》等文献中我们可以了解到,生活在秩序变动时代的孔子,目睹楚国、吴国这样被视为夷狄的国家逐渐进入春秋政治舞台的中心，一面慨叹礼崩乐坏，另一面则推崇尊王攘夷，注重夷夏之别。孔子有一句话广受争议。他说："夷狄之有君，不如诸夏之亡也。"（《论语·八佾》）这句话通常被解释为，夷狄之国即使有君主，其文教也比不上诸夏这些失了国君的国家。后来，孟子也说过："吾闻用夏变夷者，未闻变于夷者也。"（《孟子·滕文公上》）这说明尊王攘夷是春秋战国时期儒家学派共同重视的价值。但是，通过对历史发展阶段的区分，儒家将这样的价值观定位为"阶段性"的，认定为"历史"发展到一定阶段的产物。在儒家经典中，夷夏界限并非取决于种族差异，而是取决于政治之良善和文明之发展与否。推而论之，夷夏之间并不存在固定的分界，而处于不断的升降过程中。这样，"中国"作为一种"天下"的价值呈现，不是地理范围的确定，而是王道价值的代称。

汉代公羊家们特别重视"王者无外"的理念，认为王者的最终目标是一统天下，不应刻意区分内外，而应基于地理上的远近，先近而后远地施行王道政治。之所以强调夷夏之间的内外之别，是因为王道之运行有一个由中心向周边扩展的过程。公羊家的一贯思路是由近及远，由内而外，其内在的逻辑在于只要把身边的事情做好，自然就会吸引别人来模仿和归附。如果内治未洽，便难以正外。对此，董仲舒在《春秋繁露·王道》篇中说："亲近以来远，未有不先近而致远者也。故内其国而外诸夏，内诸夏而外夷狄，言自近者始也。"

在《礼记·礼运》篇对于"大同""小康"世界的描述中，我们看到儒家向往一种超越国和家的"天下为公"的世界。但是我们并不能由此判断儒家否定"天下为家"的"小康"社会的合理性。如果以此来思考儒家的天下观念，那么我们可以肯定的是，儒家追寻一种天下为公的理想秩序，这是儒家天下观的终极目标。与此同时，"小康"是实现"大同"的基础,因此,儒家的天下理想可以被理解为一个发展的逻辑,即它并不否定"国家利益"在某一特定历史时期的合理性,却不以"国家利益"遮蔽超越国家的"天下"目标。

四、"天下"何以可能:儒家天下观念的认知—心理基础

儒家的"天下观"意味着存在"利益"维度的合理性,却又内在地蕴涵着对于"利益"维度的批判性向度。儒家对于爱、对于人类特性的认识确立了个人利益和人类利益之间的互补关系。具体而言,如果你不能认识到人类基于血缘而产生的关爱,那么也就不能理解"爱",同样也不能学会"爱人"。而如果你不能从爱"家人"扩展到爱"陌生人",甚至"天地万物",那么就不能理解到人类和所有物种之间的"一体"性。这样的互补关系在儒家发展史上被反复讨论,其主流观点认为血缘之爱是基础,但这样的爱必然会扩展到事事物物。

也就是说,儒家肯定了"各为其家""各为其国"的思维方式的合理性,却又认为"人"存在着超越"利益"的特性,这正是"人"所以尊贵、所以"异于"动物的缘由。

儒家传统特别强调从人类的"尊严"而非自然欲望的角度来定义人的本质,并认为人与人之间能"感受"到作为"类"的特性。凸显人类的"类"的属性是人对于自己的道德认定和责任担当。

那么人是如何体认到"类"的特性并确立其"尊严"的呢?对此,"感"的理论可以作为了解儒家认知论的很好途径。《周易》指出:"感"最初来自于阴阳的互相吸引,从而让我们能够对别人的爱加以体会和传达。

《周易》关于"感"的理论较集中地呈现在"咸卦"上。其卦辞曰:

"咸：亨，利贞，取女吉。"虞翻和郑玄都将"咸"训释为"感"。此卦为艮下兑上（山上有泽），所以经常联系夫妇之道来解释。王弼给此卦做注时，专门讨论了《周易》中天道与人事相结合的原则，指出乾坤象征天地，而咸卦则象征夫妇，它们的共同点在于本始性，"乾坤乃造化之本，夫妇实人伦之原"①。不过，乾坤作为自然属性的两极与夫妇作为人类属性的两性之间却因为"阴阳"相"感"而"利贞"，也就是有好的结果。"人物既生、共相感应。若二气不交，则不成于相感"。"此卦明人伦之始，夫妇之义，必须男女共相感应，方成夫妇。既相感应，乃得亨通"。②在阴阳相感的大原则下，夫妇作为人伦之始，即是所有人类社会道德规范的原发点。这个触发机制并非社会性的群体生活要求，而是天然的"吸引力"，是男女之间的"感"。男女在属性上互相吸引，这种吸引力的介质就是"感"。

宋代理学家强调天理先在，因此人类之间的互相理解体现为对"天理"的感知。理学家们认为，既然事物都分有天理，也就有了"同类相感"的基础，如果说孟子更强调内在的心理感应的话，理学家则为这种感应提供了"形而上"的基础。

孟子对"孺子入井"而引发的"恻隐之心"的阐述，让我们理解到"共感"机制所蕴含的道德力量，牟宗三就将此原发性的道德情感与康德的"道德律令"进行比较，强调儒家道德的先天性，而"感"就是道德原动力和具体道德实践的"中介"，"感"的过程就是人类体认天理并实践天理的过程。

宋代的理学家强调天理与人伦之间的一致性，"感"的过程也就与

---

① （魏）王弼注、（唐）孔颖达疏：《周易正义》，北京大学出版社，2000年，第163页。
② （魏）王弼注、（唐）孔颖达疏：《周易正义》，第163页。

传统儒家的道德养成过程相一致，从个体的道德修养，扩展到人类最为普遍的爱，即从夫妇父子之伦常情感扩展到"万物一体"的普遍性的爱。

不过，先秦儒家为人类道德感确立的另一理论维度也值得重视，即"教化"与人的道德意识的确立。儒家相信道德意识是天生的，但并非每一个人都可以有"道德自觉"，因此，道德教化就变得十分重要，"学以成人"即是儒家对教育在人格养成过程中作用的强调。这方面，《礼记》中的《乐记》篇展现了儒家道德教化手段的独特性，即任何道德规范和道德教化，必然以"感动"而"化"，这就有别于道德强制和道德绑架，而是发自内心的"喜悦"。

按照《乐记》的说法，声音都来自于人心，而人心本静，要感于物而动，产生反应。基于不同的情绪状态，人心感于物的反应也有所不同。

> 乐者，音之所由生也，其本在人心之感于物也。是故其哀心感者，其声噍以杀；其乐心感者，其声啴以缓；其喜心感者，其声发以散；其怒心感者，其声粗以厉；其敬心感者，其声直以廉；其爱心感者，其声和以柔。六者非性也，感于物而后动。是故先王慎所以感之者。故礼以道其志，乐以和其声，政以一其行，刑以防其奸。礼、乐、刑、政，其极一也，所以同民心而出治道也。

《乐纪》中描述的六种情绪状态并非人心之自然，而是人心受到外在环境的刺激而产生的反应。因此，圣王们对于"感之者"极其慎重，通过礼来呈现"志"，通过乐来调节声音，通过政令来统一人们的行为,通过刑法来惩罚奸邪行为,这样的社会管理策略可以让民心一致而秩序井然。

《周易》和《乐记》作为儒家经典,奠定了人们对儒家价值认知的一个共同可理解的基础,"感"之所以能够作为理解儒家仁爱思想的一个关键性概念,首先基于其对人与人之间是否可能存在可通约性理解的认定,这也是《周易》建立的人事和自然之间的共通性所引发的理路。其次"感"是从"道德理想"(未发)向"道德现实"(已发)触发的枢纽,意味着教化的必要性。也就是说,人固然有可理解的基础,但将其建立在人的私欲还是公共利益之上,这对于儒家而言,是天理之公和人欲之私的根本差别。

通过"感化",儒家道德的共享基础得以建立,这为儒家的道德原则从家庭发展到"天下"奠定了基础。在天下观念的建构中,儒家所确立的"让"的原则也十分重要。

受亚当·斯密影响而发展出的"理性人假设"(hypothesis of rational man)为现代社会的经济活动提供了一种思考的基础,即人类在进行经济决策的时候,是以追求自身利益最大化为目的的"理性"行为。受这种思路的影响,不仅个体行为中的"自我中心"被认为是理所当然的,即使是国家与国家之间的交往也被认为是建立在利益基础之上的,理解外交事务的原则是"只有永恒的利益,没有永恒的朋友"。但在传统儒家的价值体系中,让与分享一直被肯定,并被视为建立共同体的重要基础。中文里有"礼让""敬让"等说法。"让"包含着谦让、退让等意涵,其实质就是要求社会成员之间的分享,这样的分享经常意味着对自己利益的牺牲。而在孟子的思想中,"辞让之心"则是人的"类"的属性的重要组成部分。在传统中国社会中,因为提倡家族成员和社会成员之间的和谐,"让"始终被以各种方式所肯定。它不仅被认为是消除家族内部利益争议的原则，也是处理国与国之间关系的重要原则。

我们可以由此引申出一些新的视角。比如，儒家对于"天下一体"这一终极目标之实现路径的理解，奠基于他们对于人的特性的独特认识，并认为人的"自我完善"（成为大人）贯穿人生命的全过程。换句话说，道德上的自我完善基于每个人所具备的对于善恶的判断力，这样的判断力来自人的"天赋"。不过在"感于物而动"的过程中，许多人被外在环境影响，其判断力会被私欲遮蔽，这样就需要教化和惩罚并举的手段来规训。这个理路是《乐记》的主题。由此，道德自觉和圣贤的表率作用就构成了前提和过程的结合体。如果没有道德本体，道德培育便成无源之水；而如果没有道德实践中对困境的克服，完善的政治秩序就难以建立。因此，人的"道德感知力"和圣贤的"道德感动力"共同铸就道德实践的整体完成。

近代以来，儒家在道德体认和道德实践中积累的资源被中西之间的文化冲突压制，在中国人严厉的自我否定中，儒家复杂的"仁爱"理念被解释为只顾及家庭利益的"家族中心主义"——既否定个体利益，又忽视国家和天下的利益，这样的认识直到21世纪初才被重新思考和纠正。特别在"天下主义"的观念下，儒家那种基于个体又必然会发展到所有群体的"仁爱"观念，才重新被看作是思考现代人类的行为逻辑和国家间关系的重要思想资源。

儒家"天下观念"的"复活"，很大程度上源自于中国的改革开放。20世纪下半叶中国开始重新融入世界，而在这个过程中，中国经济的发展让传统的价值也被激活。中国知识界虽然愿意接受个人权利和自我为基础的"理性人"意识，但同时始终认为中国与西方的价值观有很大的差别。尤其认为在肯定个人利益的同时，不能忽视社群的利益。在肯定国家合理性的时候，不能忽视"天下"维度的超越国家的"人类"利益。

儒家学者们强调传统中国的智慧对目前的世界有帮助，而且相信人类能够确立起理智和情感相结合的世界，其基础就是"同情心"，可能有一些人不能很快体会到人类利益的重要性，这更凸显了教育的重要性。

值得注意的是，不仅赵汀阳提出的"孔子改善"从博弈论的角度证明了"互助""共赢"更有助于在竞争中获得优势，而且现代的神经科学研究证明了人类的大脑中存在着一个rSMG的区域，这个区域负责人的同情心和同理心，这为古老儒家的"感"的理论提供了科学的基础，即"感受"到别人的好心并由此建立互爱的世界是一种"共同的理念"。自我中心固然与生俱来，但同情心和同理心也是与生俱来的。因为我们长期强调"理性人"，反而认为道德情感是个人化的。

回到儒家的视野，只要有足够的教育，就能激发人的同情心，并将其转化为公共意识。从这种思路出发，如果我们有足够的天下观的教育，那么，超越个体、国家的普遍的爱是能够实现的，在这方面，儒家传统提供了丰富的经验，它完全可以成为人类价值教育中最为有效的资源。

第七讲
儒家的财富观念与经济思想
——以汉代的盐铁争论为例

相比于伦理政治思想，儒家的经济思想还没有被系统地研究。尽管就现代学术的发展而言，儒家经济思想的研究并不算晚，比如康有为的重要弟子陈焕章 1911 年在美国哥伦比亚大学以 *The Economic Principles of Confucius and His School*（《孔门理财学》）一文获得了博士学位。陈焕章的《孔门理财学》对儒家主张的生产、消费、分配和公共财政政策等做了系统的分析，获得了包括凯恩斯在内的西方经济学界的推许。但遗憾的是，五四运动以后，儒家思想长期被视为中国现代化的阻力，并由此产生了许多虽然缺乏严格的论证，但却流传广泛的"成见"，于是，儒家对经济活动目的的理解、儒家对税收政策的设计、儒家的财富观念等问题上的研究并没有充分展开，所以，我们一般只能在"中国经济史"的作品中看到一些专题的讨论，儒家经济学的专题著作相对缺乏。

基于传统中国社会中政治和经济的密切联系，在孔子、孟子和荀子等儒家的奠基者和发展者的著作中，有许多关于财富分配和经济发展方面的论述。而发生在汉代的盐铁争议，则可以看作是中国传统经济观念分歧的集中体现。

一、儒家对待财富的态度以及财富分配理念

任何一种国家治理的思想体系，都不能回避百姓的生计问题。许多人因为看到"子罕言利"或孟子"何必曰利"的说法，就认为儒家不关注财富问题，这显然是只看到孔子和孟子在义利之辨的角度上来强调财富获得的正当性。孔子肯定基本生活保障是实现道德教化的前提，所以提出要"富之"然后"教之"的渐次社会发展理路。孟子也是如此，他认为王道仁政的开端，就是保障人们的基本生活，所以要"制民之产"。"必使仰足以事父母，俯足以畜妻子，乐岁终身饱，凶年免于死亡；然后驱而之善，故民之从之也轻"（《孟子·梁惠王上》）。

在早期儒家经典《尚书·洪范》中，提出了八项统治者要关注的政事。第一就是"食"，即要保证国民的基本生存，故而重视农业。第二是"货"，也就是工商业。后来中国古代的经济观念和经济活动也以"食货"概括之。在解决了基本生存之后，就可以进行社会礼仪活动并完善政府的管理功能。所以，第三是"祀"，即祭祀活动。第四、第五、第六是司空、司徒、司寇。意味着社会基本设施的建设、教育事业和司法等公共事业的展开。第七、第八是外交和军事，即"宾"与"兵"。虽然我们对《洪范》的确切成书年代存有疑问，但就其"八政"的归纳而言，充分考虑了农业和工商业在社会运行中的重要性。这与儒家的基本理念是一致的。

与人们将理财活动与道德对立起来不同，儒家主张积聚财富以改善民生，就是政治家德行的体现。比如《尚书·大禹谟》中说：

> 禹曰："於！帝念哉！德惟善政，政在养民。水、火、金、

木、土、谷,惟修;正德、利用、厚生,惟和。

在这里,"善政"与"养民"相配合;"正德"与"利用""厚生"相联系。"利用"就是"利民之用","厚生"即"厚民之生"。

富裕是人们幸福感的基础。《尚书·洪范篇》传为箕子总结殷商灭亡的原因而提出的一系列治理国家的原则,其中对于人的幸福感提出了五个标准,即人生五福:"富、泰、康宁、攸好德、考终命",即富有、长寿、康宁、好德、善终。在这里,富裕的生活被置于首位。

由此可见,儒家并不排斥财富,只是十分重视财富的来源与分配方式,如果不以合理的方式获得财富,当然是与"仁道"相违背的了。比如孔子说:

富与贵,是人之所欲也;不以其道得之,不处也。贫与贱,是人之所恶也;不以其道得之,不去也。君子去仁,恶乎成名?君子无终食之间违仁,造次必于是,颠沛必于是。(《论语·里仁》)

上文主要讲的是个人对待财富的态度;对于统治者而言,更为重要的则是公平的交易环境和合理的财富分配机制。孔子说:

丘也闻有国有家者,不患寡而患不均,不患贫而患不安。盖均无贫,和无寡,安无倾。(《论语·季氏》)

在孔子看来,管理国家的人,所要关心的不是人口的多寡,而是是否提供了公平的机会。最应该担心的不是财富匮乏,而是能不能上下各得其分，和谐协调。因为，公平的秩序和政策的持续性可以让财富得以累积，社会秩序和谐，那么人们就会近悦远来，这样国家就不会被颠覆。

孔子祖述尧舜、宪章文武，他的主张其实是儒家政治思想的一贯立场，所以我们可以看到大量对于统治者经济活动的建议和制度建构的设想。比如主要讨论制度的《礼记·王制》中说：

> 古者公田藉而不税。市廛而不税。关讥而不征。林麓川泽，以时入而不禁。夫圭田无征。用民之力，岁不过三日。田里不粥，墓地不请。

这段话的意思是说，在政策上要降低市场交易成本，对于社会资源要有计划地加以使用，而不给民众增加过多的劳役负担。另外在土地分配上，要让人人有其田，并培养他们遵循社会规范，在此基础上兴办学校。

> 凡居民，量地以制邑，度地以居民。地、邑、民居，必参相得也。无旷土，无游民，食节事时，民咸安其居，乐事劝功，尊君亲上，然后兴学。（《礼记·王制》）

《礼记·大学》被朱熹从《礼记》众多篇章中着重加以强调。在朱熹看来，《大学》之教人说明了君子之"躬行心得"，就在"民生日用彝伦"之中，也就是说，道德修养与民生日用之事不能分开。《大学》中有大量关于理财问题的讨论。

作为一个以讨论修身齐家治国平天下为核心的文本，《大学》认为一个国家要取得百姓的支持，关键是治国者的道德，而对于国家的拥有者来说，如何处理国家的财富则是考验其德行的关键。

> 道得众则得国，失众则失国。是故君子先慎乎德。有德此有人，有人此有土，有土此有财，有财此有用。德者本也，财者末也，外本内末，争民施夺。是故财聚则民散，财散则民聚。

也就是说，统治者如果只知道聚敛财物，那么百姓就会离心离德。

> 生财有大道，生之者众，食之者寡，为之者疾，用之者舒，则财恒足矣。仁者以财发身，不仁者以身发财。未有上好仁而下不好义者也，未有好义其事不终者也，未有府库财非其财者也。

按照朱熹的解释，仁者散财以得民，而不仁者因为贪财而国亡身灭。不仁者治国只知搜刮民脂民膏，国家就会有大的灾难，因此，《大学》告诫那些掌握权力的人，"国不以利为利，以义为利也"。即国家最重要的功能是建立"义"（合宜）的制度。

在孟子和齐宣王的对话中，孟子甚至并不反对统治者享受刺激的音乐和田猎活动，他的建议是"与民同乐"。他说靠攻城掠地并不能让这个国家强大，关键是通过财富的合理分配增强凝聚力。

在征战频繁的战国时期，孟子的设想或许有些过于理想化，但这恰好是儒家对国家职能的理解和统治者德性的基本要求。孟子反对只知道积聚财富、发展武力而轻视仁义之政的治国之策，并很严厉地批评那些以富国强兵游说统治者的人为"民贼"，因为他们的政策都建立在对百姓利益损害的基础上。他说："今之所谓良臣，古之所谓民贼

也。"（《孟子·告子下》）

　　基于与民同乐的理念，孟子并不认可一味的减免税赋来减轻百姓的负担。当白圭问他是否可以将赋税降低为"二十取一"时，孟子并没有赞同，因为他认为这样低的税收，将使国家无法运转以及不能完成与人伦秩序有关的礼仪活动。

　　孟子认为一个正常的社会，是士农工商各乐其业的社会。他在跟梁惠王的讨论中，就提出只要你施仁政，那么天下之士，都愿意为你服务；天下的农民都愿意在你的国土上耕作；天下的商人都愿意在你这个国家经商，甚至旅行者也愿意在这个国家游历。当梁惠王问孟子是否能提供切实可行的方案时，孟子就提出了"制民之产"的主张。其实就是保障百姓的正常生活环境，包括赡养父母，教育孩子的开支。只有在这样的社会环境中，民众才会向善。如果百姓生活艰难，连父母妻儿都养不活，他们怎么可能去"治礼义"呢？孟子提出了一些具体的措施，这也被孟子称为"王道之始"。

　　　　五亩之宅，树之以桑，五十者可以衣帛矣。鸡豚狗彘之畜，无失其时，七十者可以食肉矣。百亩之田，勿夺其时，数口之家可以无饥矣。谨庠序之教，申之以孝悌之义，颁白者不负戴于道路矣。七十者衣帛食肉，黎民不饥不寒，然而不王者，未之有也。（《孟子·梁惠王上》）

　　在《孟子·公孙丑上》中，孟子也提出了他社会治理的系统方案。分为五条。其一，选择贤能之士来管理国家，这样天下有才能的人就都会愿意为这个国家服务。其二，在市场机制上，或者是只对经营场所征税，不对商品征税；或者是建立管理规范，不对经营场所征税。

如此，则天下的商人都愿意来这里经营。其三，在交通要道，只检查而不征税，如此，天下的商旅之人都愿意路经你的地界。其四，对于愿意到你这边来耕种的人，采取自愿在公田服役的办法，而不加税，这样，天下的农人都愿意在这里开垦。其五，在这里居住的人，由于没有额外的劳役和地税，都愿意成为这个国家的人民。用这五种办法，则肯定能使天下人归往，从而实现王道政治。

这五条王政之策，基本都是从减轻税负，让民众能安居乐业出发，所以，孟子采取的是藏富于民的策略，反对统治者的横征暴敛。孟子对那种不符合市场规律的政策提出了批评。比如许子认为可以通过规定物价的方式，避免奸商的欺诈行为，对此，孟子说：

"从许子之道，则市贾不贰，国中无伪；虽使五尺之童適市，莫之或欺。布帛长短同，则贾相若；麻缕丝絮轻重同，则贾相若；五谷多寡同，则贾相若；屦大小同，则贾相若。"曰："夫物之不齐，物之情也；或相倍蓰，或相什百，或相千万。子比而同之，是乱天下也。巨屦小屦同贾，人岂为之哉？从许子之道，相率而为伪者也，恶能治国家？"（《孟子·滕文公上》）

孟子认为货物不同，物价就应该有差异。那种统一物价的办法，是乱天下的行为。

战国时期的荀子更为看重经济行为的重要性。荀子从他的人性论出发，肯定了人们追求利益和满足自然欲望的必然性。针对战国末期为了增强国家实力而采取的横征暴敛行为，他认为不能"节用裕民"，百姓普遍贫穷，统治者从百姓那里能获得的财物也不会多，荀子提出"轻田野之赋，平关市之征，省商贾之数，罕兴力役，无夺农时，如是则国富矣。夫是之谓以政裕民"。(《荀子·富国》)荀子在《王制》篇还指出:"故修礼者王,为政者强,取民者安,聚敛者亡。故王者富民,霸者富士,仅存之国富大夫,亡国富筐箧,实府库。"他反对的是统治者聚敛财富,若是财富都集中到国家层面,那么离亡国就不远了。这是与孔子、孟子的思想一脉相承的地方。

荀子也强调义利之辨,但他更强调各人按其职分忠于其事。统治者的主要职能是制定规则,鼓励耕种,控制税收。在《王霸》篇中,他说:"朝廷必将隆礼义而审贵贱,若是,则士大夫莫不敬节死制者矣。百官则将齐其制度,重其官秩,若是,则百吏莫不畏法而遵绳矣。关市几而不征,质律禁止而不偏,如是,则商贾莫不敦悫而无诈矣。百工将时斩伐,佻其期日,而利其巧任,如是,则百工莫不忠信而不楛矣。县鄙则将轻田野之税,省刀布之敛,罕举力役,无夺农时,如是,农夫莫不朴力而寡能矣。士大夫务节死制,然而兵劲。百吏畏法循绳,然后国常不乱。商贾敦悫无诈,则商旅安,货通财,而国求给矣。百工忠信而不楛,则器用巧便而财不匮矣。农夫朴力而寡能,则上不失天时,下不失地利,中得人和,而百事不废。是之谓政令行,风俗美,以守则固,以征则强,居则有名,动则有功。"通过制度让官员不敢逾制,商人不敢使诈。这样就会风俗美,国家强。

在分配原则上,荀子提出"名分使群",认为如果不能确定合理的分配原则,就会因争夺而导致社会混乱。荀子认为不同阶层的人,可以按照地位和对社会贡献的多寡有差异地分配社会财富。人们要依赖君子仁人之智、之德,因此并不会因为他们美车华衣而不满。有差异的分配原则是社会稳定的基础。荀子认为,像墨子那样,靠节制消费,过苦日子的办法难以让国家富强。"不足"不是社会的公患,应该通过刺激生产和消费的方式来达到生产和消费的平衡。

其实在早期中国思想中，比较严厉地反对商业活动的是法家。而儒家虽然主张以农为本，但更注重财富和教化的相得益彰。我们从《管子》一书中，也可以看到类似的观点。《管子·牧民》篇中说："凡有地牧民者，务在四时，守在仓廪。国多财则远者来，地辟举则民留处，仓廪实则知礼节，衣食足则知荣辱，上服度则六亲固，四维张则君令行。"虽然我们很难断定《管子》一书的作者是谁，但《牧民》篇的主张与儒家的立场是十分接近的。

在《管子·五辅》中，管子提出了"六德"，他对于"德"的解释其实就是现在所谓的对百姓做"实事"，每一件事都是立足于解决百姓在日常生活中所必然会面临的问题。他所说的"六德"包括"厚其生""输之以财""遗之以利""宽其政""匡其急""赈其穷"六项社会服务事项。

所谓"厚其生"，包括开辟土地、修筑房舍、鼓励百姓从事粮食生产；"输之以财"，主要是完善商业设施、改善营商环境，比如修通道路，打通各种阻碍商品流通的关节；"遗之以利"主要是跟水利工程建设相关；"宽其政"就是轻徭薄赋，省刑罚；"匡其急"即帮助陷于生活困境中的人；"赈其穷"即帮助那些生活困难的人。《管子》书中说，这六项政策一旦颁布，解决了百姓最为关切的事项，统治者自然就会受百姓拥护，政事就会顺畅。《管子》书中多次提到如果财用不足、仓廪空虚，就会使人心产生奸邪之情，从而政令不达。这"六德"与前面所述的孟子"王道五政"也是很接近的。

二、政府在经济活动中的角色

在儒家描述的三代政治理想中，圣人往往从民众的生活需求出发，"制造"出能改变人们生存境况的各类生活必需品，这也就是说，圣人之德在于得民心，得民心的前提是解决人民的疾苦，所以神农尝百草、大禹治水，泽被天下。这样的过程，在《礼记·礼运》篇中，也有类似的描述：

> 昔者先王未有宫室，冬则居营窟，夏则居橧巢。未有火化，食草木之实，鸟兽之肉，饮其血，茹其毛；未有麻丝，衣其羽皮。后圣有作，然后修火之利，范金，合土，以为台榭、宫室、牖户，以炮以燔，以亨以炙，以为醴酪；治其麻丝，以为布帛，以养生送死，以事鬼神上帝，皆从其朔。

孟子给大家印象最深的是其人性论思想，对儒家的心性修养之学贡献巨大。不过，孟子也有很多具体的关于社会经济制度的论述。

孟子的政治理想是以道德为基础的仁政、王道秩序，但"王道之始"是统治者要遵循自然规律，物产丰富。在制度上，则是省劳役，让百姓能按时耕种和照顾亲人。他在给梁惠王提供的方案中，就说过：

> 不违农时，谷不可胜食也；数罟不入洿池，鱼鳖不可胜食也；斧斤以时入山林，材木不可胜用也。谷与鱼鳖不可胜食，材木不可胜用，是使民养生丧死无憾也。养生丧死无憾，王道之始也。（《孟子·梁惠王上》）

针对许多人因仁政难以达到而表现出的犹豫，孟子提出，关键在于统治者的决心和信心，若有决心，仁政也并非遥不可及的事，只要土地分配公平、税收合理、公私协调，这就是"仁政"。

> 夫仁政，必自经界始。经界不正，井地不钧，谷禄不平，是故暴君汙吏必慢其经界。经界既正，分田制禄可坐而定也。夫滕，壤地褊小，将为君子焉，将为野人焉。无君子，莫治野人；无野人，莫养君子。请野九一而助，国中什一使自赋。卿以下必有圭田，圭田五十亩，馀夫二十五亩。死徙无出乡，乡田同井，出入相友，守望相助，疾病相扶持，则百姓亲睦。方里而井，井九百亩，其中为公田。八家皆私百亩，同养公田；公事毕，然后敢治私事，所以别野人也。(《孟子·滕文公上》)

孟子强调"制民之产"，不能随意剥夺民众的财产，具有恒产的人，才有恒心。孟子也肯定了公共支出的必要性，即不能为了取悦民意而废除税收，这样做往往是以牺牲社会服务为代价的。因此，他认为什一而税是合理的。

战国末期，儒家受到法家等效能主义学派的挑战，儒家思想在统治者中的影响力逐渐式微。这个时候，荀子为了强化儒家对于社会秩序的建构力，强调儒家的"效能"，他认为儒家士人"在朝美政""在野美俗"，同时他也提出了许多新的治理社会的方案，其中包括许多经济措施。

荀子的社会治理思想建立在他对于人性的理解之上，虽然目前学术界对于荀子有"性恶"和"性朴"两种观点，但是，从他隆礼尊法的治理观来看，他的基本思路是，人都有好利之心，因而产生争夺，因此，圣人制定礼法来给每个人以合理的份额，从而让共同体得以运行。他说："今人之性，生而有好利焉，顺是，故争夺生而辞让亡焉……然则从人之性，顺人之情，必出于争夺，合于犯分乱理，而归于暴。"(《荀子·性恶》)荀子在讨论礼的作用的时候，也是基于人好礼的假定，他说："人生而有欲，欲而不得，则不能无求。求而无度量分界，则不能不争；争则乱，乱则穷。先王恶其乱也，故制礼义以分之，以养人之欲，给人之求。使欲必不穷于物，物必不屈于欲。两者相持而长，是礼之所起也。"（《荀子·礼论》）这样就从节制人的欲望，满足人的正常需求的角度来理解圣人制礼作乐的意义。

荀子肯定了利益的正当地位，也由此，他并不如孟子那样强调义利之间的对立性，而认为"义"正可以成为"利"的制约。他说："'义'与'利'者，人之所两有也。虽尧舜不能去民之欲利；然而能使其欲利不克其好义也。虽桀纣不能去民之好义；然而能使其好义不胜其欲利也。"（《荀子·大略》）

很显然，荀子的社会治理思想与社会现实更为合拍，但这并不意味着荀子放弃了儒家的一贯理想，在集中体现荀子经济思想的《富国》篇中，荀子认为统治者应该藏富于民，制定"制数度量"，让百姓能够按照自然规律进行生产活动。他说："上好功则国贫，上好利则国贫，士大夫众则国贫，工商众则国贫，无制数度量则国贫。下贫则上贫，下富则上富。故田野县鄙者，财之本也；垣窌仓廪者，财之末也。百姓时和、事业得叙者，货之源也；等赋府库者，货之流也。"《荀子·大略》篇也讲："家五亩宅，百亩田，务其业，而勿夺其时，所以富之也"。

在《富国》篇中，荀子的经济观念可以用"以政裕民"来概括，其核心观念就是各自按自己的职分来"尽职"，这样，百姓就会富裕。

量地而立国，计利而畜民，度人力而授事，使民必胜事，事必出利，利足以生民，皆使衣食百用出入相掩，必时臧余，谓之称数。故自天子通於庶人，事无大小多少，由是推之。故曰："朝

无幸位，民无幸生。"此之谓也。(《荀子·富国》)

在荀子看来，人类的活动是以"群体"的方式来进行的，要让社会运行顺利，就必须让群体成员各自了解自己的角色定位。统治者的主要工作是让社会分工合理化。

> 人之生不能无群，群而无分则争，争则乱，乱则穷矣。故无分者，人之大害也；有分者，天下之本利也；而人君者，所以管分之枢要也。(《荀子·富国》)

具体地说：

> 兼足天下之道在明分。掩地表亩，刺屮殖谷，多粪肥田，是农夫众庶之事也。守时力民，进事长功，和齐百姓，使人不偷，是将率之事也。高者不旱，下者不水，寒暑和节，而五谷以时孰，是天之事也。若夫兼而覆之，兼而爱之，兼而制之，岁虽凶败水旱，使百姓无冻馁之患，则是圣君贤相之事也。(《荀子·富国》)

政府是社会体系中的一部分，政府若以权力来谋利，会导致社会分层的混乱和财富的集中，这是违背天道的。因此，从先秦到后世，反对政府与民争利一直被认为是保证政府管理公平性的前提。对此，汉代的董仲舒认为这是"天道"对"人道"设定的"度制"。

> 故君子仕则不稼，田则不渔，食时不力珍，大夫不坐羊，士

不坐犬。诗曰:"采葑采菲,无以下体,德音莫违,及尔同死。"以此防民,民犹忘义而争利,以亡其身。天不重与,有角不得有上齿,故已有大者,不得有小者,天数也。夫已有大者又兼小者,天不能足之,况人乎?故明圣者象天所为为制度,使诸有大奉禄亦皆不得兼小利、与民争利业,乃天理也。(《春秋繁露·度制》)

董仲舒对于儒家的改造虽然适应了大一统国家的政治体制,但也通过天道的自然力量,建构起君本和民本的双重合法性。儒家在一定程度上对君本予以支持,一是他们认为君主是天意的代言者,同时也是社会秩序的维持者。在整体社会面前,个体的力量是渺小的,政府和社群的支持和帮助是不可或缺的。从长远看,政府的专制取决于他们是否能保护民众生存和发展的可能性。二是儒家通过对君主的教育,使其包含于天地人统一的社会秩序中,而儒家的"士"则是这个"道"的阐释者。政治地位上的服从者却拥有道德判别权,从而让中国社会进入了一种稳定而缓慢的发展过程中。

三、大一统国家的经济政策和社会管理:盐铁争议和王安石、司马光的争论

在战国末期,新的社会结构逐渐形成,在封建制度逐渐因为血缘的废弛而失去其原先的效能的时候,郡县制成为秦国确定的新国家制度。很显然,以垂直管理为特色的郡县制更为突出中央政府的权力,那么在经济社会控制的方式上也必然会发生变化。能对政府的管辖能力造成破坏的就是商业活动带来的人员的流动性和巨大的收益。因

此，重农抑商逐渐占据上风，对商人可能对社会秩序造成伤害的批评也越来越多。

> 商贾在朝则货财上流，妇言人事则赏罚不信，男女无别则民无廉耻。货财上流，赏罚不信，民无廉耻，而求百姓之安难，兵士之死节，不可得也。朝廷不肃，贵贱不明，长幼不分，度量不审，衣服无等，上下凌节，而求百姓之尊主政令，不可得也。（《管子·权修》）

《管子》反对商人进入权力阶层，认为这样就会导致政治权力和商业利益的结合。所以，在汉代的盐铁争论中，桑弘羊以商人身份进入政治权力的中心，一直是贤良文学对政府能否保持其"公正""公平"产生质疑的根源。

我们先以汉代的盐铁争论为例，来梳理一下代表政府的御史大夫、丞相同代表民间或经典儒家立场的贤良文学的争论，来看看他们对于大一统政权中政府和经济活动的关系、消费和节用的关系等一些基本问题的理解。

从周代封建制发展到战国初期，或许是由于社会控制能力的低下，也因为封建制所遵循的地方自治的原则，诸侯国的经济政策一般主张各业自由发展。允许人口相对自由的流动，并鼓励各种经济的发展和壮大。对于商业活动也没有特别的限制政策，商人的地位相对较低，但总能因为他们的财富而获得"补偿"。

秦国实行"耕战"政策，特别重视农业，并采纳了商鞅重农抑商的政策。也有人认为商鞅是最早提出重农抑商政策的人。不过，秦孝公虽然接受了商鞅的建议，但对于商人并没有真正加以打击。在当时的秦国许多商人同时也是重要的政治家,作为巨商的吕不韦可以担任秦国丞相就是例证。

从政治权力和行为模式等方面对商人予以真正打压,要到秦统一中国之后。在秦初,许多商人、流亡者等都迁戍到新设立的象郡等地守边,商人的社会地位受到限制,另外,商人的子弟也会因为他们的出身而受到牵累。

汉初,面对因长期征战而造成的经济凋敝现状,朝廷实行了包括减税在内的鼓励经济发展的政策,使经济很快得以恢复。我们可以从司马迁的《货殖列传》中了解汉初经济活跃的程度。"汉兴,海内为一,开关梁,弛山泽之禁,是以富商大贾周流天下,交易之物莫不通,得其所欲,而徙豪杰诸侯强族于京师。"而且司马迁还在此文中肯定了追求富贵的正当性。他说:"富者,人之情性,所不学而俱欲者也。"并从历史的经验中得出结论说:"故曰:'仓廪实而知礼节,衣食足而知荣辱。'礼生于有而废于无。故君子富,好行其德;小人富,以适其力。渊深而鱼生之,山深而兽往之,人富而仁义附焉。……故曰:'天下熙熙,皆为利来;天下攘攘,皆为利往。'夫千乘之王,万家之侯,百室之君,尚犹患贫,而况匹夫编户之民乎!"

虽然,汉代初期限制商人参与政治的政策继续执行,并对商业活动课以重税。但在全民追求财富和相对宽松的经济环境下,社会的经济实力有了增强,按照司马迁《史记·平准书》的描述,到汉武帝即位之时,社会物质丰富,社会风气逐渐趋向奢靡。在强大的经济实力支持下,一系列重大的基础建设得以展开,比如开通西南的道路,并因为在今辽东半岛一带设沧海郡,而与匈奴交恶。由于同匈奴的战争和其他社会活动需要巨大的经济实力来支撑,因而,汉武帝采取更为积极的经济政策,并废除了孝惠皇帝和吕后制定的商人不得出仕的规

定,"兴利之臣自此始也。"(《史记·平准书》)

作为一个具有雄才大略的统治者,汉武帝希望能够借助业已积累下来的社会财富进行大规模的军事和社会建设,而这必然带来财政上的问题。因此,到武帝中期,开始采取积极的财政政策,并在元狩六年(前117)任命孔仅、东廓咸阳为大农丞,实施盐铁专营。元封元年(前110)又任命桑弘羊为治粟都尉,并代理大农令,天汉元年(前100)为大司农。在这期间,先后推出的酒榷、均输、平准法以及币制改革等一系列旨在强化政府财政汲取能力的措施,为汉武帝时期的重要政治活动提供了雄厚的物质基础,但长年的征战也造成了巨大的财政开支,所以,在汉武帝执政后期,他的政策发生了一些转变,比如他所作的《轮台诏》就对自己所发动的几次对匈奴的战争而造成的人员和经济损失表示了后悔,并否决了桑弘羊等人向轮台屯田的建议。

汉武帝去世之后,由于继位的汉昭帝年幼,所以指定了以霍光为代表的亲属集团和桑弘羊等行政官僚构成的辅佐集团。但霍光和桑弘羊对于如何继承汉武帝的政治遗产存有意见分歧。霍光等人主张实行文帝时"与民休息"的政策,让社会恢复生机,而桑弘羊则继续坚持武帝中期以来的经济政策。

在昭帝即位之后,许多人认为政策应该有所改变,恢复文帝时的休养生息政策。始元六年(前81)二月,经谏大夫杜延年的提议,霍光以昭帝的名义,令车千秋、桑弘羊召集贤良文学六十余人,就汉武帝时期的各项政策,特别是盐铁专卖政策,进行辩论。

辩论一共延续了六个多月。辩论双方表面上看是以桑弘羊为代表的御史大夫和丞相史等政府官员与代表"民间"声音的贤良及文学,但就现有的记录而言,他们的立场带有明显的儒法差异,即贤良文学主要依据孟子及其他儒家的经典和事例来说明他们的政治立场,而御史大夫则主要从怀疑儒家王道政治能否"落实"等方面来反驳贤良文学的主张,具有明显的反儒家倾向。①

贤良文学的立论是从儒家三代之治的理念出发的,可以称之为儒家的理想主义者,在某种意义上代表了"民意",或者说是百姓疾苦的代言人。而桑弘羊和御史大夫则更多地代表着朝廷的利益。因此,他们的争论也可以被看作是政府立场和"政府批评者"的立场,这样更容易让我们理解这场争论的焦点所在。

双方的争论十分激烈,汉宣帝时,桓宽根据会议记录,整理出《盐铁论》,整理的内容包括十卷六十个议题,涉及当时国家治理的各个方面,也有对于历史事件和历史人物的争论。我们在这里主要就《盐铁论》一书反映出来的对经济问题的不同看法做一些总结,并由此来呈现在大一统国家形成之后,儒家经济思想的一些新特征。

(一)国家治理应基于道德还是要追求富强

义利问题是儒家经济思想最核心的议题,在《盐铁论》中首先体现为国家的主要功能是为社会提供公平的环境还是追求富强。

在贤良文学看来,汉武帝以来所采用的政策强化了政府的财政汲取能力,因而使社会财富集中在政府手中,对百姓的利益造成了伤害。贤良文学主张要抑制国家追求利益的冲动,政治秩序建构的基础在道德教化,然后化民成俗。他们说:"窃闻治人之道,防淫佚之原,广道德之端,抑末利而开仁义,毋示以利,然后教化可兴,而风俗可

---

① 20 世纪 70 年代,盐铁之议被视为是儒法斗争的例证。持这种观点的学者很多,比如萧公权先生认为:"汉代法家虽已终止学术上之发展而犹与儒争胜",而"汉代儒法冲突最详之记录,无过桓宽之《盐铁论》"。参见萧公权:《中国政治思想史》,新星出版社,2005 年,第 184—185 页。

移也。"(《盐铁论·本议》)贤良文学认为,推行盐铁专营的政策,是政府与民争利,会导致国民形成贪鄙好利的风气。在趋利的动机下,百姓会转向利益丰厚的行业,而不再从事农业生产。"今郡国有盐、铁、酒榷、均输,与民争利。散敦厚之朴,成贪鄙之化。是以百姓就本者寡,趋末者众。夫文繁则质衰,末盛则本亏。末修则民淫,本修则民悫。民悫则财用足,民侈则饥寒生。"(《盐铁论·本议》)所以,应该废止盐、铁、酒榷、均输,"进本退末,广利农业"。

面对上述批评,大夫们为盐铁专营政策进行了辩护。他们认为,国家的建立,从功能的层面上,要有利于不同地区物品的流通,这样人民就会获得物质利益。要达到这一点,则需要"通有无",开展交易活动。他们通过管仲等人强大齐国的例子说:"古之立国家者,开本末之途,通有无之用,市朝以一其求,致士民,聚万货,农商工师各得所欲,交易而退。"(《盐铁论·本议》)

桑弘羊等人认为工商业的发展与农业构成相互促进的关系,而不是非此即彼的排斥关系。如果取消盐铁专营和均输等方法,不利于财富的积聚。

贤良文学则认为王者应"崇本退末",农业生产是通过获得收成的方式来提供产品的,而工和商并不直接生产,他们是通过创造人的需求的方式来促进生产的,所以,商人流通的货物大多数是社会不需要的,这种以消费来带动生产的模式只会导致道德沦丧。

在《轻重》篇中,还有一段关于盐铁专营等问题的讨论。贤良文学立论的基础依然是礼义才能成为治国之基础,而权利则会残害秩序。贤良文学以管仲为例,说管仲之所以不能提升至王道的境界,主要是因为他追求利益而非道义。因此当诸侯们争相掠夺国家利益的时候,国家就不可能真正实现富强,因为这些财富被那些权势者和奸商窃取了。

对此御史大夫指出，对于那些奸商就应该采取严刑峻法，国家专营也抑制富商大贾巧取豪夺，"损有余、补不足"，这才保证了国家虽有征战，但百姓并没有增加赋税。御史大夫还多少有一些轻蔑地说，贤良文学因为不了解政治运作的细节，所以才会对国家专营和依法治国的原则存有疑义。

盐铁专营的一大原因是汉武帝发动的对匈奴的一系列战役。大夫们从匈奴的骚扰来说明屯田和戍边的重要性，并说明这些活动都需要大量的财政支持才得以进行。如果停止盐铁专营的话，有可能出现"内空府库之藏，外乏执备之用"的后果，如果前方的士兵得不到给养的话，他们何以能守卫边疆呢？都是汉朝的子民，不能对生活在边疆的民众遭受的苦痛坐视不管。

贤良文学立足于儒家经典反驳道，儒家处理国与国之间的关系所采用的原则是"修文德以来之"，而不是通过征伐。很显然，这个反驳并没有击中要害。在大夫们看来，匈奴是主动挑衅，难以用绥远和羁縻相结合的手段来应对，对于入侵者并不能仅仅以"修文德"来处置。

（二）酒榷、平准、均输等国有经济政策是否造成了"国与民争利"

先秦儒家比较倾向一种放任主义的经济政策，即不主张国君过多地干预民众的经济活动。贤良文学继承了自孔子以来的对待社会财富的方式，并认为固然可以通过垄断相关产业的方式使国家强大，但这不是最为合适的分配方式。在这个意义上，贤良文学反对桑弘羊积极的经济政策，其实质接近于我们现在依然在进行的"藏富于民"还是"藏富于国"的讨论。

桑弘羊所推出的经济政策，特别重视政府在经济活动中的调节作用。盐铁由民办而收归国有，这事实上是迈出了把天下的财富归之于统治者"家产"的制度性的一步，属于典型的"国家与民争利"的做法。而平准法和均输法的推出，从动机上可以看作是为了减轻人们的负担。这为什么也会受到贤良文学的激烈批评呢？

在探讨《盐铁论》对相关问题的争论之前，我们可以先梳理一下"均输"和"平准"法出台的缘起。元鼎二年（前115），担任大农丞的桑弘羊试办均输法的理由是原先向朝廷以物进贡的方式会造成运输困难、运输成本超过货物价值的后果。《盐铁论·本议》中说："往者，郡国诸侯各以其方物贡输，往来烦杂，物多苦恶，或不偿其费。故郡国置输官以相给运，而便远方之贡，故曰均输。"桑弘羊发现了这些弊端，停止了"方物贡输"做法，代之以均输法："置大农部丞数十人，分部主郡国，各往往县置均输、盐铁官，令远方各以其物贵时商贾所转贩者为赋，而相灌输。"即设立专门的官员（均输官）和机构，把原郡国应交纳给朝廷的贡物或钱，全部折算成当地出产最多最为便宜的物资，然后将这些物资再运送到最需要（因而价格最高）的地方去出售，从而既减少了地方贡输的烦琐，又增加了国家财政收入。这种办法，古人认为是有利于官民两方的合理的做法："诸当所输于官者，皆令输其土地所饶，平其所在时价，官更于他处卖之。输者既便，而官有利。"（《史记·平准书》）

元封元年（前110），桑弘羊又创立了平准法："置平准于京师，都受天下委输。召工官治车诸器，皆仰给大农。大农之诸官尽笼天下之货物，贵即卖之，贱则买之。如此，富商大贾无所牟大利，则反本，而万物不得腾踊。故抑天下物，名曰'平准'。"（《史记·平准书》）"平准"是设于京师的政府商业机构，设置"平准令"一人、"员吏百九十人"具体负责，隶属于大司农。"平准法"显然是一种政府商业运营方式，通过物资吞吐，贱买贵卖，既可平抑物价，稳定市场，又可于吞吐之中获取部分财政收益，防止富商大贾囤积居奇操控市场。

均输法和平准法近似于现代政府政治政策中的宏观调控政策，通过政府对物质生产和运输环境的控制，实际上是官营长途贩运业和官营销售业的结合，建立了一个由朝廷大司农统一管理调度的商业运销网络，发挥了防止价格波动、抑制民间富商大贾操控市场和充实国家财政等多种效益。在大夫们看来平准和均输这样的方法使物价平稳，有利于百姓，并非仅仅是为了国家的利益，甚至可以说是国家利益和民众利益兼顾的政策。但贤良文学则认为这样的行为可能会导致官府贱买贵卖、物价上涨等一系列后果，由此百姓辛苦劳作所应获得的利益都被中间商所掠夺。他们认为人们财用不足是因为本业不兴。而对于各地奇珍异货的追求，会引发人们对物质的贪欲。

在大夫们看来，广土众民的大一统国家，已经不能用封建自治的模式来治理了，特别是因为国土扩大而带来的实物税在交纳过程中所产生的交通困境。这个方式即使不理想，也是一个无可奈何的方法。如果贤良文学能够按照理想的治理之道来解决所需的财政开支，自然可以废除平准法和均输法，如果不能，那么也只能继续实行类似的政策。

关于是否要进行商业活动以节省开支、扩大收入的争论涉及当时的人们对农业和工商业关系的认识。

（三）人们应追求什么样的生活方式

当御史大夫们强调各地的物产流通可以改善人们的生活质量的时候，双方对人们应追求什么样的生活方式也展开了讨论。理论上讲，即使先秦儒学也并非完全反对有地位、有贡献的人享受好的物质待遇。在荀子看来，有地位的人享受高档次的宫室及其他待遇既是礼制所规定的，也是对他们的社会贡献的一种肯定。

在盐铁争论中，对这个问题的讨论是从另一个方向展开的，接近于现代社会是否应该鼓励消费从而促进生产的问题。

众所周知，消费是经济发展的重要推动力，然而，也会产生诸如消费主义的弊端，即过度消费所带来的负债等其他社会问题。在中国古代，以《管子》为代表的内含经济思想的一些著作也指出了消费对于生产的意义。在盐铁争议中，大夫们就是从《管子》的思想来立论，认为建筑宫室和华丽的装饰，让工人有收入。据此，他们认为各地物产的流通，让物尽其才，使各地的特产发挥了最大的经济效益。贤良文学虽然沿用的是孟子的观念，但其主要的观点则更为接近墨子或黄老道学的思想。他们认为物产总是有限的，大规模的建设可能会导致物产短缺。许多浮华的装饰并不实用，而且非百姓日常所需要，但却要花费很多工时和材料，最终的结果是奢侈者的过度消费，而普通百姓的日常所需却得不到满足。在贤良文学看来，要公平地分配社会资源，就要限制那些并非急需的建设项目，官府花巨资在这些公共支出上，则会与百姓争利。为此，官府应该倡导节俭的生活方式，不贵难得之货，这样人们就不会去贪求那些珍稀物品，而安于一种朴素简单的生活，社会自然会安定和谐。

据桓宽的记录，丞相和御史大夫经常被贤良文学说得难以应对，而御史大夫的反击有时也显得失了风度。不过作为中国历史上最为经典的治国之策的辩论，《盐铁论》给我们留下了丰富的资料，有助于我们理解汉武帝时期的经济政策以及昭帝以后的政策转向，最为关键的是，我们可以从中了解儒家的经济哲学和政治伦理的发展轨迹。

(四)王安石和司马光的"富国""富民"之争

到了北宋,国富和民富又成为一个争论的关键问题。如果说汉武帝征伐匈奴有其致天下太平的宏大理想在,到了北宋,问题则转变为北宋政权必须面对契丹和西夏等强大的外族政权的压力。如果国家不掌握足够的财政资源,那么也就无法抵御外族的入侵。这样做的后果是留在百姓手里的财富过少,难以获得足够的税源,最终国家的实力也会受到损害。

因为与西夏和契丹的战争,宋朝的财政一直很困难。宋朝先是任用范仲淹推行庆历新政,提出改变吏治、改善财政、提升军队战斗力等十项措施,但不到一年,因为反对的声音过强,范仲淹只能离开朝廷的政治核心。

不到三十年,王安石有了"共治天下"的机会。宋代的经术与政治的结合在王安石身上体现得十分明显。他为他的改革策略寻找经典的依据。虽然有人认为他受《管子·轻重》影响很大,但在表述上,他特别看重《周礼》,认为这部书有一半的内容是讨论"理财"的。比如他在《上五事札子》中说他的免役之法,依据的是《周官》和《王制》,即让百姓安心耕作,他们可以通过支付劳役的费用来免去劳役,以便用专业的人去做专业的事。对于保甲法,他也认为是源自于三代的"丘甲"法,后来商鞅和管仲都用这个方法,并非是他自己标新立异。对于"市易之法",则是起于周代的"司市"官的设置,也借鉴了汉代的平准法。可以平稳物价,保证货物的流通。但王安石也担心有一些人希望速成,最后把这些好的措施都毁掉了。

在王安石看来,要解决财政的困境,关键在于开源,而不是节用,为了推行变法新政,王安石在熙宁二年(1069),提出要设立三司条例司。宋代主理经济事务的机构是三司,按《宋史·职官志》的介绍，三司掌握邦国财用大计，总理盐铁、度支、户部事务。很显然，王安石对这个机构的运转效率不满意，认为每年不管收成如何，都按定额收取利息，这样的结果是富商大贾利用差价来赚取利润，国家的财富并没有增加。所以，提出设立三司条例司，就是要在三司之上设置一个制定三司运作条例的新机构。

王安石的一系列以增加宋朝收入为目标的政治改革方案，以及他对支持自己改革方案的经典的解释被同时代的许多人批评，一方面是因为人们对于经典的原意理解不同，另一方面则是因为政见的不同。

各方对经典的理解的不同，的确也源于对经学传统继承的差异。《周礼》成为王安石新政的经学基础，因为这部书中有大量关于先王制度的描述。比如王安石认为《周礼·泉府》中，有当时市场管理的三种基本原则。其一，对于市场上销售不畅的商品，政府按一定的价格购买，而待有市场需要时再卖出去。这也是王安石"市易法"的基础。其二，只有祭祀和丧礼这些重大事件发生，才可赊账。因祭祀而赊之钱物要在十天之内归还，而丧礼之物要在三个月之内偿付。

最有争议的则是其三。《周礼·泉府》说："凡民之贷者，与其有司辨而授之，以国服为之息。凡国事之财用取具焉，岁终，则会其出入而纳其余。"对于"国服为之息"，王安石认为泉府借贷以"国服"为息，是圣人经典中就存在的制度，故青苗收息合乎古制。这里有两层意义：一是青苗法所实行的官家借贷行为合理合法；二是青苗收利息合理合法。而韩琦等人则认为，第一，古代有政府贷款，但"不以求民之利"；第二，其取息方式为"令变所贷钱使输国服"。对于"国服之息"，则主要是指以地方的出产来作为利息，而不构成对农民的负担。

虽然王安石的改革客观上改善了北宋的财政状况，但王夫之依然骂王安石是"小人"，理由是桑弘羊他们要征收财物的时候，都强调是一种新的制度，而王安石非要说，这是古代圣王之制作，这就破坏了经典的价值。

对理想政治秩序认识的差异，是以司马光为代表的各派势力反对熙宁新政的重要原因。

司马光和王安石之间发生了一场针锋相对的论战，核心议题是关于富国和藏富于民的分歧。涉及的许多问题与盐铁争论类似，司马光与王安石在皇帝面前有一次辩论，王安石说，国家财政困难主要是因为没有善于理财的人。而在司马光看来，朝廷任用善于理财的人，只不过是从百姓身上搜刮而已，对国家并没有什么益处。王安石说，从百姓身上搜刮算不上是真正善于理财的人，真正善于理财的话，是能做到民不加赋而让国家增加收入。司马光说，你这种说法，与桑弘羊欺骗汉武帝的言论一模一样。天地所生财富的资源是有限的，不在民间就在公家，桑弘羊不取于民，那是从哪里获得的呢？

"把蛋糕做大"来改变短缺经济状况是现代经济理论的一个重要前提。但在某一个固定的时间段里，将蛋糕做大，只能是可遇而不可求的，靠政策的改变来增加财富也是有限制的。

在熙宁元年（1068），王安石当朝之后，他的一系列改革措施渐次推行。从历史记载来看，王安石是一个十分自信的人，这样的人往往也是一个固执的人。司马光给王安石写信，批评王安石的固执，以致天下"怨谤"。

当然司马光写信的目的，主要是批评王安石的改革措施。司马光说圣贤通过减租税、薄赋敛来养民的方法，被王安石视为腐儒之常谈。设置三司条例司，让那些熟悉赚取财利之士，充斥于朝廷。

对于青苗法赚取百姓的利息、用钱来替代徭役、随意设置机构，这些在常人看来都是不可行、不该行的政策，王安石固执地要推行，司马光认为是"侥幸以行险",想建立"非常之功"而做的非常之事。司马光还认为,王安石以孟子为榜样,但却没有体会孟子重义利之辨的精髓。

针对司马光所写的书信,王安石写了《答司马谏议书》,文中说他与司马光虽是好友,但政见差异很大。至于司马光批评他"侵官、生事、征利、拒谏"等,他说,改革官僚制度,增官析吏,不属于"侵官";以"先王之政"来兴利除害,不算"生事";为天下理财与"征利"有天壤之别;勇于坚持自己的设想,不能说就是"拒谏",王安石自知这样做会受到天下人的怨恨,但他有天变不足畏、祖宗不足法、人言不足恤的精神。当然这种态度也让许多本来准备支持他的人,也避而远之了。

王安石和司马光之间最为尖锐的对立是对于"国家职能"的认识。在王安石看来,为了应付朝廷的财政危机,应该强化朝廷对经济和社会领域各方面的控制,以满足抵御外敌、强化国家实力的目的。而司马光却认为,朝廷应该尽量少去干预民间的自发秩序,也不能损害地主阶级的利益,这样会让朝廷失去基本的支持力量。

从实际的效果而言,王安石的变法的确改善了朝廷的财政状况,但也遭到了精英阶层的抵触。司马光替代了王安石之后,即使与他在政治立场上比较接近的程颢等人,也并不认为司马光有能力提出更加系统的社会改革方案。

与盐铁争论不同的是,王安石和司马光都宣称自己是圣人治国理想的继承者,他们也都从经典中去寻求秩序建构的原则,但当儒家成为国家唯一的意识形态资源的时候,多元化的儒家思想资源可能会带来不同的经济策略和管理理念。

四、亚洲经济奇迹与儒家资本主义问题

中国近代积弱积贫，因此人们开始探索中国发展停滞的问题，归纳起来包括，中国在东亚地区国土面积虽然很大，但发展动力不足；中国的闭关锁国，致使技术停滞；外族的入侵，又使宋明时期的发展轨迹中断。

对此，还有两种影响更为广泛的理论，一种是关于"资本主义萌芽"说，基于社会发展的阶段论，中国在经历了封建社会之后，应该有一个"资本主义"的阶段，但是因为政治上的专制和儒家重农抑商的观念，资本主义只在江南一带有一些零星的萌芽，而且这样的萌芽也因为明清嬗代而中断了。另外一种是韦伯的"资本主义精神"说。

韦伯认为资本主义体系的形成，除了机器的发明这些技术因素之外，还存在着"精神气质"的问题。他说新教伦理中的"天职"和"节俭"等是资本主义在欧美得以形成的原因。与此相比，中国儒教传统缺乏理性化的潜能，缺乏改造现实世界的动力，因而难以发展出资本主义的社会机制。

在第二次世界大战以后的西方（特别是在美国），韦伯思想的影响是如此之大，再加上帕森斯的阐释，这个观点几乎成为解释中国近代社会变迁的一个"标准答案"，也变成韦伯关于中国资本主义起因的唯一论题。帕森斯指出，韦伯理论包含两方面的主要论点：第一，中国在历史发展的某些阶段，社会制度以及物质条件与西欧资本主义兴起之前相比，并非不利于理性资本主义的发展；第二，但在这些阶段，儒家思想、道家思想以及佛教思想所包含的经济伦理不利于资本主义的发展。帕森斯主张的核心是，不是物质因素，而是精神因素阻碍了中国自发产生资本主义。

这样的解释算得上简单明快，也容易成为定见。

但是，20世纪60年代之后，亚洲出现了经济奇迹。亚洲经济奇迹的产生，有地缘政治因素的影响。比如朝鲜战争之后，资本主义国家对亚洲非社会主义国家的支持，通过建立国家福利制度和产业转移的方式来增加就业和稳定社会秩序，防止更大范围的社会革命的发生。但是，这个发展过程中的文化因素依然引发了学者们的关注，在多元现代性的框架下，"儒家资本主义"的解释，引人注目。

形成东亚经济奇迹的国家和地区，除了领头羊日本外，还有韩国、新加坡，以及中国的台湾、香港，后四个国家和地区被称为"亚洲四小龙"，从地域和文化传统上，这些国家和地区都属于"儒家文化圈"或"汉文化圈"范围，他们在价值观和生活方式上有一致之处，在处理政府和企业的关系、企业和家庭的关系，以及劳工与企业主、资本家的关系上，都形成了与西方世界迥异的模式。

概括地说，注重教育，提升了东亚及东南亚地区的劳动力素质；忠于家庭、服从权威、尊敬长者，缓和了劳资关系，符合国家主导型的社会目标的实现；勤奋努力、俭朴自制、互相合作的生活态度，也提升了工作效率。这就是说，儒家伦理不但不是市场资本主义发展的阻碍因素，反而是一种支持的力量。这是一种新的、更有效率的市场机制和价值观念结合的方式。

在"亚洲四小龙"的经验中，新加坡曾经主动邀请杜维明等人加以总结，我们从而得到对儒家和资本主义关系的一种更为贴切的解释。海外新儒家有一个共同的倾向，就是将儒家区分为跟权力结盟的儒家和注重个人伦理道德的儒家。他们认为，当儒学从专制的体制中解放出来之后，儒家就能发挥其积极正面的作用。

比如，杜维明所著的《新加坡的挑战》一书中，就认为"儒家个人的伦理,它注重自我约束;超越自我中心,积极参与集体的福利、教育、个人的进步、工作伦理和共同的努力。所有这些价值,对于新加坡的成功是至关重要的"①。

当然儒家资本主义这个说法也受到了很多批评。有人认为这个含混的概念掩盖了东亚各国在经济发展的过程中,对儒家所采取的不同态度。比如说,日本就是通过脱亚入欧,接受西方的政治制度,确定私有财产的法律地位,从而取得了经济成功。所以,不能一概地将东亚的经济奇迹,冠之以"儒家资本主义"的说法。也有批评者指出,这种说法过于把自己框定在韦伯的模式中,事实上是用韦伯的方式来证明儒家与资本主义的一致性。有些学者甚至以韦伯的理论模式来说明中国在明末就出现了资本主义的生产方式和企业形态。吊诡的是,其所使用的证明材料恰好与"资本主义萌芽"是相同的。虽然使用的是多元现代性的口号,但事实上恰好证明了资本主义是现代性的唯一途径。

如果以中国经济发展为例,显然我们不能将中国特色社会主义市场经济体制简单地等同于儒家资本主义。因为就这个体制的运行方式而言,与资本主义以利润为核心的资源配置方式有很大的不同。但同时中国经济的发展又带有明显的儒家价值观的影响。

1978年之后,中国的经济获得了巨大的发展,目前已经成为世界第二大经济体,这中间家族企业是民营企业的主要类型。在我所接触的家族企业中,创一代都具有吃苦耐劳的精神,但他们的企业管理层中,特别倾向于接纳亲属、朋友乃至同学这些具有"关系"的人,而

---

① 杜维明:《新加坡的挑战——新儒家伦理与企业精神》,高专诚译,生活·读书·新知三联书店,1989年,第116页。

并不太接受职业经理人。他们有意识地将自己的子女培养成企业的接班人，让他们接受最好的教育，并给与他们实践的机会。

许多企业愿意采用儒家的理念来增强企业的凝聚力，比如孝就是一个经常采用的理念。有些企业通过设立"孝"的基金的方式，为员工的父母提供适当的物质支持，从而强化企业员工的认同感。这些都体现出与西方企业不同的管理模式。

从员工的态度而言，为家庭的福祉而努力，为改变孩子的命运而打拼，这些都是儒家的信念在支撑着他们。所以，我们可以放弃"儒家资本主义"之类似是而非的概念和分析框架，但是，中国的发展，离不开中国传统价值观的影响，因此，对于儒家价值与中国当代经济发展的关系，是值得我们去探索的。

第八讲

必也使无讼乎？
——礼法合治与法律的儒家化

经常有人说中国并没有法制传统，这种话如果以西方近现代所形成的法制体系而言，或许有道理。但更为准确的说法应该是，中国古代形成了自己独特的法律传统，其最大的特征或许可以名之为"伦理法律"。这种法律体系试图通过道德教化来消除人们思想中的犯罪意识，寻求人与自然、人与人之间的和谐，认为这样的社会秩序较之靠刑罚和恐吓而建立起来的表面服从要更为合理和长久。在独特的天人观念的影响下，古代的人相信人的行为与自然的节律之间存在着互相影响的关系。春生、夏长，万物充满生机，自然不能行刑杀之事。秋后问斩才是人与自然节奏的协调。在法律原则上，则以伦常为纲。既然周孔之教是以"道德共同体"的理想来建构天下国家体系的，那么"一准乎礼"的唐律就被看作是古代法律的典范。而当你翻开法律书籍，首先看到的就是解释血缘亲情之远近的"服制图"。

与西方人强调通过法律来主张自己的权利不同，在中国传统社会，打官司乃是逼不得已的"最后"选择。好比中医强调在未病之前防病为重，中国古代法律强调通过礼仪教化遏制人的争夺之心进而防止人犯罪，最终实现"无讼"的社会，也就是说刑律是教化失败的补偿性措施。

一、必也使无讼乎

经典和日常生活是一种互相塑造的关系。经典是人们日常生活经验的提纯,而经典一旦形成反过来会成为后来人的生活指南。中国人的生活方式是在社会发展过程中逐渐形成的。任何社会的运行,必然有鼓励和惩罚两端作为基础。儒家文明素称礼乐文明,说明其社会治理原则倾向于礼乐教化,但亦不排除刑政。早期儒家经典《周易》的六十四卦中,就有"讼卦",用以描述如何避免人们之间的争端。讼卦上乾下坎,乾为天,坎为水。《讼·象》曰:"天与水违行,讼。君子以作事谋始。" 古人认为日月西移,天道尚左;水道东流,地道尚右。因此说天道和水道的运行方式相背离,这会引发争讼。如此,君子在谋划事情之前,一定要考虑周全,以免发生争执。魏晋时期王弼的注解就很贴近司法实践,他说:"无讼在于谋始,谋始在于作制。契之不明,讼之所以生也。"① 他将"谋始"理解为把契约订好,许多纠纷就出现在因约定不明确而产生的不同理解上。宋代的程颐在解释《周易》的时候,明显倾向于从社会政治角度立论,他对讼卦之"象"的解释接近于王弼注的意思。他说:"君子观象,知人情有争讼之道,故凡所作事,必谋其始,绝讼端于事之始,则讼无由生矣。谋始之义广矣,若慎交结明契券之类是也。"② 程颐的解释也强调了要预先谋划,杜绝诉讼产生的重要性。

追求社会和谐,将纷争扼杀在萌芽状态是儒家秩序观念的基本立场,所以曾担任司寇这类司法官职的孔子说过:"听讼,吾犹人也。必

---

① (魏)王弼注、(唐)孔颖达疏:《周易正义》,第55页。
② (宋)程颐:《周易程氏传》卷一,载《二程集》下,中华书局,2004年,第729页。

也使无讼乎!"(《论语·颜渊》)孔子认为诉讼现象如果发生,当然需要认真处理,但更重要的是要让社会不发生诉讼纷争。后来朱熹在解释这句话的时候,用本末来比喻"无讼"和"听讼"的关系。朱熹在《论语集注》中解释说:"听讼者,治其末,塞其流也;正其本,清其源,则无讼矣。"等到纷争出现之后,再去解决,不如从根源上杜绝矛盾的产生。朱熹在跟学生的交流中,谈到《周易》讼卦的时候说,无论诉讼是否获胜,大多数情况双方的利益都会受到损害,最终都是"凶"的,《朱子语类》记载说:"终凶,盖取上九终极于讼之象。"

从中文的词源上看,"讼"似乎主要跟财务纠纷相关,而"狱"则侧重于刑事方面的官司。《说文解字》说:"讼,争也。……以手曰争,以言曰讼。"汉代经学家郑玄解释说:"讼,谓以财货相告者;狱,谓相告以罪名者。"意谓大多数诉讼案件都涉及财产纠纷。

中国传统秩序侧重家族和睦,因此防止父子兄弟之间的财产分配纠纷是实现无讼理想的关键,典籍中有很多记载都给我们提供了化解争讼的案例。

《韩诗外传》卷三中就记载了一个关于孔子处理争讼的故事。说鲁国有一对父子相讼,季康子说应该将他们杀掉。孔子说,不能遽然就通过杀人来平息纷争。孔子认为父子相讼这样败坏风俗现象的出现,主要是因为统治者不善于治国,否则,不会出现这样的事件。打官司的父子听到孔子的说法之后,请求撤回诉讼。季康子问孔子说,我们应该以孝道来管理百姓。杀掉一个不孝顺的人,以此来警示百姓,难道不是一个好办法吗?孔子回答说,如果不对老百姓进行教化,而直接将他们治罪,这犹如杀掉一个无辜的人。作为统治者,首要的事情是通过自己的行为来教化百姓,让民众心悦诚服,这样他们就会追随统治者的教令。在经过教化之后,如若百姓还邪行不从,再加之以刑罚，百姓自然就知道他犯了什么罪而甘心认罚。

这件事是否真的发生过并不重要，关键在于，这体现了孔子一以贯之的无讼思想。在强调"孝"的汉代，韩延寿的事迹可是"于史有征"的。

西汉韩延寿为冯诩太守时，有对兄弟为争夺田产而发生诉讼，韩的反应从另一个角度印证了前面孔子所说的根子在官吏未尽教化之责。韩延寿反思在他的属地发生骨肉相争、有伤风化的案件，主要是各层次的官员"不能宣明教化"，他闭关自省，"人卧传舍，闭阁思过"，让主持社会风气事务的三老等各级官吏也要"自系待罪"。经过这一系列操作，争夺田产的那对兄弟的宗族开始教育他俩要互让，两兄弟也深自悔恨，互相表示会谦让，"愿以田相移，终死不敢复争"。有了这个案例，他所管辖的"二十四县莫复以辞讼自言者"。

无讼观念是与以家庭为基本生产单位的小农经济形态相适应的。虽然对于中国古代家庭规模的大小还存在着诸多争论，但在价值指引上，《仪礼·丧服传》中所强调的"父子一体、夫妻一体、昆弟一体"，一直是教化的原则，家庭同居共财经常会得到道德上的褒扬。

"无讼"的原则在制度设计上体现为形式多样的调解制度。在《周官》中我们就可以看到"调人"这样的官职设计，其主要的功能就是调解，调解不成再准之以律。调解可以分很多种，首先是一些比较轻微的纠纷，就可以采取民间调解的方式。在许多的家训族规中，我们都可以看到宗族内调解是解决纠纷的优先选项，唯有溢出族规的纠纷，才许可告官。我个人从小生活在绍兴，现在还有"老娘舅"来调解各种纠纷，甚至当地电视台还专门设有"老娘舅"的专题节目来报道其调解纠纷的过程。"老娘舅"源自于家庭中兄弟分家时对有威望、主持公道的年长者的称呼。而后，人们把热心公共事务的所有调解人都称之为"老娘舅"。宗族内调解无效，即使是上诉到官府，也还会再进行调解，劝其私了。前文所说汉代韩延寿的处理方式，就是通过自我批评来让诉讼者受到道德教化而改变通过诉讼来解决纠纷的意愿。传统官吏一般会塑造一个爱民如子的形象，倾向于以道德感化的方式来化解社会不安定的因素，而这样的做法既会得到上一级官员的肯定，也更容易被老百姓所接受。

其次是介于官方调解和民间调解之间的方式——"官批民调"。百姓将案子报到官府，官吏和幕僚经过审查之后，认为此案不宜公开审理或者案件事实清楚，情节轻微，就会先要求宗族族长进行调解。一般情况下，诉讼双方会服从调解的结果。

在官员所写的判词中，也经常会出现对诉讼者的告诫。比如在收集了朱熹、真德秀等著名儒生断案判词的《名公书判清明集》中，许多判词都附有对儒家伦理的重申，以此来教化百姓。比如，宗族相恤、保护孤寡是良风美俗，所以，地方官吴恕斋在"宗族欺孤占产"一案的判词中，首先就斥责当事人不顾及血缘亲情，还霸占孤儿寡母的田产，见利忘义，毫无廉耻。文集中还收录了许多息讼的箴言。比如胡石壁判词中就说：打官司的人，都是不明事理的人，只会争眼前之强弱，而不考虑长远的利益。"才有些小言语，便去要打官司，不以乡曲为念。且道打官司有甚得便宜处，使了盘缠，废了本业，公人面前赔了下情，着了钱物，官人厅下受了惊吓，吃了打捆……冤冤相报，何时是了。人生在世，如何保得一生无横逆之事，若是平日有人情在乡里，他自众共相与遮盖。大事也成小事，既是与乡邻仇隙，他便来寻针觅线，掀风作浪，小事也成大事矣。如此，则是今日之胜，乃为他日之大不胜也。"一般而言，在中国传统的熟人社会里，人口流动性不强，若是依法断案、是非分明，输了官司的一方要么面子上过不去，要么内心不服，双方难以相处，就会生出新的纠纷。但情感介入也不是包庇一方,只是给双方留有余地,这对于审判者有着更高的要求。

既然肯定调解,那么鼓励人们诉讼的人就会被鄙视,《名公书判清明集》有这样的描写:"大凡市井小民,乡村百姓,本无好讼之心。皆是奸猾之徒教唆所至,幸而胜,则利归己,不幸而负,则害归他人。故兴讼者胜亦负,负亦负;故教唆者胜固胜,负亦胜。此愚民之所重困,官府之所以多事,而教唆公事之人,所以常得志也。"中国传统社会的风尚中,人们对于刑名幕僚往往没好感,认为他们鼓励人诉讼,败坏人心,为自己谋取私利。

虽然反对诉讼,但只要诉讼现象存在,就需要法律和处理司法实务的官吏。汉代的察举制度中,就有专门选拔善于处理法律纠纷人才的"专项"。后来的科举考试中,很长时间也有律书的专题考试,并非只有经义一项。在唐代的科举中,有明经科,也有明法科。《唐六典》提到:"明法试律、令各一部,识达义理、问无疑滞者为通,粗知纲例、未究指归者为不。所试律、令,每部试十帖。策试十条,律七条、令三条。全通者为甲,通八已上为乙,已下为不第。"但明清之后的科举科目中,不再有律令部分的内容。由科举而入仕途的人往往并不具备专业的法律知识,需要聘请幕僚来帮助。由此形成了一个专门的职业"刑名幕友"。

清代既当过师爷后又当过知县的汪辉祖曾表示,作为一个读书人,做"幕友"是不得已的糊口手段,他在《佐治药言》中说:"士人不得以身出治,而佐人为治,势非得已。然岁所入,实分官俸,亦在官之禄也。食人之食而谋之不忠,天岂有以福之。"江浙一带素来重视读书,因此科举竞争尤为激烈,不少科举失利之人,只能选择做幕友来糊口。这些幕友由官员私人聘请,他所享有的俸禄是从官员的官饷中分出来的,比较微薄,幕友们通过包揽词讼来提高收入,也有其苦衷。但对诉讼双方而言，往往会提高他们的维权成本，故而幕友也被视为是"刀笔吏"。清代幕友多为绍兴人，也有"绍兴师爷"的专称。汪辉祖就是其中最有影响的代表者。汪氏在做幕友之后，又得到科举功名，故而比一般的官员有更为丰富的司法实践经验，所著《学治臆说》《佐治药言》等书流传广泛。他在《学治臆说》中曾经对官府在审讯时所做的"断"和民间乡里的调解做了区分。他说"听断以法""调处以情"。也就是说官府判断案件曲直的时候，主要依据的是法令条文，而调解活动则会有更多的情感因素介入。从效果论的角度，乡土社会中调解要好于依法断案。地方官吏从教化民俗的角度也不愿意积压案件而鼓励民间调解。

而与刑名幕僚一起接受"污名"的就是民间讼师。虽然不鼓励兴讼，但总有刑事纠纷需要官府来判断。所以刑名幕僚与社会上的讼师结合，从负责写状纸到审结一并包揽，其间告状者可能从头到尾都不曾参与。当然，人们之所以将自己的法律纠纷全盘托付于人，除了大多数人根本没有文字能力之外，讼师也能通过他们的学识来化解危机。试举一例，苏州人王某，虽富裕但胆小，曾花钱买一个孀妇，但此妇迟迟没有搬过来。有一次，王某将此孀妇叫来责问，不料当晚此人在其门口自缢身亡，但因当晚打雷下雨，他没有听见动静，所以发现时已经是第二天早上。出了命案，王某与讼师商议对策，讼师索要五百金许诺平息此事，王某答应。当即就开始书写状纸，其中说："八尺门高，一女焉能独缢？三更雨甚，两足何以无泥？"法官被说服，最后说是有人移尸谋害王某，只是判决王某买棺材把她埋葬了结。

后来费孝通先生所著的《乡土中国》中有"无讼"一节，描述了新旧法律体系转变过程中，新法律对于旧道德的冲击。费孝通说，新法律从西方搬运过来，与中国固有伦理有很大的差异。老百姓倾向于以调解来处理纠纷，顾及面子。这样新法律反而给那些不容于旧伦理的人以法律保障。

书中还列举了一个十分生动的例子说："有一位兼司法官的县长曾和我谈到过很多这种例子。有个人因妻子偷了汉子打伤了奸夫。在乡间这是理直气壮的，但是和奸没有罪，何况又没有证据，殴伤却有罪。那位县长问我：他怎么判好呢？他更明白，如果是善良的乡下人，自己知道做了坏事决不会到衙门里来的。这些凭借一点法律知识的败类，却会在乡间为非作恶起来，法律还要去保护他。我也承认这是很可能发生的事实。现行的司法制度在乡间发生了很特殊的副作用，它破坏了原有的礼治秩序，但并不能有效地建立起法治秩序。"[①]的确，法律如何与国人的道德风俗相结合至今依然是中国法制建设的一个大问题。

二、礼乐刑政，秩序的四个支点

儒家坚信良好的社会秩序来自个人心中的道德禀赋以及由此转化而成的道德实践，这样的道德实践逐渐固化为人们的行为方式，这就是"礼"。

按照词源学上的考察，"礼"是一种祭祀神的活动，其逐渐渗透到人类生活的各个方面，形成一整套包括仪式、姿态、容貌、服饰等的具体规范。通过周公的"制礼作乐"，形成了一整套贯穿于价值观和行为准则的文明体系，所以中华文明也被称为"礼乐文明"。

春秋战国时代的儒家，对于"礼"的来源和意义进行了重新解释，

---

① 费孝通：《乡土中国 生育制度 乡土重建》，商务印书馆，2011年，第61页。

孔子将仁爱的精神灌注到礼仪活动中，从而使礼的价值特性超越其规范特性。他反复跟学生强调没有内心精神投注的礼仪活动是苍白和做作的。孔子的后学不断从内容和形式两方面来丰富"礼"的内涵。他们反复强调"礼"对社会生活的必要性在于其源自天道、王道到人道的贯通，并通过圣人制作而得到落实。比如《礼记·礼运》说："是故夫礼必本于天，淆于地，列于鬼神，达于丧、祭、射、御、冠、昏、朝、聘。故圣人以礼示之，故天下国家可得而正也。"荀子认为，"礼"是宇宙生成、人类绵延和政治社会发展多重因素相结合的产物。他在《礼论》中说："礼有三本：天地者，生之本也；先祖者，类之本也；君师者，治之本也。无天地，恶生？无先祖，恶出？无君师，恶治？"礼的规范性满足了人类情感生活的需要，即"称情而立文"。

在儒家的论说中，古代的美政美俗，基于圣人们依据礼而进行的制度创设。反过来说，不归本于礼，就难以真正理解日常生活和政治秩序的根本精神。"礼"建构秩序的基本原则，是确立在差别性基础上的平衡。

礼的差别性原则来自于对"自然秩序"的映射。首先，礼所体现的是天地之序，而自然界存在着天尊地卑，物物各有不同，由此，礼所要呈现的就是这样的自然的差异性和多样性。其次，伦理秩序的差异来自于时间上的先后和空间上的远近。所谓时间上的先后，即系于生命的诞生而形成的尊长和基于血缘而形成的亲疏。由此，礼的目的就是对这些差异性的"辨别"，从而确立其不同的伦理责任和道德义务。这就是《礼记·曲礼上》中所说的"定亲疏，决嫌疑，别同异，明是非"。经常性的礼仪活动就是对于自己社会角色和责任义务的反复确认，最终化为自觉的行为，由此达到一种总体上的平衡和和谐。

礼作为一种规范，必然会对人们的行为产生约束力，孔子所说"非礼勿视，非礼勿听，非礼勿言，非礼勿动"就体现了礼对君子的行为要求，所以也有人认为可以从自然法的意义上去理解儒家的"礼"。《礼记·曲礼上》说："道德仁义，非礼不成；教训正俗，非礼不备；分争辨讼，非礼不决；君臣上下，父子兄弟，非礼不定；宦学事师，非礼不亲；班朝、治军，莅官、行法，非礼威严不行；祷祠、祭祀，供给鬼神，非礼不诚不庄。是以君子恭、敬、撙、节、退、让以明礼。"由此可见，在传统中国，礼仪活动就是政治活动和社会生活的核心。

"礼"所确立的差别性原则也体现在人们对于礼的遵从的差别性上。礼仪之悦我心，好比美食之悦我口。但是总会有一些冥顽之人，不接受教化，或者一时没控制住情绪而违背了礼仪，脱离了"礼"的约束，那就"失于礼而入于刑"了。对于这句话需要做一些解释，违礼之举动自然会受到制裁，但并非就直接要接受刑罚的惩处，而是说社会规则包括有礼和刑两方面，它们之间虽然存在着对立，但也并非是绝对的非此即彼的关系。从儒家的立场，并非排斥刑和政，他们各有不同的功能，就好比春夏秋冬构成自然秩序的全体一样。《礼记·乐记》说："礼以道其志，乐以和其声，政以一其行，刑以防其奸。礼、乐、刑、政，其极一也，所以同民心而出治道也。"礼乐刑政，方法不同，但目标一样。

儒家之为儒家，就是要确立"礼"在社会秩序中的价值优先性。这一点在孔子这里得到了充分的说明。对于礼刑的关系，在《论语·为政》的开头，孔子说："道之以政，齐之以刑，民免而无耻；道之以德，齐之以礼，有耻且格。"

我们还是借助朱子的解释来展开吧，朱熹在《四书章句集注》中解释说："政者，为治之具。刑者，辅治之法。德礼则所以出治之本，而德又礼之本也。此其相为终始，虽不可以偏废，然政刑能使民远罪而已，德礼之效，则有以使民日迁善而不自知。故治民者不可徒恃其末，又当深探其本也。"之所以要以礼为主，刑为辅，主要是基于效能的角度。刑罚虽然起效很快，就比如法家在秦国，但不施仁义的酷政，百姓的反抗也会十分激烈。

儒家厌恶那种不教而诛的懒政，认为统治方式最具有持久效果的是治教一体，如德风之偃草，如德音之压郑卫之音，化民成俗，以达到将非礼犯恶的念头消灭于无形的境界。教化对于秩序的重要性，后世的儒家中，程颐说得很清楚："生民之道，以教为本。故古者自家党遂至于国，皆有教之之地。民生八年则入于小学，是天下无不教之民也。既天下之人莫不从教，小人修身，君子明道，故贤能群聚于朝，良善成风于下，礼义大行，习俗粹美，刑罚虽设而不犯，此三代盛治由教而致也。后世不知为治之本，不善其心而驱之以力，法令严于上，而教不明于下，民放僻而入于罪，然后从而刑之，噫！是可以美风俗而成善治乎？"①

在大一统国家建立的汉代，先秦时期儒家的礼乐刑政理念与黄老道学等思想逐渐综合，并发展出"德主刑辅"的观念。

汉初的思想家不断强调马上得天下而不能马上治天下的道理。贾谊、陆贾等人也不遗余力地强调以礼治国的重要性。贾谊认为礼是定社稷、固国家，使统治者得到民心的唯一路径，因此，以礼治国是吸取秦国因暴政而迅速灭亡的教训而转变为长治久安的为政之道。陆贾的《新语》也极具煽动性，他也以历史上的治国之经验教训来劝诫汉代的统治者要行仁义之政，"治以道德为上，行以仁义为本"。（《新语·本行》）

---

① （宋）程颐：《为家君请字文中允典汉州学书》，载《二程集》上，中华书局，2004年，第593页。

汉代的儒家学者试图从自然界的阴阳关系引申出尚德观念，来抵消由于秦政的暴虐所形成的恐怖统治。在这方面，董仲舒的论证方式逐渐系统化。在《天人三策》中，他特别指出了秦国的法律制度对于社会秩序的破坏并最终导致帝国崩溃的事实。他说：秦国"师申商之法，行韩非之说，憎帝王之道，以贪狼为俗，非有文德以教训于下也。诛名而不察实，为善者不必免，而犯恶者未必刑也。是以百官皆饰虚辞而不顾实，外有事君之礼，内有背上之心；造伪饰诈，趣利无耻；又好用憯酷之吏，赋敛亡度，竭民财力，百姓散亡，不得从耕织之业，群盗并起。是以刑者甚众，死者相望，而奸不息，俗化使然也。"（《汉书·董仲舒传》）这段话其实是在强调儒家德化政治的原则，认为刑律只可以让人表面上服从，而难以心悦诚服，并会增长奸伪之心。

董仲舒从天人关系出发，强调君主权力既然来源于天，那其施政就必须符合天道，否则就会遭受灾异的惩罚。董仲舒说，汉代所继承的秦政，犹如粪墙，不能持久，必须改弦易辙，将儒家的德治理念引入政治实践中。

董仲舒认为，既然天道四季循环，自然流转，不可或缺，那么"庆赏刑罚之不可不具也，犹春夏秋冬不可不备也"（《春秋繁露·四时之副》）。但"庆赏"和"刑罚"之间要有轻重缓急的区别。针对当时"刑治"思想中所遗留的暴秦因素，进行彻底清算。他说，既然在自然界中，阳尊阴卑，阳气要大于阴气，那么在政治上，也应该尚德重教，而不以刑罚恐吓来控制社会。阳为德，阴为刑，刑主杀而德主生，所以董仲舒强调"任德不任刑"和"德主刑辅"，将儒家的"德治"之传统赋予自然规律的属性，从而为儒家伦理的正当性做了新的证明，也使法律制度的儒家化有了更为坚实的理论基础。

经过汉魏晋历代经师的努力，儒家伦理不断提升其在法律体系中的重要性，至唐律，而定型成礼法合治的法律形态。打开中国古代的刑书，映入眼帘的往往是儒家的服制图（图1），这就充分证明儒家伦理对中国法律的基础性地位。

				高祖父母 齐衰三月				
			曾祖姑 在室缌麻	曾祖父母 齐衰五月	曾叔伯 祖父母 缌麻			
		族祖姑 在室 缌麻	祖姑 在室小功 出嫁缌麻	祖父母 齐衰 不杖期	叔伯 祖父母 小功	族叔伯 祖父母 缌麻		
	族姑 在室小功	族姑 在室小功	姑 在室期年 出嫁大功	父母 斩衰三年	叔伯 父母 期年	堂叔伯 父母 小功	族叔伯 父母 缌麻	
族姊妹 在室缌麻	再从姊妹 在室小功 出嫁缌麻	堂姊妹 在室大功 出嫁小功	姊妹 在室期年 出嫁大功	己身	兄弟 期年	堂兄弟 大功	再从 兄弟 小功	族 兄弟 缌麻
	再从侄女 在室缌麻	堂侄女 在室小功 出嫁缌麻	侄女 在室期年 出嫁大功	长子期年 众子期年	侄 期年	堂侄 小功	再从侄 缌麻	
		堂侄孙女 在室缌麻	侄孙女 在室小功 出嫁缌麻	嫡孙期年 众孙大功	侄孙 期年	堂侄孙 缌麻		
			曾侄孙女 在室缌麻	曾孙 缌麻	曾侄孙 缌麻			
				玄孙 缌麻				

图1　儒家服制图

三、传统法典儒家化与礼法关系

春秋战国时代，礼崩乐坏，周公制礼作乐所确立的宗法政治已经难以适应变化了的社会现实，因此，一系列的"变法"便接踵而至。我的同事郑开教授在《德礼之间》一书中指出，春秋末期变法的主要内容是改革"田制"和重构礼法之间的关系。战国时期则更为剧烈，扩展到经济（主要是田亩和赋税）、政治（郡县和爵制）及其他（宗教和度量衡等）制度方面。实际上，这些变法措施与制度创新反过来又有力地建构了民德、民俗、道德、伦理和文化精神。

这些政治和经济领域的变革，延伸到制度层面就是要将财产等权利关系明晰化，这一目标实现的前提是要确立一个可以为大家遵守的更为精确的新律法，并将之公布出来。因此，公元前536年和公元前513年，郑国和晋国发生了铸刑鼎事件。此事引发了子产、叔向和孔子等人的激烈反应，可以视为对成文法如何切入礼制秩序展开的深入讨论。

子产是个改革家，史书记载他在郑国展开了一系列制度变革，"使都鄙有章，上下有服，田有封洫，庐井有伍。大人之忠俭者，从而与之；泰侈者，因而毙之"。（《左传·襄公三十年》）这些改革固然也提倡忠俭，反对奢侈，但在手段上则是要让城乡和贵贱都在新的规则的管控之下，通过城市和乡村的组织重整，使上下等级再度分明，田地界线清楚明白，公共的沟渠灌溉通畅。子产的这些措施一开始因关涉利益调整而让许多人感到不适，从政一年，社会上的人议论纷纷，说子产把他们的衣冠田产都剥夺了，并扬言，谁能杀掉子产，他们就支持谁。但三年后，舆论发生了反转。大家又开始赞扬子产的新政让郑国的子弟得到了教育，家里的田产收入也增加了。反而担心如果子产死了的话，没有人可以继承他的政治理念。

子产是如何"条文"化这些原则并将之铸在刑鼎上的，我们缺乏足够的史料来证明。不过《左传》中却记录了叔向对子产的批评。

昔先王议事以制，不为刑辟，惧民之有争心也。犹不可禁御，是故闲之以义，纠之以政，行之以礼，守之以信，奉之以仁，制为禄位，以劝其从，严断刑罚，以威其淫。惧其未也，故诲之以忠，耸之以行，教之以务，使之以和，临之以敬，莅之以强，断之以刚，犹求圣哲之上、明察之官、忠信之长、慈惠之师，民于是乎可任使也，而不生祸乱。民知有辟，则不忌于上。并有争心，以徵于书，而徼幸以成之，弗可为矣。(《左传·昭公六年》)

叔向提出先王治国是尽量避免采取"刑辟"，以礼义来劝解百姓，让他们守信奉仁，忠和敬强。而如果公布刑律，老百姓就会去找窍门避开那些被律条所禁止的部分，这样，他们既不怕官员，又会通过征引刑法来为自己的争夺之心做辩护。叔向举例说，从夏商周的情况看，都是在朝代即将结束的时候，作刑书，这些行为都加速了他们的灭亡。所以劝告子产不要铸刑鼎。

二十多年后，叔向的劝告言犹在耳，但晋国的赵简子等又征收了四百八十多斤铁铸鼎，让范宣子将刑书刻在上面。孔子听说这件事后，叹息说晋国这是要自取灭亡啊，因为他们破坏了规则。

夫晋国将守唐叔之所受法度，以经纬其民。卿大夫以序守之，民是以能尊其贵，贵是以能守其业。贵贱不愆，所谓度也。文公是以作执秩之官，为被庐之法，以为盟主。今弃是度也，而为刑鼎，民在鼎矣，何以尊贵？贵何业之守？贵贱无序，何以为国？且夫宣子之刑，夷之蒐也，晋国之乱制也，若之何以为法？(《左传·昭公二十九年》)

这段话首先说，晋国人因为守住了唐叔制定的法度，贵族们也知道如何保持其地位和尊严，并获得了百姓的支持，因此贵贱的等级秩序不混乱，这就是法度之所在。晋文公在被庐阅兵修治唐叔之法，各国拥戴晋国为盟主。现在既然放弃了唐叔之法度，而铸刑鼎，那么老百姓就不用以贵族卿大夫的行为方式来规范自己了，只要估量刑鼎的要求即可。如此，卿大夫和贵族们何以获得百姓的尊敬呢？范宣子的法令是在晋国动乱时期制定下来的，怎么能以此为准呢？

原始的法律可能并没有明确的文字表达，而是诉诸自然和习俗的力量，从而也让法律与宇宙自然法则之间存在神秘的联系。通过文字展示出来的法律，类似于统治者自己意志的表达，这会使人们失去对秩序神圣性的敬仰之情，进一步降低原先秩序的体现者——贵族的地位，因为他们和被治之人都将面对同样的规则。这也是为什么春秋战国时期统治者越来越喜欢法家学说的缘由。

韩非子就说："人主之大物，非法则术也。法者，编著之图籍，设之于官府，而布之于百姓者也。术者，藏之于胸中，以偶众端，而潜御群臣者也。故法莫如显，而术不欲见。是以明主言法，则境内卑贱莫不闻知也，不独满于堂；用术，则亲爱近习莫之得闻也，不得满室。"（《韩非子·难三》）在韩非子看来，法典就应该公开，让老百姓知道自己的责权所在，而统治者应该操控的是"术"。很显然，在韩非子看来，普通的百姓比身边那些贵族要好对付一些。统治者应该防范的是时刻觊觎他权位的贵族，而非普通的百姓。

春秋战国是中国社会的大转型时期，社会秩序的运行原则产生了巨大的转变：一方面，郑国和晋国先后公布法典，表明原先的礼制秩序已不足以维护已然发生巨大变化的社会现实；另一方面，儒法之间对于如何才能更好地控制社会产生了巨大的争议，法家的观点似乎更切近于当时统治者的需要。回溯当时争论的核心，我们会发现，不同的人性论立场很大程度上左右了儒法采取的方式方法。比如儒家比较倾向于性善论，因而十分相信教化的力量。相比之下，法家持自然人性论，相信刑罚恐吓的作用。而荀子因持性恶论，比较倾向于教化和刑罚二者的结合。

对于等级和尊卑秩序的认识和维护，儒法之间其实并无根本的对立，他们之间最显著的差别是在"礼崩乐坏"的时代采取何种手段来建设新秩序。儒家认为"礼"是天意和人情的体现，无论是孟子那样的性善论者，还是荀子那样的性恶论者，都相信可以通过道德教化的力量，使人产生一种自觉遵循礼制而生活的习惯。甚至，儒家认为按照礼的标准来规训自己，事实上是学习成人的过程。

从现代人的眼光来看，"礼"也是一种"法"，是一种"法的原则"，即起着现代国家中宪法的作用，以此来作为所有规则的基础。

法家并没有完全否认仁义礼教的思想，只是认为这些德性虽可以成为个人对自己的品德要求，却难以成为社会的共同标准。即使是尧舜这样的圣人，周围也还是存在着奸邪之人。他们认为那些道德完善的人，并非是统治者所要关注的人，刑罚所要纠正的恰恰是那些难以适应公共生活的人。

法家还相信，不同的时代有不同的治理方式，儒家所推崇的道德国家理想只适合于古代的社会。在"竞于力气"的当下，社会利益需要进行重新分配，这样争夺的现象必然会出现。在鼓励通过耕战获得社会地位的前提下，对于那些希望通过钻空子而获得利益的人只能采取严刑峻法来处置，让他获得的抵不上要失去的。

秦国由一个边陲小国一举统一六国，证明了法家强国策略的胜利。但是秦国的短暂存在恰好说明只依靠刑罚和威权虽可以在短时间内使一个国家具备很强的竞争力,但难以获得一种持续性发展的动力。因此,礼法合治既是历史经验的一种总结,也是一种理论上的完善。

在法家影响日益扩大的背景下,儒家思想也一直在变化。即使是持道德理想主义立场的孟子,也承认"徒善不足以为政,徒法不能以自行"(《孟子·离娄上》)。这个"法"虽然并不指"法令",但孟子也意识到了规则的必要性,认为不能纯粹靠道德自觉来维护社会秩序。

荀子更看重教化和刑罚之间的平衡。他说:"不教而诛,则刑繁而邪不胜;教而不诛,则奸民不惩;诛而不赏,则勤属厉之民不劝;诛赏而不类,则下疑俗俭而百姓不一。"(《荀子·富国》)荀子主张教化与刑罚要双管齐下。关键是要赏罚分明,使百姓有一个统一的标准可以遵循。

在现实的政治运作中,秦国也并非是单纯用法家之法术,儒家的观念尤其忠孝观念并没有被舍弃。比如,近几年出土的湖北云梦秦简《为吏之道》中说:"君鬼(怀)臣忠,父慈子孝,政之本也",引导官吏的价值取向依然是儒家的基本价值观。

"汉承秦制",汉代所确立的大一统国家体制延续的是秦国的郡县制。在汉初很长时间里,崇尚黄老之学,原则上提倡无为而治,与民休息,一些残酷的刑罚被废止。而在现实的生活中,儒法混杂的特点也是十分明显的。

在汉武帝接受董仲舒的《天人三策》之后,儒家经典开始为汉代的制度运行提供价值支撑。依据经义来判断事物的正确与否特别是以董仲舒为代表的《春秋》断狱的出现,标志着儒家的伦理原则成为断案的依据。礼刑关系转变为阳儒阴法。五经博士制度的设立意味着朝廷将儒家经典视为立国之本,儒家背景的官员逐渐取代刑名之士,成为律例方面的新势力。

不过，经师介入法律事务，并不能简单地说是儒家改造法家，法家在许多方面也改造了儒家。比如，儒家虽然获得了政治权力的支持，但是传统儒家所强调的与权力的抗衡性更多地转变为合作和妥协。法家对君主的绝对服从观念，也被儒家曲折地接受。董仲舒强调"屈民而伸君、屈君而伸天"在操作层面主要体现为对皇权的绝对服从。徐复观先生说：在大一统的政治格局下，"儒家思想之本身，在政治方面不仅未能获得一正常之发展，且因受压迫而多少变质，以适应专制的局面。其最重要者为无形地放弃了'抑君'的观念，而接受了法家'尊君'所造成的事实。由法家'三顺'之说演化而为儒家'三纲'之说，将儒家对等之伦理主义改变而为绝对之伦理主义，此一转变，对儒家思想之本身影响至大，几乎可以说，使儒家思想在政治方面发生了本质的变化"。①

汉代的儒法关系有一个最值得关注的倾向是法典的儒家化。从前文对铸刑鼎事件的分歧可见，春秋战国时期，各类法典和刑鼎的出现，意味着传统的宗法制度向大一统帝国转化过程中的制度创新。郡县制的形成，则表明宗法制度下的天子与诸侯的关系被皇帝与官员之间的科层关系所取代。在这样的转型过程中，旧制度的解体和新制度的形成，或者说新制度在适应中国人的行为方式和习俗的问题上，产生了很大的"制度供应"短缺，这样的问题在汉初表现得十分明显。萧何和曹参都尽量避免出台新政以引发社会的"不适应"，而是通过削减秦朝繁琐的法令并减轻其惩罚力度来应付新的社会格局。

---

① 徐复观：《儒家对中国历史运命挣扎之一例——西汉政治与董仲舒》，载《中国思想史论集》，上海书店出版社，2004年，第291页。

在具体的法律体系的建构上，董仲舒的做法——"引经决狱"也是具有典范性的，即援引儒家的经典来作为判断是非的标准，这既强化了经典与生活的关联，也使法律事务不断纳入儒家的领地。

据《汉书·艺文志》记载，董仲舒曾有《公羊董仲舒治狱十六篇》，这些案例大多已经散佚，晚清的龚自珍收集了许多散落在各种文本中的"决狱"事例。有一些例子经常被讨论，比如《太平御览》卷六四○收集了这样一个董仲舒断狱的例子：

> 甲父乙与丙争言相斗。丙以佩刀刺乙，甲即以杖击丙，误伤乙，甲当何论？或曰："殴父也，当枭首。"论曰："臣愚以父子至亲也，闻其斗，莫不有怵惕之心，扶杖而救之，非所以欲诟父也。《春秋》之义，许止父病，进药于其父而卒，君子原心，赦而不诛。甲非律所谓殴父也，不当坐。"

这个案例的关键是"殴父"的行为是否是出于本意。董仲舒利用《春秋》中许止给父亲递药而父亲死亡的案例说明，儿子并无主观动机要杀死其父。所以，在判决中要考虑行为的动机。类似的例子说明，董仲舒希望以儒家的伦理道德观念来分析案例、解释律法，并以此作为量刑定罪的依据，进而将儒家所提倡的礼治观念深入到社会生活中去，重建古代法律的伦理结构。

这种"诛心""原心"的法律原则，当然具有强烈的主观色彩和反技术倾向，但实质上充分体现了儒家的政治原则，即原则确定性（经）和情景选择性（权）的结合。汉代的许多大案都是依据《春秋》来断定的，如淮南王刘安谋反案、武帝和昭帝之间的假太子案、与匈奴和亲事件等。这些案例对中国的法律传统、政治观念产生了巨大影响，被人视为法律儒家化的开始。

　　法律儒家化的行为,也是儒生不断取代文吏的过程。秦代公开宣称"以吏为师",采取一种严酷的惩罚措施来迫使人们服从。这个时候,儒生和文吏之间存在着技术层面和价值观上的巨大差别。儒生虽有价值追寻,但并不了解实际的律令。而以儒家观念入律,一方面,使得朝廷的官吏逐渐肩负起管理和教化的责任,并通过循吏的工作进一步使得儒家的观念深入到百姓的日常生活中。另一方面,技术化的文吏们也开始了解儒家观念,以教化的方式来处理纠纷。瞿同祖先生对这一过程概括说:"除了法典的内容已为礼所搀入,已为儒家的伦理思想所支配外,审判决狱受儒家思想的影响,也是可注意的事实。儒者为官既有司法的责任,于是他常于法律条文之外,更取决于儒家的思想。中国法律原无律无正文不得为罪的规定,取自由裁定主义,伸缩性极大。这样,儒家思想在法律上一跃而为最高的原则,与法理无异。"①

　　汉代的经学家也开始介入对律学、律令的解读,因此经学的要义不断注入到法律文本的解释之中,而儒家的价值观念也随之得到律法上的支持。其实,经师介入法律本来就有其制度上的需要,因为汉武帝接受董仲舒的建议,以四科选士,包括(1)德行高妙、志节清白;(2)学通行修、经中博士;(3)明晓法令、足以决疑,能案章覆问,文中御史;(4)刚毅多略、遭事不惑,明足以照奸、勇足以决断,才任三辅剧令。其中第(1)(4)条类似于软性标准,而第(2)明经、第(3)明法,则可以视为硬性指标。因此,明经和明法乃是获得社会地位的两大重要途径,经学和律学互通也是汉代社会需求的一个体现。

---

① 瞿同祖:《中国法律与中国社会》,商务印书馆,2010年,第371—372页。

儒家经典是断狱的基础，但从源头上革除犯罪的动机更符合儒家的理想。当更多的儒家官员出现后，他们必然会在社会中倡导"无讼"的秩序观。《后汉书·循吏秦彭传》说："建初元年（76）迁山阳太守。以礼训人，不任刑罚，崇好儒雅，敦明庠序。每春秋飨射，辄修升降揖让之仪。乃为人设四诫，以定六亲长幼之礼。有遵奉教化者擢为乡三老。常以八月致酒肉以劝勉之。吏有过咎，罢遣而已，不加耻辱。百姓怀爱，莫不欺犯。"

从西汉中期开始，以儒家经典断狱的做法，为后世形成了许多"判例"，从而使经典文本或者经过推演的经典义理成为法典的内容，逐渐形成了一系列符合儒家思想的具体法律观点，这客观上让许多经师成为事实上的法令制定者。

当然，系统地将儒家的纲常伦理直接写入成文法典是一个逐步的过程，汉章帝建初四年，即公元79年《白虎通义》的编定，是儒家观念法典化的一个里程碑。

《白虎通义》最为总括性的原则就是三纲六纪，"三纲者，何谓也？谓君臣、父子、夫妇也。六纪者，谓诸父、兄弟、族人、诸舅、师长、朋友也。故《含文嘉》曰：君为臣纲、父为子纲、夫为妻纲。又曰：敬诸父兄，六纪道行，诸舅有义、族人有序，昆弟有亲、师长有尊、朋友有旧"。陈寅恪先生有一句话说："吾中国文化之定义具于白虎通之三纲六纪"，说的就是经过《白虎通义》的表述，儒家的血缘伦理得到了经典性的阐述，在随后几千年的历史中，起到了宪法的作用。

"原心定罪"为儒家观念贯彻在司法实践中提供了方便，但类似史书所载，如有疑义张汤要去董仲舒那里折中这样的过程毕竟效率不高，而且也会因规则缺乏刚性而使许多具体案例难以定夺。因此，在《汉书·刑法志》里面，班固就批评汉代"礼教不立，刑法不明"，"疾未尽除，刑本不正"。东汉时的陈宠甚至提出，既然出礼入刑，那么礼经三千，刑律也应有三千之数，目的就是要解决刑律不够确定的缺陷，防止酷吏滥用刑律。(《通典·刑法八》)

这样的局面到了魏晋才开始改变，面对汉末混乱的社会局势，曹操颁布《魏武令》，而后在魏明帝时开始制定比较完整的律令体系，包括《新律》《州郡令》《尚书官令》《军中令》，涵盖了民政、官政和军队各个方面。在玄学尚简的氛围下，魏晋嬗代之际的贾充删繁就简，建立起新的律令体系，史称《泰始律》。当时的经学家杜预在作《泰始律》注的时候，就明确地说："法者，盖绳墨之断例，非穷理尽性之书也。故文约而例直，听省而禁简。例直易见，禁简难犯。易见则人知所避，难犯则几于刑措"(《晋书·杜预传》)，认为法律的最重要功能就是要让人容易执行，而不能追求尽善尽美地应对所有个别的情况。这实际上是在批评当时《律》《令》初定的时候人们往往迁就儒家的义理而将其束之高阁的做法。瞿同祖先生比较概括地描述了魏晋之后法律编订的过程，并将之概括为"法律的儒家化"的开端。他说，汉儒的努力主要在解释经典和以经义决狱，法律的编制并不系统，到"曹魏而后每一新的朝代成立，必制订一套本朝的法律。法典的编制和修订落入儒臣之手，于是他们把握此时机，可以以大刀阔斧的方式为所欲为，有更多的机会尽量将儒家之精华——礼——糅杂在法律条文里，一直到法律全部为儒家思想所支配为止"。① 按《晋书·刑法志》的说法，曹魏的法律制定实际上是向古典儒家的精神回归，因而减少了汉代法律所带有的浓厚的法家色彩，这主要是因为儒家经师逐渐垄断法典编制，不断将礼的精神灌注到法律条文中。比如"八议""十恶""五

---

① 瞿同祖：《中国法律与中国社会》，第384页。

服"等。所谓"八议",即可以享受罪行减免的八种人,除直系亲属之外,还包括功勋人士等。"十恶"则是违背纲常伦理的十种不在赦免范围的罪行。"五服"则是通过血缘的远近来区别对待的方式。法律的儒家化过程是一个连续的、不断丰富、体系不断完备的过程。"魏以八议入律,晋代保留之,晋又创依服制定罪之新例。此二事为北魏所保留,而又加以留养及官当的条例。这些都为齐律所承受,又加入十恶条例。隋、唐承之。"①法律的儒家化渐趋一个完备体系,使传统中国的法律一直体现着家族主义、等级制、特殊主义的礼教观念,希望通过对自然差等的承认,来建立一种以服从和遵守为基调的社会秩序。一方面法典高扬"慎刑"和"仁政"的观念,另一方面也保留有严酷的刑罚惩治手段。合而言之,即所谓恩威并施。

这样的礼法合治秩序至唐律而完备。《唐律疏议·名例》前言:"德礼为政教之本,刑罚为政教之用,犹昏晓阳秋相须而成者也。"当然说唐律一准乎礼,并不能就此说明唐律与儒家的精神相一致。对于规则化"礼"与儒家内在精神的关系一直有争论,在魏晋时期还产生了"名教"与"自然"的争论,所抨击的就是在"礼"的幌子下的种种违背人性的行为。而《唐律》所指出的不可宽宥的"十恶",更多的是对汉代"三纲"的律令化,尤其是对侵犯君主和皇家统治权的惩处更是无以复加,体现了君臣一纲的绝对优先地位。

《唐律》中的"十恶"源自《北齐律》中的"重罪十条"。包括"一曰反逆,二曰大逆,三曰叛,四曰降,五曰恶逆,六曰不道,七曰不敬,八曰不孝,九曰不义,十曰内乱"。犯了这十种罪,不在"八议"的减免范围内。在《唐律》中,对这十项指控做了更为仔细的规定。

---

① 瞿同祖:《中国法律与中国社会》,第398页。

其一谋反，企图推翻朝廷历来被视为十恶之首。其二谋大逆，指毁坏皇室的宗庙、陵墓和宫殿，损害统治者的威严。其三谋叛，指背叛朝廷。其四恶逆，指殴打和谋杀祖父母、父母、伯叔等尊长。其五不道，指杀一家非死罪之人。其六大不敬，指冒犯帝室尊严，通常为偷盗皇帝祭祀的器具和皇帝日用品。假冒御用药品和食品也在此列。其七不孝，指不孝祖父母、父母，不遵守三年之丧的规定。其八不睦，即谋杀某些亲属，或女子殴打、控告丈夫等。其九不义，指官吏之间互相杀害，处下位者谋杀比自己地位、辈分高的人。其十内乱，亲属之间通奸或强奸等。这十项罪名与儒家的纲常观念关系密切，包括君臣、父子、夫妇、兄弟、朋友之间的伤害，体现了中国传统法律对于维护伦理关系的重视。

《唐律疏议》被认为是伦理法的典范，遵循尊卑长幼亲疏有别的原则。如亲属相犯，以卑犯尊，则处罚要重于常人，处罚的力度按亲疏关系判定，关系越近，处罚越重。反之，若以尊犯卑，则关系越近，处罚越轻。

为了突出孝道，还有"犯罪存留养亲"一则，也就是不在"十恶"之内而犯有死罪的，若祖父母、父母年老生病需要人照护，家里又没有其他成年男丁的，则可以申请留养。犯有流放罪的，也可以暂缓服刑，以便照顾父母。

唐律对亲属关系的原则做了推展，发展出"义合"关系，即虽非血亲或姻亲，但作为亲疏差序格局，规划出一种拟血缘关系，比如君臣、师生、夫妻等。在这些关系中，最为特别的是君臣关系。在一般的情况下，当血缘伦理与君臣关系发生冲突时，君臣关系置于优先地位。按《唐律》的规定，子孙不得告发祖父母、父母，家里的仆人不得告发主人。但若是涉及谋反、谋叛这种颠覆统治秩序的犯罪，则子孙告之亦无罪。另外,《唐律》也体现了对官员和贵族阶层的优待政策,体现了"刑不上大夫,礼不下庶人"的原则,即对于官员贵族阶层常常采取减轻刑罚的措施,可以通过免除官职等方式处置,对于高层级的官员,处以死刑的,还可以免于行刑,"听自尽于家"。皇侃在《礼记义疏》中解释《礼记·王制》"刑人于市,与众弃之"这段话时,就说卿大夫地位尊贵,所以犯罪要执行死刑是由专门的"甸师"官来执行。而一般百姓则刑于市,以此来警示百姓。这些儒家差等秩序的法律化,一直延续到晚清的法律改革才终结。

在《唐律疏议》中,我们也能看到言论控制部分的内容,尤其是诅咒和指责君主的言论,都列入重罪。这个罪名也一直延续到清代。我记得的例子是章太炎在《驳康有为论革命书》中,直接骂光绪"载湉小丑,不辨菽麦",就属于"指斥乘舆",因言获罪。不过因在租界法庭审决,虽经清政府施压,就只被判了三年。

唐律的制定除在总的方面接受礼的指导外,有些律文几乎是礼典的翻版。譬如《名例律》"八议"是《周礼》"八辟"的律令化。《周礼·秋官·小司寇》中描述小司寇的职能的时候,提到了当时的一些司法程序:"以五声听狱讼,求民情:一曰辞听,二曰色听,三曰气听,四曰耳听,五曰目听。以八辟丽邦法,附刑罚:一曰议亲之辟,二曰议故之辟,三曰议贤之辟,四曰议能之辟,五曰议功之辟,六曰议贵之辟,七曰议勤之辟,八曰议宾之辟。以三刺断庶民狱讼之中:一曰讯群臣,二曰讯群吏,三曰讯万民,听民之所刺宥,以施上服下服之刑。"其主旨是强调要倾听民意。"八辟"是对宽宥条件的一些说明。古代男女并不平等,《户婚律》"七出三不去"是对婚姻关系中男子出妻的一些规定,来自于《大戴礼记·本命》。"妇有七去:不顺父母去,无子去,淫去,妒去,有恶疾去,多言去,窃盗去。不顺父母去,为其逆德也；无子，为其绝世也；淫，为其乱族也；妒，为其乱家也；有恶疾，为其不可与共粢盛也；口多言，为其离亲也；盗窃，为其反义也。"依现代观念看，充斥着男性中心主义的立场。但"三不去"则规定"妇有三不去：有所取无所归，不去；与更三年丧，不去；前贫贱后富贵，不去"。尤其对身份和财富转变之后，抛妻弃子的行为有所限制。

也有一些律令是礼的原则的演绎，《名例律》关于"老小及犯有疾"的具体规定如下："诸年七十以上、十五以下及废疾，犯流罪以下，收赎。八十以上、十岁以下及笃疾，犯反、逆、杀人应死者上请；盗及伤人者亦收赎。九十以上、七岁以下，虽有死罪，不加刑。"这是《周礼》"三赦之法"的具体化。《周礼》规定："一赦曰幼弱，二赦曰老耄，三赦曰蠢愚"，这就是说，对于无行为担当能力的儿童、心智不健全的人和老迈之人要宽赦。

《唐律》里面十分有趣的内容则是对"化外人"犯罪的处置问题。对此，传统中国"礼"的理念里面，就有面对不同风俗的人群要采取"因地制宜"的原则。对于唐代而言，因为有大量的"外国人"在中国进行贸易活动和生活，还有一些属于藩属国。由此，对这些人群适用什么样的法律便要做出特殊的规定。在《唐律》的《名例律》中有"化外人相犯"条文，提出"同类相犯"各依本俗法，"异类相犯"以"法律"论。《唐律疏议》解释说，化外人，指的是那些生活在蕃夷地区的人，他们自己有自己的君主，风俗不同，法律规定也不同，所以"同类相犯者"，就按照他们自己国家的法律来裁断。而"异类相犯"，指的是古代朝鲜的高丽与百济相犯，那么就以唐律来定罪。这大概也可以算是那个时候的国际法了吧。

唐律"一准乎礼"，将儒家的价值灌注在法令之中。但也会出现一些"乌龙"性的解释，比如"十恶"中有"谋叛"条，对于出卖朝廷利益、叛变朝廷的行为予以最严厉的惩罚。在《唐律疏议》中，我们可以看到这样的解释："有人谋背本朝，将投蕃国，或欲翻城从伪，或欲以地外奔，即如莒牟夷以牟娄来奔，公山弗扰以费叛之类。"谋叛行为所举的第二个例子事涉孔子，故意味深长。在《论语·阳货》中，说公山弗扰在费邑图谋造反，想招募孔子。子路很不高兴，认为即使要找个地方施展政治才能也不该跟公山弗扰合作。孔子的回答是，他并不是公山弗扰的同类，他只是想证明，如果有一个地方能按他的意志来治理，他肯定可以重建周代的秩序。《论语》所处的春秋时代，是士可以自由流动的时代。但这个故事背景转换为唐代之后，却被用来做谋叛的例子，真不知道长孙无忌这样的儒生是怎么想的。

  后世儒家对《唐律》也有许多的批评，认为其律过于严厉，未能反映儒家的仁爱精神。尤其是连坐、缘坐等酷法依然保持，这些严厉的社会控制手段，是法家的"发明"。而揆之经典，儒家是明确反对连坐的。比如《尚书·康诰》说："父子兄弟，罪不相及。"《左传·昭公二十年》中也有"善长恶短"的说法，认为家里积累的善行应该惠及子孙，而恶行则止于身。这都体现出儒家仁爱慈惠的观念。但是当连坐与儒家的服制相结合的时候，就会产生"以礼杀人"的联想。五四新文化运动时期，鲁迅说满纸都写着"杀人"，就是从礼教对人的压制的角度来批评传统文化的。

第九讲
新旧法律转型过程中的"礼教"问题

很长时间以来，儒学研究界并不十分关注近代法律变革对于儒学处境的影响。在现代学科体系中，这些问题往往被归入法制史的研究领域。但就儒家的现代命运而言，近代法律的变革不仅意味着社会治理基本原则的变化，也表明法律儒家化的终结。具体地说，现代法律的主体是"个人"而非伦理化的社会角色，其基本原则是平等而非基于血缘关系远近所产生的差等秩序。贯彻了儒家伦理的传统法律体系是法律儒家化的结晶，它被新刑律取而代之，表明儒家的纲常伦理不再成为法律的前提。

对现代性的推崇使20世纪中国法律总体上呈现出与传统疏离的倾向。这种现象在21世纪出现了一些值得注意的变化。儒家学者和一些有深厚儒学修养的法律界人士越来越多地参与到司法案件和法律修订的讨论中，从而引发了人们对中国传统价值观和中国当代法律关系的关注。比如，郭齐勇教授通过对"亲亲互隐"的讨论，建议在司法审理中实行亲属免于作证的"容隐"制度，引起了学术界的关注。

2011年《中华人民共和国婚姻法》"解释三"也引发了更为广泛的讨论。"解释三"对于男女双方婚前财产做出了如下的规定："婚后由一方父母出资为子女购买的不动产，产权登记在出资人子女名下的……

可视为只对自己子女一方的赠与,该不动产应认定为夫妻一方的个人财产。"[《最高人民法院关于适用〈中华人民共和国婚姻法〉若干问题的解释(三)》第七条]有一批学者对此提出了批评,认为这是对传统家庭观念的冲击,而且会导致婚姻行为的功利化倾向。在这些批评中,我印象很深的是清华大学赵晓力教授的批评。他说,这样的规定"明显是用'谁投资、谁受益'的资本原则,替代中国人数千年来实际奉行的家庭伦理亲情原则,是用原子式个人主义观念替代中国人传统的夫妻一体、父母子女一体的观念"①。现代法律固然要保护个人的合法权利,但是若一项法律明显违背传统的良风美俗,不注重维护家庭的和谐,那么,这样的立法导向就是值得怀疑的。

近几年还有几起儿子为父母"复仇"的案件,涉及如何在刑事责任裁量中顾及"孝"的价值理念的问题,也引起了广泛讨论。可见,在依法治国的理念下,如何在具体法律中体现中国人的价值观念,使法律符合中国普通民众的善恶观念,是社会治理中值得重视的问题。

其实,在清末立宪运动中,各方对于中国的新法律和儒家礼教之间的关系,就展开过激烈的争论,其中的许多问题,涉及儒家如何在现代社会中规范人们生活的大问题,至今仍值得反复回味。

传统中国是一个礼法合治的社会,礼、乐、刑、政四端并举,而现代中国的目标则是法治社会,这导致明尊卑、别同异的礼治秩序与以个体平等为基础的法治原则相冲突。现代法律与礼教的分道扬镳,使得儒家在公共生活中失去了用武之地。因此,清末新法律编制过程中的矛盾冲突,可以帮助我们了解儒家思想在现代中国的处境。

---

① 赵晓力:《〈婚姻法〉应尊重中国人基本的伦理亲情》,载《中国青年报》,2011年5月26日。

一、倒逼的法制改革

梁漱溟在《中国文化要义》里说过，中国是伦理本位的社会，"中国法律一切基于义务观念而立，不基于权利理念"。中国古代所谓的法律，不过是刑律，其法律条文均为若违背则要承担刑罚。梁漱溟先生由此概括出中西社会控制方式上的差异：西洋走宗教法律之路，中国走道德礼俗之路。他分析说，宗教活动方式导出集团之形成，而集团内部组织秩序之厘定，转化为后来的法律。由此，宗教与法律是相联的。道德礼俗与宗教法律在社会控制方式上的最大不同在于，道德以个人自觉自律为主，而宗教则系之于启示和戒律。礼俗是在社会发展过程中，缓慢地形成和发展的，并非硬性强制，而法律则由国家来编制颁布，法律的初衷是对道德和伦理价值的维护，但一经颁布，则超越道德成为刚性的、有强制力的社会控制手段。梁漱溟先生的分析有两点值得特别关注：第一，他认为中国人所建立的礼乐秩序是中国社会自然演化形成的，是一种自发秩序；第二，法律由国家制定，是一种强制性的力量。以此来看近代中国的法律变革，也可以引申出两个关键点：其一，法律来自礼俗但又有独立性，尤其是中国近代的法律制订，并非自发的、自主的要让法律适应变化了的社会，而是基于政治压力对西方法律制度的模仿。其二，法律具有强制性，能否获得民众自觉的遵循需要时间来检验。

中国近代以来的社会变革，大多数情况下并不是经济社会发展到某一阶段自然产生的，而是在西方经济和文化压力之下的"倒逼"。就法律变革而言，首先是由于中国进入世界体系，需要与之相配套的法律体系，其具体表现就是在鸦片战争之后，由英国人首先获得并被所有西方列强分享的"领事裁判权"，也就是我们一般所说的"治外法权"。

1843年7月，中英《五口通商章程》第十三条规定，如果英国公民与中国人产生纠纷，要由英国领事机构的官员先调查谁是谁非，如果不能调解，就要由双方共同查明，"其英人如何科罪，由英国议定章程、法律发给管事官照办。华民如何科罪，应治以中国之法"。也就是说，英国人在中国发生的犯罪行为，只能依英国的法律条文来定罪。

领事裁判权是对中国国家主权的巨大伤害，十分符合杨度关于西方殖民主义者"对内文明，对外野蛮"的描述。西方列强在保护本国国民法律权益的同时，却损害了弱国国民的权益。

在中国传教和从事商业活动的外国人一直在抱怨中国法律酷烈，刑罚过于残忍。对此，许多旅行家和传教士的书中都有所记载。比如，颇具影响的德国传教士花之安在其《自西徂东》一书中描述中国的刑罚包括"刺配、凌迟、戮尸、碎骨、缘坐"等，他认为都过于残酷，而连坐法尤其不合理。

当时西方的司法审理逐渐确立了侦查、勘验、取证、起诉、预审、上诉等程序化的体制，而中国的审讯方式，还主要是靠"强行拷打、逼人招认，如拧耳、跪链、背凳、压膝、夹棍、火烙"。花之安评论说，这些审讯手段暴虐不堪，许多人没等到进入正式审理阶段，就已经毙命于阶前。

中国传统司法实行有罪推定、缺乏辩护环节，以及残忍的审讯方式是西方人主张领事裁判权的主要理由。这里尤其要注意传教士的活动。近代许多教案的发生，有一个重要的原因就是治外法权延伸至信奉基督教的中国教民。有一些教民依仗治外法权，为非作歹，中国的地方政府也拿他们没办法。

站在信仰自由的立场，我们觉得传教士的活动有其合理性。特别是，因为中国人并不理解基督信仰，许多当时的传教士通过传播科学知识、介绍西方的政治和历史来吸引知识阶层的关注,客观上有助于开启民智。但也有一些传教士试图借助西方以侵略手段获得的不平等条约的保护来传教,他们甚至有意利用不平等条约作为吸引教徒的"资源"。传教士特别愿意在世俗活动中显示其宗教的力量,这特别体现在他们对教民的保护上。这样,许多不法之徒为了获得特权而加入"洋教",中国绅民与教堂之间的仇恨日益加剧,经常因中国人和传教士之间的冲突而引发"教案"。

我们以曾国藩处理"天津教案"的例子来说明受到"领事裁判权"庇护的"教案"审判给清王朝带来的主权困境。

晚清时期,经常有教堂里的传教士虐杀儿童,挖出心肝做药之类的传闻。1870年6月,天津教堂也出现类似传闻。天津百姓非常不满,聚集在教堂附近要求交出小孩,致使教堂和民众发生冲突。

在冲突过程中,法国使馆领事丰大业拔枪打伤清政府官员,又向民众开枪。愤怒的民众打死丰大业,冲进教堂,杀死传教士和信徒多人,最后烧毁了教堂。因为此案涉及法、英、美等多国,所以朝廷派曾国藩出面解决争端。

当时身体欠佳的曾国藩接到指令之后,知道此事将给他带来祸患,就给儿子们写了一份遗书,其中说到,外国人性情凶悍,天津人也习气浮嚣,但又必须议和,否则会引发战争,因此,此案是自募集湘军以来,对他最大的挑战。

天津教案之所以让战功赫赫、位高权重的曾国藩也感到棘手,关键是因为其中涉及"领事裁判权",要中外双方商议后才能决定如何判决。事情最初的确是因为市民听信谣言而起,但法国领事的跋扈也是激化冲突的关键因素。

西方人提出要处死天津知府张光藻、知县刘杰以及提督陈国瑞抵命,被曾国藩断然拒绝。可是,他虽然设法保全了这些官员的性命,却无奈还得将张光藻、刘杰发配到黑龙江。一批参与烧杀的人员被惩治,共处死二十人,近三十人被判刑。此外,还得赔款和派高级官员去法国道歉。这样的处罚结果引得举国哗然,国人皆以为曾国藩过于软弱,民意沸腾。曾国藩自己也在给儿子的信中说,这个结果让他"内负疚于神明,外得罪于清议,远近皆将唾骂"。所以晚清的官员通常都不愿意处理牵涉外国人的案件,因为结局往往是两头不讨好:国人骂他们卖国,外人则不满没有满足他们所有的条件。清廷体恤心力交瘁的曾国藩,调其任两江总督。两年后,他在两江总督任上凄凉去世。

天津教案的爆发是中国百姓对西方强权欺压的一种反抗,虽然其理由和方法均不甚合理。使曾国藩无比内疚的处罚结果,也充分说明在"治外法权"条件下,中国人很难获得公平的判决。

因此,国人也越发关注中西法律的不同,以求被平等对待。有一种声音得到越来越多人的呼应,即认为西方之所以富强,不仅在于坚船利炮,更在于政治法律制度。就法律制度而言,严复就认为西式审判是以法规为前提,而中国人的秩序还是依赖人治。当时支持改良的人士,或许并不认可康有为、梁启超的具体改革方案和措施,但却一致认为中国的法律、官制都要进行改革,其模板就是西方的政治法律制度。

这个时期,有一本书对中国人的观念影响至深,即美国传教士丁韪良翻译的《万国公法》。在饱受洋人侵凌的中国朝野的心目中,公法这样出自天理自然的国与国之间的交往规则,应该充满着公正和公平,他们幻想以此规则来保护中国的利益。"公法"的概念被赋予"文明"的意义。比如康有为就写过《实理公法全书》,将平等、自由、独立视为"公理""公法",是人类文明的唯一方向,呼吁中国在制度法律上学习西方。由此,中西法律的不同,变成"文明"和"野蛮"的分别。

康、梁1898年发动的戊戌变法以失败告终,但紧接着,改革在《辛丑条约》签订之后的清王朝合法性危机中被启动,史称"清末新政"。

这次的法律变革有内外两方面的推动力。从内部看,义和团事件之后,向西方学习、进行制度变革已经成为朝野的共识。这个时期,张謇、袁世凯等人都提出了具体的制度变革设想,法律变革自然是题中应有之义。袁世凯尤其强调学习日本的必要性,因为日本在1899年重建了他们的法律体系。他建议寻求日本法律专家的帮助,来修订中国法律中与现实不相适应的部分。

影响更为巨大的是张之洞、刘坤一等在朝廷授意下提交的"江楚会奏变法三折"。在第三折中,他们指出清朝的法律与西方各国法律多不兼容,包括矿律、路律、商律、交涉及刑律等,如果不加以修订,则难以与西方列强建立起平等的关系。

外部动力则来自西方列强希望中国逐步融入世界。他们看到了在中国的投资机会,以及中西不同的法律制度严重阻碍了国际资本在中国的投资,所以坚称中国必须制定与国际社会一致的法律制度,否则中国人会在经济上受到很大损失。西方政治经济界人物还抛出了一个巨大的"诱饵"。他们向中国政府暗示,如果中国能尽快使法律制度与各国法律相一致,各国可以考虑放弃在华享有的领事裁判权。1902年中英两国签订《马凯条约》,第12款明确地说:"中国深欲整顿本国律例,以期与各西国律例改同一律,英国允愿尽力协助以成此举,一俟查悉中国律例情形及其审断办法及一切相关事宜皆臻妥善,英国即允弃其治外法权。"[①]

[①] 中国近代经济史资料丛刊编辑委员会主编:《辛丑和约订立以后的商约谈判》,中华书局,1994年,第139页。

废除治外法权是涉及国家主权的大问题，对清廷有很大的吸引力。1902年3月11日，清廷下诏，先是回顾了中国法制的发展史，指出："中国律例，自汉唐以来，代有增改。我朝《大清律例》一书，折衷至当，备极精详。"随后话锋一转，说治理之道一定要因时制宜，既然世界局势已经发生了巨大变化，尤其是中外政治经济交往日益频繁，那么必须进行法制改革："况近来地利日兴，商务日广，如矿律、路律、商律等类，皆应妥议专条。著名出使大臣，查取各国通行律例，咨送外务部。并著责成袁世凯、刘坤一、张之洞，慎选熟悉中西律例者，保送数员来京，听候简派，开馆纂修，请旨审定颁行。"①

1904年修订法律馆成立，清廷任命沈家本和伍廷芳为修订法律大臣，自此，中国的法律改革才算真正开始。从沈、伍结合的方案也可以看出主事者的苦心。沈家本是旧刑部出身，又有地方官员的任职经历，既熟悉清朝的法律又有司法实践经验，而伍廷芳是中国近代第一个在国外获得法律博士的人。之所以让他们俩合作，就是希望修订后的法律是一个中西兼容的法律体系，并帮助中国最终收回治外法权。鉴于外国人对中国法律的批评主要集矢于酷烈的刑罚上，沈家本和伍廷芳在1905年专门上书《删除例律内重法折》，提出废除死刑中的"凌迟""枭首""戮尸"以及"黥墨""连坐"等被外人议论较多的刑罚。两人指出，这样做既符合世界各国刑罚渐趋人道的大趋势，也可维护中国法律之尊严，有助于最终实现收回治外法权的目标，并且强调保护法律主权是实现国家自强的枢纽。

在沈家本的主持下，第一年的修律主要做了两项基础性的工作：

---

① （清）朱寿朋编，张静庐等校点：《光绪朝东华录》（五），中华书局，1958年，第4388页。

一是翻译了十二部各国法律法规；二是检讨《大清律例》，列出了建议删除的律例三百四十条，主要包括酷刑和过于严苛的刑罚。沈家本希望通过修律"首先收回治外法权，实变法自强之枢纽"，由此可见，收回治外法权、实现国家自强是修订法律的最重要目的。

由于当时经费和人才结构的限制，一系列新法律的制定主要是在日本专家的指导下，移植经日本改造过的西方法律体系。在短短的几年中，修订法律馆制定了《大清商律草案》《刑事民事诉讼法草案》《法院编制法》《违警律》《大清新刑律》《国籍法》《大清刑事诉讼律草案》《大清民事诉讼律草案》《大清民律草案》《大清现行刑律》等新法律。以司法审判程序为例，新法律的变化包括对疑犯、狡供者（除死罪外）禁用笞杖和刑讯逼供，对轻罪可以仿照国外处以罚金，改善监狱条件，改建新式监狱，严格管理与督察，禁止虐待、凌辱犯人，以及男女犯同罪同罚等。沈家本还提出了统一"满汉法律"的理由和具体办法，以解决旗民生计。沈氏提交的最后一部法律文本是 1910 年 3 月 20 日的《修正刑律草案》，其中向皇帝建议取消行政官员参与会审制度。有人认为，沈家本是中国近代法制史上最具影响的人物。

不过，沈家本主持的法律变革触及了礼教秩序的根本点，即新法律所秉承的人人平等的原则和儒家礼教的亲亲尊尊原则之间存在根本冲突。因此，《新刑律》和《民律》草案提交后，引发了持续近十年的争论。争论表面上围绕着具体的法律条文展开，本质上则是两种完全不同的法律观念和社会控制理念之间的分歧，也即儒家礼教制度与现代法律精神之间的冲突。

我猜想，沈家本等人在试图将根据"中外通行"的原则制定的新法律交由大臣们讨论的时候，已预料到其可能产生的反应，因为这的确关系到"万古不移"的人伦之道的命运。

中国传统法律体系对实体法与程序法不加分别，司法制度与行政制度在地方行政机构中混合在一起。有鉴于此，1906年，沈家本等人编就的《刑事民事诉讼法草案》，在说明为何要率先颁布诉讼法时指出，因为官制的原因，中国的行政官员兼理司法权，在官制没有改革之前，司法和行政不分的现状难以改变。不过，在朝廷层级，刑部专理刑名，户部专理钱债、田产，略有区分刑事、民事之意，以此来让人理解刑事和民事案件，区别巨大。所以他选择先制定一部简明的诉讼法，来分别刑事和民事，以期与各国通例接轨。然而，诉讼法草案在下发给大臣讨论的时候，除了袁世凯等人支持，大多数督抚的意见都有所保留，其中张之洞的批评最为切中要害。张氏主要的反对理由有两项，即亲亲之义和男女之别。张之洞说，在中国人的观念里，如果祖父母、父母在，子孙别立户籍，就会被认为不孝。新法规定父子和兄弟要有明晰的财产权，会破坏血缘亲情关系。而且中国的夫妻同居共财，不可能像西方那样夫妻分财，"法可改而纲常不可改"。他反对诉讼时要求妇人、女子到堂作证，以此启发男女平等观念的做法，认为中国礼教"其最著者为亲亲之义，男女之别，天经地义，万古不刊。乃阅本法所纂，父子必异财，兄弟必析产，夫妇必分资。甚至妇人女子，责令到堂作证。袭西俗财产之制，坏中国名教之防，启男女平等之风，悖圣贤修齐之教，纲伦法斁，隐患实深"。[①]

有意思的是，在法律改革开始之前，就有人预见到新变法必然会舍礼教，因此预备了《服制备考》一书，希望修律的官员能够看到此书，不要因为法律变更而导致世风民心败坏。

[①] 张之洞：《遵旨核议新编刑事民事诉讼法折》，载张国华等编著：《沈家本年谱初编》，北京大学出版社，1989年，第116—117页。

在张之洞等人看来，新修的法律不能与儒家的伦常相冲突，因为法律的目的就是用以维护亲亲、尊尊的社会秩序。他说，修订法律，自应博采东西诸国律法，详加参酌，从速厘订，但在根源上不能违背国家政教大纲。张之洞很清楚西方法律制度和儒家基本原则之间的内在冲突，在戊戌年间所写的《劝学篇》中他就明确提出要坚持"中体西用"的指导思想。在书中，他严厉批评了民权和男女平等的主张，指出对于西方文化的吸收应限于管理和技术层面，而君臣父子的纲常伦理则不容挑战。

在遭受如此严厉的攻击之后，《刑事民事诉讼法》很快便销声匿迹了。甚至连伍廷芳也预感到中西融合之不可行，称病甩手不干了。随着越来越多新法律的出台，新法律和儒家礼教之间的冲突日趋激烈，一定程度上也印证了他的预感。

二、《大清新刑律》编订过程中的礼法之争

1906年，预备立宪开启，为了给立宪之后的清朝提供新的法律，沈家本着手编制《大清新刑律》。立法原则是参照日本的新刑律，修订章程、厘正刑名、节取新章、删并例文，以使修订之后的法律与新的官制同国际惯例相衔接。最终目的依然是要收回治外法权、与海牙国际法庭的法律体系相适应，同时也体现尊王孝亲的国情。

1907年，在《新刑律》草案分发给部院督抚大臣核议之后，许多人表示反对。反对的核心原因是新刑律与纲常礼教冲突。邮传部的李稷勋除了批评新刑律与中国礼教不合之外，还提出不应该为了收回治外法权，而完全颠覆中国固有的秩序。他认为国家的主权主要依赖于经济实力，而骤然改变中国的礼义秩序，将会对外交和内政产生冲

击,导致国家混乱。他说:"如谓改订新律,意在收回治外法权,不宜绳以旧律。臣愚以为法权外失,诚足碍我统治,然一时能否收回,固赖有开明之法律,尤恃有强实之国力,万一空文无效,不独无补外交,徒先乱我内治,甚非计也。"① 但他并不是完全否定新法,而是主张做一些微调,以免让民众误会朝廷要改变礼教。

这个说法既看到问题的实质,又有折中。李稷勋认识到了解决中外争端的关键在于增强经济和军事实力。19世纪末西方列强之所以愿意放弃在日本的治外法权,最重要的原因并不是日本的法制改革,而是日本快速增长的经济军事实力。

对新刑律最为严厉的批评是由张之洞领导的学部做出的。学部的立论从礼为刑之本这个基本原则出发,切中新旧法律的根本差异。在《张之洞等奏为新定刑律草案多与中国礼教有妨谨分条声明折》的奏议中,强调了中西治理原则的差异:中国以伦常为本,西方以平等立教。所以,在中国,无礼于君父的行为都是要给予最重的罪罚;而西方父子可以同罪,对于中国礼制所看重的内容往往做一般案件处理。学部所指的妨碍礼教主要就是从君臣父子夫妇等纲常的核心部分来说的。

关于君臣一伦,新刑律对于针对朝廷的犯罪行为不再套用中国传统法律中的"谋反"和"谋大逆"的罪名,这让人感觉有放纵革命派行为的意味。事实上,新法律的确也给了旨在推翻清政府的革命党一些宽宥。比如,汪精卫刺杀摄政王载沣被捕,按旧律不但要斩首,还要株连九族。但在预备立宪、法律变革的阶段,摄政王对审判此案的

---

① 李稷勋:《署邮传部右丞李稷勋奏新纂刑律草案流弊滋大应详加厘订折》,载《清末筹备立宪档案史料》,文海出版社,1981年,第855页。

人说,该犯与政府意见不合,只图改良国政,急躁而谋不轨,应予以宽典;汪精卫在收监期间也没有遭受虐待。所以有报道说汪精卫之所以能保住性命,除了摄政王的因素之外,也受到了新的刑法的保护。

对于父子一伦,学部强调,传统法律规定凡殴打祖父母、父母者死,殴杀子孙者杖;新律草案则认为对伤害至亲并因此造成亲属致死或残疾的人,可以不科以死刑,这简直是视父母与路人无异。

与此类似,地方督抚的质疑主要集中在新刑律对于礼教秩序的破坏。有人提出,伤害至亲在不可赦免的十恶范围内。在旧法律中,如果子孙殴打祖父母、父母,或者妻妾殴打丈夫的祖父母、父母,无论是否造成人身伤害,打人者一律处斩,因为这涉及人伦的关键。新法律则根据伤害程度列出不同的处罚标准,即使造成重大伤害也不一定判处死刑,这样会造成"灭伦干纪",应该按旧律更订。

也有一些人看到亲属问题是中西法律差异的重点所在,建议专门针对中国人设立"伦纪法",而外国人若在中国触犯相关的条例,则按西方的法律原则来处置。

此外,草案中去除了旧律置于篇首的"服制图"的做法也引发了争议。我们知道服制是传统礼教秩序在处理不同血缘关系下的伦理责任的依据。对此,法律馆的辩解意见很有意思,说新法律并没有改变服制的内容,只是服制图本身并不属于刑律的原则,因此,准备放入即将编制的民法案中。

中国的纲常伦理还有一项重要的内容,即夫妇男女一伦。在传统的法律中,夫对妻与妻对夫犯同样的罪行,其刑罚差别巨大,这显示出男女之间的不平等关系。比如旧律规定"妻殴夫者杖,夫殴妻者非折伤勿论"。就是说,丈夫打自己的妻子,只要不受伤就没有责任,而妻子殴打丈夫就要受杖刑。同是杀人,"妻殴杀夫者斩,夫殴杀妻者绞"。

看上去都是要抵命，但在传统的观念里，绞刑能留一个全尸，是死刑中比较温和的，而斩刑则身首异处，属于重罚。

对此，新法律编订者沈家本明确坚持男女平等的思想。他认为夫妻关系与君臣、父子不同，虽然西方人的男女平等观念，不能立刻在中国实行，但在定罪原则上，应尽量将女子与男子同等看待。

除此而外，基于男女平等的原则，必然会产生一个新的问题，即女子与人通奸是否犯罪。新刑法认为，通奸对于社会的危害并不大，现在的处罚过于严厉。而且，礼教和社会舆论就足以防范通奸了，所以"单纯之奸非罪"。当然，新刑律草案中删除亲属相奸和无夫奸的做法引发了舆论的广泛质疑。张之洞主导的学部意见指出此条足以破坏男女有别的伦常，应予以改变。

因为此条在随后的争论中成为重点，我们将在后文继续讨论。

此外，学部还批评了新刑律中更定刑名、删除比附、惩治教育等具有西方法律特征的改革设想，要求沈家本等人将新刑律与旧有的律例进行比照，如果无伤礼教的，可以择善而从，而有关伦纪的地方则必须全部改正，然后再交宪政编查馆审议。

在学部充满斗争精神的奏折递上去不久，清廷就下令沈家本等人对照张之洞批评的内容进行修改删并。不过，新刑律也有很多的支持者，尤其是那些能直接感受外来压力的官员。他们希望新的法律体系能部分改变中国在中外交往中的"弱势"，因此对于收回治外法权的愿望更迫切。1909年初，宣统继位，对于刑法修正案，虽然也象征性地表示要吸收西方法律的长处，但是明确要求不应该改变旧律中有关伦常的部分。

至此，张之洞坚持的礼教优先原则成为修正刑律乃至整个法律改革的指导思想。沈家本等人虽然只能接受上谕的要求，但也并没有束手就缚。他们一方面继续上奏说明平等乃天赋人权，为现代国家的基本立国原则，另一方面又以各种手段将之体现在修订案中。

由张之洞等人所代表的维护礼教的观点与沈家本等主张更多吸收西方法律精神的立场之间的根本矛盾，并没有因为清帝的上谕而消除。新刑律交付宪政编查馆核议的时候，矛盾再度爆发。不过这时候，晚清政局发生了巨大的变化，张之洞已然离世，礼教立场的代言人改由劳乃宣承继。而法律编制者一方，新锐杨度提出的"家族主义"和"国家主义"之别的宏论也引人瞩目。

三、家族主义和国家主义之争

虽然朝廷有明确的要求，且大多数督抚对于新刑律草案非议甚多，但是现实的压力让当权者认为维护主权更为重要，因此，有权臣建议颁布新刑律以收回治外法权。摄政王载沣甚至提出，新刑律要"完全以世界为主，期合于人道之大凡"，认为此是撤去领事裁判权的预备，属于"修改刑律之美意"。于是，新刑律草案在并没有做出伤筋动骨的改动，只是增加了有关纲常礼教的五条附则的情况下，就推出了修正案。

这时候，主张礼教重要性的代表人物换成了劳乃宣。

劳乃宣（1843—1921），字季瑄，号玉初，自号矩斋，晚年又号韧叟。同治十年（1871）进士，在直隶任知县多年。多年地方官的经历，使他有丰富的司法实践经验。从光绪三十四年（1908）开始，他进入晚清新政的关键部门——宪政编查馆，充任宪政编查馆参议、政务处提调、钦选资政院硕学通儒议员，深度参与预备立宪和法律变革的具体事宜。

在看到《修正刑律草案》之后，劳乃宣向宪政编查馆递交了《修正刑律草案说帖》(1910)。他是从礼教伦常与法律的关系，来看待新刑律将礼教部分作为"附件"存在的。

他说："且夫国之有刑所以弼教，一国之民有不遵礼教者，以刑齐之，然后民不敢越。所谓礼防未然，刑禁已然。"而新的刑律"其立论在离法律与道德教化而二之，视法律为全无关于道德教化之事。惟其视法律为全无关于道德教化之事，故一味摹仿外国，而于旧律义关伦常诸条弃之如遗"。① 劳乃宣反对礼教部分内容以附则的形式出现，认为这将导致道德和法律分离。新刑律的结构给人的感觉是正文专为外国人所设，而附则才对应国人，这严重损害了法律的尊严。

在具体的问题上，他主要的质疑点在于《修正刑律草案》中关于亲属之间的罪行是否应加重惩罚，以及家长是否有权力处置犯有过错的孩子等传统法律中属于"内乱"的部分。比如，他认为，旧律规定如果犯者之祖父母、父母二老需要赡养，那么死罪以下的犯人可以"留养"，这一条应该保留。又比如，亲属之间的相奸行为，在中国习俗中属于触犯礼教，一般从严从重处理，而新律中并没有就此设专门的律条。所以他建议，若奸父祖妾、伯叔母、姑、姊妹、子孙之女、兄弟之女者，处以死刑、无期徒刑；其他的亲属间相奸行为也要受到刑罚。

劳乃宣也坚持认为惩罚夫妻之间互殴造成的伤害应有所差异，以符合夫妻不同的法律地位；而子孙若违背教令，应保留长辈教训的权力。

他特别强调了"无夫奸"的问题，认为新法律只列有夫奸罪，但

---

① 劳乃宣：《桐乡劳先生（乃宣）遗稿》，载沈云龙主编：《近代中国史料丛刊》，第 357 册，文海出版社，1969 年，第 901—902 页。

实质上中国风俗特别看重有关处女和孀妇的奸情,若不以为罪,难服人心。

劳乃宣对新法的批评受到了广泛的关注,甚至因为索要文章的人太多,不得不临时加印。

对此,沈家本回应指出,他并非否定礼教对于维持民心风俗的意义,而且新法律也对礼教多有维护。对劳乃宣的意见,他辩解称,自己反对"留养",因为这并非传统法律的普遍做法。至于无夫之妇女有奸情,在欧洲法律中并无治罪之文,且事属风化,可以通过教育处理,不应该列入法律。对于传统中国法律中允许的父母管教、惩戒违反教令子孙的权力,沈家本也认为这属于教育范围,无关于刑事。但劳乃宣认为如果子孙忤逆长辈,官府没有惩治办法的话,也将使社会风气难以维持。

在沈家本解释之后,劳乃宣还提出了其他一些修改意见,但并未成为争论的热点。争论的结果是《修正刑律草案》后增加了《附则五条》,主要内容是恢复了对"无夫奸"行为的处罚;以及尊亲不适用正当防卫之例,实际上承认了长辈的处置权。此外,还对一些处罚的力度进行了调整。

劳乃宣所强调的条款,事实上就是张之洞等人的主张,其实质就是要恢复自汉唐以来一直存在的"法律儒家化"的倾向,即将儒家的伦理原则体现在法律条文中。从晚清法律变革中礼教部分内容与现代法律原则的协调过程可以看出,建立在儒家纲常原则上的法律条文,难以适应国际交往的需要,甚至被置于"文明"和"野蛮"两分法中"野蛮"的一端,成为西方人坚持其"领事裁判权"的理由,那么,儒家化的法律是否已经走到末路了呢?

劳乃宣的观点代表了当时一批注重礼教的人士的立场。他们认为，法律必须照顾一个国家固有的道德观念和行为习惯，虽然废除"治外法权"是维护国家主权的重要步骤，但制订法律的主要目的毕竟是要维护中国的国内秩序，应以中国人的价值观为标准。这的确道出了近代中国制度移植过程中的一个关键问题，即一个在西方有效的制度或法律，移植到中国未必依然有效。

不过也有人提出，劳乃宣并非完全守旧之人，他的法律观念以及对法律和风俗关系的认识，也切中了现代法律的要害。而且劳乃宣所采用的论证方式，已经十分西化。比如，他论证中国在法律上之所以不应该一切皆以西方为准，主要是因为中国与西方在社会发展程度上存在着差异。他将社会生产方式分为三种：农桑、猎牧、工商，相应地产生三种类型的风俗礼教政体以及家法、军法、商法三种法律。西方人处于工商社会，法律应以商法为准；而中国属于农桑之国，一家之人，男耕女织，同操一业，父兄的地位自然更为重要。在这样的社会条件下，一切法律应以维持家法为重。他声称，风俗是法律之母，立法不应改易风俗。中国属于农桑之国，故政治从家法；北方民族属于猎牧之国，故政治从兵法；欧美属于工商之国，故政治从商法。这些观点也成为后来他与杨度讨论家族主义和国家主义问题时的基本方法论原则。

新法律和礼教之间的差异，并不仅仅是社会控制和社会治理方式的不同，更实质的是价值观的不同。刘廷琛将处理礼教和新法律之间的关系看作是中国存亡的关键，站在清朝的角度看，绝对是先知先觉之语。

礼教派与法理派之间的争论，还延伸出一个新的问题，即关于家族主义和国家主义的争论。新法律的支持者认为正是礼教派所持有的家族主义立场，使国人忽视国家利益，因此应该提倡以个人独立为前提的国家主义立场。而礼教派则认为家族主义和国家主义之间并没有根本冲突，西方人也重视家庭，说明家和国的关系可以协调一致。

这时候，新的争论双方的代表人物变成了劳乃宣和杨度，两人都参与了宣统二年（1910）八月宪政编查馆的新刑律与礼教之争。

在展开话题之前，我们先介绍一下杨度。

杨度少年成名，又师从当时湖南大儒王闿运，以他的资质一定会成为学界翘楚。不过，他不顾王的反对，坚持要去日本留学。从某种意义上说，20世纪初去日本留学，与其说是去追求学问，不如说是去"混江湖"——那时候，梁启超、孙中山、章太炎，以及后来共产党的创始人陈独秀和李大钊，都在日本寻求救国的方略。杨度在日本时，就已经表现出很强的对于新知的接受能力以及人际交往能力。

1907年10月，杨度回国。当年12月，湖南宪政公会成立，他任会长，并起草了《湖南全体人民民选议院请愿书》，联络不少湖南名流联名上奏，深受瞩目。1908年春，袁世凯、张之洞联合保荐杨度出任宪政编查馆提调，相当于四品的官职，可谓是平步青云。在袁世凯的安排下，他经常向满清贵族讲解立宪的道理（类似古代的"经筵"），清政府关于"立宪"的文件也多出于杨度之手。

杨度的确属于晚清舆论界的骄子。他1907年发表《金铁主义说》，提出了系统的民族理论，将中华民族定义为"文化民族"。这成为民国初年"五族共和"思想的基础。他对中外关系有清晰的认识，认为西方列强"对内文明、对外野蛮"，要对付他们只能依靠发展中国自己的工业和金融。

在该文中，他接受了甄克思在《社会通诠》中的观点，将人类社会分为蛮夷社会、宗法社会和军国社会三个由低到高逐步进化的发展阶段。西方已经处于军国社会，而中国依然处于宗法社会。因此，中国要与西方抗衡，就得抛弃宗法社会，建立国民国家。在政治上实行君主立宪制度，建立有责任的政府，以个人本位替代家族本位，编撰法律，以保护个人的生命财产安全；在法律上，制定以个人为权利义务之主体的法律制度；在社会上，普及教育，使无能力之家人具备独立谋生的能力，以此为破除家族制度之预备。这就是杨度与劳乃宣争论时的理论基础。

在新刑律与礼教的关系问题上，杨度指出，新刑律的制订符合对内立宪和对外争取收回治外法权的目的。在理论层面，他延续《金铁主义说》时期的观点，集中论证要以国家主义来取代家族主义。杨度承认各国法律和各国礼教之间自有其内在联系，但是中国礼教的基础是家族主义，属于进化程度较低的社会阶段，只有上升到国家主义，中国才能真正建立法制之国。他进而否定了家族主义和国家主义并行的可能，事实上也就是否定了张之洞和劳乃宣等人多年来一贯坚持的将伦常作为法律前提的可能性："若以为家族主义不可废，国家主义不可行，则宁废新律而用旧律，且不惟新律当废，宪政中所应废者甚多也。若以为应采国家主义，则家族主义决无并行之道。"① 这种说法，不仅将礼法之争纳人是否肯定社会进化之理的轨道，同时将反对新刑律和反对晚清立宪国策联系起来，可谓借"意识形态"攻击论敌之高策。

在某种意义上，劳乃宣对杨度的驳斥，类似于以子之矛、攻子之盾。他同样采用社会发展阶段和制度设置的关系，指出制度不能超越社会发展阶段而人为拔高。他也不同意将爱家和爱国绝对地对立起来，认为家法制度下的人们也可以爱国。他举例说，春秋战国时期，

---

① 杨度：《论国家主义与家族主义之区别》，载刘晴波主编：《杨度集》二，湖南人民出版社，2008年，第532页。

中国人其实也是爱国的，只有秦朝以后人们才不爱国，原因是人们在专制制度下失去了政治参与的可能性。他同意在君主立宪的政治下，人民有参政权，这自然会激发其爱国性。

其实，劳乃宣并不反对新法，他对当时的媒体将自己塑造成顽固的守旧派表示不满。他辩解说，对于新刑律百分之九十五以上的内容他都同意，只是对百分之五的部分提出了意见而已。当然，他对百分之五部分提出的意见，恰好是新刑律和礼教冲突的根本点。

在一种折衷的状态下，《大清新刑律》终于在1910年获得通过。吊诡的是，这个法律还未能实行，清政府却先行倒台了。

四、"殊途同归"的劳乃宣和杨度

礼教传统和新法律之争不仅是一个理论问题，同时也凸显了传统的礼教秩序在现代社会中所面临的"失范"危机。礼教首先要求确立儒家所看重的亲亲、尊尊的差别性原则，然后通过"法律儒家化"，即将儒家的差别性原则内化在法律条文中，实现中国人生活方式的规范性和习俗性这一大一小两个传统之间的融通。但现代法律所要求的平等性，则与这种差别性原则产生了根本性的冲突，所以一旦接受平等性原则，那么礼教部分的内容自然就在新的法律条文中没有了存身之处。

在传统社会中，礼教虽有严格的规定性，但更多地呈现为习俗层面的行为规范。而法律所主张的是没有列入法条的行为不受处罚。在一个法制国家，习俗只能成为劝解性的手段。由此，礼教失去了以强力方式惩处过失行为的正当性。换句话说，法律是维护公共秩序的，礼教则是私人道德的诉求。这表明儒家的影响力由公共领域收缩到私人领域。

这种转变也并非完全是受外来压力而产生的。在清朝的法律实践中，我们可以看到司法判决过程中对传统法律条文所做的调整。比如乾隆二十八年（1763）曾发生一起一个人拿猎枪打贼，误伤继母致死的案例。地方官拟按过失处置，乾隆则认为这件案子与伦纪孝道相关，虽属无意，但子孙对长辈应十分小心，即使是过失也不可原谅，所以今后碰上这类事件一律"拟绞立决"。这样的过失杀人，在董仲舒的"春秋决狱"中被定性为过失，但是在《唐律》中已经被列入不可宽恕的"十恶"大罪，在乾隆时代刑罚呈加重趋势。

类似的案件如果发生在清末，犯者所受的惩罚则完全不同。据记载，祁门县的许记发和许连才因口角发生争斗，经其父许大有喝阻后还不停手，许大有就上前拉劝，被许连才误伤毙命。虽然这样的结果并非他们的主观故意，但造成其父死亡的原因则起于争斗双方的扭打。如果按乾隆时的刑罚条例，这至少会被判绞刑。但因类似案例在新型律中没有专门的条文来对应，结果是许记发按照子孙违犯教令之罪，被判杖一百，再酌枷号两个月。在晚清诸多涉及伦纪的案件中，对幼犯尊罪的变通处置已经很常见了。

这种法律准则的变通说明，礼教在规范人们生活的过程中，出现日益松弛的现象，这体现出西方法律观念对中国司法实践的影响。不仅如此，许多学者在讨论晚清礼法争论的"非预期后果"时指出，张之洞等人援礼入法的做法，本意是强调礼教的重要性，但无意中助长了法律的权威性，使礼教特殊主义化。对中国人而言，三纲五常已经支配我们的生活上千年，而在这个时候，却要为它在新法律中占据一席之地而苦苦论战。而劳乃宣在论战中，为了论证礼教的合法性，先把中国社会发展置于与西方的不同阶段，使得礼教变成只适用于中国的特色化的存在，成为中国特有的民情、风俗。当他证明中国的农桑文明需要家族主义存在的时候，礼教便成为前现代的一种特殊风俗，儒家的价值由此失去了普遍主义的地位。

任何制度设计都必然会体现出某种利益关系，即它能确保一些人占用社会稀缺资源，从而获得权力或利益。同时，任何制度化的设计还必然会有一种惩戒机制，以保证对违犯规则者给予惩罚。就儒家制度而言，科举制度可以说是儒家化制度的利益机制，而儒家化法律则是一种惩戒机制，以强制的手段制裁那些违背儒家价值规范的行为。由此，如果说废除科举是瓦解了制度化儒家的利益机制的话，那么新法律的出台则是瓦解了儒家化制度的惩戒机制，从而使儒家在制度层面失去其有效地规范社会行为的效能，儒家之变成无可依靠的游魂也就不可避免了。

尽管礼教退出新法律在今天已经成为事实，但是张之洞和劳乃宣等人所强调的法律必须与社会发展程度、民心风俗相一致则是一种清醒的认识。在制度的建构过程中，那些脱离人们认识水准的制度设计，往往在实际中会发生"制度失灵"的问题。

1911年中华民国成立，曾经被视为万能灵药的"共和"政体并没有给中国带来预想中的强盛。这时，劳乃宣和杨度似乎走上了同一条路，都成为了君主立宪的支持者，因为他们都希望有一个强有力的政府来矫正不成熟的共和政体所带来的混乱。

这一时期，劳乃宣写了《共和正解》和《续共和正解》，申说中国自古就有共和传统，真正的共和即周代的周召共和。他主张还政清朝，由袁世凯执政，行周召"共和"故事。民国六年（1917）张勋复辟，劳乃宣受任法部尚书，还没到任，复辟就告失败，他也从此身败名裂。

作为劳乃宣论敌的杨度，早在日本时就拒绝了孙中山向他发出的加入革命党的邀请，因为他认为君主立宪更适合中国。民国成立后，他并没有改变自己的想法。1915年4月，杨度呈送《君宪救国论》一文，认为中国如果不废除共和，回归君主制，则无可避免要亡国。这样的论说符合袁世凯的期许，故袁亲自为他赐匾题字，称他为"旷代逸才"。同年8月14日，杨度串联孙毓筠、李燮和、胡瑛、刘师培及严复等人，联名发起成立"筹安会"，以讨论国体问题的名义，策划恢复帝制，支持袁世凯称帝。但最终袁氏复辟也以失败告终。

劳乃宣和杨度，是中国社会转变过程中矛盾人物的典型。他们推动变革，但又有所坚持。他们引进西方的政治法律思想和制度，却试图调节新旧观念和制度之间的不协调。在这个过程中，他们的内在矛盾和精神上的苦楚，很可能只有他们自身才能真正体会。

第十讲
"礼尚往来"和"有仇不报非君子":儒家经典与生活世界中的"复仇"

引子 "来而不往非礼也":怎么理解儒家的"直"与"报"

复仇现象在世界各地都存在。在中国文化中,复仇往往与侠义结合在一起。生在绍兴的我,从小受复仇观念的影响。这个曾经作为古代越国都城的地方,上演过一场塑造城市性格的"复仇"大戏。在吴越争霸的时候,越国被吴国所败,勾践卧薪尝胆,最后复仇成功。我自己曾经就读过的稽山中学就在投醪河边。"投醪"即是指勾践在出征前,将酒杯投入河中,表示与士兵共生死的决心。于是,稽山中学就以卧薪尝胆作为校训。

鲁迅先生在《故事新编》中改写了《铸剑》,他把小说的原本也编入了《古小说钩沉》,可见他对这个题材的钟爱。在这篇小说中,鲁迅对优柔的眉间尺在面对杀父之仇时,毫不犹豫地用自己的生命去完成复仇使命有十分细腻的描写:

> 眉间尺伏在掘开的洞穴旁边,伸手下去,谨慎小心地撮开烂树,待到指尖一冷,有如触着冰雪的时候,那纯青透明的剑也出现了。他看清了剑靶,捏着,提了出来。

窗外的星月和屋里的松明似乎都骤然失了光辉，惟有青光充塞宇内。那剑便溶在这青光中，看去好像一无所有。眉间尺凝神细视，这才仿佛看见长五尺余，却并不见得怎样锋利，剑口反而有些浑圆，正如一片韭叶。

"你从此要改变你的优柔的性情，用这剑报仇去！"他的母亲说。

"我已经改变了我的优柔的性情，要用这剑报仇去！"

"但愿如此。你穿了青衣，背上这剑，衣剑一色，谁也看不分明的。衣服我已经做在这里，明天就上你的路去罢。不要记念我！"她向床后的破衣箱一指，说。

眉间尺取出新衣，试去一穿，长短正很合式。他便重行叠好，裹了剑，放在枕边，沉静地躺下。他觉得自己已经改变了优柔的性情；他决心要并无心事一般，倒头便睡，清晨醒来，毫不改变常态，从容地去寻他不共戴天的仇雠。

复仇行为是人类行为中报偿机制的一个体现。任何社会活动都存在一个报偿机制，与之相对的是"礼尚往来"，"来而不往非礼也"。因此如果有仇而不报，乃是古人道德上的污点。

无论是物质上的还是情感上的"报偿"机制，都与市场交换体系中的等价交换相一致。不仅是人与人，团体与团体之间也存在着报偿机制，其所体现的是某种义务、公平和契约等因素。与市场关系直接体现为交换特质不同的是，人际之间的报偿机制被赋予道德和责任等情感、伦理因素，故而会出现许多"中间"形式，来掩盖交换过程中的"利益"诉求，这就是仪式甚至表演性节日的意义，这让人类社会充满温情与友爱。对此，社会学家莫斯曾经通过对"礼物"现象的分析，揭示出给与、接受和回报这样一种"总体性呈现"的社会现象背后,是存在着"义务"的。这些内容都包含在他影响广泛的《礼物——古式社会中交换的形式与理由》一书中。

在传统中国,这种给与、接受和回报的社会交往方式及其意义,比较充分地体现在礼仪活动中。礼的特征就是"往来",即给与与回报。"往来"并不一定是即时的或等价的,但若只有单向度的给与,礼仪活动就存在着缺失。因此,儒家十分强调"报"的重要性。在《礼记·表记》中,"报"是与"仁""义"相并列的重要道德原则:"子言之:'仁者,天下之表也。义者,天下之制也。报者,天下之利也。'"在这里,"报"甚至上升到与仁、义同等重要的地位。的确,报偿机制对于社会秩序的建立关系极大。它可以劝善去恶。"积善之家有余庆",而不善的行为就会给家族带来祸殃。因果报应思想虽然来源于佛教,却十分符合中国人的价值观,其背后亦有传统"报"的观念的铺垫。

"施"与"报"被看成是礼乐文明的"整体性纽带"。在有些经典文本中,给与和回报构成"施"和"报",分别体现了"乐"和"礼"的精神,是彰显人的德行和情感丰富性的重要方式。

> 乐也者,施也。礼也者,报也。乐,乐其所自生,而礼反其所自始。乐章德,礼报情,反始也。(《礼记·乐记》)

这令我们想起"乐善好施"这句成语:施报是责任和义务,不过并非是被迫和被动的,而是自愿和主动的。在儒家经典中,给与和回报过程最为文学化的表达是《诗经》中的名句:"投我以桃,报之以李。"

"施"与"报"的原则在家庭内部体现为父母对孩子的慈爱和孩子对父母养育之恩的报答。如此,孝道也内含有施和报的原则。人们倾向于认为父母对孩子的爱和孩子对长辈的敬出于"良知"之天成,超越于功利性的"养儿防老"之类目的。但现实的家族财产原则里,父母所创造的财富是在家族系统内传递的,而儿子对于父母的赡养义务也是法律规定的。因此,也有人认为要正视作为社会最小规模团体的家庭内部的交互报偿原则,这样的原则给了每个家庭成员适度的保护,并且反过来又增强了家族内部的凝聚力。儒家的孝道,其崇高性也是建立在某种程度上的"交易"原则的,即做子女的应该孝顺,因为受到了父母如此多的照顾。《论语》中记载的孔子与宰予关于"三年之丧"的讨论中,孔子也使用了这个报偿机制。孔子说,每个孩子在成长过程中,都有三年不能释于父母之怀,所以当父母去世之后,若是不能守丧三年,将难以"心安"。

《礼记·祭义》说:"君子反古复始,不忘其所由生也。是以致其敬,发其情,竭力从事以报其亲,不敢弗尽也。"在家国一体的原则下,臣民与君主之间的关系被视为孝道的社会化。在封建制确定的"家天下"原则下,家国之间存在着利益的一致性以及情感逻辑的一致性。这一点,《大学》阐发得最为彻底:

> 所谓治国必先齐其家者,其家不可教而能教人者,无之。故君子不出家而成教于国:孝者,所以事君也;弟者,所以事长也;慈者,所以使众也。……一家仁,一国兴仁;一家让,一国兴让;一人贪戾,一国作乱:其机如此。

虽说事父以恩,事君以义,在正当性的论证上有时有所不同,不过,家国一体的原则在施与报上找到了一致性,比如,为父服丧三年,为君也要斩衰三年,以示家国在伦理原则上的同等化。战国时期兴起的法家,力图剥离社会关系中的道德因素,而将之归结为基于利益的契约关系。这种做法并没有颠覆给与和回报的义务原则，而是想让人们认识到儒家所推崇的礼乐文化只是对这种利益关系的文饰而已。

到了汉代，在天人哲学的影响下，董仲舒将施报关系上升为"天数"，进一步强调礼仪活动的天赋性。董仲舒说："礼无不答，施无不报，天之数也。"（《春秋繁露·楚庄王》）人通过对天意的体察来感受天道，于是，"报"的观念有了"感应论"的色彩。董仲舒尝试建立一种人类活动与自然意志之间的关联性，通过"同类相感"来解释人的行为与自然现象之间的给与和回应的关系。比如董仲舒说："天意者之于灾异也，畏之而不恶也，以为天欲振吾过，救吾失，故以此报我也。"（《春秋繁露·必仁且智》）也就是说，通过灾异等方式，天来"回报"人对于天道的奉行，或惩罚人对于天道的违背。

与董仲舒不同的是，刘向的思想中掺杂有更多的黄老道学的因素。他试图改变法家对施与和回报关系的解释中过于强调市场行为的倾向，而将之视为不同地位和角色的人对于自己使命的认识。圣王是社会关系中的"独特"存在。圣王之造福百姓，祭祀山川，在动机上是"无私"的，并非是要从百姓和神祇那里获得回报，尽管他依然相信积善行义的人必能从鬼神和百姓那里获得"回馈"。他说：

> 圣王布德施惠，非求报于百姓也；郊望禘尝，非求报于鬼神也。山致其高，云雨起焉；水致其深，蛟龙生焉；君子致其道德，而福禄归焉。夫有阴德者必有阳报，有隐行者必有昭名。（《说苑·贵德》）

除圣人以外，世俗的君臣之间也存在着施与和回报的契约关系："夫臣不复君之恩，而苟营其私门，祸之原也。君不能报臣之功，而悼行赏者,亦乱之基也。夫祸乱之源基,由不报恩生矣。"(《说苑·复恩》)进一步说,如果把君臣关系视为市场交换关系,那么臣子所付出的必然与君主之赏赐成正比。但君臣若有精神上的契合感,那么臣子就会不惜牺牲生命来回报。

> 夫施德者贵不德,受恩者尚必报。是故臣劳勤以为君,而不求其赏;君持施以牧下,而无所德。故《易》曰:"劳而不怨,有功而不德,厚之至也。"君臣相与,以市道接,君悬禄以待之,臣竭力以报之。逮臣有不测之功,则主加之以重赏;如主有超异之恩,则臣必死以复之。(《说苑·复恩》)

在理解施报关系的时候,并非都是施与和回报的正向关系,还有一种"反向"的关系,即如果有人剥夺了你本来应该保有的利益,应该如何"回报"。对此,早期儒家强调的对等性原则经常会遇到现代人的质疑,如《论语》中的"以直报怨"的问题。《论语·宪问》中记载的孔子与人的对话说:"或曰:'以德报怨,何如?'子曰:'何以报德?以直报怨,以德报德。'"

对此,《礼记·表记》中孔子的陈述呈现了这个问题的多重面向,即如何理解"以德报德""以怨报怨",这可以被视为对"直"的观念的展开。

> 子曰:"以德报德,则民有所劝。以怨报怨,则民有所惩。"《诗》曰:"无言不雠,无德不报。"
> 子曰:"以德报怨,则宽身之仁也。以怨报德,则刑戮之民也。"

在这里孔子所强调的是"等值性"社会交往原则。孔子提出,"以德报德"会鼓励百姓行善，遵循同样的原则，对那些伤害别人的做法，则应该让行为者付出代价。"以怨报德"固然是卑鄙小人之所为，而"以德报怨"也不值得提倡，是"宽身之仁"，意味着对于伤害行为的纵容。对此，孔颖达在《礼记正义》中的解释值得注意："今'以德报怨'，但是宽爱己身之民，欲苟息祸患，非礼之正也。"所以，孔颖达认为，最为合适的方式就是孔子所提倡的"以直报怨"。当然"以直报怨"也包含有"适度"的原则，即不能"过当"，如果人家只偷你一只羊，你不能把人家所有的牲口都拿走。

那么，如何理解"直"呢？《论语》的注家们都关注了《宪问》中"直"的原则。邢昺的解释是"当以直道报仇怨"，并没有具体解释何为"直道"。而朱子在《四书章句集注》中，以"公"来解释"直"："于其所怨者，爱憎取舍，一以至公而无私，所谓直也。"这就是说，"直"所体现的是"无私"的态度。朱熹的解释中，强调了"直"的"公义"性的一面，认为爱憎取舍，不能基于私心。清人刘宝楠的解释或许更为接近"直"的原始意义。他说，如果心里存有怨恨，那么就应该去复仇，如果强忍着不报，但心里却充满着怨恨，那么反而变成了虚伪。这就违背了"直"的原则。[①] "直"体现的是"对等性"的原则，不能滥杀无辜，不然就成为"过直"。对等性的原则在孟子那里就体现得很清楚，在讨论"杀人之亲"的严重性的时候孟子说："杀人之父，人亦杀其父；杀人之兄，人亦杀其兄"。(《孟子·尽心下》) 可以想象，这样的复仇原则可能是早期中国社会中普遍流行的原则。

儒家认为一个完备人格的人，应该能爱人，也能恶人，最能体现这种原则的行为就是复仇。

---

① (清) 刘宝楠：《论语正义》，中华书局，1990年，第591页。

一、儒家经典中的复仇

儒家经典奠定了中国传统社会秩序的价值基础,尽管经典中一些具体的制度规范随着时代的变迁不再适用于后世的社会生活方式了,但并不意味着经典的价值观也会随之消失。这在很大程度上造成了经典与秩序之间的紧张。在这一点上,复仇观念在不同时期和生活之间的冲突就体现得十分明显。一方面,在经典中,我们可以看到许多关于复仇的例子,如《春秋公羊传》就尤其褒扬复仇的价值。另一方面,汉以后建立大一统国家,"法律机构发达以后,生杀予夺之权被国家收回,私人便不再有擅自杀人的权利,杀人便成为犯罪的行为,须受国法的制裁。在这种情形下,复仇自与国法不相容,而逐渐的被禁止了。"[①] 但是,许多人并没有因为法律禁止复仇而停止复仇的行为,官府也并没有在价值上完全否定复仇,文人们则不断讴歌复仇所体现的孝道和勇气,故而不断有思想家介入这一关于情与法冲突的争论中。

(一)仇恨的血缘亲疏属性

传统中国的礼制秩序最为关键的是建立起亲疏尊卑不同的关系形态,从而确定相应的责任和义务。反映在复仇观念上也是这样,复仇的态度和行为方式的强弱与复仇者血缘关系的亲疏形成正相关的关系。《礼记》里记录了孔子的两段话,就是讨论不同血缘关系所采取的复仇方式的差异:

> 父之仇弗与共戴天,兄弟之仇不反兵,交游之仇不同国。(《礼记·曲礼上》)

---

① 瞿同祖:《中国法律与中国社会》,第83页。

父子关系是血缘关系中最为核心的部分，由此，杀父之仇是所有仇恨中等级最高的。史籍中所记载的复仇故事最牵动人心的都与报父仇有关。父之仇不共戴天意指每个人都负有父仇必报的伦理责任，而兄弟之仇则采取"不反兵"的方式。对此，孔颖达在《礼记正义》中的解释是：

> "不反兵"者，谓带兵自随也。若行逢仇，身不带兵，方反家取之，比来则仇已逃辟，终不可得，故恒带兵，见即杀之也。

这里的解释很具有情境性。既指出兄弟之仇也在必报之列，又表明复仇者在行为上要时刻做好准备，甚至不能给仇人留下逃避的时间。而朋友的仇，虽然也要报，但若仇人已为避仇而去往他国，则可以不报。《礼记·曲礼上》中尤其强调了一个前提条件：如果父母健在，就不能以身死为代价为朋友报仇，因为这样会使父母陷入无人供养的窘境。由此可见，在复仇和孝亲相冲突的情况下，就要优先衡量能否尽孝。

与《曲礼》中内容接近的是《檀弓》中记录的孔子与子夏的一段对话，其解释更为详细。由《檀弓》可见孔子关于复仇与血缘亲疏的逻辑有其一致性，而其与《曲礼》的差别只是在细节的描写上，如关于兄弟之仇的处置方式：

> 子夏问于孔子曰："居父母之仇，如之何？"夫子曰："寝苦枕干，不仕，弗与共天下也。遇诸市朝，不反兵而斗。"曰："请问居昆弟之仇如之何？"曰："仕弗与共国，衔君命而使，虽遇之不斗。"曰："请问居从父、昆弟之仇如之何？"曰："不为魁，主

人能,则执兵而陪其后。"(《礼记·檀弓上》)

上文也强调了父母之仇不共戴天,为了报仇,复仇者不出去做官,每天在草垫上枕着武器睡觉。要是在街上遇到仇人,就立刻拿起武器动手。在这里,"不反兵"的状态用于报父母之仇。而兄弟之仇,相当于《曲礼》里谈到的朋友之仇,即不跟仇人在一个"国家"里生活。如果是因为公事去往仇人所住之国,且在路上遇到的话,也不应该立刻复仇。对于堂兄弟的仇恨,此处孔子给出的答案是应该让真正的复仇者去完成使命,他跟在后面帮忙就可以了。

如果按照亲属关系的服制排列,那么《檀弓》所涉及的父母、兄弟、从父昆弟更符合血缘关系的序列。但在早期的文献记载中,为朋友复仇也有很多。且五伦中也有朋友一伦,《大戴礼记·曾子制言上》就是将父母、兄弟、朋友、族人并举。

父母之仇,不与同生;兄弟之仇,不与聚国;朋友之仇,不与聚乡;族人之仇,不与聚邻。

有人认为《大戴礼记》和《周官》都是战国晚期或更晚的作品,如果接受这样的说法,可以推论出亲疏性原则随着时代的发展越来越详细。比如《周礼·地官·师氏/媒氏》中,"调人"的功能之一就是倡导复仇之前先调解,这样就为复仇设置了更为复杂的步骤。

调人掌司万民之难而谐和之。凡过而杀伤人者,以民成之。鸟兽亦如之。凡和难、父之仇辟诸海外,兄弟之仇辟诸千里之外,从父兄弟之仇不同国。君之仇眂父,师长之仇,眂兄弟,主友之仇,眡从父兄弟。弗辟,则与之瑞节而以执之。凡杀人有反杀者,使邦国交仇之。凡杀人而义者,不同国,令勿仇,仇之则死。凡有斗怒者,成之,不可成者,则书之。先动者,诛之。

在这段话中,首先是对国君和老师、朋友在伦常中的地位做了规定,即国君与父母一致,老师则与兄弟相当,朋友则等同于从兄弟。在复仇的程度上,总体原则是反对直接"反杀"而倾向于"避仇"。父母君国之仇避之海外,兄弟之仇避之千里之外。这段话也强调了尊重调解的意义,如果百姓私下斗狠,不服从约定,先动手的就要被诛杀。

所以《周礼·秋官·司寇》中,复仇被程序化了。"凡报仇雠者,书于士,杀之无罪。"其实,按孔颖达在《周礼正义》中的解释,"凡仇人皆王法所当讨,得有报仇者,谓会赦后使已离乡,其人反来,还于乡里,欲报之时,先书于士。士即朝士,然后杀之无罪"。与《礼记》中记述的孔子复仇论的酣畅相比,到孔颖达时期,复仇已经要面临制度性的障碍。这反映了随着法制越来越发达,经典中对于私相复仇行为的肯定也受到了多方面的"克制"。

(二)君国之仇

在家国一体的传统观念里,家恨经常跟国仇联系在一起,因此,君国之仇关注的是当国君被诛杀的时候,君子是否应该担负起复仇的义务。在儒家经典中,我们看到的讨论可以分为两个角度:首先,若君被臣下弑杀,其他臣下是否有讨伐弑君者的义务。其次,若是君主诛杀臣下或其他人,而这种诛杀又具有一定的合法性,这是否同样可以构成"仇恨",人们是否可以付诸复仇。

我们先来考察第一种情形。针对鲁隐公在隐公十一年(前712)被杀而没有记载下葬的事例,《春秋公羊传》的解释就说:

> 公薨。何以不书葬？隐之也。何隐尔？弑也。弑则何以不书葬？《春秋》君弑，贼不讨，不书葬，以为无臣子也。子沈子曰："君弑，臣不讨贼，非臣也。不复仇，非子也。葬，生者之事也。《春秋》君弑，贼不讨，不书葬，以为不系乎臣子也。(《春秋公羊传·隐公十一年》)

鲁隐公被姬允弑杀，作为一场实力不均衡的宫廷政变，不可能有人出来主持正义，但《公羊传》认为，如果国君被杀，作为臣子不去讨伐弑君者，就等于断绝了君臣关系，甚至可以认为这些臣下就是间接的弑君者。公羊学家还经常将此事例与许止没有亲尝给他父亲的药而致父亲病死的事例相类比。许止因为在给父亲端药之时没有先自己尝一下而被认为没有尽到做儿子的本分，就不配做儿子。对于这个事例，《穀梁传》与《公羊传》的解释立场一致。对于其中所包含的伦理准则，《白虎通》做了系统的解释，强调了君臣关系与父子关系在伦理上的等值性。

> 子得为父报仇者，臣子之于君父，其义一也。忠臣孝子所以不能已，以恩义不可夺也。故曰："父之仇不与共天下，兄弟之仇不与共国，朋友之仇不与同朝，族人之仇不共邻。"故《春秋传》曰："子不复仇非子。"子夏问曰："居兄弟之仇如之何？仕不与同国，衔君命遇之不斗。"父母以义见杀，子不复仇者，为往来不止也。《春秋传》曰："父不受诛，子复仇，可也。"(《白虎通·诛伐》)

臣子有为君复仇的义务，这是比照父子一伦而来的。不过这样的比照会遇到一个十分棘手的问题,如果是国君杀了臣子,臣子的儿子是否有复仇的权利呢?对此《春秋》各传的立场有很大的差异。

首先,因国君杀臣而臣之子复仇的故事里流传最广的当推伍子胥。对此事,《公羊传》《穀梁传》和《左传》都有记载。按《史记·伍子胥列传》的记载,伍子胥的父亲伍奢为楚平王时期的太子太傅,因被人诬陷而丧命,伍子胥投奔吴国欲为父兄复仇。阖闾称赞其"士之甚,勇之甚",并准备为伍子胥兴师伐楚。

> 伍子胥复曰:"诸侯不为匹夫兴师。且臣闻之,事君犹事父也。亏君之义,复父之仇,臣弗为也。"于是止。(《春秋公羊传·定公四年》)

也就是说,诸侯不得为匹夫复仇,不能托公行私。君臣一伦其重要性匹比于父子,不能亏了君臣之义,来为父复仇。

后来蔡昭公去见楚平王,因为拒绝将身穿的美裘送给楚国的官员,而被拘押数年。他回到蔡国之后,试图联合别的诸侯国伐楚。此时伍子胥提出,蔡昭公并没有任何过错,无端被楚拘押,如果吴王要维护礼制秩序,这是最好的机会。于是吴国兴兵伐楚,伍子胥父兄之仇得报。对此《春秋公羊传》的评论说:

> 曰:"事君犹事父也,此其为可以复仇奈何?"曰:"父不受诛,子复仇可也。父受诛,子复仇,推刃之道也。复仇不除害,朋友相卫,而不相迿,古之道也。"(《春秋公羊传·定公四年》)

这个设问本身提出了一个关涉忠孝的问题。如果事君等同于事父,那么伍子胥为报父仇而背君之行为是否正当?《公羊传》认为,如果父亲是因不白之冤而被诛杀,那么就可以复仇。(此为"推刃之道",也就是咎由自取)。不过,完成复仇不能"斩草除根",不能杀绝其子孙后代。为复仇之事,朋友之间要互相助力而不是替朋友出手,这才是符合正道的。

对于伍子胥的复仇行为,《春秋穀梁传》在总体上是肯定的,不过对伍子胥"坏宗庙,徙陈器,挞平王之墓"的行为并不认同,并认为楚昭王虽然兵败于吴,但并没有失去楚国人的支持。在《穀梁传》看来,吴国虽然是以维护华夷秩序为名出师楚国,但在战胜楚国之后,"君居其君之寝,而妻其君之妻;大夫居其大夫之寝,而妻其大夫之妻。盖有欲妻楚王之母者。不正乘败人之绩而深为利,居人之国,故反其狄道也"(《春秋穀梁传·定公四年》)。这样的作为反倒是像夷狄之行事风格。

《左传》的观点与《公羊传》《穀梁传》并不一致。虽然《左传》讨论的事例发生在吴国打败楚国之后,并不直接跟伍子胥有关,但所要针对的复仇合法性问题却是一致的。楚平王曾经杀害郧公之父蔓成然,所以郧公之弟想借此机会诛杀楚昭王。郧公之弟以为,虽然仇恨的主体不复存在,但可以通过诛杀仇家的儿子来完成复仇:

郧公辛之弟怀将弑王,曰:"平王杀吾父,我杀其子,不亦可乎?"辛曰:"君讨臣,谁敢仇之?君命,天也,若死天命,将谁仇?《诗》曰:'柔亦不茹,刚亦不吐,不侮矜寡,不畏强御。'唯仁者能之。违强陵弱,非勇也。乘人之约,非仁也。灭宗废祀,非孝也。动无令名,非知也。必犯是,余将杀女。"(《左传·定公四年》)

郕公反对复仇的理由是认为君主的地位是天命所归,因此,在君臣关系的序列中,君杀臣并不能构成一般意义上的罪。

对于君杀臣之仇是否要复,历代注家多有讨论,有一种观点认为,诸侯之君与王者异,王者得天命,四海之内为家,所以君臣之义无所可去。而诸侯之臣,则可以视情形采取灵活的手段。这在某种程度上也是要化解《公羊传》《穀梁传》与《左传》之间的差异。可以看到,不同的经典对于复仇的态度也是有所不同的。在儒家经典中,《礼记》《大戴礼》《公羊传》《穀梁传》倾向于肯定复仇;《周礼》《左传》则基本上不赞成复仇。这表明即使在儒家经典系统内,或因时代的差异,或因经典所代表的文化价值观的差异,形成了不同的复仇观。但对后世的人而言,只要有一部经典肯定了复仇,那么这种行为就值得被推崇。

(三)复仇的期限

宗法社会,人们的社会责任和道德义务会随着血缘的松弛而逐渐减弱,那么复仇作为一种典型的维系宗法的"义务"是否有一定的期限呢?答案是肯定的,经典中对复仇的讨论也涉及了"期限"问题,也就是说复仇会依据亲疏之别而存在着时限上的差异,但是,在《春秋公羊传》中,我们也可以看到对时限的"极端化"表述:

> 纪侯大去其国。"大去"者何?灭也。孰灭之?齐灭之。曷为不言"齐灭之"?为襄公讳也。《春秋》为贤者讳。何贤乎襄公?复仇也。何仇尔?远祖也。哀公亨乎周,纪侯谮之。以襄公之为于此焉者,事祖祢之心尽矣。尽者何?襄公将复仇乎纪,卜之曰:"师丧分焉。""寡人死之,不为不吉也。"远祖者,几世乎?九世矣。九世犹可以复仇乎?虽百世可也。家亦可乎?曰:

"不可。"国何以可？国君一体也。先君之耻，犹今君之耻也。今君之耻，犹先君之耻也。国君何以为一体？国君以国为体，诸侯世，故国君为一体也。(《春秋公羊传·庄公四年》)

这则材料表述的信息很丰富，齐襄公是淫佚之君，行同鸟兽，但在灭纪国这件事上却因复仇而享受"为贤者讳"的待遇。齐襄公的远祖因被纪侯陷害而被烹杀，所以他一直存有复仇之心，即使占卜的结果是出师将丧失军队的一半也不改复仇之志。当问及这个远祖之仇已经是在九世之前的时候，便出现一个问题，即"九世"之仇是否还可以再报。回答是可以，甚至说国家之仇百世也可以报。

这就引发出第二个问题，齐襄公远祖被烹之仇所依据的是"君国一体"的原则，这表明如果国家存在，那么这个仇就可以无限延续下去。而卿大夫之家的道德责任则要按照服制递减，家仇就不能持续九世。不过这段文字并没有讨论家仇可延续多长时间，而强调如果是"国仇"可以无限延续。

当然对于这个原则也多有争论，前文所指"君国一体"也可能受到"君命如天"的挑战，更为直接的挑战则来自于君父同等化的礼制。所以，《五经异义》等比较各部经典异同的作品就认为期限应该是"五世"。贾公彦说：

> 依《异义》古《周礼》说复仇可尽五世，五世之内。五世之外，施之于己则无义，施之于彼则无罪。所复者，惟谓杀者之身，及在被杀者子孙，可尽五世得复之。(郑玄注，贾公彦疏：《周礼注疏》卷十四)

在通经致用的原则下，经典所载通常会被制度化而施行于社会生活中。而"复仇"的原则与其他的礼制规则有所不同，比如，不同经典提出的复仇原则会有所不同，特别是在大一统国家建立之后，复仇行为受到越来越严格的限制。在公共管理体系未臻完备的时候，允许私人了断恩怨情有可原，然而专制政权建立之后，生杀予夺的权力被国家收回乃是势在必行。从汉代开始，不断有法令禁止私人复仇。但是，在法律儒家化的背景下，法律对于报仇事件的处理因与儒家经典论说相冲突，而陷入矛盾和冲突之中。

二、儒家的"爱"与"恨"：经典与法律的张力

《春秋》崇尚复仇从另一侧面反映出春秋战国时代旺盛的复仇之风。至汉初，这样的侠义之风受到抑制，比如汉高祖入关之后，约法三章，规定杀人者死，这实质上也构成了对复仇的限制。秦朝国祚短暂，严刑峻法被认为是其灭亡的主要原因，故而汉初在律法上总体倾向于宽松，主要依靠萧何根据秦律改订的《九章律》，其中关于复仇并无专门的法律条文来应对。随着《公羊学》的兴起以及强调动机论的"原心定罪"原则深入人心，汉以后的复仇风气一直盛行。在史书中，我们可以看到许多因为避仇而迁徙他乡的记载。不过，大一统政治所要求的对惩罚手段的垄断，使大多数复仇者并没有因为"孝"的动机而被赦免。

一般认为，东汉的复仇风气要盛于西汉，对于复仇正当性的讨论也多起来。他们的关注点主要在于孝道之情和法律之严肃性的冲突。比如，桓谭就强调了法不容情的观点，认为纵容私相报仇事实上会产生子孙无法完成孝道的悲剧。

且设法禁者，非能尽塞天下之奸，皆合众人之所欲也，大抵取便国利事多者，则可矣。夫张官置吏，以理万人，县赏设罚，以别善恶，恶人诛伤，则善人蒙福矣。今人相杀伤，虽已伏法，而私结怨仇，子孙相报，后怨深前，至于灭户殄业，而俗称豪健，故虽有怯弱，犹勉而行之，此为听人自理而无复法禁者也。今宜申明旧令，若已伏官诛而私相伤杀者，虽一身逃亡，皆徙家属于边，其相伤者，加常二等，不得雇山赎罪。如此，则仇怨自解，盗贼息矣。(《后汉书·桓谭冯衍列传》)

他认为法律所禁并不能面面俱到，关键要看对治理国家是否有利，总之是要让好人得到保护，恶人受到惩罚。他对凶手已经伏法但受害人亲属还依旧要复仇的行为提出了批评。他认为，人与人之间的杀伤行为，应由法律来处置，而不应该再"私结怨仇"。他担心子孙相报的行为，最终会造成"灭户"的后果。因为世俗的褒扬，生性怯懦的人迫于社会压力也只能勉力复仇。如果复仇之风蔓延，法律的尊严也将受到损害。因此必须严厉禁止私相复仇的行为发生。若是复仇者自己畏罪逃亡，其家族成员则要受"徙边"等惩罚。

东汉初期光武帝刘秀比较信奉谶纬，桓谭的建议并没有得到重视，在这个时期的史籍中，我们可以看到比西汉更多的复仇记录。不但有通常的为父复仇的记录，甚至还有许多为朋友复仇的故事。比如：

恽友人董子张者，父先为乡人所害。及子张病，将终，恽往候之。子张垂殁，视恽，歔欷不能言。恽曰："吾知子不悲天命，而痛仇不复也。子在，吾忧而不手；子亡，吾手而不忧也。"子张但目击而已。恽即起，将客遮仇人，取其头以示子张。子张见而气绝。郅因而诣县,以状自首。令应之迟,郅曰:"为友报仇,吏之私也。奉法不阿,君之义也。亏君以生,非臣节也。"趋出就狱。(《后汉书·申屠刚鲍永郅恽列传》)

郅恽精通《韩诗》和《春秋》,当时已致仕归乡,看到朋友不能亲手完成复仇之志,所以一定要在他临终前替其完成夙愿。在郅恽看来,为朋友完成复仇之事,是私人的选择,复仇违反法令,则是公义。他不愿意以私人的原因来损害公义,所以复仇完成后就去自首了。这类复仇故事并不完全秉承经典的内涵,更多体现的是侠义之气。类似的故事还比如:

何颙字伯求,南阳襄乡人也。少游学洛阳。颙虽后进,而郭林宗、贾伟节等与之相好,显名太学。友人虞伟高有父仇未报,而笃病将终,颙往候之,伟高泣而诉。颙感其义,为复仇,以头醊其墓。(《后汉书·党锢列传》)

东汉士人有重视名节的倾向,社会风气中弥漫着轻身尚气的习俗,甘愿为朋友赴死,甚至都不顾及早期儒家经典中强调的"留养"父母的原则。

除了为朋友复仇,还有为兄弟之子报仇的:

荆少为郡吏,兄子世尝报仇杀人,怨者操兵攻之。荆闻,乃出门逆怨者,跪而言曰:"世前无状相犯,咎皆在荆不能训导。兄既早没,一子为嗣,如令死者伤其灭绝,愿杀身代之。"怨家扶荆起,曰:"许掾郡中称贤,吾何敢相侵?"因遂委去。荆名誉

益著。太守黄兢举孝廉。(《后汉书·循吏列传》)

在这个故事中，报仇的情节被描述得十分和谐。不但仇家放弃了再度复仇的想法，而且许荆还因此获得了更高的名誉，被举为孝廉。

汉章帝时制定了《轻侮法》，在一定程度上肯定了复仇的合理性，因此有一些复仇被宽宥的记载。对此，和帝时张敏提出了驳议，他说：

> 夫《轻侮》之法，先帝一切之恩，不有成科班之律令也。夫死生之决，宜从上下，犹天之四时，有生有杀。若开相容恕，著为定法者，则是故设奸萌，生长罪隙……《春秋》之义，"子不报仇，非子也"。而法令不为之减者，以相杀之路不可开故也。今托义者得减，妄杀者有差，使执宪之吏得设巧诈，非所以导"在丑不争"之义。又《轻侮》之比，浸以繁滋，至有四五百科，转相顾望，弥复增甚，难以垂之万载。(《后汉书·邓张徐张胡列传》)

按张敏的观点，虽然《春秋》中有"子不报仇，非子也"这样的说法，但后世并没有因此而宽宥杀人者，主要是虑及私相复仇对社会秩序的危害。如果复仇杀人可以得到赦免，那么便会鼓励那些妄杀之人。而由此引申出的其他宽恕型法令，也会造成法令体系的复杂化，难以成为后世的典范。经过张敏的反复申说，最后和帝听从了张敏的建议，废弃了《轻侮法》。

东汉时候，还有一个著名思想家荀悦直接从经典和法律原则的关系来讨论复仇的合理性问题，他从《周礼》中对复仇的一些规定申论，认为经典的解释要与时俱进，古代的典章不一定全都符合当下的政治现实，因此复仇不可取。荀悦以对话的方式展开他的论证：

> 或问复仇。"古义也。"曰:"纵复仇可乎?"曰:"不可。"曰:"然则如之何?"曰:"有纵有禁,有生有杀,制之以义,断之以法,是谓义法并立。"曰:"何谓也?""依古复仇之科,使父仇避诸异州千里,兄弟之仇,避诸异郡五百里,从父从兄弟之仇,避诸异县百里;弗避而报者无罪,避而报之,杀。犯王禁者罪也,复仇者义也,以义报罪。从王制,顺也;犯制,逆也,以逆顺生杀之。凡以公命行止者,不为弗避。"(《申鉴·时事》)

他指出,如果按照古代规定的复仇原则,杀父之仇要避到千里之远,兄弟之仇则是五百里,从兄弟一百里,不避的话允许复仇。如此实践,并不符合大一统的政治现实。如果复仇是一种责任,那么首先应该报告官府。服从法律规范,就是顺;违反法律规范,就是逆。这是公共的规则,人人都应该遵循。由此,直接否定了复仇行为的正当性。

到三国时期,战乱频繁,曹魏政权严禁报仇。但这个时期,却出现了一个对后世影响巨大的女子赵娥复仇的故事。据《后汉书·列女传》的记载:

> 酒泉庞淯母者,赵氏之女也,字娥。父为同县人所杀,而娥兄弟三人,时俱病物故,仇乃喜而自贺,以为莫己报也。娥阴怀感愤,乃潜备刀兵,常帷车以候仇家。十余年不能得。后遇于都亭,刺杀之。因诣县自首。曰:"父仇已报,请就刑戮。"禄福长尹嘉义之,解印绶欲与俱亡。娥不肯去。曰:"怨塞身死,妾之明分;结罪理狱,君之常理。何敢苟生,以枉公法!"后遇赦得免。州郡表其闾。

这个故事表明杀人者李寿知道他必然成为复仇的对象，这大约也可以看出当时的社会风气。看到想复仇的三兄弟病死，他便以为没有可复仇的人了，仇怨由此可以了结。不料，受害者的女儿却替父亲复了仇，并在完成使命后束身就刑。当时的官员不忍心烈女受死，甚至想与之一起逃亡。赵娥坚持不能因复仇而枉法，事实上既承认了经典的意义，也接受了法律的准则，属于公私兼顾。虽然故事的结尾是赵娥被赦免，但礼法之间的冲突已经表现得很充分了。这个故事在《三国志》和皇甫谧的《列女传》中都有记载，并呈现出越来越明显的民间故事化倾向。虽然这个故事原型发生在酒泉，但在我的老家浙江绍兴也流传着一个曹娥投江救父的故事，那条河还被命名为曹娥江。

法律史大家瞿同祖先生指出，东汉之后的法律，一般都禁止复仇。不过晋代的法律一度受传统复仇观念的影响，在一定程度上允许复仇，但对于已经赦免或因失误而致死的案例也禁止复仇。

> 贼斗杀人，以劾而亡，许依古义，听子弟得追杀之。会赦及过误相杀，不得报雠，所以止杀害也。(《晋书》卷三十《刑法志》序略）

汉代至魏晋，法律儒家化不断推进，儒家的价值逐渐在法律中得到体现。不过，复仇现象因为直接挑战皇朝对于刑事裁量权的垄断，导致了公权力和私仇之间的尖锐对立。所以，大多数的时候，法律是禁止复仇的。不过在价值观上，复仇背后的忠孝意象则始终被国家表彰。这样的矛盾和紧张在唐宋时期依然不断以各种方式得到呈现，而且参与争论者越发具有社会影响。

三、唐宋时期的文人学士关于复仇的争论

唐代统治者对于复仇的态度因时而异，初唐时复仇者多能得到嘉勉。从武后称帝到唐宪宗时期，基于陈子昂提出复仇者需加以惩罚的奏议，朝廷意识到了嘉勉复仇与官府的权威体系之间的冲突。后又因宪宗时期的梁悦案，韩愈和柳宗元提出了肯定复仇的奏议，宪宗对于复仇者的态度也发生了变化。有学者通过对史籍所载从唐初到唐末的十五件复仇事件的对比，发现唐太宗时期复仇当事人多被宽宥，武则天到高宗时期多有伏法，而宪宗之后再度倾向于被宽恕。

唐代关于如何审判复仇事件的讨论很多，参与者多是我们熟悉的人物。在《旧唐书》和欧阳修主持的《新唐书》的"孝友"类中收录了许多复仇的故事。

讨论比较集中的案例有几个，其一是山东即墨人王君操的复仇故事。王君操之父在隋朝大业年间被乡人殴杀，其母告官又被收捕，年幼的他便四处流浪并寻觅机会报仇，最终在贞观年间复仇成功。不过，由这个时期的史书乐于渲染复仇过程的"酣畅"，也可窥见对复仇行为的肯定。王君操为报父仇，在仇家已经投案自首的情况下，仍手刃之，"剖腹取其心肝，啖食立尽"，被视为"孝"的表现，而列入"孝友"录。他在面对州官时慷慨陈词：

> 州司以其擅杀戮，问曰："杀人偿死，律有明文，何方自理，以求生路？"对曰："亡父被杀，二十余载。闻诸典礼，父仇不可同天。早愿图之，久而未遂，常惧亡灭，不展冤情。今大耻既雪，甘从刑宪。"州司据法处死，列上其状，太宗特诏原免。（《旧唐书·孝友》）

唐太宗赦免王君操体现了唐初对于复仇的宽宥态度，但这种态度在唐代并不常见。武则天时期，下邽人（属今陕西渭南）徐元庆之父徐爽为县尉赵师韫所杀，元庆隐姓埋名做驿站守卫。过了很久，已经做了御史的赵师韫正好入住此驿站，徐元庆动手杀了赵师韫，然后去官府自首。对于该如何处置徐元庆，引发了巨大的争论。首先是左拾遗陈子昂提出：

> 先王立礼以进人，明罚以齐政。枕干仇敌，人子义也；诛罪禁乱，王政纲也。然无义不可训人，乱纲不可明法。圣人修礼治内，饬法防外，使守法者不以礼废刑，居礼者不以法伤义，然后暴乱销，廉耻兴，天下所以直道而行也。（《新唐书·孝友》）

但具体到徐元庆的案例，陈子昂说，徐元庆为父复仇，然后束身归罪，其行为堪比古代的烈士。按律法，他必须服罪就死，但如果按《公羊传》"父仇不同天"的古训，则他应该被赦免。刑罚的作用是防止社会动荡，而教化的作用是养成崇德的社会风气。徐元庆的复仇行为不能算触犯刑律，而以复仇行孝道，确属仁义之举。如果把这样的仁义之举等同违法而加之以刑罚，则难以为社会树立道德标准。不过这样就会出现一个矛盾的后果："今义元庆之节，则废刑也。"于是，陈子昂主张："迹元庆所以能义动天下，以其忘生而及于德也。若释罪以利其生，是夺其德，亏其义，非所谓杀身成仁、全死忘生之节。臣谓宜正国之典，置之以刑，然后旌闾墓可也。"（《新唐书·孝友》）

陈子昂的主张是让徐元庆伏法来维护法律的严肃性，在礼与刑的紧张中主张维护法的权威性，作为对孝义行为的肯定，可以在徐元庆的家乡及墓地表彰他的行为。可是，许多人并不认可陈子昂的上述主张。到中唐之后，复仇的礼法之争再度回到人们的视线里，时任礼部员外郎的柳宗元从礼刑的关系立论来反驳陈子昂的观点：

> 礼之大本，以防乱也。若曰：无为贼虐，凡为子者杀无赦。刑之大本，亦以防乱也。若曰：无为贼虐，凡为治者杀无赦。其本则合，其用则异。旌与诛，不得并也。(《新唐书·孝友》)

按照柳宗元的看法，如果律法要诛杀道德高尚的人，就会让律法与道德相违背，是对刑罚正当性的损害。如果表彰该杀的人，就是直接冲击社会价值导向。具体到这个事件本身，如果赵师韫是借助公器来泄私怨，虐杀无辜，而他的上级官府不加以纠正，不能倾听受害者的申诉，那么徐元庆精心谋划以报父仇，"是守礼而行义也"。执事机构才应为这一切的发生承担责任，怎么能对徐元庆处以极刑呢？

如果是徐元庆的父亲不免于罪，而被赵师韫诛杀，这并不违背法条，"非死于吏也，是死于法也"。由此，徐元庆的复仇行为就是与法律乃至国家秩序为敌。"仇天子之法，而戕奉法之吏，是悖骜而凌上也。执而诛之，所以正邦典，而又何旌焉？"(《新唐书·孝友》)

柳宗元认为礼书中对于可复之"仇"是有严格规定的，是指"冤抑沉痛而号无告也"，不是指那些犯法违禁而被诛杀之人，不是说你杀了我父亲我就必须杀你，可以不管是非曲直而盲目行动。为此，柳宗元总结说：

> 且夫不忘仇，孝也；不爱死，义也。元庆能不越于礼，服孝死义，是必达理而闻道者也。夫达理闻道之人，岂其以王法为敌仇者哉！议者反以为戮，黩刑坏礼，其不可以为典明矣。请下臣

议附于令，有断斯狱者，不宜以前议从事。(《新唐书·孝友》)

柳宗元的结论是，从徐元庆这样的行为看，他可以称作是"达理闻道"之人。将这样的人视作违背王法，反而要诛杀之，这种议论不可以成为"典例"。要改变的是律法，不应以陈子昂的奏议从事。

唐玄宗时发生的一件比较复杂的复仇事件，也引发了朝廷的关注。有山西人张琇，其父张审素为巂州（今四川昌西一带）都督，被陈纂仁诬告私自拥兵等事，唐玄宗起疑而命监察御史杨汪前去调查。这时陈纂仁又进一步诬告张审素和他的总管董堂礼谋反，于是张审素被收监。董堂礼气愤之下杀了陈纂仁，并领兵围困监察御史，试图让其释放张审素。很显然，这一系列鲁莽的举动似乎坐实了陈纂仁的告发，最终官兵剿杀董堂礼，并处斩张审素。张琇和他的哥哥逃往岭南，伺机报仇。在他们兄弟还只有十三岁和十一岁的时候，就返乡杀死杨汪，并向官府自首。对此，中书令张九龄等称其孝烈，宜赦免，侍中裴耀卿等则认为应该处死。唐玄宗也同意后者的主张，并对张九龄说："孝子者，义不顾命。杀之可成其志，赦之则亏律。凡为子，孰不愿孝？转相仇杀，遂无已时。"虽然当时有不同的意见，但最终唐玄宗还是决定杀了他们兄弟二人。

从唐玄宗的决定看，对于复仇之事在法律上该如何处置，不同的皇帝虑及当时的社会环境会做出不同的决断。不过，高扬道德的赦免派的观点一直有支持者。张九龄、柳宗元的态度影响到韩愈对于复仇的态度。唐宪宗元和六年（811），有梁悦为父复仇案。对于这件事，宪宗下诏说，按法律杀人当死，而按《周礼》则父仇必报。对于此礼法之间的矛盾，宪宗责令尚书省提交意见，当时还任职员外郎的韩愈上了奏议。

韩愈说子复父仇是"大义",在《春秋》《礼记》等经典和史书里都有记载,一般都是持肯定的态度。对于复仇,理应有专门的法律条文来处置,但律法却无相应的条文。韩愈最重要的理由就是道德和法律的冲突,"盖以为不许复仇,则伤孝子之心,而乖先王之训;许复仇,则人将倚法专杀,无以禁止其端矣"(《旧唐书·刑法志》)。韩愈说,经典之大义虽然由圣人阐发,但执行的则是具体的司法衙门。这就要求立法和司法机构对于经典所记载的情况有充分的了解。韩愈举《周官》中的话"凡杀人而义者,令勿仇,仇之则死"指出,这表明为父报仇是有明确的范围的,即如果不是枉杀,就不能视为"仇人"。按《公羊传》的解释,只有父亲受冤而死,而致父死之人没有被惩处,才可以进行复仇,而且进行复仇之前,需要告知官府。

韩愈认为,复仇行为要考虑到具体的情境,即使是经典中列举的状况也难以完全覆盖现实的多样性。所以,对于复仇者,"杀之与赦,不可一例。宜定其制曰:凡有复父仇者,事发,具其事由,下尚书省集议奏闻。酌其宜而处之,则经律无失其指矣"(《旧唐书·刑法志》)。也就是说,所有复仇事件的处置都要上报到尚书省,然后根据经义和现实的情景来判断。另外,"《周官》所称,将复仇,先告于士则无罪者。若孤稚羸弱,抱微志而伺敌人之便,恐不能自言于官,未可以为断于今也"(《旧唐书·刑法志》)。这里讨论了一个特别的情况,即那些孩子为复仇而一直隐匿自己志向的人,肯定不会先向官府报备,对于这样的情况,赦免与否,也要经过尚书省的商议,再来做决断。

唐代表现出比较明显的礼法冲突,一个很重要的原因是如韩愈所说《唐律》中没有明确的关于"复仇"的条例。《唐律》间接与复仇相关的是《唐律·斗讼》中有关"祖父母为人殴击"的部分,其核心内容是长辈之间的争斗，子孙不得参与；如果祖父母、父母被别人殴打，子孙必须是随后赶到解救才符合减轻处罚的条例；如果在解救祖父母、父母的时候，不慎致人死亡，也会按"杀人者死"处置；最关键的是，只允许有血亲关系的人复仇，如果是佣人或部下，只可以解救，不能帮忙复仇。

宋代的哲学思想是继先秦之后中国思想发展的又一个高峰。就复仇而言，王安石的观点延续了唐代韩愈等人的讨论。王安石并不肯定"复仇"，认为"非治世之道也"，他说在政治清明的时代，应该各修其职，这样犯罪的事件必然会得到惩处，人即使是有冤屈，也有申诉的地方。所以，《春秋》和《礼记》强调复仇，是因为属于乱世，人人相为仇敌，才会让复仇合法化。

王安石在《复仇解》一文中指出，不论是《春秋》还是《周礼》，对于复仇都有一定的条件，甚至有严格的程序性的要求，而且儒家总体上肯定恩而非仇，暴力复仇恐怕并非周公之法。因此，王安石认为有仇不复固然是非孝，但并非一定要通过复仇而导致"殄祀"，断绝对祖宗的祭祀，这不是孝顺的行为。"仇之不复者，天也；不忘复仇者，己也。克己以畏天，心不忘其亲，不亦可矣。"

与王安石在社会变革等方面有很大分歧的北宋理学家们并无专文讨论复仇，只是在与学生讨论经义的时候涉及。比如程颐就与学生谈及过复仇行为的合法性问题：

> 问："周礼有复仇事，何也？"曰："此非治世事，然人情有不免者。如亲被人杀，其子见之，不及告官，遂逐杀之，此复仇而义者，可以无罪。其亲既被人杀，不自诉官，而他自谋杀之，此则正其专杀之罪可也。"问："避仇之法如何？"曰："此因赦罪

而获免,便使避之也。"①

这则对话并没有涉及具体的案例,不过程颐谈及了几种可能性,即如果亲眼看见亲人被杀,肯定来不及告官,这时的复仇行为应该被赦免。而如果知道消息的时候,亲人已经被杀,就应该告官而不能"专杀"。同时,程颐还肯定了"避仇"。

至南宋,因靖康之耻,研读《公羊传》的胡安国发挥了《公羊传》中的复仇观念。胡氏特别强调臣复君仇的意义,认为复仇即使失败了也值得肯定。为了强调复仇的迫切性,他支持《春秋》中的"九世复仇"的主张。②

关于复仇的讨论,到明末和清末再度兴起,黄宗羲与章太炎等思想家都有专门的论述。比如作为晚清革命派理论家的章太炎曾写《复仇是非论》一文。他肯定法律是公众代私人复仇,但因为国家与国家之间并不存在有效的法律体系来保护各自的利益,如果发生一个种族占领别的种族领土的问题,就只能通过复仇的行为来恢复故土。因此,他反对将复仇看作是上古野蛮之风的延续,而是将其看作对法律空隙的补充。

近年来我们也时常可以看到复仇所引发的法律事件。维护法律尊严已经成为社会共识,不过当个人权益未能及时得到保护时的偶发复仇事件,也依旧能获得社会舆论的充分同情。这表明传统价值依旧会以各种不同的方式在我们的日常生活中出场。

---

① 《程氏遗书》卷十八,载《二程集》上,中华书局,2004年,第230页。
② 郑任钊:《胡安国〈春秋传〉的复仇说——兼与〈公羊传〉比较》,载《四川师范大学学报(社会科学版)》,2016年第5期。

第十一讲

神道设教：儒家的宗教性

儒家是否是宗教和重建儒教的话题在很长一段时间内引发了人们的兴趣。在科学主义的影响下，一些人士认为宗教将逐渐消亡，但在现实生活中，宗教对人类的日常生活和价值观念的影响依然存在。

讨论儒家的宗教性，其复杂性还在于"宗教"概念是如此歧义丛生，以至于很难在相似的基点上展开讨论。不仅如此，任何宗教问题的讨论还会涉及政治意识形态和文化情感，这也会让我们对儒家的宗教性问题的讨论有"言不尽意"之憾。

一、儒家与中国宗教的特色

我们现在讨论宗教，首先面临的困难就是"宗教"定义的丰富性。宗教的英文是 religion，这个概念的拉丁文 religio 原意是指对神的敬畏和景仰，礼敬神的礼仪、神圣性、圣地、圣物。基于这样的词源学追溯，我们大致可以看到目前"宗教"概念多元化的发展方向。

有人将信仰的对象作为宗教的特征，比如有一个绝对超越的对象存在，这种超越物作为一切意义的根源。也有的宗教信奉救世者的存在，认为救世主可以帮助人摆脱人间的苦痛。还有一些定义从人本身出发，或是认为宗教是人的一种与神沟通的体验，或是认为宗教是一种追求无限的"终极关怀"。如果从社会组织和功能的角度出发，则会强调宗教的组织和仪式,以及宗教对于道德和价值的作用。

概括起来说,宗教可以分为内在的价值和情感以及外在的组织、信仰仪式和行为。但这样的要素性的总结和前面所说的单一方面的定义并不能互相替代。一个宗教被称为宗教,并不一定需要满足所有的条件,而且宗教本身的含义也必然会随着时代的发展不断发生变化。

(一) 儒家是否是宗教的是是非非

基于对中国文化异质性的认识,儒家是否是一个宗教是一个受到世界范围关注的问题。虽然许多百科全书将儒家列入世界主要宗教之一,但这并不意味着大家对于这样的说法没有异议。鲁尼·泰勒在他的《儒家的宗教向度》一书的开头就描述了他在参加美国宗教协会的会议时被问及"在儒家的文献中是否有一个可以直接被翻译成宗教的词",并说"儒家是否是宗教成了一个新的问题"。[①] 熟悉中国宗教史的人马上就会想起,这就是利玛窦等耶稣会士在中国传教时所遇到的尖锐问题,即中国人的敬天法祖行为是否是一种宗教活动。

但在中国关于儒家是否是宗教的讨论,或许还会受一些意识形态观念的影响,在长期将宗教视为"鸦片"的观念之下,判定一个学说是否是宗教,有时候还会涉及一些褒贬的功能。

1980 年,时任中国社会科学院宗教研究所所长的任继愈先生便在撰写《论儒教的形成》时指出,从汉武帝独尊儒术起,儒家就已具有宗教雏形。但宗教的某些特征还有所欠缺。他说在吸收了佛教和道教的一些宗教因素之后,儒家宗教化日趋完善。宋明理学的形成,就是儒家宗教化的完成。儒教所信奉的是天地君亲师,其中君亲是中国封建

[①] Rodney L. Taylor, *The Religious Dimensions of Confucianism*, State University of New York Press, 1990, P.1.

宗法的核心，天是君权神授的神学依据，地作为天的陪衬，师是为天地君亲立言的神职人员，拥有最高的解释权。任继愈先生将理学作为儒教的完成态，并非是要抬高理学。在他心目中，宗教是一种落后的信仰形式，这样的思想形态当然最好是早日消亡。他认为，宋明以后的儒教，提倡忠君孝亲、尊孔读经、复古守旧，都是文化遗产中的糟粕，是民族的精神赘疣。历史事实已经告诉人们，儒教带给我们的是灾难、桎梏、毒瘤，而不是优良传统。儒教是中国实现现代化的障碍。

任继愈先生的观点引发了巨大的争议，包括冯友兰先生在内的许多学者都对任继愈先生的观点持不同意见。但几十年来任继愈先生并没有改变儒家是宗教的看法。只是他不再坚持儒教是中国落后的根源，而是认为其提倡的忠和孝两个支柱，对社会起到了稳定平衡的作用，形成了团结人民、融合民族的纽带。

另外一种比较有影响的看法是将儒教看成是中国的国教。何光沪认为，国教是由统治阶级或执政者定为国家的全民性信仰的宗教，它是一定社会中占统治地位的官方意识形态，是维护统治秩序的最重要的精神支柱。在这样的前提下，他认为中国文明早期的祭天祭祖活动，都担负着国教的职能。而儒家因为是这些思想的继承者，"再加上一套作为自身特征的仁义孝悌伦理说教，所以特别适合于上借神权，下靠父权，骨子里集权专制，外表上仁义道德的统治者的需要。它在汉武帝以后演变为专制国家实质上的国教，实在是顺利成章的事情"。①

南开大学的张荣明教授在2001年出版了《中国的国教：从上古到

---

① 何光沪：《论中国历史上的政教合一》，载任继愈主编：《儒教问题争论集》，宗教文化出版社，2000年，第187页。

东汉》一书,他借用罗伯特·贝拉的公民宗教的理论,对国教说做了进一步的理论清理。他把宗教分为两类,国家宗教和民间宗教,原初国家宗教和民间宗教是合一的,这样信仰和道德、政治和宗教活动、宗教领袖和世俗领导是合一的,这是典型意义上的一体化宗教,更接近于一般意义上的"国教"(State Religion);而随着社会的发展,国家宗教和民间宗教分途,民间宗教有自己的教团组织和信仰体系,而国家宗教则演化为对"仅仅具有政治属性、为政治服务的宗教的规定和命名"。① 而国教组织就是国家的行政组织。所以张荣明所说的国教更接近于"公民宗教"(Civil Religion)。

但是我们可以看到,张荣明等人在讨论"国教"问题的时候,或许模糊了"儒教"和"国教",也就是说我们并不能从他们的书中得出所谓的"国教"就是儒教。

也有学者试图对儒家与传统宗教之间进行必要的区分。比如牟钟鉴等认为中国传统的宗教是一种"宗法性的宗教"。他在《中国宗法性传统宗教初探》中指出,这种宗教以天神崇拜和祖先崇拜为核心,以社稷、日月、山川等自然崇拜为羽翼,以其他多种鬼神崇拜为补充,形成相对稳固的郊社制度、宗庙制度以及其他祭祀制度,成为中国宗法等级社会礼俗的重要组成部分,是维系社会秩序和家族体系的精神力量,是慰藉中国人心灵的精神源泉。同时,牟钟鉴也认为宗法性传统宗教同儒家的礼学关系密切,或者说儒家的天命鬼神思想和关于吉礼凶礼的论述正是传统宗教的神学理论,因此两者又有所交叉。从组织结构上,宗法性传统宗教过分地依赖于国家政权与各阶层的族权,自身在组织上没有任何的独立性,也没有教徒与非教徒的界限。

---

① 张荣明:《中国的国教:从上古到东汉》,中国社会科学出版社,2001年,第9页。

（二）神道设教：儒家的宗教性

在中文读者这里，对于"儒家是否是宗教"的疑问还来自"儒教"的说法。儒教的"教"所指的是"教化"。古代的儒家认为，社会秩序主要不是依赖强力手段的维系，而是通过教化让大家心悦诚服地接受。

儒家之初就是对于周代礼仪制度的继承与改造，在中国早期的历史中，祭祀活动乃政治的一大组成部分。正如《左传》所谓"国之大事，在祀与戎"，但是儒家不断地用道德来取代神灵作为政治合法性和社会秩序神圣性的依据。这样，即使从原始宗教那里遗存下来的宗教性因素也会被转化为"教化"可以利用的手段。祭祖、敬天、法地，其核心都在于教化。"夫祭之为物大矣，其兴物备矣。顺以备者也，其教之本与？是故君子之教也，外则教之以尊其君长，内则教之以孝于其亲。是故明君在上，则诸臣服从；崇祀宗庙、社稷，则子孙顺孝。尽其道，端其义，而教生焉……是故君子之教也，必由其本，顺之至也，祭其是与？故曰：'祭者，教之本也已。'"（《礼记·祭统》）荀子更为明确地说，祭祀对于君子来说，就是一些教化的仪式活动，而对于普通的百姓来说，则可能会被理解成与鬼神的沟通。"祭者，志意思慕之情也。忠信爱敬之至矣，礼节文貌之盛矣，苟非圣人，莫之能知也。圣人明知之，士君子安行之，官人以为守，百姓以成俗；其在君子以为人道也；其在百姓以为鬼事也。"（《荀子·礼论》）

孔子不谈论怪力乱神，主张用内心的敬意来主导各种仪式活动，这样的观念也成为儒家的基本立场，"夏道尊命，事鬼敬神而远之，近人而忠焉……民之敝，蠢而愚、乔而野、朴而不文。殷人尊神，率民以事神，先鬼而后礼，先罚而后赏，尊而不亲。其民之敝，荡而不静，胜而无耻。周人尊礼尚施，事鬼敬神而远之，近人而忠焉。其赏罚用爵列，亲而不尊。其民之敝，利而巧，文而不惭，贼而蔽。"（《礼记·表记》）孔子认为周代事鬼敬神而远之的方式是最有利于社会教化的。

儒家重视祭祀但并没有将之发展为如其他文明那样的一神教信仰，而是将这些活动和政治活动有效地融合。因此，尽管后世祭祀仪式代有变更，但政治机构代行宗教之职能一直未变。比如在祭祀系统中，唯天子可以祭天、祭地，并举行禘祭（大祭）。这样，天子担当了天人之间唯一沟通者的角色。各级府衙则有专属的祭祀内容，而这些祭祀活动，既可以看作是宗教活动，同时也可以看成是政治活动。

儒家所主张和参与的祭祀活动中，主要是祭祀天地和祖先这两项。《说文解字》对于"宗""教"含义的解释正好是对应祖先崇拜这个主题的。"宗，尊祖庙也。""教，上所施，下所效也。"在很多情况下，祭祀祖先和祭祀天地是同时进行的。《孝经》说："孝莫大于严父，严父莫大于配天，周公其人也。周公郊祀后稷以配天，宗祀文王于明堂，以配上帝。是以四海之内，各以其职来祭。"

但是中国的祭天和祭祖仪式，其所着眼的始终是现实的秩序。儒家所尊崇的"天"也不是彼岸，"天"的世界是与人的世界存在着交感关系的，人类的活动可以影响到自然的和上天的意志，而帝王充当着这种意志的传达者和体现者。同样，对于每一个家庭而言，祖先的神灵也充当着将子孙的愿望传达到天帝那里的中介者的角色，中国人甚至相信祭品对于天地崇拜和祖先崇拜是非常必要的，因为这祭品的丰富与否会影响到祖先或其他神灵的好恶及心情。这种观念的现实指向是十分明显的，因为祖先崇拜使家族有了确定无疑的核心，同样对于国家来说，皇帝便是天地之间的核心。在此基础上形成了国家认同和家族认同。

中国宗教的政治伦理特性，决定了它的现世性。由此，儒家对于超越性的诉求都是向内的，而非诉诸"神"，进而发展出一套内省和自制的行为规范，但这并不是忏悔。儒家有不朽的追求，但立足于"立功、立德、立言"这种世俗事业上的成功，不会把目标放在等待上帝的拯救上。儒家确信人的本性是倾向从善和热心公益的，只有那些社会和谐的破坏者才会被看作是"罪人"，而个人和建立在个人基础上的灵魂则被看轻。

因此，无论是官方的祭典仪式，还是家族的祭祖，这些都无关于个人的救赎与来世的保障，更多的是对于社群和国家利益的关切。因此，在英语世界影响巨大的中国宗教研究者杨庆堃主张儒家是一种有宗教性的思想体系，其宗教观念主要是作为践行儒家原则与价值的工具。

杨庆堃的著作《中国社会中的宗教》一直被视为研究中国宗教的里程碑式的作品。在书中他引用瓦哈（Joachim Wach）的《宗教社会学》中对两种类型的宗教组织，即"自然团体"（natural groups）和"特殊的宗教"（specifically religious）的区分，来解析中国宗教的做法，受到广泛的关注。他说，宗教大致可以界分为两种形态：一种是制度性的宗教（institutional religion），另一种则是分散性的宗教（diffused religion）（这个概念的翻译有很多，比方说李亦园翻译成"普化宗教"，王铭铭将之翻译成"弥散性宗教"等）。

所谓"制度性宗教"意为有独立的关于世界和人类事务的神学观或宇宙解释系统，有独立的象征和崇拜祭祀系统，并由一类人组成独立的组织，能使神学观点通俗简明化并重视祭祀活动的进行。从结构角度而言，制度性宗教的一个最大特点是其自身可独立于世俗的社会体系之外，从而在某种程度上与之相分离。"分散性宗教"则被理解为拥有神学理论、崇拜对象及信仰者，同时紧密地渗透进一种或多种世俗制度中,成为世俗制度的观念、仪式和结构的一部分。简单地说,"制度性宗教"独立于世俗制度系统而独立发挥作用,"分散性宗教"则只能作为世俗社会制度的一部分发挥其功能。与之相关的是,制度性宗教在基层社会组织中的渗透力及示范意义比较有限;而分散性的宗教则缺乏相对的独立性,但是它作为一种世俗制度和总体社会秩序的支撑力量起着很重要的作用。

杨庆堃还概括出了儒家宗教性的两个面向:

第一,儒家思想的神学面向:儒学的理性化一直被人强调,特别是"子不语怪力乱神"等语句的反复引证和儒学的现世性特性等,这使儒学的"神学"特性被忽视。杨庆堃认为"通过在其学说背景中保留超自然因素,孔子思想的现世化倾向为宗教神学思想的发展留出了充足的空间"①。杨庆堃先生在书中举证的儒家的神学系统包括:信仰天命、易经和阴阳五行,祭祀和祖先崇拜等。"对超自然之天和命运的信仰对于儒家学说发展成为一种普世的道德准则具有特殊意义,帮助信徒提升其道德境界。……从积极的方面看,天命信仰唤醒了道德的力量,而从消极方面看,在这一信念的支撑下,世世代代的人们都对儒家学说的正确性坚信不移。"这样"儒学才得以巩固其作为国家正统的地位,在传统社会中推行其社会、道德价值"。②

第二,宗教生活的去中心化模式:从杨的著作中我们可以看到,他认为中国的宗教始终在中国社会生活中处于边缘化的状态,如佛道只是作为道德生活和政治生活的一个补充,并无对政治和道德的决定性意义。而儒家则是直接切入政治和伦理生活,这就形成了"宗教生

---

① (美)杨庆堃:《中国社会中的宗教》,范丽珠等译,上海人民出版社,2007年,第228页。

② 同上书,第235—236页。

活的去中心化模式"。在这种模式中,"宗教通过分散性形式服务于世俗社会制度,来强化组织。宗教普遍地渗透在世俗社会制度中,从传统社会的制度结构中得到支持,而其特有的神学、神明、信仰、仪式无一不对民众的生活产生了系统性的影响。所以,宗教在现实生活中的活动基本上是围绕着世俗制度来进行的。作为社会风俗的一部分,宗教通过展示其功能形成了四处渗透的影响力,好像也不需要拥有强大而独立的结构"。①

二、儒家与佛教、道教和基督教

从前面的分析我们可以看到,儒家即使可以称之为"宗教",也与世界上其他宗教差别很大。问题在于儒家的这种特点也让后起的几大宗教,比如佛教和道教十分强调它们的"教化"功能。

在儒家独尊的环境中,佛教和道教均在凸显自己特性的前提下,不断调整其教义与儒家观念之间的关系。而儒家也通过不断吸收佛教和道教中关于身心的理论而发展、丰富自身。因此一般认为儒释道之间的冲突和融合是中国文化的一大特征。

(一)儒释道三教的冲突与融合

一般我们经常会使用儒释道"三教"这样的称呼,该称呼并不意味着古人是在"宗教"的意味下来使用的。这里的"教"主要应该是从社会教化的功能上理解的。或许可以这么说,在"religion"这个词被翻译成"宗教"之前,人与神的沟通者是远古的巫师,这些人在后世只存在于民间宗教中,并不具有崇高的社会影响力。

---

① (美)杨庆堃:《中国社会中的宗教》,范丽珠等译,第307页。

我们可以这样说，即使我们以现代意义上的"宗教"的态度来对待它们之间的关系，儒家的自我定位与佛、道也有着确定的差异，在中国历史上，儒释道三教的地位并不平等，王阳明曾经用"堂屋"来比喻儒家，而佛道则是两边的"偏房"。

马克斯·韦伯通过对道教的研究，也发现儒家与别的不同宗教之间并不存在真正的平等，这表现在中国社会大多数的时候，社会精英阶层的首要选择是成为儒士。记得利玛窦来中国后，他一度从宗教的亲缘性来接近道士和僧人，但当他发现儒生才受到更多尊重的时候，他就开始按儒生的样子来打扮自己了。

说到底，儒家在汉代确立起独尊的地位之后，它的重要性一直都没有受到撼动。在儒释道三教之中，作为外来宗教的佛教的情况比较特殊，它虽拥有最完备的信仰体系和组织体系，但是，它与儒家思想在许多方面存在着冲突。

首先，佛教以摆脱世俗生活来寻求解脱的方式与儒家勇于承担社会责任的准则有很大的冲突。《牟子理惑论》最早揭示了儒家与佛教之间的这种冲突：认为出家人不行嫁娶，没有后嗣，违背了孝道，剃度则有违"身体发肤，受之父母，不敢毁伤"之古训；还有出家人不行跪拜，也违背了中国的礼制。这些问题由慧远做了理论上的回答。慧远所著的《沙门不敬王者论》一方面要强调佛教教义和习俗的独特性，另一方面则试图弥合两者之间的冲突。

唐代以后，随着佛教势力渐炽，许多读书人都吸收了佛教的观念，但攻击佛教的人也越来越多，著名的如韩愈。韩愈因为反对皇帝迎舍利子而被贬到当时还是蛮荒之地的潮州。

不过，儒释道在不断的相互攻击中逐渐融合。尤其是佛教的思维方式对中国人的思维世界和审美情趣影响很大。由于佛教的表达方式比较艰深，佛教的义理难以得到准确的传达，佛经的翻译者和传播者只好采用"格义"的方式来解释佛理。所谓"格义"就是用中国固有的概念来解释佛教义理。这种现象在魏晋时代就已经出现，而到了唐代，作为宗教融合的产物——禅宗的出现，使本土化佛教的影响力逐渐扩大。

与佛教传入差不多同时形成的道教，其自身的理论形态一直不甚明晰，或许我们可以这样看，道教在建立其自身"神学体系"的能力方面相对缺乏。道教是综合了本土的民间宗教、传统方术和道家的一些理论因素之后杂糅而成的，初期以宣扬得道成仙为最高目标。道教一方面大量吸收佛教的理论，另一方面为了争夺信徒，尤其是统治阶层的信徒，在理论上攻击佛教的手段便是"文化民族主义"，即借用夷夏之辨等方式来攻击佛教，在魏晋隋唐时期，这是道教排斥佛教的主要武器。唐太宗也有儒道是主，佛教是客的说法。

在唐宋之后，"三教论"便开始流行。所谓的"三教论"，其含义就是儒释道三教并行不悖，各自有其不可替代的社会功能。一般认为三教的观念起于唐宋帝王的提倡。唐代因其君主姓李，所以崇道，但其中的许多皇帝又崇佛，所以虽有孔、老、佛谁居主位的争议，但都认为三教同归于善，不可或缺。

宋代皇帝也多延续此意，南宋孝宗有《原道论》来批评韩愈的《原道》，并阐述佛道与儒家之间的共同之处。"释氏专穷性命，弃外形骸，不著名相，而于世事自不相关，又何与礼乐仁义哉？然尚犹立戒，曰：不杀、不淫、不盗、不饮酒、不妄语。夫不杀仁也，不淫礼也，不盗义也，不饮酒智也，不妄语信也。如此，与仲尼又何远乎？"他接着说："扬雄谓老氏槌仁义、灭礼乐，今迹老子之书，其所宝者三，曰慈、曰俭、曰不敢为天下先。孔子曰温良恭俭让，又惟仁为大。老子之所谓慈，岂非仁之大者耶？曰不敢为天下先，岂非逊之大者耶？至其会道，则互相偏举，所贵者清静宁一，而与孔圣果相背弛乎？"并且他提出"以佛治心，以老治身、以儒治世"而相得益彰的看法。

元明的帝王也承续这样的看法，朱元璋专门写《三教论》，阐发其儒家虽是万世常纲，但需要佛道二教来"暗助"的思想。

宋明时期的儒家，虽然出入佛老，吸收他们在性与天道方面的思维成果，但理学家们还是要强调儒佛之间的界限。比如在朱陆之争的时候，道学群体对陆九渊最猛烈的攻击就是"近禅"。对此，王阳明和王门后学可能是比较特别的。比如王阳明"四句教"中首句即为"无善无恶心之体"，并多次说到"心体无滞"的思想并非佛道之专利。晚明蔚为风尚的阳明后学，在思想方法和功夫论上也多吸收佛道之精华，尤其是王畿等人，强调三教之共融，而在体认心之本体之时，更强调超越语言的体悟。所以，攻击阳明的人也多以良知之学"近禅"来指摘。

在佛教方面，持三教合流者甚多，儒家长期的独占地位，致使佛教需要从与儒家并不矛盾的角度去证明自身存在的价值，前揭慧远便是典型的例证，后来的佛者，也多有阐发。如唐末宋初的智圆和尚的说法也具有代表性，"儒者饰身之教，故谓之外典也。释者修心之教，故谓之内典也"（《闲居篇·中庸子传》）。他认为那些不明事理的人要么攻击佛教，要么攻击儒家，其实是不懂内外兼修的重要性。他还别出心裁地把儒释道比作三种药，认为有什么样的毛病就需要用什么样的药，岂能随便将药废弃呢？因此"行五常，正三纲，得人伦之大体，儒有焉；绝圣弃智，守雌保弱，道有焉；自因克果，反妄归真，俾千变万化，复乎心性，释有焉"（《闲居篇·病夫传》）。这种说法为后来的许多高僧大德所接受和发挥。有些僧人还以注释儒家经典著称。宋代的契嵩甚至以中庸子自号，著《孝论》《原教》等著作，甚至注释《中庸》，他特别强调孝对于社会安定的重要性。

三教合流的说法，也被道教欣然接受，北宋道士张伯端发道教"三教合一"之先声，后来逐渐变成实践，这体现了道教在理论建构上始终存在的不确定性，这种不确定性在全真教的创立中表现为对道教一贯立场的改变。道教本来以修身实践为长，但全真教则放弃了肉身成仙的核心主体，转而进入佛教所长，并成为宋明新儒学之特征的心性，主张"真性"解脱和"阳神"升天，这一主张为其庞大的追随群体所发挥、传扬。南宋的净明道强调儒家虽然把正心诚意、扶助纲常这样的话说得很多，在实践中反而有所忽略，所以，便要成立"净明忠孝道"来推而广之。这些都可以称之为儒学的分支了。

中国思想具有一种特有的宽容精神，这样的精神促使中国思想的发展呈现出儒释道三教虽互有冲突而终走向融合的过程。在这里儒释道三教的"教"明显是带有"宗教"和"教化"的双重含义，这样的特点也影响到中国的民间宗教，即中国许多民间宗教均带有明显的三教合流的倾向，而且儒家的伦常思想经常与佛教的报应、道家的养生观念互相发明。最具有典型性的是明末的林兆恩创立了三一教，现在仍广有信徒，其庙宇所供奉的恰是孔子、老子和释迦牟尼三圣合一的神像，也可作为三教合流的表征。

在民间生活中，三教并行不悖则是一个至今依然鲜活的传统，许多中国人比较实用主义地兼采各种宗教，甚至认为只要能获得保佑，并不在乎所信者为何方神圣，所以，"才出佛寺，又进道观"这样的现象在中国人看来，并不奇怪。

(二)儒家与基督教

若追根溯源,儒家之宗教性问题的提出与基督宗教的传入有很大的关系。因为强烈的"异教"意识,所以基督教在传入中国的时候,需要对本土的仪式活动的宗教属性进行判别,产生了历史上著名的"礼仪之争",这构成了儒家宗教性问题的主要背景。

基督教传入中国的确切时间并不可知,但据《大秦景教流行中国碑颂》,我们可知它在唐代自由开放的气氛中有一段时间流行甚广,但受唐武宗"会昌法难"(845)的影响,作为外来宗教被禁止而销声匿迹。元代也有基督教(也里可温教)活动的影子,但都影响不大。

对中国社会产生实质性影响的是明末耶稣会士在中国的传教活动。其中利玛窦和进入清朝宫廷的一些传教士已经为我们所熟悉。

儒家与基督教之间日益紧密的关系主要是因为利玛窦采取的灵活的传教策略,以及由此产生的礼仪之争。这些事件在欧洲思想界也产生了巨大的影响。

耶稣会的成员均有良好的家庭背景,他们的传教策略也倾向于走上层路线,即吸引社会主流阶层和本土化的方针,这使利玛窦决定从生活方式、宗教术语、伦理道德和礼仪习俗这四方面来实施他的调和计划。比如说利玛窦在日常的衣着和生活起居方面模仿有地位的儒生;在宗教术语上用中国古籍中的"天"和"上帝"来指代 God,并用"仁""德""道"等本土化的观念来阐释基督教的伦理;他打破了许多天主教的戒律,甚至采用了"叩头"这样带有偶像崇拜的礼节。

基督教反对偶像崇拜,中国士人对于孔子的崇拜和普通民众祭祀祖先的行为与教义有很大的冲突,这会引发其他传教群体的非议,对此,利玛窦做了许多解释来回应质疑。他认为士人祭祀孔子的活动并不能算是正式的祭祀活动,而仅仅是表达对一个伟大思想家的敬意。

他在《中国传教史》中说,孔子是中国最大的哲学家,他的思想不逊于西方的哲学家,为中国人所敬仰。甚至中国的帝王也尊敬并感激他留下的遗产。他的后代子孙一直受人尊重,他的后嗣族长享有帝王赐予的官衔厚禄及各种特权。除此之外,在每一城市和学宫,都有一座极为壮观的孔庙,庙中设置孔子像及封号;每逢月初、月圆及一年的四个节日,文人学子都为他进行祭祀活动,向他敬香叩头。中国人并不认为孔子是神,也不向他求什么恩惠,所以祭孔活动不能说是正式的祭祀。

对于普通百姓的祭祖活动,利玛窦也认为只是孝心的体现而非偶像崇拜。虽然他认为在成为基督徒之后,这些祭品最好是改为对穷人的施舍。

利玛窦对上帝和天主之间进行了不完全的类比,因此,他的结论是儒家完全可以既不放弃他们自己的生活习惯,同时又成为基督徒,因为儒家不是一种宗教。"每月之月初及月圆,当地官员与秀才们都到孔庙行礼,叩头,燃蜡烛在祭坛前面的大香炉中焚香。在孔子诞辰时,及一年的某些季节,则以极隆重的礼节,向他献死动物及其他食物,为感谢他在书中传下来的崇高学说……使这些人能得到功名和官职;他们并不念什么祈祷文,也不向孔子求什么,就像祭祖一样……关于来生的事,他们不命令也不禁止人相信什么,许多人除了儒教外,同时,也相信另外两种宗教。所以我们可以说,儒教不是一个正式的宗教,只是一种学派。"①

当然除了调适儒耶之外,耶稣会士吸引中国知识阶层的主要途径是介绍当时西方的科学知识包括地理学知识,利玛窦甚至绘制了《坤

---

① (意大利)利玛窦:《中国传教史》,台湾光启社,1986年,第85—87页。

舆万国全图》送给明朝的万历皇帝。利玛窦等人的努力并没有白费，一些重量级的人物开始入教而起到了引领风潮的作用，比如徐光启、李之藻和杨廷筠，他们都受了洗。另一位传教士艾儒略甚至被称为"西来孔子"。

有学者认为，徐光启等人接受天主教的动机是容纳、吸收西学来补充儒学之不足，在徐光启看来，基督教所强调的罪和得救，可以弥补儒家学说中善恶报应不明确的弊端。固然徐光启等人着眼于以"会通"求"超胜"的目的，不过，宗教的传播自有其独特的路径，至少传教士以中国知识群体为示范作用带动别的信徒的目标局部实现了，一批纯粹以基督信仰为目的的奉教人士出现了。

耶稣会士的努力也很快受到了挑战。一方面是来自儒学的，另一方面则是来自天主教内部的不同派别，甚至耶稣会内部也有人不赞成利玛窦的方略。

儒家人士的反对声音在明代被结集成《圣朝破邪集》（1639）和《辟邪集》（1643），清朝最激烈的攻击来自杨光先反对汤若望等制定西历的言论。杨光先声称宁愿中国没有好的历法，也不愿意接受传教士编制的历法。当然反对基督教更重要的原因是基于价值观上的冲突。反对者的核心观念是：基督教的伦理是对儒家纲常的冲击，基督教鄙薄人生的态度是对建立在现实人伦秩序之上的儒家伦理的一种破坏；而且基督教还从古代"天"的多义性来学术性地论证唯一主宰的"神"，并非是中国人所谓的"天"；西方所传入的科学，虽然"巧"，但"无益于身心"；当然，还有一条是"用夷变夏"。

对于利玛窦的方案，最主要的反对声音来自教会内部。利玛窦去世于1610年，随后，他对中国教徒祭孔和祭祖行为的宽容，立即引发反弹。1611年，继任他管理中国教务的龙华民，便发起了反对利玛窦使用"天"和"上帝"两种称呼的运动。其中,经过多次的反复,意见不尽一致,甚至在罗马教廷的神学家那里也难以定论。于是,1628年教会在嘉定召开会议,讨论如何处理译名和敬孔祭祖的问题,讨论的结论是:对于敬孔祭祖等问题,依旧沿用利玛窦的方案,不以这种活动为宗教上的迷信;对于译名,则采用龙华民一派的意见,于是视察员在1629年发出命令,以后耶稣会士不许用"天"和"上帝"这样的中文译名。

但是,耶稣会士内部意见的统一,并没有解决其他派别的不满,来华传教的方济各会和道明会反对耶稣会的做法。这样一来,"礼仪之争"便由耶稣会内部的争论而发展成为入华教士各修会之间的争论。有人认为是因为耶稣会士的传教成功引发了其他派别的不满,但更为重要的原因还是各派对于儒家宗教性认识的差异。道明会士黎玉范把自己关于祭孔敬祖的看法,写成十七条,禀告罗马教廷,1645年9月12日罗马教廷发布了关于禁止中国教徒参加祭祖祭孔仪式的禁令。

该文件明令禁止基督教内的中国文人和官员参加祭孔行为,这引起来华耶稣会士的不安,于是耶稣会又派人前往罗马教廷请求收回这一禁令。

据耶稣会派往罗马的卫匡国的报告,教皇亚历山大七世(Alexander VII)在1656年3月23日又批准了中国教徒可以参加祭祖祭孔礼式,文件明确提出祭祖祭孔仪式只是一种民俗性的崇敬。尽管有人对这两条前后不一的命令感到疑惑,并使传教士处于两难之中,但它们并行不悖的情况的确存在了一段时间。

到1693年,由教廷直接委派的福建主教阎当,要求他的教区内全面禁止中国礼仪,各地教堂所挂的仿制康熙皇帝赐给汤若望的"敬天"匾也被摘下,并向罗马教皇写信强调他的立场。为什么最严厉的禁令来自福建呢？福建的传教士来源多样，他们在当地观察到的祭祖和祭孔仪式大多繁复而隆重，这让许多没有来过中国的教会人士不能接受。1704年11月20日，教皇克莱孟十一世发表命令，明确禁止中国教徒参加祭祖祭孔仪式。

礼仪之争的激化是因为清朝康熙皇帝的介入。康熙本人十分喜欢西洋的天文仪器，也接受利玛窦的传教策略，大约在1700年前后就知道了"礼仪之争"的一些情况。当罗马教廷派特使铎罗来东方解决"礼仪之争"问题时，康熙表示了欢迎，并在1705年底第一次接见了铎罗。这个时候，铎罗其实已经有了罗马教廷的裁判方案，也知道了康熙对于礼仪之争的态度。在1706年第二次见面的时候，康熙明确指出，中国人不会改变自己祭孔和祭祖的礼仪，这些礼仪与天主教的教义并不冲突。铎罗在了解了康熙的态度之后，知道双方的分歧不可能弥合，因此，在离开北京之后于1707年1月公布了教廷于1704年所做的裁决书。

这样，礼仪之争逐渐发展成为教廷和朝廷的争论。康熙最初的做法并不是禁教，而是提出传教士只有接受中国的礼仪，才可以传教，并颁发了一定数量的许可证。但是，当康熙看见教皇于1715年再次重申的严禁中国教徒参加祭祖祭孔仪式的命令之后说，以后禁止西洋人在中国传教，免得多事。

雍正并没有像康熙这般对外国人有好感。所以在他继位的次年，就立刻禁止传教士在华传教，并且不承认他父亲给传教士颁发的许可证。乾隆皇帝的态度虽有所改变，但因为宗室内部的天主教信徒菲薄传统礼仪的问题，他也转变了态度。鸦片战争之后，在不平等条约的保护之下，天主教重新进入中国传教，而礼仪之争依旧是信守中国传统的人士和信教人士之间相冲突的价值根源。

直到1939年11月8日，教皇庇护十二世颁布了收回以往关于"祭祖祭孔"的禁令，允许中国教徒参加尊孔典礼，天主教学校也可以树立孔子像，并对之行礼。同时也允许祭祀祖宗的行为。延续几百年的礼仪争论才算结束。

1840年之后，传教活动借助不平等条约得以合法化，也是从这时开始，宗教活动便与政治和军事活动分不开了，并且传教士一直享有特殊的权力，他们最初吸纳的往往是无业之刁民，更由于洪秀全起义采用的"拜上帝教"的"准"基督教形式，当时的中国官绅、民间对基督教普遍采取对立的态度。当时出现的各种教案和对于基督教的谣言及其攻击，可以理解成带有情绪性的盲目的痛恨，最终演变为义和团运动和庚子赔款这些事件。

我们承认近代传教士对现代中国的教育和传播新知方面所做的贡献，甚至鼓励和推进了晚清的政治变革。作为戊戌变法核心人物的康有为特别看重基督教的形式在新的社会环境下保持中国文明的意义，由此，儒家和基督教之间有了一场奇特的融合。

三、近代以来孔教会的努力及其回响

康有为及其弟子所创建的孔教会的主张与实践，近年来又被人所重视和讨论，尽管评价是两极化的。

康有为孔教会的相关活动，长期以来被看作是康由激进转向保守的一个例证，但是，敏感的梁启超却肯定了康有为建立孔教的努力，甚至把康有为比作孔教的马丁·路德。

（一）康有为的孔教构想

康有为首次使用"孔教"这个概念是在1886年成书的《康子内外篇》中。在19世纪90年代，康有为在万木草堂鼓励学生学习传教士的精神。他的这种想法受到佛教的影响,但也明显受基督教的启发。他说基督教的传教士愿意去中国最艰苦的西南地区传教,他日必将对儒家价值造成冲击。

基督教独立于政府的、制度化的教会体系,也给康有为留下了深刻的印象,他设想改变孔庙的性质而使之转变为民众可以参与活动的新的信仰场所。

在戊戌变法期间,康有为进一步明确了他的孔教主张,除了将《孔子改制考》缮录进呈之外,还专门上书光绪帝,指出社会变乱阶段,唯有孔教才可维持人心。因此要求天下淫祠改为孔庙,并将孔庙变成民众的宗教场所。在戊戌变法众多的变革方案中,孔教的思路不如设立制度局那样容易引发巨大的政治反弹,孔教的构想虽然惊世骇俗,不过,这个阶段更多的是零星的试验和理论的清理,孔教会的组织架构并没有正式呈现。随着戊戌变法的失败,康、梁开始流亡海外,特别是他游历意大利、德国和英国的经历,使他进一步了解了欧洲宗教改革和政教关系的情况,反过来加深了他对于孔教问题的思考。

1904年,康有为游历意大利,对其宗教活动尤其看重,他发现意大利人对本国传统的语言文字和风俗习惯十分热爱,因此,觉得中国人应该珍视孔子之道。他从教化的意义出发,认为不能仅仅将耶教和回教视为宗教,孔子虽不言神道,但却十分重视教化。康有为还认为孔子的人道教已经超越了用神道的教化方式,是一种更高层次的宗教。

在康有为及其追随者的论说中,那些更具有普遍性的、已经被世界化的宗教,并不符合当时中国人建构民族国家核心价值的内在要求。康有为的孔教设想明显是要为由天下—帝国体系进入民族国家体系的现代中国寻找一个价值基础,因为在一个弱势的国家里,"王者无外"的普遍主义只可称为一种虚妄的回忆。也因为如此,无论是康有为的孔教论还是提倡"国粹论"的章太炎等人，他们对即将要建立的国家之合法性的追寻的眼光都投向了传统的历史文化和风俗习惯。

但是，当康将孔教的基础设定为历史文化的时候，信仰和事实的冲突便立刻显现出来。历史文化的复杂性和多变性特点使孔教缺乏其他宗教那样一种具有永恒性和超越性的理念，孔教必须面临一个社会生活不断变化的环境而难以超迈其上。所以有人认为，康有为将孔教视为人道教，看上去比将孔教视为宗教更接近儒家思想的实际，但是这样做的一个缺点是，孔教的独立性和持久性却会遭受质疑，因为宗教信仰并不会随着世间事物的变化而变化，而日用人伦却是要随着世事的变化而变化的。

如果在戊戌变法和随后的流亡时期，康有为的孔教设想只是停留在理论建构层面的话，那么在民国成立后，他试图将孔教立为国教的做法，则十分具有实践性。

康有为的"国教"受到政治界、宗教界和学术界多重批驳。但这或许是人们以欧洲宗教史上的"国教"来理解康有为的"国教论"的结果。

从理论层面来说，康有为对于民国激进式革命的反对，固然与其建立在公羊三世说基础上的渐进式的政治改良主张有关，但是，就正面论述而言，康有为保留君主象征性权力的"虚君共和"政治设想与其建立孔教为国教的主张，可以称得上是体用一元的逻辑必然。也就是说，孔教会所要承担的功能主要有两个：一是对于传统价值和生活习俗的继承；二是提供民族国家的合法性基础，即孔教凝聚了历史、文化甚至民意上的合法性资源。

康有为这个阶段的孔教主张都与上述两个主题相关。1912年6月，康有为撰写了《中华救国论》一文。与同时期别的文章一样，康有为在其中表达了对民国成立之后的政治现状的极度失望，据此，他认为表面上的政治制度的移植相对简单,关键是要注意政治背后的道德问题。他首先要批评的就是层出不穷的新成立政党的道德问题。在他看来,民国政治的乱象是因为这些随着政治变革而成立起来的新政党在政治学说上普遍无知,在道德层面上普遍自私和没有社会良知。因此,必须采取"输进通识"和"崇奖道德"这两个手段来改良政党。

至于崇奖道德,康有为引用孟德斯鸠的话说,专制之国尚威力,立宪国尚名誉,共和国尚道德。他还引述英国学者的论断说,民主制度需要有道德的辅助才能使人具有爱法守法的精神。那么如何增进国民的道德呢?康有为认为宗教是不二的选择。康有为继续发挥他的观点,主张我国数千年一直奉孔子之道为国教,所以应该继续尊奉孔子。他认为孔教注重人伦道德,是与共和政治相辅相成的。在这里,他延续自己对于人道教和神道教的区分,认为这两者是宗教的不同形式,而且在理性主义时代,人道教才是符合时代精神的。对于孔子重纲常、不符合共和体制的质疑,康有为用其一贯的公羊三世说来化解。

对于政治和宗教相分离的世界大势,康有为认为不能简单地套用,而要根据中国的实际情况进行变通,一切应以是否有利于国家的建立和发展为衡量标准。孔教因为在历史上素来主张兼容他教而无碍,因此,以孔教为国教最可以维护信仰自由的原则。

这个时候,留学美国哥伦比亚大学并一直有建立孔教设想的陈焕章的回归,给了康有为的孔教设想以现实化的可能。为了给孔教的国教化提供组织上的基础,陈焕章在康有为的支持之下组织孔教会。1912年10月7日,孔教会在上海成立。1913年8月,陈焕章、严复、夏曾佑、梁启超、王式通等人,为请定孔教为国教撰写请愿书,认为共和政体应该奉孔教为国教。

在为孔教会成立写作的两个序言中,康有为开始着重讨论孔教与国家认同之间的关系，认为孔教是中国之为中国的依据。在写作于 1912 年的《孔教会序一》中，康有为明确地说，国家的意识要立足于宗教之上，因为宗教的功能是政治活动所不能及的。

康有为说，宗教本应着眼于全人类，而不能专为一国利益着想。但是在国与国之间激烈竞争的今天，宗教也要承担激发国民意识的重任。这是民族国家兴起造成的社会现实的内在要求。如此，孔教也要以一种教会化的方式建立以便与西方的文化和宗教展开竞争。他说：

> 夫教为天下，不为一国而设。日本近者广厉儒学，崇祀孔子，况吾宗邦而自弃之。且吾国人本皆覆帱于孔教中，不待立会，犹吾国人人皆为中国民，不待注籍也。惟今列国交逼，必有国籍，诸教并立，亦有教籍，则孔教会之立，不可已也。①

民国之后，教育部废弃读经，并没收文庙学田，而新学堂不再礼拜孔子，所以康有为于 1913 年 5 月致书教育部，提出教育部将孔庙学田充公来补充学校经费的做法，其结果就是废黜孔子。在这篇文章中，康有为尤其强调教化、习俗与法律制度之间的关系，认为只有宜乎中国人习俗的新制度、新法律才能真正体现共和政治以民为本的实质。他甚至了解西方尤其是英国的习惯法（不成文宪法）在政治变革过程中维护秩序稳定的意义，因此，认为在中国处于社会变革的关键阶段，尤其不应该抛弃中国固有的价值和信仰体系。

1913 年 3 月，康有为自己创制了一部《中华民国宪法》。我们知道立宪政治的基础在于宪法，这个宪法决定了一个国家的性质及其基本

---

① 康有为：《孔教会序》，载《康有为全集》第九集，中国人民大学出版社，2007 年，第 346 页。

特征。显然康有为的宪法草案体现了他自己对于未来中国的设想,其中尤可关注的是他对于孔教法律地位的思考。

在康有为的《拟中华民国宪法草案》第十一章第九十六条中说:"凡国民苟不扰治安,不害善俗,不妨民事政事之义务者,许其信教之自由。而以孔教为国教,惟蒙藏则兼以佛教为国教。其特别之制,以法律规定之。"①在对这一条文的解释中,康有为首先说明了信教自由在欧洲的来历,并认为中国传统中儒家与其他宗教之间并不存在像天主教与别的宗教之间,或天主教与基督教之间那样激烈的冲突,而是一直将信教自由作为"公理"。康有为甚至引用瑞士有奉三种宗教为国教的例子,说明除了孔教之外还可以将佛教并列为蒙藏的"国教"。

孔教会希望通过法律程序来实现立孔教为国教的提案,分别在1913年9月与1916年两次提出,但最终都没有获得通过。当然反对者的理由十分复杂,艾知命所作的《上国务院暨参众两院信教自由不立国教请愿书》,可以说集中地说明了反对者的理由,虽然这些理由康有为和陈焕章都做了不同程度的回应性解释。该请愿书强调信教自由是欧洲人基于长期的宗教战争而争取的权利,制定国教本身也是为了定一统而消弭战争,在这样的大背景下,中国却提出立国教的动议,则势必会(1)激起宗教之纷争;(2)破坏五族共和;(3)违背民国之约法;(4)阻碍政治之统一。因此提出立孔教为国教的请愿书,不但是昧于时势,而且也是对孔子的歪曲,因为孔子是教育家、政治家,而不是宗教家,这是东西学者所共同承认的事。还有学者甚至担心立孔教为国教,将使从来未曾出现过的教祸发生于中国。

---

① 康有为:《拟中华民国宪法草案》,载《康有为全集》第十集,中国人民大学出版社,2007年,第81页。

（二）陈焕章的孔教思路

即使是康门弟子中，也并非所有人都热心于孔教运动。其中，梁启超的立场就是前后矛盾的，真正热衷于此的是从美国留学回国的陈焕章。陈焕章不仅大力推进立孔教为国教的活动，同时还运用自己的西学背景，对孔教进行了重要的理论建构。

长期在美国学习的经历，让陈焕章十分认同采用基督教的教会化方式来推行孔教的方案。早在 1907 年，刚刚进入哥伦比亚大学学习不久的陈焕章就认为政界革命必须和宗教革命同时进行，他在给梁启超的一封信中，提到了他在纽约组织"昌教会"，并希望在梁主持的《新民丛报》上予以宣传。

1912 年 10 月 7 日，孔教会在上海召开成立会。陈焕章、沈曾植、梁鼎芬等成为该会的发起人。陈焕章在《孔教会序》中说：孔教会"以讲习学问为体，以救济社会为用。……宗祀孔子以配上帝，诵读经传以学圣人"。[①] 同年 12 月 23 日，陈焕章系统论述孔教主张的文章《论孔教是一宗教》和《论中国今日当昌明孔教》合印成册，以《孔教论》之名，在上海出版。

陈焕章对于孔教的理论建构虽与康有为有很多一致的地方，但其具体的制度安排和孔教合理性的论证则各有特色。如果说，在民国成立之后，康有为是从孔教与保持民族和文化认同的角度，对孔教的合法性进行证明，那陈焕章则除了操持孔教会的具体事务之外，着重对儒家的宗教性进行论证，并以坚定的卫教态度，反击民国初年基于科学主义、信仰自由对儒家教会化的批评，并提出了一系列旨在以基督教的教义和仪式为基准的、强调儒家特殊性的儒家宗教化的证明。

---

① 陈焕章：《孔教会序》，载《陈焕章文录》，岳麓书社，2015 年，第 372 页。

在《论孔教是一宗教》一文中，陈焕章借用康有为的说法，将宗教分为"人道之教"和"神道之教"。"人道之教"主要着眼于人伦，而"神道之教"则主要着眼于对神灵的信仰。不过与康有为将儒教视为人道教不同，陈焕章认为孔教兼明人道与神道，"特孔教平易近人，而切实可行，乃偏重人道耳"。陈焕章认为英文的 religion，虽然可以有多种多样的解释，但基本上偏重于"神道"，因此与中文"礼"的意思接近。礼起源于原始人的祭祀活动，也就是西方人所说的宗教，而中国人则有自己的名词叫"礼教"，中国人早就有"教"这种称呼，因此将儒家说成"孔教"则是天经地义的。所以他反对那些只将"迷信"的思想称之为教，或者将"教"看作是对儒家和孔子的诋毁的说法。陈焕章进一步从教义、经典、庙堂等具体的方面论证儒家是一种宗教。

首先，他说孔子是一个教主，孔子不仅自己以教主自居，也被孔门后学和世界各国人士视为教主。其次，孔教是一种宗教，儒教本来就是一个教派的名字，历史上也是"儒释道"三教并称。孔教徒有自己的装束，"孔子衣逢掖之衣，冠章甫之冠，此所谓儒服也"；孔教也有自己的经典系统，也就是六经。而且他援引纬书的解释，将六经看作是与天意有密切关系的经典。与别的宗教一样，孔教也有自己的戒律，他称之为"孔教之信条"。同样，孔教也有一套独特的仪式，最详备的记述在《三礼》中。同时，儒家也有自己的神谱，虽然许多人都引用"子不语怪力乱神"来说明孔子是"敬鬼神而远之"的，但陈焕章的解释是这并非表明孔教之不信鬼神，而是表明孔教认为人鬼一源，所以只要知道如何处理人的事务，自然也就了解了事鬼的原则。他还认为上帝和创世纪并非是基督教所专有，孔教也尊奉上帝，他说儒家经典中的"元"字就是上帝的代名词，"天"则不是指上帝，而是指有形之天。"惟上帝故能统天御天而造起天，此孔教中之创世纪也。"① 孔教与别的宗教的最大区别是"上帝与祖宗并重"。

除了寻找与基督教的相似之处外，陈焕章还着力发掘孔教和佛教之间的共同点，毕竟佛教的教义为大多数的中国人所熟悉。所以他提出"孔教之魂学"和"孔教之报应"，认为孔教有许多词来指称灵魂，如"明德""天命之性"等，而且同样主张灵魂不灭，灵魂不灭则是报应的重要基础。他还将儒家的孝道观念和报应思想结合起来。

陈焕章将儒家的博士制度看作是选择传教者的重要途径，其"统系"分为大同小康两大派。分别由不同的弟子传播。他还将孔庙视为"孔教之庙堂"，曲阜视为"孔教之圣地"。

显而易见，陈焕章是以基督教为标准形态的宗教来比附性地"认证"儒家是一个宗教的，虽然他也注意到了孔教和其他宗教的区别，但是，他的运思方式是在力图证明孔教和其他宗教之间的相似性，进而展开对否认孔教之宗教性的反击。

对于陈焕章而言，证明了孔教是一种宗教，只是其理论建构的第一步，关键在于他还必须还击科学主义者对于宗教的攻击。在启蒙运动之后，宗教在西方社会的地位也日趋衰落，而在科学主义和进化论的理论模式中，宗教代表着迷信和落后，在这种背景之下提倡孔教显然有点不合时宜。因此陈焕章写了另一篇重要的文章《论中国今日当昌明孔教》来回答这些问题。

自鸦片战争以来，特别是在甲午战争失败之后，中国人开始反省失败的原因，一部分人逐渐开始怀疑作为中国传统之象征的孔教。而民国之后，随着儒家合法地位的消失，对于儒家的怀疑和质疑之声也

---

① 陈焕章：《论孔教是一宗教》，载《陈焕章文录》，岳麓书社，2015年，第189页。

越来越高,在这样的社会氛围中,要确立孔子的教主地位,陈焕章首先要批驳的便是将中国的积弱归因于孔教的做法。他说:"欧美之强,亦最近之事耳。其所以强之故,皆暗合于孔教者也。我中国所以弱之由,实显悖乎孔教者也。欧美所以强之故,在养民、保民、教民、通民气、同民乐"。①而这些是《论语》《春秋》《孟子》等儒家经典的基本内涵,并且孔教对于中国的进步也产生了巨大的作用,如"废封建而免割据之分争,废世卿而免贵族之压制,不立巨子,以绝教徒之专横,裁抑君主,以重民权之尊贵,学校遍立,选举普通,则人人可徒步而至卿相,分田制禄,口分世业,则人人可得地以养身家。天地之性人为贵,故人权独尊,而奴隶之制废矣。天下无生而贵者,故平等相尚,而阶级之制破矣。轻徭薄赋,尚德缓刑,虽无成文之宪法,而有孔教经义以代之。举凡人身自由、信教自由、言论自由、出版自由、集会自由之属,他国于近世以流血而得之者,吾中国早于二千年前,以孔子经义安坐而得之"②。同样,也正是因为孔教,才使得中国的古老文明能经历数千年而不坠。

即使孔教作用如此之大,也不能证明孔教适用于当时的中国,所以陈焕章从个人、家庭、国家、社会等许多方面进行了论证,将孔子思想和当时流行的自由、平等思想以及国家主义、民族主义的观念进行比较,得出的结论是孔教完全适合于今日的中国。

对于个人,陈焕章认为将孔教描述成只注重家庭不注重个人是不正确的。他从《大学》之修齐治平的条目来证明个人是儒家的出发点,因此为自由的确立创造了可能性,不过自由不等于"自任",所以儒家

---

① 陈焕章:《论中国今日当昌明孔教》,载《陈焕章文录》,第194页。
② 同上书,第195页。

特别强调修身，但不能因此而否定儒家对个人自由的肯定。

对于家庭，陈焕章认为孔教肯定男女平等，"男女有别"不足以否定男女平等。在这里他援引康有为的"大同"思想，指出男女有别只是据乱世的说法，到了升平世、太平世就男女无别了。对于认为家庭妨碍国家主义观念的看法，陈焕章也认为不尽然。即使家族主义发展到伤害国家意识的确立，也不能采取"家庭革命"这样的激进方法来矫正。

陈焕章还对皇权政治下的"君臣关系"进行了重新解释。他认为君臣关系就是上下级关系，在任何社会都存在着上下级，即使是民主社会也一样。他用儒家的民本思想来证明孔教的"重民主义"，指出专制本身是政治发展的必经阶段，孔教与专制之间并非是一种因果关系，而且中国的祸害不在专制，而在于长期不能摆脱专制的束缚，现在进化为共和，不过是圣法中"随时救民"思想的一种体现。

许多学者说过中国古代只有天下概念，并无现代政治意义上的国家概念，因而也就不能产生建立在国家认同基础上的爱国主义，所以孔教是世界主义的而不是爱国主义的。这在民族主义盛行的近代中国，显然是一个很大的缺点。陈焕章认为孔子思想中有深厚的爱国情感。"孔子虽重礼让，然一语及救国，则以争为主。盖国之存亡，关系极大，此而不争，诚不可谓忠也。世人每谓孔子多言忠君而罕言忠国，然此条之所谓忠，非忠国而何？尽忠于国，争以救国为事，而不许他人之亡我国家。此孔子忠国之义也。"①

按陈焕章的说法，孔教对于社会的作用主要体现在：（1）朋友之道；（2）博爱之道；（3）以财聚人的社会政策；（4）慈善事业。

对于孔教的将来，陈焕章的主张显然是基于康有为的大同理念并

---

① 陈焕章：《论中国今日当昌明孔教》，载《陈焕章文录》，第204页。

综合了当时流行的平等博爱观念。

在阐述了孔教的现在和未来之后，陈焕章开始强调昌明孔教的迫切性，首先是大多数中国人虽然已是孔教徒，但缺乏自觉性，所以要让他们"知本"。其次是孔教虽然已经很完备，但是随着时代的变化，必须改良。特别是革命之后，教义中不适合于时代的需要"更变"。从信仰自由的角度，国外的大学无不读经，而中国学校废除读经会使人"不知孔教为何物"，相当于"焚书坑儒之祸复现于今日"。

再则宗教是文明人必有的信仰，所以不承认孔教是宗教就好像是驱"中国人为无教之禽兽"。不仅如此，近世哲学盛行而神权日渐衰落，孔教以其理性主义的特质而特别适合于当今世界。对于中国人而言当务之急是废除那些真正的迷信活动，恢复到以报本尊亲为要务的孔教中来，恢复自宋明以来不断薄弱的宗教情怀。这样就能为这纷乱的社会提供价值支持，并使一盘散沙的中国人有一共同的信念，以"保教"而达到"保国""保种"的目标。

陈焕章更具体地批评了几种流行的观点，认为昌明孔教完全没有弊端。针对有人认为倡导孔教将产生教案的攻击，陈焕章认为教案的关键是晚清政治的腐败，同时也不能因为外国人一指责国人"仇教"就放弃我们自己的信仰，这是典型的崇洋媚外的做法。对倡言孔教和近代政教分离的主张，陈焕章也认为是无病而服药。中国历史上并没有出现孔教与国家政权之间的冲突，中国社会是建立在孔教之上的，因此，现代中国的国家建设也要充分吸收孔教的智慧。

陈焕章还强调孔教并不会成为科学的障碍，就像西方的宗教并没有阻碍西方科学的发展一样。孔教主张思想自由、信仰自由，反倒是现在有许多人以信仰自由为名剥夺了信仰孔教的权力。

陈焕章还提出了在当时的条件下如何发扬孔教的具体办法，其中包括:"遍立孔教会""特立教会籍""以孔子诞辰来纪年""学校讲经"等。①

以前,我们在讨论民国初年孔教会制度创新实践的时候,主要的着眼点集中于孔教和袁世凯、张勋复辟的关系以及国会关于将孔教立为国教的争论上,却很大程度上忽视了陈焕章在重建孔教的制度化上努力的意义。

然而康有为及其弟子们的国教主张,既与近代以来盛行的科学主义矛盾,又与新生的法律体系中信仰自由的理念冲突,同时也与儒学在清代所形成的固定的解释体系不同,所以,新儒家并没有继续在这样的思路上探索,而是着眼于儒家宗教性的角度,以此来参与文明对话,宣扬中国文化。

在康有为建立孔教会的努力失败之后,儒家经典进入了现代的学术体制,成为文史哲的专门之学,也有一些进入港台和东南亚地区的民间宗教中,成为诸神混合的信仰体系中的一环。

在科学主义和信仰自由的大背景下,儒学的论域不断转入道德心性领域,思想家们急于证明儒学与现代民主科学精神的一致性,儒学的宗教性问题,就是在这样的背景下,进入现代新儒家的话语体系中的。

新儒学对儒家宗教性问题的讨论可以分为两个部分,一是牟宗三之前的现代新儒学从宗教对于道德和文化的意义来定位儒家的宗教性问题。比如梁漱溟先生主张以"道德代宗教",认为儒家的理性早熟恰可成为文明的新方向。而总体看,在唐、牟之后,新儒家更强调儒家具有与基督教所不同的"内在超越"性,并成为个人自我完满的道德理想主

---

① 参见陈焕章:《论中国今日当昌明孔教》,载《陈焕章文录》,第214—216页。

义的理据。

20世纪末以来，文明对话成为人类进入深度全球化之后的内在需要。杜维明和刘述先等学者积极参与宗教对话来阐明儒家的意义。面对全球化和"文明冲突"的挑战，宗教和文化对话成为寻求人类和解的重要途径，尽管纵观人类历史上的重要冲突，宗教的冲突始终是主角，但是，面对武器和高度发达的物质文明，宗教却反而成为寻求和平的突破口。在此意义上，儒家显然可以有很大的言说空间。

第十二讲
科举、书院：贤能政治与儒家教育

科举制度可以说是十分完善的选官制度，首先是考试的标准不断地客观化，选拔的方式公开平等，超越门第和阶级地位差别，纯以个人的知识能力来公开竞争，这可以促进全社会的人参与，培植了人们对于政治的兴趣，有利于文化的普及和提升，增强了国家的凝聚力，让大一统国家的各地域都团结在中央的统治之下。

科举制虽然在隋朝才建立，但其前身可追溯到汉代的察举制。虽然历代对考试形式和内容都有所改进，但以儒家经典作为考试的主要内容则一以贯之，直至晚清对人才的需求开始发生根本性的变化，科举制度最终被废除。

科举制度内容十分丰富、复杂，本讲主要集中于科举与儒学之间关系的讨论。

一、选贤与能以及科举制度的建立、演化

儒家思想主张选贤与能，反对政治权力和社会地位的世袭。所以，儒家最为理想的社会是"天下为公"的社会，有大德者居大位，圣王之间的权力更迭采用"禅让"制。在地方社会秩序中，则反对"世卿"，主张贤者居位，让有才能的人参与到地方秩序的维护中。

在周以前，王公贵族是世袭的，但是，地方的贤能依然有被选举而升迁的机会。《礼记·王制》记载了这种制度的运行方式即由乡里选举，通过教育与其他训练，最后选拔出合适的人才为统治者服务。这里对制度的描述过于理想化，但我们可以从价值层面出发体会到儒家对于人尽其才制度的推崇。周之后，以学校育才和民间选才并行的选拔人才方式在一定程度上得到了实施。

到春秋战国时期，社会秩序发生了急剧的变化，一方面因诸侯国之间的兼并和战争出现了大量的流散士人，另一方面社会对于人才需求的标准也有很大的变化。诸侯公卿往往通过养士的手段来获得自己所需要的人才。我们读到过很多养士的故事，比如孟尝君门下的"鸡鸣狗盗"之徒。还有为特殊的计划而招募的人才，比如燕太子丹雇佣荆轲去刺杀秦王。

为了适应这种变化的局面，私人讲学制度逐渐兴起，不同的讲学者形成了不同的观点，从而形成了百家争鸣的局面，也为当时的社会提供了多样化的人才类型。许多出身低微的人通过学到的知识技能获得了上升性流动的机会，一个相对独立于宗族和王朝的"士"的阶层兴起。他们寻找能发挥自己才能的机会，若能获得统治者的任用，则成为谋士甚至位高权重的人，如李斯；或因坚持自己的理想退而著书，如孟子等人。

秦汉皇权制度确立了家天下的体制。在大一统的局面下，士不再有战国时期那般在诸侯之间穿梭的可能，只能是要么接受现有秩序，要么浪迹天涯。在世卿制度解体之后，垂直管理的郡县体系就创设了一系列选拔官员的制度。汉以后到科举制度实施之前，主要的选拔制度有：察举（举孝廉和举贤良）、辟举、九品中正制、学校、荐举、征召、上书自荐、技艺入仕等。以察举为例，朝廷经常以举"贤良方正、能直言极谏"之士来招募贤能之士。最初并无一定的期限或限定的方向，比如西汉既招募"文学高第"，也征辟"明阴阳灾异者""勇猛知兵法者"，可谓不拘一格。到东汉，举孝廉越来越定时和定额，既奖励风俗，又能发现人才。但以道德表现来取士容易受主观倾向的影响，于是就增加了考试环节，要求通章句，能写奏折，形成了后世科举制度的雏形。不过察举与后世科举的差别在于察举是要通过地方官员和其他人士的举荐，而科举制则完全是自愿参加。

魏晋时代，中央权力相对衰落，九品中正制应运而生，这个制度的最大特点是州、郡、县都设立了专门执掌选举的中正官，中正官必须是当地人，他把选拔出来的人才按九个层级上报，朝廷据此授予官位。看上去这是兼顾地方和中央的两全其美的办法，但在中央权力控制力相对较弱的时代，这个政策实际上成为了地方豪族垄断地方权力的手段，这也是魏晋时期世家豪族持续不衰的原因之一。

南北朝时期，少数民族出身的北魏孝文帝进行政治改革，官员的选拔制度更侧重"秀才"和"孝廉"，并对推举出来的秀才和孝廉进行严格的考试，天子亲临朝堂。这样的考试方式跟后世的科举制度就更有亲缘关系了。

一般的说法，隋炀帝大业二年（606），开始设置"进士科"，策试诸士，这就开启了科举的时代。不过延续前朝的"秀才"考试才是隋朝科举制度的中心科目，这种局面延续到唐代。

唐代的考试制度主要沿袭隋朝的制度，但在考试科目和形式上更为丰富、复杂。富有历史感的"秀才"考试到唐高宗时期就废止了，逐渐兴盛的是进士科。进士考试内容包括经典、诗赋和策论三个方面。进士科尤其重视诗赋。关于是诗赋取士促进了唐诗的繁荣，还是因为唐诗的繁荣影响了诗赋取士，目前人们还有激烈的争论，不过，有人分析杜甫诗歌中叙述和议论相结合的风格,是受科举制度中的策论和诗赋等不同考试形式的影响,由此体现出他的悲天悯人的"诗史"风格。比如《北征》:

> ············
> 阴风西北来,惨淡随回纥。
> 其王愿助顺,其俗善驰突。
> 送兵五千人,驱马一万匹。
> 此辈少为贵,四方服勇决。
> ············
> 伊洛指掌收,西京不足拔。
> 官军请深入,蓄锐可俱发。

这首诗前面是在叙述回纥士兵的特征,后面则相当于献策。或许是因为科举之路很不顺利,所以杜甫对自己难以施展才华而感到伤感。

不过,对于日渐完善的科举制度,皇朝统治者则十分满意。唐太宗不无得意地说"天下英雄尽入吾彀中",在缺乏其他社会流动渠道的背景下,科举的确是读书人最值得信赖的上升路径,而这也满足了统治者聚拢天下英才为其所用的愿望。

相对于庞大的读书群体,能够金榜题名的士人是实力加运气,难免志满意得。诗人孟郊写下了《登科后》,"春风得意"成为千古名句:

> 昔日龌龊不足夸,今朝放荡思无涯。
> 春风得意马蹄疾,一日看尽长安花。

诗赋取士固然与唐代文风有很大关系，但科举的内容和方式并不是只有诗赋就可以涵盖的。唐代的科举品类很多，按《新唐书·选举志》记载，贡举的考试内容，"其科之目，有秀才、有明经、有俊士、有进士、有明法、有明字、有明算、有一史、有三史、有开元礼、有道举、有童子。而明经之别，有五经、有三经、有二经、有学究一经、有三礼、有三传、有史科。此岁举之常选也"。这么多的科目，主要的内容为儒家经史和礼乐知识，不过敢于挑战三经或五经的考生并不多，唐代大多数人选择的是一经，即通晓儒家某一经典的内容。

上文中提到的明法、明字、明算相当于一种特别的知识，这些内容主要由八品以下的官员和老百姓的子弟中优秀者学习。一般而言，应试科举的应该是学馆的学生。之所以说科举与传统中国的教育体系密切相关，是因为为了适应科举取士的要求，隋唐时代开始建立起完备的从国子学到地方的官学系统，既进行经典和行政技艺的教育，又作为推荐学生参加科举考试的基层机构。

在唐代科举制的发展中，北魏和隋朝流传下来的秀才考试逐渐废止，进士科和明经科最受人追捧。

考试的权威性建立在公正性基础上，但唐代的科举制度中有一种"规则"可能会影响考生的前途，即"公卷"延誉和"通榜"推荐。在士子参加科考之前，最好能把自己所作的代表性诗文呈送给有影响力的朝臣传看，先形成一种社会声誉。这就是"公卷"延誉。而其中有一些朝臣拥有向主考官推荐的资格，并形成一个初选的名单，即所谓"通榜"推荐。因为主考官预先知道这些试卷的作者，在客观上会造成那些有人推荐的考生具有优先性。这种制度的残酷性致使没有社会资源的考生只能采取各种手段以博取有影响力的朝臣的推荐。比如《文献通考》卷二十九《选举》中就描述唐代士人求知己的过程说，那些士子破衣烂帽，骑个毛驴，在请谒者门前百米就下马奉上钱财礼物，然后再奉上自己所写的文章词赋，名为"求知己"。如果没有回复，就重复前一次的行为"温卷"；如果依然没有回应，就在马路边等他骑马出现，立刻上前叩拜，直接报上名号。这种听上去十分辛酸的行为，也说明自荐的形式难以克服"关系社会"所带来的不公平。

这种考试中可能出现的漏洞在宋代被更为严格的保密制度所堵塞。宋代的科举制度虽然因为政治角力而屡经反复，其基本格局依然继承了唐代制度。在考试的规则上也有进一步的完善，比如出现了"糊名""誊写""保任"等防止考试作弊的办法。所谓糊名，就是将考生的姓名"封印"，即考官在评价的时候不知道考生的姓名。"誊写"算是"糊名"的补充，通过将考卷誊写成统一的字体，可以防止从笔迹来判断考生的身份。这些原则主要是为了保证考试的公平性。而"保任"主要是让一些地方的官员为该地方考生的道德品质做出担保。

宋代科举的另一大变革就是殿试制度的形成。本来殿试是为了解决考试中可能出现的不公正现象，宋太祖对当年选拔出来的举子亲自加以复试，后来这成为定则。当然也有人质疑殿试制度，因为时间短，难以真正判别举子的真实水平。但殿试更为重要的是其政治意义，即由此举子的脱颖而出主要是"恩情出于天子"，他们都是"天子门生"。

总体而言，宋代科举制在科目上日渐统一到进士科名下，考试内容十分注重对儒家经典大义的理解。到南宋，考试的秩序也进一步确立，即头场经义、第二场诗赋、第三场史论和时务策，这种方式也被明清的科举制度所采纳和延续。

明代科举制最大的变化是三级考试制度的完善。一个读书人到达科举的巅峰要经历三个阶段：乡试（在考生所在的省举行的考试，中式者为举人）；会试（各地的举人到京师参加的考试，中式者为进士）；殿试（会试成功者，由皇帝直接在宫廷里策试，分一、二、三甲，一甲三人，分别为状元、榜眼和探花）。在参加乡试前还要具备一个资格，即他必须是府州县的学生，也称为生员，又名秀才。这里所说的秀才和隋唐时期的秀才并不是一回事。那时的秀才是一种考试科目，明代的秀才是一种最为初级的身份。这些通过府州县考试的生员们并不真正在府州县的学堂里学习，而是各自在家中自学，逢春秋两季的孔庙祭祀活动，才回各地文庙祭孔。他们最重要的使命是准备乡试，以获取功名并参与更高层次的考试。

明代的考试方式出现了一种专门格式化的文体，即八股文。《明史·选举志》说："科目者，沿唐、宋之旧，而稍变其试士之法，专取四子书及《易》《诗》《书》《春秋》《礼记》五经命题试士，盖太祖与刘基所定。其文略仿宋经义，然代古人语气为之，体用排偶，谓之八股，通谓之制义。"从这段话中我们可以了解到，首先明代的考试范围有了变化，主要以四书五经作为考试的内容；其次，答题的方式有了一种标准化的文体，即八股文，并逐步确定了朱熹的《四书集注》作为科举考试的标准答案。现代人批评科举束缚人思想的一个重要理据就是八股文，这固然理有必然，因为八股对于形式有十分严格的要求，要在如此严格的程序制约下写出好文章的确不易。不过从另一角度来看，如果我们把八股看作是一种考试的方式，限定条件则是必须的。若是允许自由发挥，则难以确定评判标准，实际上也导致各人的答案没有可比较的前提。

八股文首先是"破题""承题""起讲"，主要是用来阐明题意。随后根据题意从各个方面来加强论点。或由正而反，或由反而正，起承转合,来铺陈论点,以呼应题意。正反两方面的论述犹如人的左右两股,且又以八股为限,所以称为八股文。下面我们以一篇比较有趣的八股文为例来说明一下。

狗吠

语出《孟子·公孙丑上》"鸡鸣狗吠相闻而达乎四境"。

清 蒋杙之

物又有以类应者,可以观齐俗矣。(破题)

夫狗,亦民间之常畜也,乃即其吠而推之,其景象果何如耶?(承题)

若曰:

辨物情者,所以观国俗;睹物产者,所以验民风。吾尝入齐之疆,而窃叹其聚俗之盛也。(起讲)

岂但征之鸡鸣已哉!(领题)

自功利之习既成,而人争夸诈。故斗鸡之外,尤多走狗之雄。(第一股)

自山海之资既启,而户饶盖藏。则吠夜之声,不减司晨之唱。(第二股)

分沥粒之余甘,而驯扰优游,不过与彘豚并畜。乃暮柝相传,而人为之守望者,狗亦共之徼巡。盖风雨晦明之间,喔喔者终宵而未静矣。(第三股)

抚胎伏之无伤,而尘嚣角逐,亦只与牛犊同群。乃夜扉既阖,而人乐其安居,狗尚严其戒备。盖草露寒瀼之际,狺狺者达旦而未休矣。(第四股)

瞻之以影,听之以声,非其见闻习熟而狰狞欲啖者,一若有异言异服之讥。(第五股)

深巷之中,蓬门之下,苟其一唱嗥然而嘈杂齐喧者,并若有同声同气之助。(第六股)

由是国风十五,而卢令志美,独夸东海之强。(第七股)

甚而食客三千,而狗盗争雄,尝脱西秦之险。(第八股)

苟使民居寥落,安能群吠之相呼;倘非万室云连,岂必付庞之四应也哉!(收结,称为"落下")

启功先生在讨论八股的文章中,也曾将此文作为介绍八股文的范文。启功先生说,此典故为孟子与齐宣王的对话,意思是齐国富庶,所以养狗的人就多,这属于破题。

然后开始正反两方面的论述。第一股是说,人富裕之后,就会出现斗鸡竞狗的不良社会现象。第二股则说明狗和鸡既可以守夜,也可以司晨,具有正面的价值。第三股说狗跟猪吃的都是人的剩余食物,但狗却可以帮人守夜。但在天气不好的时候,狗会整夜吠叫,也让人不能安静。第四股是第三股的另一种说法。第五股说狗能够分辨熟人和生人,对熟人很亲切,但对陌生人则不一样,甚至会咬。这与人的习性有相似之处,人对于与自己语言和服饰不同的人,也会产生戒备之心。第六股开始发挥同类相感的观点,这是对第五股观念的提炼和升华。第七股比较高级,引用诗经中的"风"来追溯古代齐国狗的描述。这里卢是田犬,令则是狗的项圈的声音。以此来呼应齐国的强盛。第八股继续引用典籍中关于齐国养士之风,甚至招募鸡鸣狗盗之徒。最后是结论,意思是说,如果人烟寥落,那么狗吠也不能相连。只有"万室云连"才能声闻达于四境,强调齐国的国家影响力。

由此可见，八股文是技术性很强的文体，需要有专门的应试写作技巧。

明清之后科举逐渐成为进入权力核心和国家行政管理机构的唯一途径，因为自从明英宗天顺年间之后，规定非科举出身的不能进入内阁。而明代的京官清要均任用进士出身的人，其他任用和晋升的机会也都首先考虑进士。

清代入主中原之后，很快就恢复了科举制，这也促成了文化的融合。

二、科举与学校、书院

与科举制度不断变化相关的是学校制度的变革。

唐代科举制导致文化教育系统的形成。一方面，对应多层次的人才选拔制度，唐代中央政府设立了国子学、太学、四门学、书学、算学、律学的"六学"和弘文馆、崇文馆"二馆"。更成为后世典范的则是各级地方政府设立的府、州、县学。另一方面，自荐式的科举考试也助长了民间个人聚徒讲学风气的形成，这样民间书院就得以兴盛。

这里我们主要讨论一下书院。

目前中国各地有很多书院的遗迹，有些人想当然地把书院与现代的学校相类比。事实上古代书院和现代的学校体制有巨大的差别。按照书院研究专家邓洪波先生在《中国书院史》中的说法，古代书院始于唐代，有民间书院和官府主办的两种类型。书院是读书人围绕着藏书、校书、著书、刻书、读书、讲学等活动的文化场所。

唐代的官办书院丽正书院和集贤书院，最初是官方的编纂、校订、收藏图书的机构，具有很强的行政色彩。唐代的图书出现了爆发式增长，这或许跟雕版印刷术的发展有关，这种印刷技术早期主要印刷佛教经典，后来也用到儒家经典的印制中。因此，民间书院最初也是从藏书机构扩展出来的，比如寺庙或个人有很多藏书，有些向公众开放，逐渐成为大家聚集读书、讲学之所。唐诗中对于书院的描述，我们可以看到这种情形。

同恭夏日题寻真观李宽中秀才书院

吕温

闲院开轩笑语阑，江山并入一壶宽。
微风但觉杉香满，烈日方知竹气寒。
披卷最宜生白室，吟诗好就步虚坛。
愿君此地攻文字，如炼仙家九转丹。

据考证，著名的石鼓书院即是在寻真观的原址上所建，当时的秀才书院可能附设在道观里。而书生在读书之余，在步虚坛边吟诗，体会道教徒修炼的感受。

官方的学校系统虽然完备，但容易受到政府财政能力的影响，特别是唐代安史之乱造成各地财政空虚，官方的学校系统几近瘫痪，私人办学兴起，这样各地的书院便日益增多，而讲学活动则与科举密切相关。

经过几个世纪的探索，到五代和宋初，书院制度逐渐完善，在这个过程中佛教的寺院教育影响尤巨。这从书院办学地点的选择、学规的制定、讲学方式的确立都能得到印证。比如将书院的主持人称为"山长"，都说明书院是自唐代以来的山林读书之风的延续和制度化。

宋代是书院发展的黄金时期，这首先是因为科举制度日趋完善，读书求得功名成为最重要的社会流动途径。其次，政治力量、家族力量和商人力量合力推动了书院的发展。比如在宋初，宋太祖和宋真宗等分别给白鹿洞、嵩阳、岳麓等著名书院赐书。在咸平四年（1001年），宋真宗还因为当时新校定的几部儒家经典颁行，而下诏给全国各州县有学校聚徒讲诵的场所赐"九经"。也有皇帝给各地书院赐学田，当然皇帝们最喜欢做的事是给书院题写匾额。我们今天去北京孔庙拜谒的话，大成殿上最多的就是皇帝题写的匾额。

皇帝和地方官员对书院的支持，一方面是为了表明其对于儒学的尊崇，笼络人心；另一方面则是为了补充官学系统学额的限制，让更多的人获得学习的机会。不过也不能否定有"控制"的意图存在，尤其是在讲学活动十分频繁的明代，出现了许多有政治影响和社会号召力的书院。因此朝廷为了控制阳明思想的传播或东林党的政治影响，先后有四次禁毁书院的事件发生。

王阳明本人十分重视讲学活动，即在体制的学堂体系之外，来教导民间子弟，教化礼俗。王阳明足迹所到之处，都会建立书院，比如贵州的龙冈书院、绍兴的稽山书院等。王门子弟也十分重视会讲，他们在东南一带聚集讲学，人数多至上千，为王学的传播贡献良多。嘉靖八年（1529），明世宗直接对王阳明的讲学活动表示不满，他说："守仁放言自肆，诋毁先儒，号召门徒，虚声附和，用诈任情，坏人心术，近年士子传习邪说，皆其倡导。"（孙承泽：《春明梦余录》）四次禁毁书院活动有三次跟阳明及其传人何心隐等人有关。

最为大家熟悉的则是东林书院及东林党事件。明末的顾宪成、高攀龙等人针对王门后学玄虚之论，提出要将讲学活动与实践活动相结合，以"家事国事天下事事事关心"的态度，展开与以魏忠贤等为代表的阉党集团的政治斗争。东林书院以及作为东林党政治势力聚集地的北京首善书院成为政治活动中心,终于在各路政治对手的围剿下被拆毁。

清代是书院的鼎盛时期,尤其是晚清的封疆大吏都热衷于恢复古代书院或兴建书院。比如阮元在出任浙江巡抚的时候,建立了诂经精舍,在两广总督任上建立了学海堂。诂经精舍后来延聘经学大师俞樾作为山长,培养出诸如章太炎等大学问家。而晚清岭南人物之盛,也与学海堂雄厚的师资实力有极大的关系。

另一位热衷创办书院的封疆大吏是张之洞,他亲自创建的书院包括湖北经心书院、四川尊经书院、山西令德书院、广东广雅书院、湖北两湖书院。据研究者统计,晚清的书院有百分之七十以上是由各级地方官员建立的。

但许多人对于书院有很大的误解,有人将之视为独立的教育机构,也有人将之看成科举的延伸,这些都不太符合历史事实。

的确,在唐以后的大多数时间里,书院的教育与科举制度的发展关系密切。如果说唐代的书院是官学系统的补充的话,那么宋代书院勃兴的一个重要原因是长年战乱使官学系统难以恢复。所以宋初的许多书院呈现出明显的民间捐资兴建、官府加强管理的特征。尤其是著名的书院,往往成为科举考试的准备场所,在贡举考试之年,辅导如何准备科举应试,就成为书院讲学的主要任务。

宋初的儒生比较喜欢在书院讲学,并影响了那个时代的风气。比如北宋初年的石介、孙复、胡瑗三先生主讲泰山书院,力辟佛老,使书院成为儒学复兴的基础。但宋代的许多大儒并不愿意看到官学系统的凋敝,而几次主张恢复府州县的学校系统,比如范仲淹在庆历新政时期就提出士子要在学校里面学习三百天之后,才能参加科举考试。而在王安石变法中,他提出要在太学中采用"三舍法",即外舍、内舍和上舍,外舍七百人,年终考试优秀者二百人可以升入内舍。然后每两年再进行一次考试,从中挑选优秀者升入上舍。上舍生中优异者可以直接授予官职。王安石还恢复了律学、医学等专门学科的讲学,提升了学校系统的重要性。后来蔡京也发起过兴学运动,主张增加府州县学校的学生名额。

随着学校的兴起,北宋中后期书院的地位则相对下降。北宋时期湖南当地官员甚至看中天下闻名的岳麓书院的地皮要兴建铸造钟鼓的冶炼厂,虽然最终因人反对而作罢,但大致也可以看出书院地位下降的状况。

虽说北宋中后期书院的地位有所下降,但书院的数量并没有减少,这个时期逐渐兴起的理学家则纷纷依赖或建立书院来讲学。比如周敦颐建立的濂溪书院,二程一度讲学的嵩阳书院,特别是二程的弟子杨时南下无锡,建立东林书院,为理学的南传奠定了基础。

南宋的书院讲学之风更盛,当时儒学的代表人物朱熹、张栻、陆九渊等先后依托书院来讲学授徒,形成了理学的地域化展开。比如张栻主持岳麓书院,提出书院不仅要"成就人才",也要"传斯道而济斯民也",即书院的学子要将道统的传承和对国家社会的责任感结合在一起。由此,以岳麓书院为依托形成了历史上著名的湖湘学派。

岳麓书院历史上极为重要的事件是乾道三年(1167)朱熹与张栻在岳麓书院所进行的会讲。两人就"太极"和"中和"等问题展开了近两个月的争辩,体现了书院自由讲学的风气和平等争论的氛围。

朱熹自己就创建和主持过许多书院,他一生大部分时间在书院度过,修复、主持过白鹿洞书院、岳麓书院。南宋时期对儒学影响巨大的事件都与朱熹相关,也都发生在书院。

比如由吕祖谦主持的朱熹和陆九渊兄弟之间的鹅湖之会,就发生在今江西境内的鹅湖书院。在这次争论中,双方在"为学之方"是"格物穷理"还是"发明本心"的易简功夫之间发生了激烈的争论,气氛虽然并不能说十分"融洽",但理学家们愿意正面交锋的态度也说明双方对于不同立场的平等争论原则的接受。

由此可见,书院在宋代的兴盛与理学的发展相得益彰。人们也将书院视为士人追求圣贤人格的理想场所。但不可否认,科举与儒学的发展之间并非总是互有助益的。

通过前面的介绍我们知道,选举和取人的制度日益单一化,导致教育制度和取士制度有合一化倾向。由于权利指向的唯一性和单向性,读书人对于知识学习的内容就会聚焦在儒家典籍上,民间书院的教学内容日益成为科举的准备。到明清时代,整个教育体系包括儿童的启蒙教育都日益以科举为唯一取向。最让理学家们担心的是,科举带来的功利导向,会使人们不再关注儒家经典中所包含的"大道",而纯粹将经典的学习视为谋取功利的途径。换句话说,科举让文化资源直接通向权力资源,儒家之"道"已经成为儒生获取功名的手段。

对此现象,历代儒生多有批评。比如1181年,朱熹在主持白鹿洞书院的时候,邀请陆九渊来讲学。主题就是《论语·里仁》篇中的"君子喻于义,小人喻于利"。陆九渊就是要借此来讨论由科举而导致的圣人之学和追求功名的利禄之学之间的不同。

陆九渊在讲学中说,以义利来判明君子小人,众人所习知,但如果不能联系到自己的生活选择,则即使知道这句话的意思,也毫无意义。他说,君子在读这段话的时候,也辨明自己的志向之所在。如果其志向在于"义",那么所思所念,也必然在于义。若关注点在利,那么所有事情就会从利的方面入手。

接着,陆九渊就以科举为例说,科举取士由来已久,许多大儒名臣都经由此条道路而功成名就。对于今天的读书人而言，参加科举也是一个必然的选择。那么读书人应如何看待考试的得失呢？考官对于作文倾向的好恶，并不能真正影响到君子小人的分别。今天的读书人都在揣摩考官的好恶，而无心去思考义利之辨的真谛，所以虽然似乎整天在研读圣贤的经典，但实际却与圣贤之道背道而驰。

陆九渊进一步推论说，如果读书只是为了科举成功，那么即使他成功之后，也不会把心力放在百姓的利益和国家的福祉上。如果能在义利之辨上深入下去，那么就会警惕自己身上的这种利欲之习，将自己的心思转到对于公义的追求上。以这样的志向去参加考试，其作文只在于要表述对圣贤之道的追慕；以这样的态度去做官，"必皆共其职，勤其事，心乎国，心乎民，而不为身计，其得不谓之君子乎？"听者无不为之动容，甚至有"泣下"的。朱熹也表示，一定要与大家遵守陆九渊所阐发的义利观。

朱熹后学陈淳也有关于"圣贤之学"和"科举之学"的讨论，他在《似学之辨》一文设问道，科举之学与圣人之学有什么区别呢？陈淳说这中间有太多的似是而非之处。看起来，这两种学问所读之书都是圣人之经、贤人之诸子学。科举之士读这些书，只了解书中的皮毛，只要约略了解其中的内容就可以了，但并不能做到"切己自反"的程度。他们也整天在背诵圣贤之文，但只为求得虚名、求得禄位，"而不知圣门堂宇高明广大之为可乐"。"凡天命民彝，大经大法，人生日用所当然而不容阙者，悉置之度外，不少接心目。"一旦有人问及关切国计民生的大经大法，他们都漠然不知。这样的人，怎么能当得起儒者之名呢。这段话颇具道学家的风采，也揭示了科举制度之后，即将经典作为升迁之途后，虽然人们自幼及老一直诵读经典，但主要的目的是博取虚名，而不是去了解圣人的本意。

明代儒学发展的标志性事件是阳明心学对已经成为官方思想的朱子学的挑战。这种挑战者的身份也决定了阳明学的发展与民间书院之间互相成就的关系。阳明在蛰居贵州修文的时候，建了龙冈书院，与人讨论"良知具足"。而晚年迁居绍兴，建稽山书院，提出要从心体会六经之理，而不应被经典中的文字所束缚，要以书院来拯救学校之偏。

阳明及其弟子十分重视讲会，注重向社会底层人士论学讲道。阳明弟子中就有不少来自社会底层，如泰州学派的王艮，出身于贫苦的灶丁，他的理想就是让"愚夫愚妇皆知所以为学"，他的讲学经常能吸引农夫和商贩前来听讲，走了一条"觉民行道"的路。

三、内外矛盾中摇摇欲坠的科举制度

科举制度尽管存在种种缺陷，但从某种意义上说，它让生活在社会底层的人可以通过一次比较公平的考试而实现上升性社会流动。对此，何炳棣在潘光旦、费孝通等人的启示下，通过对明清 48 份进士登科录的 14562 名进士家境的分析表明：进士出自前三代没有获得过一个初级功名、更谈不上有官职和官衔家庭的占 31.1%；出身于三代中产生过生员或初级官员的占 11.6%。剩下 57.3% 的进士则来自那些上三代获得过一个或一个以上较高功名或官职的家庭。何先生得出结论说，明代一半的进士来自平民家庭，相比于清代，明代的科举考试要更为平等。但宋代总体上是最为平等的。① 尽管有很多批评者，但科举体现出平等性和公正性则是不争的事实。

任何制度都会随着时间的推移而出现很多次级制度，使之弊端丛

---

① 何炳棣：《明清社会史论》，联经出版事业公司，2013 年，第 138 页。

生，科举制度也一样。科举的形式化导致利禄之途与学做圣贤之道的分离，这固然是难以避免的后果，对于清代的科举而言，相对固定的学额和日益增加的人口之间的矛盾，也使科举在选拔人才的过程中，竞争过于激烈。因为考生众多，增加了考官的负担，有记载说，阅卷官往往在入围名额满员之后，将其他考卷置于一边了。

对科举这种人才选拔制度而言，最大的挑战是因财政困难而出现的捐纳和保举现象。特别是清后期，太平天国起义让各种社会问题以尖锐的方式凸显出来。太平天国运动主要的活动区域是长江中下游地区，这是清政府最重要的财源和粮食保障之地。为了筹措镇压起义的经费，纾解日益逼仄的财政困境，朝廷各种形式的捐纳行为，几乎都对科举的"唯一性"和"崇高性"造成了解构。比如，朝廷许诺，各省可以通过缴纳更多的财政资金来扩大自己省份的科举名额，称为"增广学额"。

为筹集镇压太平天国运动所需的巨额军费开支，1853年咸丰皇帝下达谕旨：先是表扬了山西、四川、陕西这些捐款比较多的省份，提出要增加科举名额。增加的名额由捐纳的数值多寡来决定，也就是说捐得越多名额越多，这些多出来的名额，时间一长就变成永久性的了。这么做的结果是，从19世纪上半叶到下半叶，不经过正常考试渠道而获得功名的人数激增了50%。

捐纳本来是朝廷为解决重大灾难或战争状态时经济困难而采取的临时性措施。但因鸦片战争和太平天国接踵而起，朝廷的捐纳便变成常态。而且，捐纳的权力原先集中在户部，但后来各省都纷纷建立捐局，在当时朝廷信用的主体就是"功名"和"官职"。尤其让读书人寒心的是，捐输得功名的人因为有财力打通关节，反而更容易获得官职，这样老老实实而又穷乏的儒生所能获得的机会就大大减少了。当时官员们所上的奏折中，就有人批评各省督抚更喜欢任命"异途"上来的人，而不愿意给贫穷的从正途上来的官员以实际的职位。之所以愿意花巨资捐官，主要还在于其回报，因此知县是一个最受人追捧的官职，当然捐纳的费用也必然与其回报成正比。为了获得这个位置，有人还发明了众筹捐官的例子。据《清稗类钞》记载，有一个山阴人蒋渊如，苦于捐资额度巨大，就跟他的朋友唐文卿、陈柏生、王平斋、吕少川合谋，去谋取财政状况好的地方的知县，并约定成功之后，蒋做县令、唐文卿出任刑幕、陈柏生任钱粮幕、王平斋任钱漕、吕少川为门稿，以避免所获的利益外溢到未参与"众筹"的人。这也算是捐纳的奇谈了。

还有就是军功集团保举的人占据大量职位。这本来也情有可原，比如朝廷让曾国藩组织团练来抵御太平天国起义，但并没有实质性的经济支持，而只是给予"政策性资源"。因此，每次战争胜利之后，他们往往大量保举军功人员，甚至每次达上千人。这样一来真正通过科举考试的学子，事实上一辈子只能做个"候补"，而很难获得实际的职位。山西乡绅刘大鹏在他的日记中说："为赔洋款，山西一省共捐二百余万金，凡出捐输金者，皆赏给实职官阶。现在因捐输而得官者纷纷，上至道台、知府，下至知县、教官杂职，皆因捐输而得，名器之滥，如此之极，无论至贱之人，亦有官职在身，良可慨也。"①

科举制的运作基于它是社会上升的重要途径，捐纳和保举的过度扩张，造成科举和权力之间的平衡关系被打破，也就是说科举制度本身已经不能最大限度地保证参加科举的生员的利益，这样，科举制度的正当性和吸引力自然会受到影响。

---

① 刘大鹏：《退想斋日记》（1901年10月27日），山西人民出版社，1990年，第102页。

还有一种现象也会让人们对功名之士失去敬畏,即作弊。

在激烈的竞争环境中,许多人试图通过作弊来获取功名,诸如"冒名顶替"(即所谓雇"枪手")、"垫塞"(即将大量写好的文章缝在衣服里,或放在考生带饭的篮子里)、"传递"(一旦大考官将题目公布,立刻有人将之传给在场外等待的人,然后着手写文章,再通过看守和监考人员将之传递到需要的人手中,毫无疑问这种做法需要预先沟通)等手段层出不穷。

这种事情发生得频繁,人们对功名之士的尊重感也会大大减弱,转而对财富和拥有财富的人表现出仰慕。据刘大鹏日记说:"顷闻太谷大富王姓者年二十余,先捐一道员,改捐莫部郎中,于本月初八日赴京供职,饯行者络绎不绝,路旁之人莫不歆然倾慕。嗟乎!富家之子不读书而可列于朝廷,贫寠之士抱学问而终困于草野。"[1]

科举制度,因以儒家经典作为取士的基础,故而对于儒家观念的传播是十分关键的。当儒家的价值观成为一种社会流动的必要的前提性条件时,对于这种价值观的认同便成为一种自觉的行为,这也是中国传统社会陷入超稳定结构的主要原因。

对于科举制度最为根本的冲击来自于西学传入。马克斯·韦伯曾经通过对"君子不器"的分析,来说明中国的科举制度和西方的教育之间的差别。他认为,科举的目的是选拔由儒家秩序观念所"塑造"的、并对这种观念深刻认同的"君子",不是选拔专门的管理人才或技术人员。他说:"中国的考试,并不像我们西方为法学家、医师或技术人员等所制定的新式的、理性官僚主义的考试章程一样确定某种专业资格……中国的考试,目的在于考察学生是否完全具备经典知识及由

---

[1] 刘大鹏:《退想斋日记》(1905年9月11日),山西人民出版社,1990年,第145页。

此产生的、适合于一个有教养的人的思考方式。"①

韦伯讨论的是中西的差异性,但在西强中弱的背景下,这种不同便被认定为"不如"。如晚清对李鸿章和张之洞等人有巨大影响的冯桂芬就在《制洋器议》一文中概括了好几个"不如","人无弃材不如夷,地无遗利不如夷,君民不隔不如夷,名实必符不如夷"。虽然他还在夷夏论的句式中,但如此多的"不如",让他从教育制度上去寻找中西差距的根源,他说西方著作中如算学、重学、视学、光学、化学等,阐发了物理世界的规律,而舆地书中关于世界各国山川、厄塞、风土、物产的介绍,都是中国人所不及的。这就需要我们从教育方式上做出改变。

在制度改革上,政治制度的改革涉及许多禁区,阻力重重。所以改革学校和科举制度逐渐成为舆论共识,并逐渐落实到具体的措施上,如在设立学校方面,鉴于与外国交涉需要外语人才,所以在建议设立"总理各国事务衙门"之时,奕䜣还建议设立专习外国文字的"同文馆",并于1862年正式建立。此后上海的广方言馆和洋务学堂开始出现,1867年同文馆奏请招收正途的学生。但这些改革遭到了守旧派的激烈反对。

在洋务派与守旧派的争论中,洋务派的代表人物李鸿章把中国教育阻碍国家中兴的原因表述得十分清楚,他在1869年4月给总理衙门的公函中说:"中国士夫沉浸于章句小楷之积习,武夫悍卒又多粗蠢而不加细心,以致所用非所学,所学非所用。无事则嗤外国之利器为奇技淫巧,以为不必学;有事则惊外国之利器为变怪神奇,以为不能学。不知洋人视火器为身心性命之学者,已数百年,一旦豁然贯通,

---

① (德)马克斯·韦伯:《儒教与道教》,洪天富译,江苏人民出版社,1993年,第143页。

参阴阳而配造化，实有指挥如意，从心所欲之快。"①李鸿章因有此等认识，所以他们所推动的洋务运动实行了新的人才选拔方式，比如，有人主张特设一科，来专门选拔造船、制造、驾驶、测量的人才。在经过无数次的质难和辩驳之后，1888年举行的戊子乡试，首开算学科，并决定只要报名人数在20名之上，就可以开考。虽然以后数次均因报名人数达不到要求而停滞，但这毕竟对儒家"求道斥器"的教育理念是一种重大冲击。如此种种的改革并没有让中国摆脱落后的局面，在甲午战争中残酷的失败刺激了更为激烈的自我否定气氛。

　　甲午战争之后，舆论开始直接指向科举制度，在十分情绪化的年代里，人们已经不仅将目标对准科举的内容，甚至主张科举这种形式也应该废除。在英国留学却有科举情结的严复在他著名的《原强》《救亡决论》等文字中辛辣地指出科举制对于国人思想的禁锢，认为八股文会禁锢智慧、祸坏心术、滋长游手好闲风气。建立在八股基础上的科举制则让人们不知所学为何，"自有制科来，士之舍干进梯荣，则不知焉所事学者，不足道矣。超俗之士，厌制艺则治古文词，恶试律则为古今体；鄙摺卷者，则争碑版篆隶之上游；薄讲章者，则标汉学考据之赤帜"。②严复从实证主义的立场，以能否实现富强为标准，认为中国知识人士所引以为傲的传统学术，只可用"无用"二字来概括。甚至说中国的学风会让人"始于作伪，终于无耻"。毫无疑问，严复的批评体现了甲午丧师之后国人的激愤情绪，也兼而发泄了他历次科举失败的郁闷心情。因而渐次地废八股、改革科举的呼声越来越高了。

　　以康有为为代表的维新派也在甲午败师后力主废除八股文，改革

---

① 《筹办夷务始末（同治朝）》卷二十五。
② 严复：《救亡决论》，载王栻编《严复集》第一册，中华书局，1986年，第43—44页。

科举制度。他说，学八股的人，不读秦汉以后之书，更不考察地球各国之事，其实是以圣贤的名义阻碍人们获取新的知识。之所以面对日本和西方的挑战而无人能应，完全是因为八股文对人们思想的限制。所以，今天的割地赔款，其实是"割于八股"。现在虽然增设了经济特科，但如果科举不变，不可能起到实际作用。① 而梁启超认为中国传统的教育并不涉及具体的实用知识，因此，科举制损害的不仅是以功名为目标的读书人，连同社会大众都一并缺乏实用技能。梁启超说："且科举之法，非徒愚士大夫无用已也，又并其农、工、商、兵、妇女而皆愚而弃之。……吾生童无专门之学，故农不知植物，工不知制造，商不知万国物产，兵不知测绘算数，妇女无以助其夫，是皇上抚有四万万有用之民，而弃之无用之地，至兵不能御敌，而农工商不能裕国，岂不大可痛哉！"② 梁启超将科举取士之法比喻为愚民之法，认为其导致了人才匮乏、百业凋敝的局面。

在这种社会氛围之下，清廷开始接受朝臣及舆论有关废除八股文、改革科举制度的建议。光绪二十一年（1895）设立"官书局"，选择翻译外文书籍和各国报纸以传播新知识。光绪二十二年（1896）于京师设立大学堂及在各省、府、州、县设立学堂。光绪二十四年（1898）设立经济专科，这样，在传统的科举之外又别设一途，与正途相类。同年科举中的八股文体被废除，而改试策论。调整乡试会试三场考试的程序，将史论与政论列为第一场，时务与实学列为第二场，四书五经列为第三场。程序改革意味着，如果不懂时务，那么你可能没有机

---

① 参见康有为《请废八股试贴楷法试士改用策论折》（1898年6月17日）、《请变通科举改八股为策论折》，载《康有为全集》第四集，中国人民大学出版社，2007年，第78—82页。

② 梁启超等：《公车上书请变通科举折》（1898），载《梁启超全集》第一集，中国人民大学出版社，2018年，第442页。

会等到考四书就已经应试失败了,这对于边远省份的举子而言,简直是釜底抽薪。

戊戌政变在推行了100多天之后被叫停,许多新政的措施很快被废止,不过京师大学堂因为外国教习已经聘任等原因而继续开办。在辛丑条约签订之后清政府面临巨大的合法性危机之下,光绪二十七年(1901)开始的清末新政意味着戊戌时期的一些改革方案重启,教育改革也陆续恢复,清廷在西安宣布将在光绪二十八年(1902)废除时文诗帖,而用经义和策论来考试,并停止武科。学校体系也与科举改革同步进行,即各省的书院改成大学堂,各府厅和直隶州设中学堂,州县设小学堂。鼓励各地多设蒙养学校。

科举取士和现代学校教育有很大的区别。科举取士本身并非教育制度,而是传统中国社会的儒生为达成求取功名的目标必经的路径,因此,学校所教以及学生们关注的是科举涉及的内容和形式,对其他的知识则弃之不顾。现代学校教育源自科学发展带来的学科分别,学生在学校里学的是专门的知识,目的是成为专门人才。

这种不同导致科举和学堂教育难以兼容,因此晚清的政治家们对于改革的方式和目标有不同的看法,但对于教育改革则殊少冲突。比如作为矫正康有为维新思路的张之洞的《劝学篇》中,对于科举的看法与康有为则几乎同调。

张之洞在《劝学篇·外篇·变科举》中说,科举之士经常以孔孟之学来为自己辩护,实则难以应付当下的变局,所以必须设立学堂引进新学。但"夫学堂虽立,无进身之阶,人不乐为也。其来者必白屋钝士,资禀凡下,不能为时文者也。其世族俊才,皆仍志于科举而已。……使乡会试仍取决于时文,京朝官仍絜长于小楷,名位取舍惟在于斯,则虽日讨国人而申儆之,告之祸至无日,戒以识时务、求通才、救危局,而朝野之汶暗如故,空疏亦如故矣。故救时必自变法始,变法必自变科举始"。张之洞深刻认识到科举取士所造成的人才虹吸效应,所以,认定要改变现状,唯有废除科举。

实际上除了学堂与科举难以并举之外,当时的朝野对于改革科举的前景也了无头绪,许多考官甚至认为清末新政只是应付拳乱的临时之举。出于民族主义情绪,考官对于策论中推崇西方的言论并不赞同,而学生则因为眼界所限,也并不能对如何改善时局提出有见解的对策。

光绪二十九年(1903),袁世凯、张之洞等人提呈《奏请递减科举折》,指出如果不入学堂,人们依旧可以参加科举,便不会来学堂求学。如此,科举一日不废,国家便一直难以培育应时之人才,国家的富强也就难以企及。唯有逐年减少学额,直至最后"舍学堂一途,别无进身之路",新学堂才可能"普兴"。1904年,当时的管学大臣张百熙也说,科举不停,会给人一个错觉,以为朝廷并不是真心要办新学堂,这样士林就会出现观望态度。所以,他提出立刻停止科举,这样学堂才有起色,新学堂才能筹措到所需的经费。1905年9月2日,延续千年的科举之路终于走到尽头,清廷宣布,自1906年起,所有乡试、会试一律停止,各省岁科考试亦即停止。科举制度正式被废除了。

四、废除科举之后

科举制度被废止之后,清政府为了维护儒家纲常在价值体系中的核心地位,希望能够从制度层面维持儒学的独尊地位,《清帝谕立停科举以广学校》中规定:"今学堂奏定章程,首以经学根柢为重。"1906年,清学部颁布了"忠君、尊孔、尚公、尚武、尚实"的教育宗旨,指出孔子不仅是中国人的精神之祖,也是世界民众共同信仰的圣人。因此,学部还奏请把祭孔仪式的规格由中祀升为大祀,得到了批准;还规定学校在春秋入学及孔诞日应"祀孔"。这些措施的真正设计者是张之洞。

张之洞一度对他的制度设计十分自信,认为若按照他所制定的癸卯学制的安排,不但经学的传承不会中断,而且在新的学校体系中,经学将获得较以前更为繁盛的发展。很显然,他的这种估计过于乐观了。一方面,科举之士依然在怀念那个读书做官的时代,另一方面,新式学堂却因为课程众多,经学课的时间随着学堂层级的提高而不断减少。更为关键的是,既然科举已经废弃,那么人们更愿意花精力在实用的科学知识上,经学反而成为不可摆脱的负担。

的确,新学制的课程安排坚持了中体西用的原则,但具体的课时安排则各阶段各不相同。年级越低,中学课程的比重越大。随着学堂等级的提升,西学的课程逐渐占据主导,其课时量甚至超出中学课程。

看到这种情况,张之洞又开始寻求补救办法,其中的方案就是设立存古学堂。张之洞在1907年递呈的《创立存古学堂折》中说,国文是文明的基础,圣贤经传是价值的核心,历史和词章也是文化之辅翼,不能任其衰微。即使其中有许多内容已经不符合时代的需要,也要存而传之。他在湖北的考察发现,学堂的国文老师都是他在湖北主政时期创办的经心书院和两湖书院的学生,根本不能适应新学堂教育的需要。所以,张之洞建议在经心书院的原址上成立"存古学堂"。存古学堂的课程主要分为四门:经学、史学、词章学以及博览门。经学门是从群经中选择一经,兼学说文、尔雅和音韵学;史学则需从二十四史或《通鉴》中选一部研习;无论经史,都需学习词章,或诗赋、骈文也可以。而第四门称之为博览门。专研前三门中任何一门者,都需要同习博览门。

对于现代学堂中的主要内容，比如外国历史、博物、理化、外国政治、法律、理财、警察、农林、渔牧、工商实业等，"只须令其略知世间有此各种切用学问"，不用作为专长，每周有一小时的时间了解一些即可。

张之洞的存古学堂，得到许多省的效仿，但这样做也有副作用，既然有专门的保存中国古代文史的学堂，那么普通学堂中的经学和其他文史课程就变得更为无足轻重了。

揆之于历史，科举制度显然并不单纯是传统中国的考试制度那么简单，科举与儒学的合作已经成为中国传统社会稳定机制的一个枢纽。因此，废除科举带来的是整个社会制度体系的多米诺骨牌效应。科举本身的危机和近代学堂的冲击，导致作为儒家基本支持群体的绅士群体逐渐分化瓦解，而且绅士身份的社会吸引力减弱。进一步地说，科举制的废除致使产生绅士群体的机制不复存在，这也就导致了实际和潜在的儒家群体力量的削弱，儒家越来越失去了他的民众基础。

除了张之洞的存古学堂这样的设计，为了鼓励读书人学习声光电化这样的新学，甚至出国留学，新学堂又试图通过"奖励出身"的方式来激励学生。这其中的原因有二，首先是科举虽然废除，但学而优则仕的观念并不会轻易"消失"。一旦与出身挂钩，即会让人趋之若鹜。其次是当时人们对西方的学位制度也认识不足。在兴办新式学堂之初，将西方学校授予学士、硕士、博士等不同学位，与科举制下授予秀才、举人、进士等不同出身勾连起来。故而沿用科举时代之奖励办法，实行奖励学堂出身制。这个制度一出台便受到许多人的批评。有人说以官位作为学习的目标，容易在毕业之后将毕生所学尽行放弃，而去求得一官半职。以这种方式来兴学，依然难以求得国家富强所需要的人才。对"奖励出身"制度提出较系统批评的是王国维，他一直强调学问之独立价值,他说,科学、哲学、文学、美术是四种有独立价值的学问,不能以一般的"职业性"的方式来理解,一旦沾染功利色彩,那么人就不会以纯粹的态度对待之。所以,他说最坏的办法是以"官"来奖励大家从事学术研究。"以官奖励学问,是剿灭学问也。今以官与服务期满之师范生,非所谓以官奖励职业者乎?以官之媒介之举人、进士予卒业生,非所谓以官奖励学问者乎?"①长此以往,就不能怪人们不知道有职业、学问的事,而只知道读书做官这一途。

清政府废除科举的初衷,是为了培养应对西方冲击的政治、经济和军事人才。然而吊诡的是新式学堂恰恰培养了清政府自己的掘墓人。

科举制度在社会上培养了一批以获取权力为目标的读书人,因此,他们会忠于朝廷。即使基层的读书人,也以绅士的身份作为社会稳定的基本力量。废除科举之后,以科举求功名的人失去了目标,基层的绅士群体亦不再成为社会的榜样,因此清政府失去了基本的支持力量,而这些被历史所抛弃的人则成为权力的抗议者。

新学生群体更是反政府力量的主体。1905年科举退出历史舞台之后,新式学校得到了迅速的发展,有一个统计可以反映这种情况,在新学制推出的1902年,新学堂的学生不到1万人,但到1909年则达到16万人,1912年更达到30万人。留学生的人数也迅速增长,尤其是到日本留学,因为文字上的接近和政府的推动,留日学生数量巨大,实藤惠秀在《中国人留学日本史》一书中估计,1905年和1906年每年留学日本的人数不少于八千人。当时的日本几乎是中国所有政治势力的汇聚地,不仅有康有为、梁启超这样的改良派,还有孙中山和章太炎

---

① 王国维:《教育小言十三则》,载《王国维全集》第十四卷,浙江教育出版社、广东教育出版社,2010年,第105页。

这样的革命派,他们影响所及,都对清政府的统治造成巨大的威胁。

　　学堂学生与传统以居家学习为主的科举士子不同,他们是一个相对独立于社会环境和具体利益关系之外的群体,相比于别的社会群体,学生显然更容易接受激进和理想化的制度设计。诸如自由、平等的观念很早就成为在学生中流行的时髦用语和用以反对各种形式压制的武器。他们对于西方文明的接触和信奉促使他们越来越多地认同外来的文明,有些人则通过批判儒家的文化传统来表明其对新思想的接受。后来长期担任北京大学校长的蒋梦麟说:"到了1902年,胃口最佳的学生已为时代精神所沾染,革命成为新生一代的口头禅。他们革命的对象包括教育上的、政治上的、道德上的,以及知识上的各种传统观念和制度,过去遗留下来的一切,在这班青年人看起来不过是旧日文化的骸骨,毫无值得迷恋之处。他们如饥如渴地追求西方观念,想藉此抵消传统的各种影响。"①

　　学生群体中的先进分子是晚清立宪运动最积极的参与者,但也有许多新学堂的学生毕业之后,成为社会游散人员,因为社会经济发展水平的落后,使这些新学生在毕业之后,找不到相应的工作。从军成为许多人的选择。比如湖北新军中的许多人就是在军营里受到了革命派思想的影响,最终他们打响"首义枪声"开启了辛亥革命的序幕。山西乡绅刘大鹏虽身处山西,但他却能以比较客观的眼光来观察新学堂学生的思想状态。他在1916年3月17日的日记中写道:"自光绪庚子以后,改设学堂,不数年停止科考,并派学生出洋留学以学洋夷之学,留学日本者至数万人之多,赴西洋各国之学生数亦不少,均系官费,其自费者不过百分之一。洋学既盛,孔孟之学遂无人讲,中国人

---

① 蒋梦麟:《现代世界中的中国:蒋梦麟社会文谈》,学林出版社,1997年,第142页。

士均尚西学,则父子之亲、君臣之义、夫妇之别、长幼之序、朋友之信皆置诸如何有之乡,遂养成许多叛逆,未越十年,占据要津,至宣统三年,突然蜂起,革我清之命,改称民国,号曰共和,而乱臣贼子乘势行其素志,窃据神器,号令天下,暴敛横征,民不堪命。民国四年,改民主为君主,此举一行,而乱党又藉口弄兵,宣告独立,扰民不安,则是以贼攻贼,以暴易暴,民不聊生,无治安之日,岂非孔孟之学不行而洋学是尚之所致乎?"①

最后,我们以科举制的废除对儒家现代命运的影响来作为本讲的结束。

自隋唐之后,科举作为一种儒家贤能政治理想的现实化制度,在儒家价值和选官制度之间建立了固定联系,从而以学校和书院的方式延展到社会的每个阶层、每个家庭。所以,从另一个角度说,科举制度是儒家制度化和制度儒家化的枢纽。

科举制的废除,意味着传统的儒家价值传播体系的终结,现代教育体系的发展与儒家价值之间构成了工具理性和价值理性之间的紧张关系,难以兼容。晚清的新派人士并非没有意识到科举与儒家价值之间互相依托的关系,但他们不可能扭转现代教育的工具化倾向。在西方文化被作为普遍范型的时代,后发国家既然要通过学习西方的方式来获得国家独立与富强,那么他们想要维护自己的独特价值就变得十分困难。

制度化结构和文化价值之间是一种互相证明的关系,科举维系着儒家的文化价值和传统的制度体系之间的平衡。因此说,以对科举制的怀疑和废除科举为前导,儒家价值观的生存土壤逐渐流失。晚清的

---

① 刘大鹏:《退想斋日记》(1916年3月17日),山西人民出版社,1990年,第227页。

改革纵有无数个方案，但不管是有意为之还是被动求变，趋势只有一个，即对于传统制度体系中儒家成分的否定，这必然构成对儒家制度体系的否定。以西方教育模式为基础的新式学堂的建立，使儒家失去了最为重要的传播途径，教育的内容也由儒家的经典转向自然科学知识和外语。在西方传来的真理取代儒家的天理的时代，一切以儒家价值为合法性基础的制度必然会难以为继。

科举制在近代危机中所遭受的解体命运其实不仅仅在于科举制度本身，而在于它体现了以皇权为核心的中国传统制度系统和价值系统的整体危机。尽管我们现在对"现代化""现代性"有着种种不同的理解，但是对于中国而言，有一点是确定的，即现代性以前所未有的方式，把传统社会抛离了其原有的社会秩序的轨道，从而形成了新的生活形态。从这个角度看，近代中国对于科举的批评似乎是在用"现代性"的标准来衡量传统制度的功能，科举制度退出历史舞台是必然的。

在全新的制度体系中，儒家的合法性便不复存在，同样儒家也不可能为一种新的制度体系提供合法性依据。因此在近代中国，儒家的传播系统以及儒家与权力结合的途径的解体是必然的，而科举只不过是充当了解体的先导者。

第十三讲
儒家与中国的审美文化

审美体验看上去更为个人化和感性化，但究其根本，也深受文化传统的影响。一般而言，人们比较喜欢谈论道、佛对于中国审美境界的影响，儒家重视价值、强调教化的乐教思想时常被认为是对审美趣味的压制。但就中国人的审美历史而言，以儒家价值为基础，儒释道相融合，在艺术创作和审美趣味的养成中更为圆融无碍。

一、尽善尽美：孔子对美和善关系的认识

王国维深感中国学术传统中的功利主义倾向，因此，对哲学和美术抱有期待，认为哲学与美术具有把人从一时一地的功利和趣味中解脱出来的力量。他说以往的中国哲学家，都志在政治，所以中国古代没有发展出纯粹的哲学，只有道德哲学与政治哲学。中国古代的诗歌也一样，大多是咏史、怀古、感事、赠人之作，偶尔咏叹自然之美，甚至小说和戏曲也侧重于其教化功能，对于纯粹的美术上的功能，多有贬斥。所以他呼吁哲学家和美术家要从世俗功利中超拔出来，做"旷世之豪杰"，他说："今夫人积年月之研究，而一旦豁然悟宇宙人生之真理，或以胸中惝恍不可捉摸之意境，一旦表诸文字、绘画、雕刻之上，此固彼天赋之能力之发展，而此时之快乐，决非南面王之所能易

者也。"① 在此文中，王国维认为孔子、墨子都是大政治家，孟子、荀子都是抱政治之大志者，意味着他们并非纯粹的"真理"的探求者，也会影响他们在审美上的纯粹性。在发表于1903年的《孔子之美育主义》一文中，王国维认为邵雍摆脱主观倾向的"以物观物"的审美理论和康德的审美快乐理论，都是一种摆脱了功利心的纯粹"境界"。虽然他巧妙地回避了孔子的审美理论是否与他推崇的康德、叔本华相合，但他认为孔子特别注重"美育"。他说："孔子之学说，其审美学上之理论虽不可得而知，然其教人也，则始于美育，终于美育"②。

孔子的教育"兴于诗、立于礼、成于乐"，通过音乐的感人，诗歌之兴、观、群、怨来让人行为端正、神清气爽。在王国维看来，孔子让学生体察天然之美："习礼于树下，言志于农山，游于舞雩，叹于川上，使门弟子言志，独与曾点。"③ 王国维认为美育是自然与道德之间的津梁，美育所追寻的无利害、无人我的境界，让人自然而然地合于道德法则。但长期以来，儒家学者动辄以"玩物丧志"来诋毁审美趣味之培养，这也是对孔子教化思想的曲解，因此他要通过阐发孔子的美育思想来纠正这种成见。

但显然，王国维的讨论具有很强的针对性，或者说是借孔子来宣示自己的美学主张。赞赏"吾与点也"的狂者胸次，固然也是孔子审美观的一方面，但总体而言，孔子强调道德价值是审美活动的重心。

礼乐是儒家文化的核心之一，孔子祖述尧舜、宪章文武所要纠正的就是春秋时代礼崩乐坏的局面。我们知道礼最初起源于人们出于对自然和祖先的敬畏而形成的祭祀和崇拜仪式，而音乐则是这些仪式活

---

① 王国维：《论哲学家与美术家之天职》，载《王国维全集》第一卷，第133页。
② 王国维：《孔子之美育主义》，载《王国维全集》第十四卷，第16页
③ 同上书，第17页。

动的组成部分。《周礼·春官·大司乐》就描述了祭祀活动中歌舞的场景："乃奏黄钟、歌大吕、舞云门以祀天神；乃奏大蔟，歌应钟，舞咸池以祭地祇。"或者说，这些歌舞就是礼仪活动本身。相比之下，礼更为注重仪式规范的严谨和庄重，而乐则诉诸人的内心情感；礼强调差别性，而乐则要在差别性中寻求平衡，以艺术化的方式来寻求和谐。

通过艺术化的方式来传达道德价值观，是早期儒家推崇的方式，另一儒家经典《诗经》也是通过不同的诗歌形式来表达内心的情感，同时又告诉我们可以通过诗歌中的情感来了解政治和道德的状况。《毛诗序·大序》中说："诗者，志之所之也。在心为志，发言为诗，情动于中而形于言，言之不足故嗟叹之，嗟叹之不足故永歌之，永歌之不足，不知手之舞之足之蹈之也。"随后又说，声音形成旋律可以表达社会情绪。比如治世之声安宁，因为大家享受政治和谐的环境；乱世之声哀怨，因为大家怨恨政治的混乱；亡国之声悲哀，因为要表达百姓的困苦。反之，统治者则可以从音乐旋律中去了解百姓对政治的态度，从而调整自己的施政方针。

儒家强调文以载道，一方面认为艺术作品需要优美的表达方式，否则行之不远，但更为重要的则是视其为内心情感表达的载体，而非为寻求感官上的刺激和享受。审美活动的最佳状态是"文质彬彬"，形式要服务于内容。比如在回答子夏所问《诗经》中"巧笑倩兮，美目盼兮，素以为绚兮"这一句话该如何理解的时候，孔子说"绘事后素"（《论语·八佾》）。后人对这句"绘事后素"解释众多，比如郑玄的解释是绘画是先铺陈五彩，然后再以白色分布其间，以成所要表达的形式。这是从人的自然之美引申到绘画或其他艺术创作活动中，指出创作基础和材料的重要性。因此子夏立刻由此得到启发说"礼后乎"，也就是说相较于礼仪活动，仁爱之心更为基础。孔子说，有了这样的认识，子夏算是知道了如何理解《诗经》的门径。

若仁爱作为文明的基础，礼乐则是其表现。在早期的文明演进过程中，礼乐是一个整体。作为一整套秩序规范，礼仪活动包括有程式、仪容等比较严格的形式，内含有歌舞、演奏等内容。乐以"和"为最高境界，也就是说，在礼仪活动中，乐不仅让礼仪活动具有庄严性，同时也起到整齐动作、引导气氛的作用。所以"乐"本身也要适度，过于炫目和刺激，都会导向祸患。比如《国语·周语》中记录了周景王铸造一个规模超大的钟，大夫单穆公进行劝谏，提出了由"乐"（音乐）通向"快乐"的过程。他说："乐不过以听耳，而美不过以观目。若听乐而震，观美而眩，患莫甚焉。"意思是说符合节度的音乐和色彩能让人身心愉悦，而若音乐过于震耳，色彩让人眩晕，则反而导致社会的不稳定。单穆公说耳目是心灵的枢机，如果百姓耳听德音，目观正色，这样百姓就会归心，"是以作无不济，求无不获，然则能乐。夫耳内和声，口出美言，以为宪令，而布诸民，正之以度量，民以心力，从之不倦。成事不贰，乐之至也。"（《国语·周语下》）这或许是古代文献中对于音乐的社会作用最为完整的描述，也就是从音乐的"和"中发挥音乐对于政治的引导作用，自然会产生使百姓快乐的政令。而在以民为本的政令指引下，百姓以一种快乐的态度来生活，这是"乐之至也"。

儒家传统特别强调艺术的社会功能，孔子作为儒家思想的集大成者，他身上典型地体现出艺术和道德、政治结合的倾向，或者说，经由孔子删削的古代经典，突出了艺术的社会功能。孔子特别注重礼仪与内在情感的结合，认为如果缺乏真情实感，礼乐活动便成为"虚文"。孔子将诗教和礼乐活动看成是一个整体，"兴于诗，立于礼，成于乐。"（《论语·泰伯》）如果从社会和政治层面来理解，诗所担负的是歌颂和讽刺的功能,以劝勉和劝诫统治者注意自己的行为,礼乃立国之本,以达成君民和乐的目标。如果从个人修养的角度来看,诗和礼也是言谈和为人处世的基本修养,而"成于乐"则可以理解为人的内心和外在世界的和谐融合。

正是因为侧重审美活动的政治和道德功能,所以孔子所讲的"美"事实上与"善"并非是完全区隔的两个领域,经常是美善合一的。《论语·尧曰》中记载子张问孔子社会治理的要点的时候,孔子的回答是:

子曰:"尊五美,屏四恶,斯可以从政矣。"
子张曰:"何谓五美?"
子曰:"君子惠而不费,劳而不怨,欲而不贪,泰而不骄,威而不猛。"

在这里,孔子提出的五美,更多是美德层面,而非审美意识上的。

当然,孔子讨论美也有从纯粹审美感受的角度进行的,因为毕竟道德教化的效果要依赖于艺术表现形式所能带给人的审美体验。

古代文献中记载了许多孔子学习音乐的故事,从《论语》中,我们可以看到孔子是十分喜欢音乐的。在《论语》里,孔子有两次评论《韶》。在《八佾》篇中记载了孔子对《韶》和《武》这两首乐曲的评论。"子谓《韶》,'尽美矣,又尽善也。'谓《武》:'尽美矣,未尽善也。'"从这里我们可以看出,在儒家审美观念中,虽然善与美是统一的,但二者也有不同的侧重,美侧重于音乐的旋律和节奏,而善则强调旋律和节奏背后的道德意味。

《述而》篇中说孔子听到《韶》,三个月不知肉味。这个比喻令人印象深刻。类似的还有"好德"与"好色"的比喻,"子曰:'已矣乎!

吾未见好德如好色者也'"。(《论语·卫灵公》)此外，还有"食不厌精，脍不厌细"(《论语·乡党》)等，这都是从人的感官享受来比喻艺术对人的吸引力，都从一个侧面体现了儒家所强调的乐教侧重于从自然的情感来入手，说明礼乐教化并非一种外在的强制性的力量，而是自然生成、不脱离人之喜怒哀乐的情感世界。

《孟子·梁惠王下》有一段孟子和齐宣王讨论王政的对话。对话中齐宣王表示他也"欲行仁政"，但因为自己有一些不好的习性，故而难以企及古代圣王的治理高度。齐宣王说，他喜欢财货和美色。孟子听了之后，并没有直接否定这种习性的合理性，而是认为王若能将自己的欲望和诉求与民众共享，这些都不是问题。孟子从诸如"怵惕""辞让""羞恶""是非"这样的自然情感来证明道德意识的先天性。

孟子倾向于从未加外在影响的情感的发端处去证明人所共同具有的道德意识，并将之确定为人类的共同情感。他说："口之于味也，有同耆焉；耳之于声也，有同听焉；目之于色也，有同美焉。"(《孟子·告子上》)既然感官体验有共同之处，那么人心对于义理的追求也必然是一致的。作为孔子思想的伟大继承者，他终究也是会从道德出发去认知美，也将道德体验和审美体验结合起来。

"何谓善？何谓信？"曰："可欲之谓善，有诸己之谓信，充实之谓美，充实而有光辉之谓大，大而化之之谓圣，圣而不可知之之谓神。"(《孟子·尽心下》)

这段话被视为最能体现孟子美学思想的。文中的"可欲"，主要对应的是"己所不欲勿施于人"，来说明以己之所欲，推之于人，是一种"善"。自己拥有善意，相信别人也有，这是对人的"信"。充实而能信任别人,即能体现出道德的力量,此之为"美"。能将这种美宣扬出去,可称为"大"。能教化万民,则为"圣人"。在教化过程中,能不着痕迹,百姓日用而不知,则堪称为"神"。

二、美与教化:以《礼记·乐记》和《荀子·乐论》为例

儒家虽然也经常从感官体验去论证道德意识的发生,但总体而言,儒家的乐感文化是一种"节制"性的,他们担心过度沉溺于欲望的危险性。因此,他们会对音乐等艺术形式设置一些前提,即提倡一种有助于维护社会秩序的艺术欣赏趣味,而节制过于冲动和眩惑的作品。孔子在回答颜渊如何建立良风美俗的问题时,告诫说音乐应该听《韶》乐,而不应该听郑国的乐曲,因为郑国的音乐轻浮,容易让人萎靡。

儒家以教化为目的的审美观念,最为集中地体现在《礼记·乐记》和《荀子·乐论》等作品中,而综合此二篇,我们可以从"感"和"比"这两个范畴来说明儒家的审美观念与教化是如何有机统一起来的。

(一)"感于物而动"

首先儒家认为"同类相感"是事物运动的基本原理。《周易·乾卦》的"飞龙在天,利见大人"条,就借孔子之口说:"同声相应,同气相求",认为圣人出现,万物皆能感受到,并追随之。然而对于怎么理解"同",则有不同的理解。如《国语·郑语》中就说"五味以调口"和"六律以聪耳",并由此说"和实生物,同则不济"。这可以让我们去思考"同类相感"之同类是否仅仅是寻找与之相同的事物,还是有更为复杂结构的"同"。

从《周易》的总体倾向而言,事物之间产生"感"的缘由,可以

是相似特性的"同",如前面所说的"同声相应",如水流向湿地,火引向干柴,这些都是经验世界中可以得到的印象。然而另一种相感则是对立面的统一,比如《周易》之"咸卦"一般被理解为"感",其卦象为兑上,艮下。兑为水泽,艮为山,它们之间是刚柔"交相感应",并以男女之间的互相感应来阐发感而必通之理。由此可见,感应并非只是相似事物之间的"叠加",更是不同事物之间因其差异性而产生的吸引力,并产生世间万事万物,即所谓"天地感而万物生"。

作为乐教的最重要作品,《礼记·乐记》是一部中国古代的音乐理论著作。①《乐记》建立起声→音→乐逐步推进的音乐形成理论。《乐记》说,是外物让人心产生"感"并形成"声"。声与声的感应与杂变,形成乐句,则成"音"。乐句的排比和变化并配以舞蹈,就成"乐"。

由此可见,乐形成的初端在于内心感于外物而形之于声。《乐记》从人类情绪的六种基本类型(哀、乐、喜、怒、敬、爱)总结出六种不同的"声"(噍以杀、啴以缓、发以散、粗以厉、直以廉、和以柔),分别对应不同的情感状态。《乐记》认为这些"声"并非天生的,而是因为有这些情绪的触动才"感于物而后动"。正是因为从"声"中可以感受到百姓的情绪,并了解人们的生活状态,由此形成的"音"就能反映治乱之情状,声音之道与政治是相通的。如果声音"安以乐",那么政令平和;如果声音"怨以怒",那么政令乖张,秩序混乱;如果声音"哀以思",说明国家危亡,民众困苦。

《乐记》从气之顺逆来讨论"声"对人的"感"与"应"的作用。"凡

---

① 关于《礼记·乐记》和《荀子·乐论》的成书先后,目前存在比较大的争议,有人认为《乐记》是采集《周官》及其他诸子对于乐的议论而成书的,因此其内容应该早于《荀子·乐论》,但也有人认为从理论的完备性而言,《礼记·乐记》可能要晚于《荀子·乐论》。本书主要讨论他们的乐教审美思想,对其产生先后不做辨析。

奸声感人而逆气应之，逆气成象而淫乐兴焉。正声感人而顺气应之，顺气成象而和乐兴焉。倡和有应，回邪曲直各归其分，而万物之理各以类相动也。"《乐记》根据气之顺逆将声分成"奸声""正声"，将乐分成"淫乐"与"和乐"，并以"同类相感"的原理，认为奸声导向淫乐，而正声则导引出和乐。这段话在《荀子·乐论》中有几乎相同的表述，"凡奸声感人而逆气应之，逆气成象而乱生焉；正声感人而顺气应之，顺气成象而治生焉。唱和有应，善恶相象，故君子慎其所去就也。"由此可见，声感于物这个过程，是借助"气"之顺逆而产生结果的。

这里所说的"去就"就是要从发生学的角度让奸邪之气，不接近于身体，这样在"感于物"的时候，就会顺正以行义，由此，"乐者，德之华也"。《乐记》又提出了另一种声与乐的结构："乐者，心之动也。声者，乐之象也。文采节奏，声之饰也。"从中我们也可以看出《乐记》乃是采自不同作品的汇集性典籍。

在"乐"的起源问题上，《荀子·乐论》所描述的路径与《乐记》有所不同，其线路是乐（快乐）→声音→乐曲。《乐论》说："夫乐者，乐也，人情之所必不免也。故人不能无乐，乐则必发于声音，形于动静；而人之道，声音动静，性术之变尽是矣。"《乐论》认为人必然会有喜怒之情，而感于这种情感就会用声音来表达，通过动静的间隔来表达复杂的情绪。这里的"性术"可以理解为抒发情感的方式。先王强调乐教，是基于担心人心被外物所诱惑而失去节制，所以"制《雅》《颂》之声"来引导，让声音来表达人的愉悦之情，让音乐"足以感动人之善心，使夫邪污之气无由得接焉"（《荀子·乐论》）。前文已述，荀子在《乐论》中与《乐记》一样从"气"的流行来解释"感"而"应"的过程，这与他主张以"治气养心"来修身的工夫实践是一致的。他说不同的乐器演奏出来的声音，"清明象天""广大象地""俯仰周旋有似于四时"。荀子从他的人性论出发,肯定人的自然欲望的存在,同时强调需要去"化性起伪",其间,荀子也十分注意"感"的过程。在《性恶》中荀子说:"若夫目好色,耳好听,口好味,心好利,骨体肤理好愉佚,是皆生于人之情性者也;感而自然,不待事而后生之者也。夫感而不能然,必且待事而后然者,谓之生于伪。是性伪之所生,其不同之徵也。"在荀子看来,沿着满足欲望的感受而发展,人就会好逸恶劳,因此要"感而不能然",这就需要礼乐的陶冶。荀子在《乐论》中说,"乐者,圣王之所乐也,而可以善民心,其感人深,其移风易俗。故先王导之以礼乐,而民和睦。夫民有好恶之情,而无喜怒之应则乱;先王恶其乱也,故修其行,正其乐,而天下顺焉。"

在《乐论》中,荀子认为好的音乐是对自然秩序的"模拟",体现天地四时之序的乐声会让人"耳目聪明,血气和平,移风易俗,天下皆宁,美善相乐"。在愉悦的心情中,让人情绪平和、风气纯良,最终达到天下安宁,并且道德教化和审美体验相得益彰的境界。

(二)乐与社会教化、君子的自我修养

《乐记》中记录了子夏与魏文侯关于"古乐"和"新乐"的讨论,这对了解儒家关于音乐之社会作用的认识至关重要。魏文侯问子夏,为什么听郑卫之音,不知疲倦,而正襟危坐地听古乐,则很难坚持。子夏说,古乐和新乐虽然都名之为"乐",名相近,但实质相距甚远。古乐所要传达的是修身及家、平均天下的治国之道,而新乐只是给你提供感官的享受。古乐所传达的是"德音",而新乐所表现的是"溺音"。在子夏这里,所谓的"德音"就是重大仪式中所能采用的庄重严肃的乐曲,更多的是对为政者的要求,比如听磬声就要思念封疆之臣;而听琴瑟之声,则思念志义之臣;听竽、笙、箫、管之声就要思念善于凝聚人心的大臣等,即是将音乐与政事有机地集合起来。

音乐不仅对于为政者来说具有矫治之功,对于百姓而言也是如此。普通民众往往不能有效控制自己的情感世界,而不同的声音则可能会激发他们不同的情绪,并形成他们的行为方式。如果从儒家治病找根的原则来看,那么,乐教就是要从"所感于物"的时候就开始关注"声"的倾向。

> 乐者,音之所由生也,其本在人心之感于物也。是故其哀心感者,其声噍以杀;其乐心感者,其声啴以缓;其喜心感者,其声发以散;其怒心感者,其声粗以厉;其敬心感者,其声直以廉;其爱心感者,其声和以柔。六者非性也,感于物而后动。是故先王慎所以感之者。故礼以道其志,乐以和其声,政以一其行,刑以防其奸。礼乐刑政,其极一也,所以同民心而出治道也。(《礼记·乐记》)

声的组合就形成"乐",声是人心之音的外化,不知声的人就难以理解音,不知音就不可能理解乐。乐是音乐的伦理化,"知乐则几于礼矣"(《礼记·乐记》)。这样我们就可以理解,乐的最高境界并不是要穷尽所有的音色,这就好比最好吃的食物并非是把所有食材都汇集在一起。

在《乐记》中,还提出了后世儒家反复讨论的"人化物"的观念。人的情感是受外物之"感"而发,但外物是无穷的,所以物之感人也无穷,若不能节制,也不能对这些所感进行反思,那么人即丧失主体性而为外物所化,至"灭天理而穷人欲者也"。在这样的社会里,弱者得不到保护,鳏寡孤独缺乏社会保障,社会就会陷入全面的混乱。

既然不同的音乐对人心的影响是如此的不同,那么君子就应该让自己的感官与那些奸声、乱色相隔绝，使身体由正声来导引。由此，《乐记》强调了音乐的道德功能要优先于娱乐和享受的作用，一场音乐舞蹈的表演，更像是对人们进行一次遵守社会秩序的"提示"。"乐者，非谓黄钟、大吕、弦、歌、干、扬也，乐之末节也"，正如礼仪活动中的仪式，只是礼的"末节"一样，道德意识的灌注才是礼乐活动的重点。"德成而上，艺成而下，行成而先，事成而后。"

荀子也将"乐"作为君子自我修养的重要手段，根据"比德"而"感"的原理，不同的乐器都能激发一种德性来涵养君子之德。《乐论》说："君子以钟鼓道志，以琴瑟乐心；动以干戚，饰以羽旄，从以磬管。故其清明象天，其广大象地，其俯仰周旋有似于四时。"由此，受音乐感召的人志气清爽，受礼节制的人行为中矩，这样君子就血气和平，并移风易俗，天下秩序井然，百姓安乐。

君子和小人对于音乐的态度是不同的，君子听乐是为了感受乐教对自己行为的引导，而小人则沉迷于乐曲所带来的感官愉悦中，所以君子不仅要以乐作为自我修养的方式，还要"以道制乐"。这与《乐记》强调的存天理、灭人欲是一致的。

声音和乐曲有如此重要的教化作用，所以"圣人制器"，即制作不同的乐器来与政治目标相配合。《乐记》说："昔者舜作五弦之琴以歌南风，夔始制乐以赏诸侯。……大章，章之也。咸池，备矣。韶，继也。夏，大也。殷、周之乐尽矣。"最初是谁制作这些乐器、编写这些乐曲存在着很多争议，关键是要表示先王要以乐为治理之法，让百姓行为向善。

相比于《乐记》，荀子的《乐论》更为具体地描述了乐器所对应的物候与德性。所以他描述"声乐之象"说，鼓声大，能听到的人多，有似天道无所不覆；钟声博厚而充实，象征地之宽厚；磬发出的声音让人明白要有亲疏长幼贵贱之别，如水之波纹；竽和笙的声音严肃，管乐尖利，似星辰日月；埙和篪舒缓博大，琴瑟之声柔和婉转，演奏乐曲时的身体动作犹如万物之变化无穷。歌声清明与舞蹈的俯仰、旋转结合象征天道的流转。孔子虽然重视乐教，但对于音乐的起源和社会作用，至荀子才有系统的讨论。一般认为，荀子的《乐论》乃是针对墨子的《非乐》篇而作，所以许多段落都以"墨子非之奈何"来做结。

《乐记》试图将音阶与社会等级等同起来。按照郑玄的说法，因为宫在五行中属于土，总四方，所以事君之象。商属金，是臣之乡。角属木，是民之象。徵属于火，是事之象。羽属水，是物之象。从声音清浊的角度来看，因为演奏宫音所用的丝弦最多，所以最浊，并逐步由浊变清。根据这样的对应关系，人们可以从不同音的特性看到不同阶层的状况，并推论出国家治理的善恶。在《乐记》看来，声音之道与为政之道是相通的，五音各有对应的社会角色和社会功能，比如宫为君，商为臣，角为民，徵为事，羽为物。如果这五者不杂乱，那么声音就流畅而平正。如果"宫"音乱，则意味着这个国家的君主骄奢。"商"音乱的表现是其乐曲变化陡峻，说明官僚系统崩坏。"角"音乱表示百姓有忧愁之事，民众怨恨之情积聚。"徵"音乱则百姓哀伤，说明统治者有太多的劳役之事。"羽"音乱表示财政困境。如果这五音都互相杂乱叠加，就是散漫无序，是国家灭亡的象征。《乐记》认为节奏复杂、轻浮的郑卫之音，是乱世之音；桑间濮上之音或者说声色之音，是亡国之音。

既然音乐的主要功能是"知政"，那么乐曲的极致，并不取决于其曲式的繁复，而是让人从音乐的"余味"中，教化百姓使其知道善恶，以返回人道的中正平和。"是故先王本之情性，稽之度数，制之礼义，合生气之和，道五常之行，使之阳而不散，阴而不密，刚气不怒，柔气不慑,四畅交于中而发作于外,皆安其位而不相夺也。然后立之学等,广其节奏,省其文采,以绳德厚,律小大之称,比终始之序,以象事行,使亲疏、贵贱、长幼、男女之理皆形见于乐,故曰:'乐观其深矣'。"(《礼记·乐记》)

(三)礼乐之间

《乐记》认为礼乐在社会生活中发挥不同的功能。如果说礼的作用主要在别同异、殊尊卑,那么乐的作用主要在于协调好恶。"乐者为同,礼者为异。同则相亲,异则相敬",礼仪活动的最大目标是让人确立在社会生活中的角色意识,从而贵贱等差各安其位。而乐则让人们"忘记"这些不同,使不同等级的人都能和谐相处。过于强调等级,人们就会疏远,过于忘情则会失去对尊长的敬意,助长僭越之心。所以说"乐者,天地之和也。礼者,天地之序也。和,故百物皆化;序,故群物皆别"。就核心内涵而言,乐最能体现仁爱的精神,而礼则呈现出义的立场。所以统治者制礼作乐,一般是在功成治定之后,体现的是与天地合德,与百姓同乐的精神。

从情理的角度出发,乐侧重表达人的情感,而礼则更侧重于事物的规范。所以说,"乐也者,情之不可变者也。礼也者,理之不可易者也。乐统同,礼辨异。礼乐之说,管乎人情矣"。礼乐有其不同的社会功能,然礼乐之间要节制协调。若过于强调乐,那么就是散漫无纪;若过于重视礼,则亲情疏远背离。《乐记》说:

> 乐者为同,礼者为异。同则相亲,异则相敬。乐胜则流,礼胜则离。合情饰貌者,礼乐之事也。礼义立,则贵贱等矣。乐文同,则上下和矣。好恶著,则贤不肖别矣。刑禁暴,爵举贤,则政均矣。

从礼乐的来源上看，乐发自内心，礼则强调约束。"行中礼"则互相退让而不争夺，"乐润心"则包容而无怨恨，所以先王制礼作乐是实现王道政治的基本前提。《乐记》说："是故先王之制礼乐，人为之节。衰麻哭泣，所以节丧纪也。钟鼓干戚，所以和安乐也。昏姻冠笄，所以别男女也。射乡食飨，所以正交接也。礼节民心，乐和民声，政以行之，刑以防之。礼、乐、刑、政，四达而不悖，则王道备矣。"

在荀子看来，乐教因为关乎发自内心的感受，因此，其"入人也深""化人也速"，平和庄严的乐是王天下的第一步。"先王谨为之文。乐中平则民和而不流，乐肃庄则民齐而不乱。民和齐则兵劲城固，敌国不敢婴也。如是，则百姓莫不安其处，乐其乡，以至足其上矣。然后名声于是白，光辉于是大，四海之民莫不愿得以为师，是王者之始也。"（《荀子·乐论》）

《乐论》也与《乐记》一样，强调乐教在促进不同等级的人和谐共处方面的功能。荀子说："故乐在宗庙之中，君臣上下同听之，则莫不和敬；闺门之内，父子兄弟同听之，则莫不和亲；乡里族长之中，长少同听之，则莫不和顺。故乐者审一以定和者也，比物以饰节者也，合奏以成文者也，足以率一道，足以治万变。"（《荀子·乐论》）这里所说的"审一"指的是确定音乐的基调，"比物"即让人声与乐器之声合乎声音节奏，这样才可以让人们统率于大道之下，应对各种变化。荀子的《乐论》最后还收入《乡饮酒礼》的内容，可以看出当时的人们非常重视日常生活中通过礼乐活动来建立和顺气氛。

基于乐对人影响的不断深入，荀子建议设立专门的官员来防止不良的乐声流传，若有险峻、轻浮的乐声蔓延，是国家危乱的前兆。在列国交战的战国后期，荀子不仅要考虑国内政治秩序的安宁，还要强调对于周边国家的战斗力，因此乐也被赋予统一人们思想和行为的功能。

荀子批评墨家囿于节俭的目的而看不到乐教的巨大社会功效，认为通过金石丝竹的方式来导引人们的德性，才是"治人之盛"。

礼乐文明是儒家的最重要特征，礼所代表的仪式活动以及与之相配合的音乐舞蹈，通常与国家、社会和家庭的祭祀等功能性活动相联系，比如《周礼》中"大司乐"的职能通常就是演奏那些曲高和寡的高雅音乐，是反娱乐的，需要参与者以"敬"的态度，激发人们对天地自然和祖先的崇高感的认知以及对宇宙和谐的体察。在礼乐活动中，我们现代意义上以追求身心趣味和感官愉悦为目标的审美体验反而是被抑制的。无论是《乐记》还是《乐论》，它们都担心因为音乐在满足人自然欲望的时候，人心被"陷溺"，产生"鄙贱之思"，因此，对于俗乐、新乐更多的是排斥。然而，或许我们也可以通过《乐记》中子夏和魏文侯的对话意识到，儒家对于非正统的郑卫之音的指斥，可能也包含了对于统治者沉湎于感官享受的批评。如果我们联想起孟子对于"独乐乐"和"与人乐乐"的辨析，儒家更为反对的是统治者只顾自己享乐而忘记了生活困顿的百姓。

三、儒道互补与儒释道在审美观上的融合

儒家试图将审美活动和道德教化活动结合起来，这就要求对美和丑做出一些"确定性"的规范。然而，儒家也意识到固定形式本身和缺乏内容的虚文会造成对审美趣味的破坏。所以《乐记》认为礼乐的最高境界是易简。"大乐必易，大礼必简。"这其实也是对孔子审美思想的继承。孔子始终强调礼乐活动与内在情感的贴合，认为缺失仁爱的礼乐，不如没有。这与道家强调朴素为美的精神是一致的。庄子《天道》

中说"朴素而天下莫能与之争美"①。在《天道》的最后,庄子也借用尧舜之间的对话,讨论"美"和"大"的区别。当尧告诉舜,他所关注的是民众疾苦的时候,舜说,这仅仅是美善而已,不够"大",真正的"大"是天地自然的秩序,不能人为去改变。这其实就是道家审美观的关键,以自然而然的存在为美。《刻意》篇说:"若夫不刻意而高,无仁义而修,无功名而治,无江海而闲,不道引而寿,无不忘也,无不有也,澹然无极而众美从之。此天地之道、圣人之德也。"②在这一点上呈现出儒道之间最大的分歧。在道家看来,儒家试图给定美丑标准的伦理审美思想根本无法了解真正的美。《道德经》中说:"天下皆知美之为美,斯恶已;皆知善之为善,斯不善已。"③因此,在庄子这里,儒家的钟鼓之音,羽旄之舞,都只是"乐之末",只有自然的声音和树叶的飘动才能算是真正的"天乐"。在《齐物论》中,庄子首先就是从人们对声音的"美丑"判别来区分审美趣味的高低。他认为基于乐器的声音和自然界的"孔""窍"发出的声音,都是有所依赖的,只有"天籁"才是无所依赖的、自然而然的声音世界。

　　道家强调了道德意识和审美趣味"个人化"的一面,要解构千人一面的美丑标准。很显然,道家要针对的是儒家将美丑系之于教化的功能化倾向,从而将美丑标准和善恶标准一并加以否定。

　　所以,庄子反对所有立场先行的思想和行为,认为人们对于美丑、善恶的区分只是基于各自立场的"偏见"而已。如果"以道观之",西施和毛嫱的美丑之别便无所依据。道家主张"道法自然",指斥儒家以仁义礼乐来规训人是对人性的束缚和扭曲。道家推崇的是摆脱了人

---

① (晋)郭象注,(唐)成玄英疏:《庄子注疏》,中华书局,2011年,第250页。
② 同上书,第291页。
③ (魏)王弼著,楼宇烈校释:《王弼集校释》,中华书局,2009年,第6页。

伦关系的"无所待"的状态,认为这样的人才是活出了自己的"真人"。《庄子》一书中经常提到"真人",他们是一种什么样的人呢?《庄子·大宗师》说:"古之真人,不知说生,不知恶死。其出不䜣,其人不距。翛然而往,翛然而来而已矣。不忘其所始,不求其所终。受而喜之,忘而复之。是之谓不以心捐道,不以人助天,是之谓真人。"① 说到底就是能保持内心的平静,不以人力去增饰自然,不以主观的念头去改变天地运行的规律,这样无欲无求的人就是"真人"。

儒家和道家在审美观上如此的不同,但又相反相成,在人生态度和审美实践上,我们经常可以发现其互补性。儒家虽强调刚健有为,但也欣赏"乘桴浮于海"遗世独立的精神。道家虽然主张无为,但他们对现实政治的批评却也实实在在地体现出他们对于现实政治的关切。这样的分析在魏晋时期终于得到了理论上的融通。比如,入世的事功和出世的隐逸在王弼等人那里得到一种妥协性的表述:身处庙堂和心在山林并不矛盾。这样既肯定了儒家对于社会责任的承担意识,也张扬了放飞自我的心灵自由。而最为典型的贯通则可以从郭象对于《庄子·秋水》篇中"牛马四足,是谓天;落马首,穿牛鼻,是谓人"的解释里得到体现。郭象说,人在生活中,难道可以不"服牛乘马"吗?如果要依靠牛耕地,骑马助行,难道可以不穿落马首牛鼻吗?这样的反问其实就是在质疑"无以人灭天"的结论。由此,成玄英的解释则直接对庄子的天人观做了一定程度的"补正"。在成玄英看来,牛马四足,固然是自然之"禀赋",这可谓之"天"。而穿络马首牛鼻,是基于人的意志,可谓之"人"。牛马之被穿络,固然是出于人的意志,但"理终归于造物",也就是说自然之造物使其具有被穿络的可能,这是想借

---

① (晋)郭象注,(唐)成玄英疏:《庄子注疏》,第 127—128 页。

助牛马二兽来呈现"天人之一道"。① 对于自然的向往和对于现实秩序的肯定可以完美地统一在中国人的精神世界里。

  魏晋时期佛教的传入，无论从人生观还是艺术形式上都深刻地影响了中国人。佛教与道家、《周易》等中国传统观念发生了化学反应，很快被知识阶层所接受。佛教作为一种信仰形态，特别重视通过造像和绘画来传播教义。从敦煌、麦积山到龙门、云冈石窟，我们都可以将之视为中国佛教传播的"艺术化"表达。佛教的中国化是如此彻底，以至于人们并不将其看作外来的教义。佛教的中国化以佛典的翻译和本土佛教宗派的形成为其显著标志，而对于中国审美文化而言，禅宗的形成则至为关键。李泽厚说，佛教发展到禅宗加强了中国文化的形上性格。但他并没有否定儒道共持的感性世界和人的感性存在，也没有否定儒家所看重的现实生活和日常世界，所以禅宗会认为"担水砍柴，无非妙道"。"禅把儒、道的超越层面提高了一层，而对其内在的实践面，却仍然遵循着中国的传统。"② 这样说可能过于抽象，若以画家的眼光来看，潘天寿眼里的禅宗"主直指顿悟，见性成佛。每以世间实相，解脱苦海波澜；故草木花鸟，雨竹风声，山云海月，以及人事之百般实相，均足为参禅者对照之净镜，成了悟之机缘"。③ 禅宗的产生，不仅使中国画中的山水画达到新的高度，也使佛教绘画产生了新的方向，即不再是单纯以传教为目标的佛陀故事的"宣传画"，而是着力于呈现自然界生命的无意识、无思虑的存在状态，在很大程度上排斥了人在审美活动中的目的性。因为只有在这样花开水流、鸟飞叶落的世界中，人仅仅是其中的一个部分。而这样的世界不再是儒家的健动、

---

① （晋）郭象注，（唐）成玄英疏：《庄子注疏》，第 321 页。
② 李泽厚：《华夏美学·美学四讲》，生活·读书·新知三联书店，2008 年，第 167 页。
③ 潘天寿：《中国绘画史》，上海书画出版社，2016 年，第 116 页。

道家的虚无、佛教的寂灭,而是一个自在自然的世界,一切加诸其上的"人为的""目的性"的追索都不是与这个世界的真正融合。

抽象地谈论儒释道对于中国人审美趣味的影响会过于抽象,我们可以结合中国古代对儒释道三教的人物画像来进行描述,或许会使问题明朗化。

大概是因为艺术创作所依赖的物质材料的原因,中国早期文明中,我们比较少见到类似希腊罗马那样用雕塑作品来呈现早期历史中的神话传说人物。最早的关于帝王和圣贤的画像主要是来自山东、安徽等地的墓葬中,属于砖画。内容包括古代圣王和一些重要的思想家,例如中国古代思想史上最重要的人物孔子和老子。其中孔子问礼于老子的砖画就很有影响。或许在当时人的观念中,思想成熟的人总是老成持重的,所以,在这些题材的画像中,老子和孔子都是长须飘飘,尤其是孔子,秉承"每事问"的态度,谦恭有礼。儒家思想一直占据中国思想的主流,所以,对于孔子形象的塑造并不能十分"自由",后世比较有名的孔子画像比如吴道子的《孔子行教图》,画中的孔子即结合了《礼记·儒行》中"章甫之冠"的描述,也就是类似于用一个"头巾"包住头发,但衣服就十分繁复,线条飘逸,尽得"吴带当风"的吴氏绘画特色。吴道子画中的孔子身体略微前倾,双手作揖,彬彬有礼,身上斜挎长剑,体现了儒家所推崇的"智仁勇"三达德的圣人形象。后世不断有人画孔子像,基本特征并无大的变化。到了南宋马远笔下,画家则以其自然恬淡的气息把孔子还原到"人"的状态,只是其隆起的额头,似乎依然在强调着孔子作为一个智者的特征。

有人认为中国绘画五代之前以人物胜,元代之后山水画兴起,宋代则是人物和自然的协调。这在马远的画中得到最为突出的体现。在《独钓寒江图》等作品中,人物被置于自然之中,大片的留白与孤舟在江中随波逐流，船上的人物专心垂钓，我们并不能看到其人物面容，而只能看到其形态，也意味着人与自然之间的融通，即让自己置身于自然而不自显的生活态度中。

宋代的理学家对于佛教并不客气，始终持有辟佛的立场。但在艺术上，佛教的影响则十分明显，而且继续着佛道结合的倾向。宋代的佛教人物画，也逐渐与中国的山水画相结合，比如梁楷的《出山释迦图》，画中的释迦牟尼，并非是寺庙中的高严状态，画家也更加侧重于描述其苦苦求道的过程。梁楷所画的释迦牟尼须发浓密、坦胸露臂，置身于老树枯藤、绝壁巨石之中，将中国山水和异域信仰有机结合。值得一说的是，如果我们回溯到唐代王维的《伏生授经图》，则可以发现，秦汉之间传授《尚书》的伏生却被画成了一个带有印度色彩的男子，虽然有头巾和中国式的案几，但伏生袒露上身、瘦骨嶙峋的状态，却类似于我们常见的佛教中的人物形象。在以胖为美的唐代，男子一般都健硕雍容，《韩熙载夜宴图》中的赴宴者和《文苑图》中的李白等人，都是如此，甚至连唐代的马匹也都是跑不动的姿态。通过王维等人的绘画实践，儒家主题与佛教风格得到了某种程度的契合。

宋代人物画中，最能体现儒道结合的绘画作品当数李唐的《采薇图》，画作以中国历史上最为有影响的伯夷和叔齐的故事为原型，描绘了这二位因为反对武王伐纣而不食周粟，在首阳山以采薇为食，最后饿死的故事。这两个人物符合儒家强调忠义节操的精神。儒家虽然盛赞殷周革命，但并没有否定不与周合作的伯夷叔齐。孔子就称赞他们"不降其志，不辱其身"（《论语·微子》）。《庄子》中虽然对伯夷有多种评价，但对于其让王而隐居则是肯定有加的。在《采薇图》中，我们看到伯夷和叔齐坐在孤松危岩中，二人神情放松地在谈论，中间的小篮子里装的是刚采来的地衣之类的食物。儒家的气节和道家的放达在这幅画中得到最为完美的结合。

　　总体而言,中国古代人物画中的男子形象,比较少西方雕塑和绘画中对于男子肌肉体魄的刻画,更为强调对人物社会角色(圣人、神仙、佛)的呈现。在人物的刻画上,水墨画对于人物神情、姿态的细节把握也略逊于油画。但在儒释道互相融合的审美气息中,中国画重视意境的烘托、强调人与自然之间的相容性,尤其在元之后的文人画中,人物往往被融入整体的山水之间而成为自然的一部分。如果说在世俗的生活中,儒家价值是绝对主流的话,那么在审美上,佛道的趣味影响更大。

第十四讲

进退之间：儒道互补的人生态度

——孔子和庄子的梦的解析

《论语·述而》篇中，子贡问孔子怎么评判伯夷、叔齐这两个人。孔子说他们是"古之贤人"。子贡继续问道，他们怨悔吗？孔子回答说：他们"求仁而得仁，又何怨"。按程颐和朱子的说法，他们逊国而逃，谏伐而饿，所做都符合天理而求内心之安，不可能有所怨悔的。《微子》篇中列举了古代著名的隐逸之人，孔子对伯夷、叔齐的评价也是"不降其志，不辱其身"，予以高度肯定。

汉代的司马迁为古代的贤人列传，以《伯夷列传》居首，从司马迁所引的他们所作的"采薇"诗看，他们真的毫无怨悔吗？

据司马迁所记，伯夷、叔齐，为孤竹君的两个儿子。孤竹君想让叔齐继承王位。孤竹君死后，叔齐要把王位让给伯夷，伯夷认为父命不可违，所以逃而隐去。叔齐也不愿意继位逃走了，所以，孤竹国之人立中子为王。伯夷、叔齐应该是跑到同一地方"让王"。但看起来他们并非要远离世俗，当他们听说周文王敬老善养，所以决定一起归往。等他们过去的时候，周文王已经去世，武王正载着文王的木主去讨伐商纣王。伯夷、叔齐叩马而谏曰："父死不葬，爰及干戈，可谓孝乎？以臣弑君，可谓仁乎？"这两个问题涉及儒家所看重的礼制。虽然，在儒家的叙述体系中，武王伐纣是顺天应人的革命之举，但在伯夷、叔齐看来，存在着程序正义上的瑕疵，因此要阻止。随后，武王伐纣成功，天下宗周，而伯夷、叔齐却以此为耻，义不食周粟，隐于首阳山，采薇而食之。在即将要饿死的时候，他们作《采薇》之歌，其辞曰："登彼西山兮，采其薇矣。以暴易暴兮，不知其非矣。神农、虞、夏忽焉没兮，我安适归矣？于嗟徂兮，命之衰矣。"（《史记·伯夷列传》）这是说天下已不再是让王的时代，现在已经是暴力夺取政权的阶段，他们不再留恋这样的世界，于是就饿死在首阳山。

这是儒家式的"隐逸"，是对自己内心道德原则的坚持，即使这个世界已经变样。这与《庄子》式的"让王"完全不同。在《庄子·让王》篇中，许由等人，要么以没空闲时间来操心天下之事为由，要么宁愿过睡到自然醒的生活，全然不涉及对王位是否正当的讨论，因此，同为退隐，儒道之间也差异巨大，总体而言，儒家是因为不肯放弃自己的原则而退隐，而道家根本就不承认除了自然生命之外的价值诉求。

一、兼济天下和独善其身：中国人生活态度的两个侧面

儒家推崇中道而行，"未发之中"存于心，遇事能"发而中节"，并不需要给自己立一系列大小目标。即使是遇到价值冲突的情形，也有经、权来做转圜，而不至于车到山前没有路。从《论语》看，孔子并不喜欢把话说死，这是基于他对多样化的人的存在状况的接受，不过这些容忍的最终标准都在于"以他人为重"，"以民生为重"。

比如《论语·子路》中，孔子在回答子贡"士"应该有哪些品质的时候，就先提出了一个比较高的标准——"行己有耻，使于四方，不辱君命"。这是一个道德和能力兼备的要求。子贡也是一个善问的人，他又问孔子若次一级的标准是什么？孔子的回答是"宗族称孝焉，乡

党称弟焉",这是从惠及范围来说的,就是能为宗族和周围的百姓做点事,也可以接受。子贡接着问,再下一个层次的标准呢?孔子说:"言必信,行必果,硁硁然小人哉!抑亦可以为次矣。"这个回答会有一些争议。其实在孔子看来,不知道变通,固守原则的人,固然没有达到权变的高度,也可以算的上合乎"士"的标准的。反倒是当时那些从政的人,在孔子看来属于没有度量和见识的人,不足挂齿。

这里涉及一个权变的问题,君子当然是有恒之人,但若是能让百姓受益,非为自己谋私利,那么在特殊情况下,采取变通的办法是值得肯定的。这一点特别体现在孔子对于管仲的态度上。

孔子对管仲不守礼的奢侈生活有直接的批评,但并没有否认管仲的管理才能。在《论语·宪问》篇中,有子路和子贡对于管仲评价的连环发问。

因为孔子曾经对否定管仲的事有所辩护,子路说,齐桓公杀了他的兄弟公子纠,同样辅佐公子纠的召忽为之殉节,而管仲苟且逃生,这样的人算不上"仁"吧。孔子回答说,桓公不靠武力,联合各诸侯,维持天下秩序,这都是因为有管仲的辅佐啊。很显然孔子回避了子路所问的"个人道德亏欠"的问题,而着眼于更大的天下秩序的稳定。

这一回答,并不为大家所赞同,于是子贡又继续追问说,管仲这样的人应该够不上仁人吧。齐桓公杀了公子纠,他不仅不能死节,反而投诚过来辅助其对手齐桓公。这次孔子除了继续肯定管仲协助齐桓公"一匡天下,民到于今受其赐"的成绩,进而提出了他自己的人物评价标准,即"百姓受益的优先性",后面两句可以看作是对子路和子贡的批评,"岂若匹夫匹妇之为谅也,自经于沟渎而莫之知也"。这句话可以分两个层次来看,首先是作为一个士,他负有社会责任,所以衡量其道德的标准也需要有多个层次,而不能跟仅仅关注个人品质的"匹夫匹妇"一样；其次是"谅"，这个"谅"，可以理解为"守信"，这固然是人的基本要求，但若有拯救天下的使命，那么就可以做适当的变通。

孔子对于管仲的评价是他自己复杂处境的生动体现。一方面孔子希望以自己的政治理想来改变这个世界，然而现实的政治秩序并没有给孔子以合适的空间来实现自己的愿望。孔子知道自己处于礼崩乐坏的时代，在鲁国一系列政治实践失败之后，他应该知道自己的理念难以在现实中落实，他当然向往"道不行，乘桴浮于海"的遗世独立，但他依然走上漫漫的周游路，希望有一个诸侯能采纳他的主张。甚至要在见南子的时候，忍受子路的抱怨。我认为《论语·微子》所呈现的"荷蓧丈人"和"楚狂接舆"的情景，体现了孔子知其不可为而为之的坚持。

孔子去楚国，楚国的狂人接舆在他的车前吟唱道：凤凰择梧桐而栖身，在这个德行衰败的时代，你居然还在寻求从政的机会吗？"往者不可谏，来者犹可追"，以前你做的那些已经来不及改正了，但你的未来可掌握在自己手里，现在隐退还来得及啊。

孔子下车，想跟接舆解释几句，但接舆快速跑掉了，孔子只能落寞地看着接舆的远去。

接下来，孔子一行遇到的是一起在耕地的两个人：长沮和桀溺。孔子让子路去问路。长沮问，那个在赶车的人是谁？子路说是孔丘。长沮追问说，是鲁国的那个孔子吗？子路回答说，是的。长沮的回答颇具双关意味：他应该知道路怎么走啊。

子路不死心，又问桀溺，桀溺说，你是谁，子路说，我是仲由啊。桀溺说，是鲁国那个孔丘的徒儿吗？子路说，是的。桀溺说，天下已然是这个样子了，谁也改变不了。你与其跟着孔子到处找施展之地，不如直接逃避这个世界。子路把两个人的说法告诉孔子。孔子说，旨趣不同的人，肯定是找不到共同语言的，如果这个世界很好，我为啥还要四处奔走呢?

后来,子路又见到荷蓧丈人,孔子说,这是个隐者。孔子想去见他们,他们却先一步走掉了。子路说,不为不义之君服务。但就像长幼之节不能废一样,也不能因为没有理想的君王,就不顾君臣之义啊。不能为了自己的名节和清誉,而放弃自己的责任。君子去寻求改变社会,选择合适的君主,主要是基于君臣之义。我们师徒早就知道天下无道啊。

在儒家的叙述体系中,孔子有德无位,要为社会制法,却没有合适的空间,因此,孔子始终在"行"和"藏"之间选择,但孔子并非要远离这个混乱的世界,即使是"藏",即使是有时候的"浮于海",也只是为了改变世界的一个短暂的停留。

孔子夸过两个在污浊的环境中,不改其志的人,一个是蘧伯玉,"君子哉蘧伯玉!邦有道,则仕;邦无道,则可卷而怀之"(《论语·卫灵公》);还有一个是宁武子,孔子说他"邦有道,则知;邦无道,则愚。其知可及也,其愚不可及也"(《论语·公冶长》)。就是说宁武子在邦国无道之时就装傻充愣,这种装傻的能力无人能及啊。按后世的评价标准,如果说蘧伯玉的"卷而怀之"是隐士的态度的话,那么宁武子就是"大隐隐于市"。

儒家这种"知其不可为而为之"的刚健有为的精神和胸怀宽广的厚德载物的精神,构成其价值世界互相支撑的两个部分。但与早期儒家在生活态度上构成另外一极的是道家。如果从《道德经》来看,老子也是一个负有政治抱负的人,他那种有意收敛锋芒的理论容易让人想到阴谋论。不过《庄子》有所不同,庄子的精神中有彻底的解构现实价值的倾向。因此,若说后世的儒道互补,更可以看作是孔孟与庄子之间的互补。在这里,我想通过《论语》中孔子不"梦周公"的故事与《庄子》中系列梦的故事,来梳理儒道互补的一些基本逻辑。

二、孔子梦周公和庄周梦蝶

经典中有许多关于孔子和庄子做梦的记录,我选择了两个被讨论得最多的梦,辅之以其他的梦来综合叙说。其中,一个是《论语》中的"孔子梦周公",其实说的是孔子对于很久没有梦到周公的一个叹息。另一个梦是大家最为熟悉的"庄周梦蝶",《庄子》书中有很多关于梦的描述和讨论,但均不如庄周梦蝶那样深刻、富有哲理,因而也最能体现庄子哲学的复杂性。

我们知道,经典之所以成为经典,很重要的原因就在于通过历代文人对它的解读,能不断产生新的解释空间。所以,说是通过这两个梦,也主要是借助梳理历代思想家对这两个梦的经典解释来展开的。在这些解读中,我们不仅能体会到历史和经典之间互相成就的一面,也可以感受到因为新的解释的汇入,经典本身也不断地丰满。

当然,选择以梦作为切入点,我们需要做一个说明,即古人与现代人对梦的理解是不同的,甚至有很大的差别。古人比较重视梦,在很多时候,他们把梦看作是对现实中即将要发生或者已经发生的一个"提示",而现代人更多是把梦看作一种心理活动。

(一)孔子梦周公

《礼记·檀弓》中记载了一个孔子做梦的故事,这个故事很有名,是说孔子觉得自己快要离开这个世界的时候做了一个梦,梦的内容是这样的:

> 孔子蚤作,负手曳杖,消摇于门,歌曰:"泰山其颓乎!梁

木其坏乎！哲人其萎乎！"既歌而入，当户而坐。子贡闻之，曰："泰山其颓，则吾将安仰？梁木其坏，哲人其萎，则吾将安放？夫子殆将病也！"遂趋而入。夫子曰："赐！尔来何迟也？夏后氏殡于东阶之上，则犹在阼也。殷人殡于两楹之间，则与宾主夹之也。周人殡于西阶之上，则犹宾之也。而丘也，殷人也。予畴昔之夜，梦坐奠于两楹之间。夫明王不兴，而天下其孰能宗予？予殆将死也。"盖寝疾七日而没。

这个故事在《孔子家语》中也有记载，内容几乎一致。其中，有几个点值得注意。首先是孔子对自己的弟子子贡叙述的一个梦。孔子说夏商周不同时期有不同的摆放灵柩的方式，并说自己既然梦到了殷商时期摆放灵柩的情景，他将之理解为自己即将要死的"预兆"。其次，我们要注意孔子的感叹。孔子将自己视为泰山和梁木、哲人，但是"明王不兴"，他的治国平天下的理念难以有实现的机会了。孔子之叹息是对生命行将结束之际未能改变世界所存的遗憾。在这个故事里我们可以看到孔子一生的缩影，有德而无位，只能通过加王心于《春秋》来阐述自己的政治抱负。对于这样的遗憾，《论语》中是通过"梦周公"来呈现的。

《论语·述而》记载道："子曰：'甚矣吾衰也！久矣吾不复梦见周公！'"孔子说，我太衰老了！很长时间没再梦见周公了！我们都知道孔子最为推崇周代的礼乐秩序，而周代礼乐制度的完善则有赖于周公。周公，是周文王第四子，武王的弟弟，成王的叔叔。按王国维先生在《殷周制度论》中的概括，周公通过嫡长子继承制、庙制和同姓不婚等制度的设计建构了以血缘伦理为基础的"道德共同体"，某种程度上构成了中国传统社会秩序和政治秩序的伦理基础。孔子对于礼崩乐坏的社会的批评和"吾从周"的信念，都显示了他对于春秋战国时期秩序崩坏的忧虑和重构社会秩序的雄心。《论语·八佾》中有这样一句话："子曰：'周监于二代，郁郁乎文哉！吾从周。'"其意思是说，周朝的礼仪制度借鉴的是夏、商二代，在此基础上发展演变并更加丰富和完备，孔子遵从并主张周礼。孔子祖述尧舜宪章文武，其政治理想就是以三代特别是周代政治为基础而确立的、以伦理秩序和道德教化为方针的亲亲、尊尊、贤贤的天下为公的世界。

那么，我们应该如何来理解孔子不再梦到周公的慨叹呢？

汉代的郑玄对于这句话的解读是这样的。他说："孔子昔时，庶几于周公之道，汲汲然常梦见之。未（末）年以来，圣道既备，不复梦见之。"[①] 这句话或许可以这样解释，就是孔子早年并不能真正了解周公之道，所以经常梦见周公以期待有所发现。而到晚年，孔子已经具备圣道之全体大用，所以就不用经常梦到。这种解释放在汉代的历史环境中，或许是可以理解的。在郑玄看来，孔子早年以追慕周公之道为方向。而到他自己生命之成熟期，圣人治国之道已经完备于他自己的思想中，便无需再从周公那里去寻找启示了，这样也就不再梦见周公了。

汉代的《白虎通》里有这么一个问题，大致可以佐证这样的理解。《白虎通》里追问，圣人是否知道自己是圣人，其回答是说孔子知道自己是圣人，所举的例子就是《论语·子罕》中"子畏于匡，曰：'文王既没，文不在兹乎？天之将丧斯文也，后死者不得与于斯文也；天之未丧斯文也，匡人其如予何？'"意思是说，孔子知道自己秉受了文王

[①] （汉）郑玄：《论语注》，载张涌泉主编：《敦煌经部文献合集》第四册，中华书局，2008年，第1478页。

的治国之道，如果上天要斯文不再，那么我的生死也就无所谓。若是上天不想让斯文湮没，那么匡人也就不能把我怎么样。文王已死，孔子就以"文"自任，认为自己是这个文明的传承者。

对孔子不再梦见周公的问题，宋儒的解释有所不同。程颐在与学生的对话中，经常会谈到孔子梦周公的事，他认为人与所思的对象之间存在着感应的关系。程颐说，孔子盛年的时候，一心想推行周公之道。所以在睡梦中，可能会见过周公。而到孔子老年的时候，认为周公之道难以在有生之年实现了。又问："'吾不复梦见周公'如何？"曰："孔子初欲行周公之道，至于梦寐不忘；及晚年不遇、哲人将萎之时，自谓不复梦见周公矣。"也就是说，因为孔子年轻的时候，有平天下之志，所以常梦见周公。到晚年知道这个理想难以实现，也就不再梦见了。在程颐看来，是"诚意所感，故形于梦"（《河南程氏遗书》卷二十二上）。程颐说："此圣人存诚处也。圣人欲行周公之道，故虽一梦寐吗，不忘周公。及既衰，知道之不可行，都不复梦见。"（《河南程氏遗书》卷十八）

朱熹则对程颐的解释做了进一步的发挥说："孔子盛时，志欲行周公之道，故梦寐之间，如或见之。至其老而不能行也，则无复是心，而亦无复是梦矣。故因此而自叹其衰之甚也。"（《四书章句集注》）这个解释，可讨论的地方很多。一般而言，孔子常说不知老之将至，因此，他并未因为自己年老而放弃自己的志向。壮年时他周游列国，希望有明王来实现他的理想，而晚年则将这样的理想寄托在删削诗书和教育学生上，因此，似乎并不能说"无复是心"。

孔子晚年喜欢读《周易》，我们在讲儒家的时候，特别强调积极进取，且多用《周易》中"自强不息、厚德载物"来表达，这比较典型地体现了儒家的态度。因此，孔子说"知其不可为而为之"，明知道事情可能做不成，但还是坚持自己的理想和愿望，这就是儒家积极进取的一面。

对此，清代宋翔凤《论语说义》对孔子梦周公的解读，我觉得很符合孔子的一贯立场。他说：

> 昔者，孔子耳顺不踰，天纵将圣。年有壮老之异，志无衰盛之分。惟感周道之既衰，则思周公而无梦。"甚矣，吾衰也久矣。"吾者，谓吾今日也。久者，谓自幽厉伤之，至今日而已久也。孔子谓周道之衰，当吾之世而益甚。如鲁之郊禘非礼，其精神已不能与周公相接。制礼作乐之意，吾将坐视其泯没。精神不交，则不复梦见也。周公其衰，之杞之宋，又不足征，此《春秋》之作所不能已与！①

这段解释很典型地体现了公羊家解释经典的特点，也就是说，强调了孔子虽然不能直接规定社会秩序，但他是通过编定《春秋》，通过对历史事件的褒贬来宣告他自己作为一个"制法者"的存在。而且，宋翔凤也吸收了程朱解释《论语》的一些说法。不过，他并不认为衰是身体的衰弱，而是周公制定的礼乐秩序的式微，因此，孔子不能坐视儒家理想的泯灭。

由此可见，对孔子之梦，在后世的解释中，多是从孔子作为道的担当者的角度，体现儒家重视社会责任感的价值取向。这种使命感又表现为救天下的豪情壮志：一方面，他知其不可为而为之，秉持人能弘道的精神；另一方面，天下无道，不能逃避，需要人来振危起弱。

---

① （清）宋翔凤：《论语说义》，杨希校注，华夏出版社，2018年，第116页。

这种态度一直被后人继承。

比如孟子。有一次他跟淳于髡就"嫂溺，援之以手"进行了辩论。"淳于髡曰：'男女授受不亲，礼与？'孟子曰：'礼也。'曰：'嫂溺，则援之以手乎？'曰：'嫂溺不援，是豺狼也。男女授受不亲，礼也；嫂溺，援之以手者，权也。'曰：'今天下溺矣，夫子之不援，何也？'曰：'天下溺，援之以道；嫂溺，援之以手——子欲手援天下乎？'"（《孟子·离娄上》）古人说"男女授受不亲"，但是嫂子溺水，救不救？孟子说当然是要救，遇到特殊情况要灵活变通。有人进一步问，现在天下的人生活在水深火热中，你救不救？孟子回答说，要救。但他不愿意枉曲自己的本心去迎合不义之君。所以，可以通过著书来表述救天下的方略。说起来，在儒家的革命精神被抑制之后，后世儒家最主要的活动就是通过传播儒家思想来救济天下。

所以，在孔子的梦中，我们可以看到儒家主张对待人生应该保持一种积极进取的态度和刚健有为的精神，这也是中国传统文化的基本精神之一。

当然，儒家思想中有些倾向也包含着"退让"和"妥协"。孟子曾说"穷则独善其身，达则兼济天下"，这给了人们一条退路，就是说如果一个人发达了，要造福天下；如果没有机会，那么就做好自己，独善其身。不过，理解儒家这种倾向需要了解其前提。儒家并非是要放弃他的理想，首先要为行道而努力，求道不得，行道受阻再选择抗争或退隐。就如孟子所说的那个"达"，自己的理想实现了，才能实现兼济天下的雄心壮志。在道家看来，儒家的行道之志是没有必要的，对于保全生命没有太大的意义，而以自己的想法来改变社会也会对别人的选择造成干扰。所以我认为儒家所强调的刚健有为，更像是一个外表温顺、内心坚强的君子。而道家考虑更多的是，人怎么样去生活，而且是愉快、逍遥自在的生活。

(二) 庄周梦蝶及其他

一般而言,庄子被看作是老子思想的继承和发展者。不过,从理论逻辑的角度,庄子对现实关怀的解构和消解更为彻底。历代对于庄子和儒家的关系也有别的看法,甚至一些人认为庄子可能是孔子的再传弟子。这些问题很复杂,需要专门讨论。

庄子和儒家思想之间构成了人生态度的两个方向。就理想境界而言,儒家期待自己成圣成贤,庄子则向往坐忘和解脱,把圣人只看作是人生境界中的一个未臻完善的环节,而更高的则是"神人""至人"。在生活态度上,儒家修身齐家治国,承担社会责任,以平天下为己任;庄子则齐生死、泯贵贱,大鹏小鸟各有天地。如果说儒家是一个温润而坚强的君子,那么庄子则始终在告诉我们如何才算是快乐而逍遥的生活。庄子理想中的"至人"是无所牵挂的,所以"至人无梦"。由此,庄子的梦没有孔子梦周公那么沉重。《庄子》一书中有许多关于梦的故事,其主题是探究人的梦境与觉醒、生与死、快乐与痛苦。

《庄子·外篇·至乐》中有一段枕髑髅而托梦的故事。

> 庄子之楚,见空髑髅,髐然有形,撽以马捶,因而问之,曰:"夫子贪生失理而为此乎?将子有亡国之事,斧钺之诛,而为此乎?将子有不善之行,愧遗父母妻子之丑而为此乎?将子有冻馁之患而为此乎?将子之春秋故及此乎?"于是语卒,援髑髅,枕而卧。
>
> 夜半,髑髅见梦曰:"子之谈者似辩士。视子所言,皆生人之累也,死则无此矣。子欲闻死之说乎?"庄子曰:"然。"髑髅曰:"死,无君于上,无臣于下,亦无四时之事,从然以天地为

春秋，虽南面王乐，不能过也。"庄子不信，曰："吾使司命复生子形，为子骨肉肌肤，反子父母妻子闾里知识，子欲之乎？"髑髅深矉蹙頞曰："吾安能弃南面王乐而复为人间之劳乎！"

这段故事说庄子到楚国，遇到一个髑髅，向髑髅询问是因为贪生怕死、道德亏欠，还是因为国破家亡而遭灭身之祸。问完后拿髑髅作枕头而睡去。夜里髑髅托梦给庄子，说庄子白天所问都是因为人生有所牵累。庄子借髑髅之口道出人生在世的拘累和劳苦，唯有死亡之后才能摆脱劳烦而获得快乐。不过，这个故事还停留在一种"生不如死"的比较浅层次的超脱境界中。的确，结合《道德经》及其他的道家经典，我们可以看到他们一致认为，过于执着于对世俗秩序的关注、社会责任的担当，是导致人们失去快乐生活的原因。但是，仅仅从这样的层次来理解庄子，还达不到理解《齐物论》中的哲学思考的层次。在《齐物论》中庄子讨论了如何看待这个世界的"视野"问题，也就是认识方法问题，归结起来可以分为三个层次："齐不齐""以不齐为齐""物各付物"。所谓齐不齐，是要消弭世界上不同事物之间的差异性。比如人与人之间的等级、贫富差异等。而以不齐为齐，则是承认事物之间的差异，但是能发现不同事物可以有不同的乐趣。这就好比《逍遥游》中的大鹏和小鸟，虽能力不同，但各自有各自的乐趣。而物各付物，是前两个层次的升级，即不能把差异绝对化，每一种物种都充分实现其自己。在这样的思考中，庄子对"梦境"和现实之间关系的理解就更为深入了。

"庄周梦蝶"的故事是《庄子·齐物论》的结尾，其内容是说：

> 昔者庄周梦为胡蝶，栩栩然胡蝶也，自喻适志与！不知周

也。俄然觉，则蘧蘧然周也。不知周之梦为胡蝶与？胡蝶之梦为周与？周与胡蝶，则必有分矣。此之谓物化。

庄子说，前一阵子，我做了一个梦，梦见自己变成了一只蝴蝶，翩然飞舞在花丛草地上，轻松惬意，全然忘记自己本是庄周。突然醒来惊惶不定，不知是庄周梦中变成蝴蝶，还是蝴蝶梦见自己变成庄周？庄周与蝴蝶那必定是有区别的。这就叫"物化"。

这个结尾和《齐物论》开头南郭子綦"隐几而卧"，"吾丧我"的状态，构成一种对应关系。"吾丧我"即是人对自己所有设定的抛弃。在庄周梦蝶中，庄子所要寻求的不是"梦中"的世界，而是要彻底"打碎"梦与醒之间的界线。

周与蝴蝶必"有分"，这是一个前提性的问题，即梦境和现实之间存在的界限，但这个分别又是值得思考的，即何者才是真实的状态。梦境和觉醒或许只是不同的梦罢了，或者说梦和醒的这种分别只是一个更大的梦中的不同状态而已。那么我们应该如何面对这样的处境呢，庄子提出了"物化"。关于"分"与"物化"，古今学者有不少的注解与论述。

西晋玄学家郭象认为，自然万物的原初本性是无意识的自发的存在，万物之"性"是事物自然而然地产生、发展、变化的根本原因，是万物存在之根本。这就是"性分"。他的"性分"论是在《庄子注》中提出来的。按汤一介先生的解释，"性分"概念大致有两层涵义：一是对事物本质的明现，二是对"物物自分，事事自别"的事物间差别状态的肯定。"逍遥游"所指的境界就是万物能无为自得，无为自得就是明白自己的"性分"所在，因自得而无为。"自得"就是要明白万物都有自己原初的本性，只要能够按照自身的本性发展，对于万物本身而言就是达到最极致的体现。就这点来说，其实没有做任何在自己原初本性之外的事情，所以是无为。

在庄周梦蝶的叙事中，比较复杂的问题是如何理解"物化"。

物化是一种对自我和他者之视野被打破的期许，真如从梦觉之间找到一种"迁流"和"变化"，对此今人的分析有许多可观者。

新儒家学派的代表人物徐复观在《中国艺术精神》中说："庄周梦为蝴蝶而自己觉得很快意的关键，实际是在'不知周也'一语之上。若庄周梦为蝴蝶而仍然知道自己本来是庄周，则必生计较、计议之心，便很难'自喻适志'。因为'不知周'，所以当下的蝴蝶，即是他的一切，别无可资计较计议的前境后境，自亦无所用其计较计议之心，这便会使他'自喻适志与'。这是佛家的真境现前、前后际断的意境。"在徐复观看来，庄周梦蝶在他梦见蝴蝶而不知自己是庄周的时候，感到最快乐，反之，梦里梦见依然是自己，并不是最快乐的。所以说，人在做梦的时候，才不会有计较计议之心，计较计议是大多数烦恼的来源。徐复观还说："惟有物化后的孤立的知觉，把自己与对象，都从时间与空间中切断了，自己与对象，自然会冥合而成为主客合一。"① 这里的"物化"指的就是人与别的事物的分别的消除，忘记了自身，这个时候人的主观和客观就会冥合在一起，超过主客内外，合二为一。

所以，从这个意义上讲，把"物化"与"有分"连在一起的前提是，首先要认识到庄子梦蝶是不一样的，但这种不一样并不是绝对的，应该有超越性。《知北游》篇中说："仲尼曰：'古之人，外化而内不化；今之人，内化而外不化。'"这个"化"就是化与不化的结合，说蝶化，蝴蝶还是蝴蝶，庄子还是庄子，但不要被蝴蝶的特性和庄子的特性束

---

① 徐复观：《中国艺术精神》，九州出版社，2014年，第104—105页。

缚，这个才是"化"的涵义。

陈鼓应先生在其《老庄通论》中阐述道："《齐物论》的最后，以蝶化象征主体与客体的会通交感，达到相互泯合的境界。这境界实为最高艺术精神之投射。"[①] 在《尼采哲学与庄子哲学的比较研究》中他对庄周梦蝶做了进一步的阐释："庄周的蝶化，比喻着人性的天真烂漫，也象征着人在没有陈规制约和戒律重压时的适意自由。在庄子看来，宇宙就像一个大花园，蝴蝶可以无拘无束，欢欣于这个大花园的花丛中间；人生也应该无拘无束，自由自在地在宇宙自然之中逍遥漫游。"[②] 这种解释跟庄子追求自由的主张是相一致的。陈鼓应的庄子饱含着对儒家压制的反抗，从而让庄子陷入到对象的藩篱中。

陈少明、杨立华等人的作品中，都对梦与觉、生与死、有待与无待等进行了富有哲理的探讨。对于"物化"，郑开教授的理解也很深刻，他说，"物化"要在"化"与"不化"的相互对立关系中理解，其所要解决的就是"梦"与"觉"两个世界的贯通问题，最终达到人的世界、物的世界与事的世界的"流转"。[③]

将"物化"与"吾丧我"相结合体现了对庄子思想的整体把握，人对于外在世界的反应，如果是随物转移，那么也就是无所谓"分"，如何在确立分别的前提下，克服内心的执持，则是既保持自我的独立，又不被自我所束缚的"化"与"不化"的结合。

读完这两个梦，我们可以发现，儒家的刚健和宽容、道家的智慧和轻灵，既是两种不同的态度，但又可以统一在同一个人的身上。中

---

① 陈鼓应：《老庄通论》，商务印书馆，2008年，第227页。
② 陈鼓应：《尼采哲学与庄子哲学的比较研究》，载胡道静编：《十家论庄》，上海人民出版社，2004年，第414页。
③ 郑开：《庄子哲学讲记》，广西人民出版社，2016年，第213页。

国传统的智慧就是在这样富有层次性的思考中,为我们提供了多样性的人生坐标。儒家强调责任感,强调积极进取,而道家追求内在的超越性。但这样的差别并不是绝对的,儒道之间可以互补和融合,即一个人可以在追求人生的成功时,看淡眼前的得失。

在我看来,离世而独立固然会给人一种欣喜,然而面对浑浊的世界,我们当然不可能一走了之,对此,儒家提供了修身齐家治国平天下的宏阔气象。而从庄周梦蝶的寓言中,我们既可以体会到智慧的激荡,也能领悟到人生的态度,面对生活中的变化,我们要处之泰然,超然物外,却也不能失去内心的支撑和分寸。

三、不确定中,我们是随波浮沉还是去寻找确定性

我们所处的世界充满了不确定性,从而使我们的精神世界有一种无常的焦虑。我们难以从我们曾经熟悉的家庭中获得那种确定性,因为家庭难以再充任传统的避难所的功能。个人化的社会样态,让我们不再将家庭作为一个再生产单元,高离婚率则让我们的感情世界难以成为稳定家庭的基础,反之家庭的责任也难以成为维系感情持续的纽带。

我们已难以从外在的存在物和自己的内心世界获得确定的价值坐标,因为多元化的视野已经解构了源自于传统、宗教或权力、财富所带来的单一性标准。但我们又是如此沉溺于物欲和占有中,让我们瞬间投入自己所否定的世界中。

在中国传统的意义世界中,儒家提供确定性,提供社会化生存的意义世界和基本规则,但这些规则构成了人的精神世界的羁绊,所以道家所带来的"破裂感"起到解放身体和精神的双重功能。但这些破裂

并非信马由缰，往往以一种互补的状态存在于每一个个体的精神中，促使他在成功时，体会那种世界在我手中的"一览众山小"；也让他在失意中，寻求"采菊东篱下，悠然见南山"的放松，感受与自然同生死的自由。最终它们的互补变成了合流，身处山林心在庙堂，大隐隐于市的束缚和解脱的奇妙结合。

传统与现代，在我们的意义世界和生活方式中构成了尖锐的对立，我们能从儒家的进和道家的退的互补中，寻找到古今和解的可能性吗？起码我们可以先从读《论语》和《庄子》开始，试一下，可否为自己找到一条路。

第十五讲
"现代新儒学":新在哪里

讨论"现代新儒学"是一件十分困难的事,如果把它看作是一场思想运动的话,现代儒学还处于发展过程中,对它予以总结和概括无异于"刻舟求剑",仅是从一个固定的点去描绘流动中的对象。不过,现代儒学作为分散的、多面向的运动,不断地对其加以回顾又十分必要。我们可以通过对以往路径的分析,找到问题的出路,从而使儒家不仅仅停留在思想的层面,且能够深入到中国人的生活中去。如此,中国人的文化自信,才有了真正的载体。

一、现代新儒学与现代新儒家

澳大利亚学者梅约翰(John Makeham)提出过一个有意思的观点,他说:"把'新儒家'当作一个学派,是20世纪80年代以后倒溯回去重新建构的结果。"这或许可以理解为尽管许多学者有着接近的价值预设和思想取向,但他们并没有互相意识到自己的"学派"归属感。

或许其中的一部分人存在着这样的自我意识,比如我们从牟宗三和徐复观的回忆中,都可以看到他们受熊十力"启示"之后的觉悟,从而建立起某种意义上的思想传承和问题连接。后来杜维明先生说自己之所以从台湾的东海大学英文系学生转向儒学研究和传播,是受到了当时在东海大学教书的牟宗三和徐复观等人的影响。因此,有人说,熊十力门下是有门派意识的,这的确也是观察细密之论。

将"新儒家"作为一种社会思潮进行研究,缘起于方克立和李锦全教授的带动组织。在国家社科基金的支持下,他们召集了全国各地的学者展开了对"现代新儒家思潮"的研究。

在方克立教授看来,五四新文化运动之后,当时中国的思想界呈现出三大思潮互动的局面,即马克思主义、自由主义激进派、以新儒家为代表的保守主义。这三大思潮都肯定中国要走现代化的道路,不同之处在于对如何实现国家现代化的认识有所不同。

我猜测,方克立教授之所以将现代设定为五四新文化运动之后,一是基于一种习惯性的时间划分,即将1840年到1919年定为"近代",1919年到1949年为"现代",1949年之后为"当代"。由此,当学者们讨论"现代新儒家思潮"就以1919年为开端。对于现代儒学的开端,我有我自己的理解,理由放在后面再讨论。我们首先要弄清楚的是,在这样的时间限定下,构建现代新儒学思潮的学者,包括哪些?

1986年,在国家教委召开的"七五"科研规划咨询会议上,方克立先生发表了"要重视对现代新儒家的研究"的发言,并刊于《天津社会科学》杂志(1986年第5期),这成为中国大陆确立"现代新儒家思潮研究"课题的肇端。① 方克立先生在这篇"发言"中,对"当代新儒家"(或称"现代新儒家")这一概念进行了界定与说明,他指出:

> 现代新儒家是在本世纪20年代产生的以接续儒家"道统"为己任,以服膺宋明儒学为主要特征,力图用儒家学说融合、会

---

① 参见方克立:《现代新儒学与中国现代化》,天津人民出版社,1997年,"自序"第1页。

通西学以谋求现代化的一个学术思想流派。因为区别于先秦儒学的宋明儒学,在历史上被称为"新儒家",所以本世纪以复兴儒学为职志的这个流派称为"现代新儒家",或"当代新儒家"。先秦儒家,宋明新儒家,现代新儒家,这就是他们所说的儒家学术发展的三个阶段。现代新儒家所致力的就是"儒学第三期发展"的工作。①

在这里方先生接受了牟宗三和杜维明等人的"儒学第三期发展"的说法,并指出其三个基本特征:继承道统、接续宋明儒学、用儒家立场融汇西学。在这样的基本理路下,方先生的"现代新儒学"超越了新儒学因师承关系产生的思想分歧,从这些学者的共同问题指向来描摹"现代新儒学"的"共性"。

1987年9月,方克立、李锦全先生领衔的"现代新儒家思潮"课题组在安徽宣州召开了第一次全国性的学术研讨会,会议围绕着"现代新儒家"的定义、代表人物、产生背景、发展阶段划分、理论特征和历史评价等问题展开了讨论。由于学术界对"现代新儒家"或"当代新儒家"及其代表人物的理解存在较大的分歧,最初确定的研究对象包括梁漱溟、张君劢、熊十力、冯友兰、贺麟、钱穆、方东美、唐君毅、牟宗三、徐复观这十位学者,后来增补了马一浮,为十一位。研究方式包括编写《现代新儒家学案》,出版《现代新儒学辑要》来收集整理新儒家的代表性著作。除此以外,方克立先生还提出了要关注杜维明、刘述先和成中英等四位学者的研究,他们当时还是比较年轻的、在海外有重要影响的学者。另外,港台地区的唐君毅、牟宗三、徐复观等

---

① 方克立:《要重视对现代新儒家的研究》,载《现代新儒学与中国现代化》,第4页。

人的弟子们也受到关注。

从方克立所写的《〈现代新儒学辑要〉总序》中可知,当时确定选编的当代新儒家著作的主要代表人物共十五位,分别是:梁漱溟、张君劢、熊十力、冯友兰、贺麟、钱穆、唐君毅、牟宗三、徐复观、杜维明、刘述先,以及有争议的马一浮、方东美、成中英等。这个计划并没有完全落实,主要是钱穆先生的夫人和一些学生都反对把钱穆先生列入"新儒家"的行列,因此最终只出版了十四人的辑要。方克立在此书序言中,再次界定和说明了"现代新儒家"(即"当代新儒家")这一概念以及遴选当代新儒家代表人物的理由:

> 读者可以看到,我们采取了广义理解的"现代新儒学"和"现代新儒家"概念,即超越了新儒家学者之间的师承、门户之见,把在现代条件下重新肯定儒家的价值系统,力图恢复儒家传统的本体和主导地位,并以此为基础来吸纳、融合、会通西学,以谋求中国文化和中国社会的现实出路的那些学者都看作是现代的新儒家。……他们之间的个性差异是相当明显的,但是都不乏上述"共性"。①

这个时期,也有些学者从"广义新儒家"和"狭义新儒家"的区分出发,认为仅凭他们对中国文化的态度来判定"学派归属"没有实际意义,并从钱穆先生没有签署1958年新儒家宣言(《为中国文化敬告世界人士宣言》)来强调钱穆先生不属于新儒家。方先生也对这样的说法有所关注。他认为过于执着门派之间的差异,可能会掩盖共同

---

① 方克立:《〈现代新儒学辑要丛书〉总序》,载《现代新儒学与中国现代化》,第445页。

的本质特性。他说:

> 我认为,界定现代新儒家的标准,主要不能看师承出身,也不能看本人声明,而是要看他的思想、言论、著作所表现的基本学术立场。……这是从现代新儒家的共同本质特征立论,而不考虑其内部差异和门派之争,可以说是属于广义理解的现代新儒家概念。①

不难看出,这一对"当代新儒家"的理解和看法,与前文所论并无差别。无疑,这十五位当代新儒家代表人物分别代表了当代新儒学的"三代"或"三个阶段"②的发展。当代新儒学发展第一阶段的第一代代表人物:梁漱溟、张君劢、熊十力、马一浮、冯友兰、贺麟、钱穆;第二阶段的代表人物:唐君毅、牟宗三、徐复观、方东美。其中对新儒家的理论推进贡献最大的是唐君毅和牟宗三,对新儒家的政治社会关切表现得更彻底的是张君劢和徐复观。张君劢不仅对新儒家的思想有许多阐发,而且也参与了《中华民国宪法草案》的起草工作。徐复观先生行伍出身,但转入学术领域之后,对于儒家政治观念及其与民主政治之间关系的探究影响广泛。比较特别的是方东美,方东美先生有儒道贯通的精神气质。第三阶段的代表人物包括:杜维明、刘述先和成中英等。至于后起的林安梧、李明辉、陈昭瑛等学者,思想光谱更为复杂,他们对新儒家理论的发展还有很大的可塑性。

---

① 方克立:《现代新儒学的发展历程》,载《现代新儒学与中国现代化》,第142页。

② 参见方克立:《代序:现代新儒学的发展历程》,载方克立、李锦全主编:《现代新儒家学案》上册,中国社会科学出版社,1995年,第4页;方克立:《现代新儒学与中国现代化》,第92页。

其实"新儒家"这个概念其来有自。

冯友兰先生在其 1948 年出版的英文版《中国哲学简史》（*A short History of Chinese Philosophy*）中，分别以"新道家"的概念指称魏晋玄学，以"新儒家"的概念指称宋明儒学或宋明理学（又称宋明道学）。不过，冯友兰先生使用这个概念的时间要更早。1924 年冯友兰在其博士论文中就有 Neo-Confucianism 一章，经过修订后出版的中文版（1926）也有"新儒家"这一章。在这些文献中，冯先生在使用"新儒家"概念时，所指称的是宋明时期的儒家思想。但当他写作两卷本《中国哲学史》的时候，却沿用了《宋史》中的"道学"一词，并没有把"新儒学"作为学术上的一个专用术语。将《中国哲学史》译为英文的卜德（Derk Bodde），也选择了以 Neo-Confucianism 翻译"道学"一词。这就相当于说，用来描述宋明理学的"新儒学"是一个从英语世界传回来的名称。另一位新儒家的代表人物张君劢先生的英文著作《新儒家思想史》则指出分判"新儒学"有两种意义：一是指"唐以来儒家的新学派"，二是指"从唐代开始，经由宋以迄清末的思想趋向"。基本上还是指唐宋之后的儒家思潮。由此可见，学者们对于"新儒学"所关涉的思想人物的认识虽略有差异，但指代唐以后儒学的重心向心性的转变则是没有争议的。

一般而言，人们并不严格地区分"新儒学"与"新儒家"，这两者在中文中是可以互换的。作为对"新儒家"概念的接受，人们在讨论近代以来出现的儒学思潮的时候，就会在前面加上"现代"，即以"现代新儒家（学）"或"当代新儒家（学）"，来描述清末以后面对西方冲击而出现的新儒学思潮。

现代新儒学作为一种直面西方冲击的社会思潮，早就有人进行总结。1941 年，贺麟先生在《思想与时代》的创刊号上发表了《儒家思想的新开展》一文,断言"广义的新儒家思想的发展或儒家思想的新开展,就是中国现代思潮的主潮",他是比较早地用"新儒家"来概括1840年以后思想潮流的重要学者。

1949年,中国的政治格局发生了巨大的变化,许多原先信奉儒家价值的学者到了中国台湾和香港地区,他们不断强调中国文化特别是儒家思想对于现代中国的意义,通过与殷海光等人的争论,以及与世界上不同地区的文化学者的交流,他们逐渐形成一种有核心信仰和独特思维方式的学派。其代表人物有钱穆、唐君毅、牟宗三、徐复观等。

到20世纪80年代,随着亚洲经济奇迹的产生,东亚地区经济增长与文化价值的关系得到了全球性的关注,许多学者开始探究儒家传统与东亚经济奇迹之间的关系。在这样的背景下,新儒家思潮进一步受到重视。1982年,中国台北《中国论坛》社召开了"新儒家与中国现代化"的座谈会,对"新儒家"及其代表人物进行了讨论。这里的"新儒家"是对"当代新儒家"的简称,在一般的情形下,"新儒家"主要指的是"现代新儒家",这个概念在产生之初与宋明道学之间的关系反而被淡化。

在这次座谈会上,"当代新儒家"被视为一个具有共同特征的儒家学派群体,并强调了他们对儒家与现代化关系的探索,将梁漱溟、张君劢、熊十力、钱穆、唐君毅、牟宗三、徐复观七人列为"当代新儒家"的主要代表人物。韦政通先生指出和描述了这七位当代新儒家的七个共同特征:(1)以儒家为中国文化的正统和主干,在儒家传统里又特重其心性之学;(2)以中国文化为一精神实体,历史文化之流程即此精神实体之展现;(3)肯定道统,以道统为立国之本、文化创造之源;(4)强调对历史文化的了解应有敬意和同情;(5)富有根源感,因此强调中国文化的独创性或一本性;(6)有很深的文化危机意识,但认为危机的造成主要在国人丧失自信;(7)富宗教情绪,对复兴中国文化有使命感。①

　　这些特征主要依据唐君毅、牟宗三、徐复观和张君劢于1958年元旦联名发表的《为中国文化敬告世界人士宣言——我们对中国学术研究及中国文化与世界文化前途之共同认识》(又名《中国文化与世界》)加以概括而成的，而这个宣言也的确代表了大多数港台新儒家的基本立场。

　　进入20世纪80年代以后，由于中国传统"文化热"的兴起，当代新儒家在中国内地（大陆）所受的关注又反过来激发了港台学界的研究热情。比如中国台湾的"中研院"也启动了一个现代新儒家的研究计划，由刘述先和李明辉等先生主持。作为项目的主持人，亦是新儒家发展重要一环的刘述先先生面对关于"当代新儒家"理解上的分歧与众说纷纭的看法，取长去短，综合诸说，提出并多次反复强调了一种新看法，称为"'三代四群'架构"（four groups in three generations）②，具体如下：

　　第一代第一群：梁漱溟（1893—1988），熊十力（1885—1968），马一浮（1883—1967），张君劢（1887—1969）。

　　第一代第二群：冯友兰（1895—1990），贺麟（1902—1992），钱穆（1895—1990），方东美（1899—1977）。

　　第二代第三群：唐君毅（1909—1978），牟宗三（1909—1995），徐复观（1903—1982）。

---

① 参见韦政通：《当代新儒家的心态》，转引自罗义俊编著：《评新儒家》，上海人民出版社，1989年，第165页。

② 参见刘述先：《现代新儒学研究之省察》，载刘述先著，东方朔编：《儒家哲学研究：问题、方法及未来开展》，上海古籍出版社，2010年，第33页。

第三代第四群：余英时（1930—2021），刘述先（1934—2016），成中英（1935— ），杜维明（1940— ）。

刘述先等人都看到了新儒家这个概念的宽泛化问题，但他并没有简单否定"广义新儒家"的命名。他认为中国大陆所采用的"现代新儒学"可以将一切肯定儒家价值并做出阐释的学者归入其中。而作为"狭义新儒家"代称的"当代新儒家"范围比较小，指在中国大陆以外存在的一条狭义"当代新儒家"的线索，这就是以张君劢、唐君毅、牟宗三和徐复观四人联名发表《为中国文化敬告世界人士宣言》为基准，强调心性之学为了解中国文化传统的基础，上溯到唐、牟、徐三位之师熊十力，下开中国大陆以外新儒家的线索，由杜维明、刘述先等所继承，英文译为 Contemporary Neo-Confucianism。这一判分的关键人物是钱穆先生，因为一些理念和人事纠纷，钱穆先生并不属于狭义的新儒家范畴，但他依然是"现代新儒家"中十分重要的代表性人物。

二、新文化运动对儒学的批判与梁漱溟的文化观

"狭义"与"广义"之争，体现了现代新儒家学派应该包括哪些思想家的分歧。这既是学术史研究的立场差异所致，也包含学者的自我认定。不过，就现有的新儒家研究一般以"五四运动"作为起点而言，现代新儒家的开端即是一个可以讨论的问题。

在中国历史发展阶段的划分中，我们有一个漫长的古代，但在 1840 年之后的历史，却被划分为近代、现代和当代不同的历史阶段。一般而言，"近代"所指是 1840 年到 1919 年，也就是"从鸦片战争到五四运动"这样一个历史时期。1919 年到 1949 年为中国的现代，这是

马克思主义传入中国，中国共产党成立并建立中华人民共和国之前的阶段。而当代所指则是1949年中华人民共和国成立及之后的中国。

"近代"时期所涵括的是清朝的末期和中华民国的初期。在西方坚船利炮的打击下，清政府的自救运动难有作为，最终被以孙中山为首的革命派所推翻，建立了中华民国。这个时期，因融汇西学和抗拒西学之间的矛盾，思想形态不可避免地呈现出芜杂和不确定性，许多学者将之定义为"过渡时期"也并非无见。然而这个时期也出现了许多天才的思想家，他们试图从儒家内部发掘与现代政治制度相结合的途径，出现了以廖平、康有为为代表的公羊学，以章太炎、刘师培为代表的古文经学以及以张之洞为代表的中体西用论等。

民国的成立表明了革命派共和立国主张的胜利。但新生的国家依然是一个矛盾的存在，它既是以孙中山为代表的革命派的胜利成果，也是一个接受了"清帝逊位"，继承了清朝主体领土和人口的多民族统一国家。所以，在一系列政治博弈之后，孙中山在担任临时大总统几个月后辞职，袁世凯担任了中华民国的总统。他和其他北洋军阀一样，依靠自己手里的军队，使国家的宪法和政党、议会形同虚设。孙中山强调的民有、民治、民享的政治理念难以落实。在政治复辟的背景下，新一代的思想家意识到没有观念的变革，仅仅靠政权的转移，并不能让新的政治体制顺利运行。试图让国民觉悟的群体中，影响最大的是以陈独秀和胡适为代表的新文化运动的推动者们，他们坚信思想的改造是政治进步的基础。在他们看来，新的政治秩序之所以难以顺利运转，主要是受到儒家忠君爱家理念的影响，因此他们要发动文学革命，来推进知识的平民化，破除因文言文带来的文化障碍。他们用科学来取代传统儒家的价值预设"天理"，主张实证而反对体悟。他们以《新青年》《新潮》等杂志为阵地，高举民主和科学的大旗，将儒家作为阻碍现代中国发展的"罪魁"。陈独秀和李大钊等人都认为儒家的观念与民主、宪政难以并存，必须采取非此即彼的方式，以使国民达到"最后的觉悟"。陈独秀在《宪法与孔教》一文中说：

> 吾人倘以为中国之法，孔子之道，足以组织吾之国家，支配吾之社会，使适于今日竞争世界之生存，则不徒共和宪法为可废，凡十余年来之变法维新，流血革命，设国会，改法律（民国以前所行之大清律，无一条非孔子之道。）及一切新政治、新教育，无一非多事，且无一非谬误，应悉废罢，仍守旧法，以免滥费吾人之财力。万一不安本分，妄欲建设西洋式之新国家，组织西洋式之新社会，以求适今世之生存，则根本问题，不可不首先输入西洋式社会国家之基础，所谓平等人权之新信仰，对于与此新社会、新国家、新信仰不可相容之孔教，不可不有彻底之觉悟，猛勇之决心；否则不塞不流，不止不行！[①]

以陈独秀、胡适和鲁迅为代表的知识群体，认为中国需要一种观念上的革新，必须采取一种非此即彼的态度，彻底否定儒家的政治秩序和价值观念，认为中国要摆脱落后，达成富强，就必须彻底否定儒家伦理价值。"打倒孔家店"是后来胡适肯定吴虞时的一个概括，形象地勾勒了新青年与旧伦理之间的对立。经此运动，在许多人的心目中形成了一个似乎是不言自明的结论：儒家是中国停滞和落后的罪魁祸首，要打破传统家庭的束缚，救救孩子。这种说法经由鲁迅、巴金等人的《狂人日记》《家》等小说，日渐深入人心。

---

① 《新青年》2卷3号（1916年11月1日），载任建树等编：《陈独秀著作选编》第一卷，上海人民出版社，2014年，第252页。此处对标点符号做了一些修改。

五四时期《新青年》群体对于儒家的批评，将之视为现代文明的对立物，引起了当时同在北京大学教书的梁漱溟等人的不满。他从文化多路向发展的理论出发，以多元主义的立场，反思西方文化中心主义所带来的文明观。

梁漱溟相信儒家价值在建立中国当下秩序时的重要性，并认为儒家的礼乐文明思想指引人类的未来走向。这固然会与他所抱持的多元主义立场产生冲突，但提供了对民国制度失灵的另一种解释。

梁漱溟肯定西方文化有其合理性和优越性，但不同的文化基础决定了不同的社会发展模式，文化发展存在着不同的"路向"，那么社会发展也会有不同的方向。中国文化和印度文化、西方文化构成了社会发展的三种不同路径。在西方文明发展到极致的时候，就应该由中国文化来"平衡"之。他说，中国文化"以他人为重"的态度可以化解以利益和算计为导向的西方文化之弊端。从文化多路向的观念出发，中西文明就不再是二者必舍其一的状况，而是人类不同发展阶段的多元共存。这些观点引发了社会的强烈关注，也因此形成了与新文化运动的主流观点不同的文化观念。

梁漱溟先生是在蔡元培"兼容并包"的原则下被聘请到北大教书的。梁漱溟所写的《究元决疑论》引起了蔡元培的注意，于是就邀请他来北大教授印度哲学。梁漱溟回忆当时的过程说，蔡元培找他当老师的时候，他自己都没有想到，因为他自己也不知道印度哲学是怎么回事，只是写了关于佛教的文章，而蔡元培要的是教印度哲学的人。这大概也算是英雄不问出处。梁漱溟在北大教书时，与陈独秀、胡适、李大钊等《新青年》的主要成员成为同事。他不赞同陈、胡、李的诉求，因为他们的诉求之中有很强的新和旧的对立。梁漱溟有一个基本判断，他认为中国的文化与中国的社会结构有非常密切的关系。经过

《乡村建设理论》和《中国文化要义》等著作，他凝练出了"职业分途"与"伦理本位"这两个核心概念来总结中国文化的特性。在他看来，与西方的阶级分别不同的是，中国人与人之间借由职业的不同来确立其社会身份。因为没有阶级所造成的等级制压迫，所以中国人是以伦理情谊来建立其共同体的。凝聚中国人的关键力量在于伦理性，是人与人之间的道德意识，而不是像西方社会以契约来建立团体生活。他认为，中国有可能吸纳西方的新的团体生活方式，也强调中国必须有新的政治习惯，要培养出契约精神。

在梁漱溟看来，中西之间互相借鉴的前提是民族文化的自觉，要对自己的文化有所了解。既然中国文化的底色是职业分途与伦理本位，中国的政治制度和国家形态也应该建立在这样的文化基础之上。他在1921年出版的《东西文化及其哲学》中提出，社会发展模式并不是如进化论所提出的那样，是旧的向新的、差的向好的这样单向度的发展，不同的民族有不同的文化发展路向。他概括出文化发展的三种方向，即西洋、中国和印度。他的三种路向说是对五四新文化运动中"百事不如人"说法的反思，并指出中国式的"持中"和印度式的"向后"精神，都会在不同的社会发展阶段体现出其独特的价值。

随着新文化运动的深入，其内部也出现了不同的倾向。陈独秀、李大钊等人开始介绍和传播马克思主义理论。更为直接的是，1919年巴黎和会中将德国在山东的权益转让给日本的协议击碎了新文化运动诸公对于"公理"的幻想，更激化了思想界的分歧。学生们以愤怒的抗议来抒发爱国热情，而思想家则要从文明的价值等角度来思考西方现代化运动的多重面向，反思殖民主义背后的强权逻辑。

梁漱溟的文化多路向发展的思想既可以看作是对五四新文化运动中舍中就西倾向的批评，更可以看作是对近代以来一味模仿西方以建立现代中国道路的反思。梁漱溟不仅是一个思想家，更是一个实践者，他在 1923 年离开北京大学，试图从乡村建设的实践中，找到中国的发展道路。

20 世纪 20 年代，对新文化运动进行反思和批评的学派并非只有新儒学，还有以杜亚泉为代表的东方文化派和以吴宓、梅光迪等人为代表的学衡派。杜亚泉（伧父）曾经因为主张中西调和论而与陈独秀展开过激烈的论战。而学衡派更为特别，因为学衡派的主要成员，比如说像吴宓、汤用彤、梅光迪等大都是哈佛毕业的，提倡人文主义以制衡资本主义体制对人类精神的物化。他们与胡适同样在美国留学，但是他们对西方文化以及由西方所代表的现代化的理解是不同的。从某种意义上看，学衡派可以看作是新儒家的盟友，他们的口号是"昌明国粹，融化新知"。说到这里，有的人可能会提出这样的问题：胡适不是也说要"整理国故"吗？这需要做一个辨析。胡适用"国故"替换"国粹"的概念，是有他的一个深刻含义的。国粹这个概念，大家一听就知道，含有肯定性的价值判断因素在里面。当我们说国故的时候，只是说它是以前留下来的东西。胡适有个很好的朋友，叫毛之水。毛之水说，我们不要光看到国粹，也要看到国渣。不要光看到里面的好东西，也要看到里面的坏东西。所以，当胡适提倡整理国故的时候，并非是要整理发掘传统中好的方面，其真正的目的是希望中国"充分世界化"。

不过，与学衡派不同的是，现代新儒家构成了一个连续性的传统。这样的连续性并非是基于"师承"，而是因为相似的价值立场而出现的价值观上的连续性。

与梁漱溟同被视为现代新儒学开山的熊十力，接替了梁漱溟在北大的教职，他的思考更具体系化，也拥有更多的追随者。牟宗三和徐复观都描述过被熊十力"启示"的情景，并由此将儒学的现代发展作为他们的终身志业。

新儒家群体中学院派的代表是冯友兰先生和贺麟先生。最能体现冯友兰先生新儒家倾向的著述就是"贞元六书"，诸如《新理学》《新世训》《新原道》《新原人》等。由于冯友兰先生的思想倾向比较接近程、朱，因此我们将冯友兰的思想观点称为"新理学"。他喜欢用共相和殊相来讨论问题，即普遍性和特殊性，他有很强的普遍性倾向。而贺麟先生则通过反思五伦来寻求儒家价值的现代价值，并通过将陆王心学与新黑格尔主义结合，提出了"新心学"的主张。但其新心学的理论体系不如冯友兰的新理学那样完备、系统。

更为我们熟悉的可能是唐君毅、牟宗三和徐复观。唐君毅、牟宗三、徐复观的学术生涯主要在港台地区度过，所以有一个专门的名词，把他们称为"港台新儒家"。他们在港台做了很多的工作，包括与自由主义的论战。这个论战中最为著名的例子，即是他们在中国香港办了一个叫《民主评论》的杂志，与胡适和雷震在中国台湾办的《自由中国》杂志分庭抗礼，这是自由主义和新儒家正面论战的两个阵地，同样也促进了新儒学思潮的发展。

我们要知道，港台新儒家在花果飘零的境况下做了维持儒家一线生机的最为艰辛的工作，体现了他们守卫文化价值的精神。他们培养出了一批愿意开拓儒家文化新面貌的学者，其中包括杜维明、刘述先等。

因为地域和学术范式等原因，在美国大学教书的杜维明、成中英、刘述先等人不再强调儒家价值的"至高地位"，这也导致他们对儒家价值的肯定度相应地弱化。为什么这么说呢？徐复观、唐君毅、牟宗三、张君劢四人坚持认为中国文化的本位性。到了杜维明和刘述先这里，他们热心讨论的议题就转换为多元现代性和文明对话。虽然他们分别参与了多次世界宗教对话，肯定儒家具有"宗教性"，但他们内心并不真正将儒家看成是一种"宗教"。最为根本的问题是他们对于儒家价值已经失去了宗教式的情怀，而这正是钱穆、唐君毅和牟宗三等人最为显著的标识。

刘述先先生有一段话来描述他们与唐、牟、徐的差别，大意是说他们这些在美国大学教书的人不具有像牟宗三、唐君毅等人身上的那种文化的担当。其实，这是一个很可以琢磨的说法，如果一个儒者没有文化的担当，那么他与其他的研究者的区别在哪里？如果他的论述有过多的价值倾向，似乎又与大学体制不符合。这其实是现代大学体制中儒学研究所必然要面对的问题。在我看来，正是因为卸下了"负担"，新儒家的问题关切才越来越"稀薄化"，这样的学者是否可以被冠以"新儒家"之名，是可以讨论的。

三、康有为与现代新儒家思潮

以梁漱溟而不是大家更为关注的牟宗三、徐复观为样本来讨论新儒家的问题意识，这可能有点令人奇怪。不过，在我看来，梁漱溟以中西印为"样本"，从文化的多元化来解构单向历史观却是新儒家最为核心的精神。相反，在牟宗三和徐复观那里，这样的立场有所退却。

下面，我可能要提出一个更为大胆的想法，即试图"调整"方克立、刘述先等先生都认可的将梁漱溟和熊十力等视为现代新儒学思潮开端的"定见"。

方克立先生认为，五四以后中国思想界是自由主义西化派、保守主义的新儒家和马克思主义三大思潮互动的局面。所以，他坚持认为近代的康有为等人还是在旧儒家的范畴里。对此，可以有不同的看法。

如果将现代儒学的发展视为儒学的第三期发展，那么第三期发展的最重要标志就是如何回应西方文化对于中华文明的冲击。从这个角度看，这个冲击的开端就是1840年的鸦片战争，第三期发展应该从这个时间点出发。

而若从儒家思想体系本身来说，儒学的标志是其经典体系。从经学立场，并试图进行转化来对中西文化关系做出系统反应的应该是康有为。在这个层面，我更愿意将康有为视为现代儒学的开端。事实上，这样的看法早就有人提出，在西方学术界较早对康有为思想进行系统研究的萧公权先生就持这样的观点。不过我们所持的原因与他并不完全相同。下面简要地说说我自己的看法。

（一）经学的转型与康有为对儒学精神的新阐发

现代儒学带给我们的一个根本性问题是如何看待儒家经典。这个问题可以分解为两个方面：一是经学这样的形态是否可以经受科学的洗礼？二是经典是否具有应对现代问题的可能？第一个问题的核心是"科学"的挑战，晚清经学存废的关键之处即在于此：在知识日渐学科化的时代，作为价值依托的儒家经典与学科化的知识传播之间存在何种巨大的差异？要回应这个问题，我们首先要确立一个前提，即我们能否设想一种脱离了以十三经为基础的儒学？虽然在历史上一直存在"六经文本"和"先王之道"孰为根本的争议，但离经言道必然会失去儒家的基本判准。梁漱溟之后的大多数儒家人物，虽然熟悉儒家经典，但致力于将经典学科化的这批学者对待经典的态度已经十分知识化。由此，儒家经典不再是思考的起点和价值的依托，而是学术研究中的资源。他们对经学内部的不同系统也缺乏同情，比如他们大多对今文学采取鄙夷的态度。

若是把现代新儒学看作是一次新的儒学复兴，那么便有理由要求这种新形态的儒学必须依据儒家自身的理路进行新的发展。"新儒学"应对西方挑战的基础必须是基于儒家经典所包含的义理的发展，而不是无本源地另立基础，更不能只将经典当作一种论证中的辅助材料。

这么说来，从经典出发、从某种经学的立场出发便是辨别是否属于新儒学的内在理路的必要条件。基于此，在划定儒学第三期发展的前端的时候，我们就会看到康有为和章太炎。即使章太炎有太多对儒学的批评，但康、章是最后一批从经学出发来应对西方冲击和现实挑战的儒家学者，对现代儒学的发展具有十分重要的意义，而这种意义却没有得到学科化儒学研究者的充分重视。

康有为和章太炎的经学立场不同，他们所开创的经学转化之路也不同。康有为基于"托古改制"立场，发挥公羊学的"三世"理论和《周易》中"变"的哲学，将经学系统中的《左传》等判为"伪经"。而章太炎从更为激进的立场出发，继承"六经皆史"的传统，将经学史学化，将孔子视为最伟大的史家和教育家，而非创制立法的"万世教主"，这也成为以现代学科式的方式处理经学的滥觞。

总之，无论是康有为、章太炎还是廖平等人，他们并非拒绝西方，而是以儒家经典为基础，来吸纳西方现代性的因素。当然，有的学者可能会认为儒家思想中不可能蕴含所谓"解决现代问题"的方法。这话或许有一些道理，即我们当然不可能从孔子的话语中直接找到答案。但问题在于，如果人们已经不再相信从经典出发可以找到理解问题、解决问题的思路的话，那么其所展开的思想又何以能称之为"儒学"呢？

后起的儒家思想的同情者们，虽然身处由传统的儒家式教育向现代的学科式教育转型的时代，但是在康有为和章太炎之后，大多数的思想者无论持何种价值立场,他们的思维方式均不再是将经学视为理所当然的价值基础,而是试图通过人文科学的解读方式来阐发儒家的现代价值。冯友兰、贺麟如此,即便是没有留学经历、出于新旧之交训练的熊十力和梁漱溟亦是如此。虽然他们一直从经典出发来理解社会制度的变化,但他们自己并没有稳定的经学立场。

问题的悖论就在于,越来越多的儒家学者认为缺乏对儒学价值认同的儒学研究和基于价值认同的儒学现代转化是两种不同的思考路径。可以确定的是,儒家的价值要获得在社会建制、生活方式和价值理想上的影响力,仅仅通过学科化的方式是不可能的。基于此,20世纪20年代开始的学科化儒学的存在方式是否为最具生命力和最为合理的新儒学形态就令人怀疑了,这就要求我们更多地反思康有为和章太炎的探索,即使事实上在他们之后的儒学学科化进程中有他们的原因,但这并不能否定将康有为看作是现代儒学开端的合理性。思考经学和现代儒学发展之间的关系是当下儒学的第一主题。

(二)制度转型和康有为对立国之道的探索

经学的转型是儒学自身形态的转变,这种转变的动力根源于社会变革的刺激,经学所提供的一般性原则必然要与社会的转型相结合。而现代儒学之所以被冠之以"现代",关键在于其面对的社会形态已经与传统中国的农业经济和宗法社会形态截然不同。尽管沟口雄三等人提出明末以来中国社会自身存在着转向现代的线索,但是,使中国社会产生根本性变化的刺激因素来自于西方。现代性是一个系统的转变,对于当时的儒生而言,最为直接的忧患则是文明的延续和种族的保全。这些问题在外来的军事压迫下,体现为亡国灭种的强烈征兆。所以,在康有为这里,保全国家和延续文明是一体之思,就是思考如何建立一个新的国家、一个能够与西方抗衡的国家。远在甲午战败之前，从类似《万国公报》等报刊书籍中，康有为就对国际格局有了超越同时代人的了解，他不再用原先的夷夏关系来理解中外关系的新格局，而是意识到当下的世界是"万国竞逐"的态势，这样的局面是数千年未曾有过的。1895年，在甲午战争战败之后，康有为在《上清帝第四书》中说，现在中国所面临的是数千年未有之大变局，以前外敌入侵，只是强兵相凌，而现在的泰西诸国除了坚船利炮，还有"治法文学"这样的"智学"上的优势。如此，保全中国就不仅是领土和主权的问题，还有种族和教化的全面危机。这也就是康有为强调保国、保种、保教的整体性策略的原因。

那么，如何构造一个新的国家呢？如果说康有为早期的论敌主要是清王朝中的顽固派的话，那么戊戌之后，主要的对象则是革命派以及继承革命派社会变革逻辑的新文化运动者。面对革命派通过激化满汉矛盾而提出的革命主张，康有为的主张是强调民族融合，继承清王朝的人口和疆土。他通过对公羊学中夷夏观念的重新解释，认为中国历史上的夷夏之别主要是建立在文化基础上的，而不是以种族的差别来区分高下，当下"中国人"的种族构成是历史上各民族融合的结果。

康有为认为保住现有的疆域和人民是国家强大的基础。与此同时，国家之强大，必须"旁纳诸种"。

康有为提出的"君主立宪"或"虚君共和"主张内含解决国家一统的象征性的思路，在新文化运动的激进思潮面前，主张保皇和复辟成为康有为的政治污点，并连同其国家治理模式的合理性也被淹没在历史的风尘中。

在现代化的潮流中，没有一个国家可以闭关自存，所以吸收外来的制度因素乃是不可抗拒的潮流。康有为在戊戌变法前后，一度是民权自由的倡导者，不过其民权和议会思想的主要目的是"上下通"，即让最高统治者能够准确详细地了解民情,而不是西方现代政治意义上的民权和自由。民国之后,康有为对当时政治人物盲目迷信"共和"的现象提出了批评,在写于1913年7月的《中国颠危误在全法欧美而尽弃国粹说》中尤其反对因共和政体而对中国传统的教化、风俗、法度、典章,不论是非尽行扫弃的做法。他指出,传统的典章制度乃国家之魂,如果脱离这些道德和风俗的基础,任何新的政治形态则难以收效。他特别批评了照搬西方政治法律制度的做法,认为任何制度的引入都必须与本土的资源相结合,不能照搬,而须有所损益。他担心的是国人普遍以西方为准则的思想方法,在这样非此即彼的思维模式下,国人舍弃自家之传统而以西方之是非为是非。康有为思考的是后发现代化国家在制度建构过程中面临的普遍难题。制度移植所带来的制度失灵是一个世界性的难题,一些在西方行之有效的制度,如不加分辨地引入,自然会造成橘生淮南则成枳的困境。

后继的儒家学者中对这个问题有深入、系统反省的是梁漱溟。他从1911年中华民国成立之后中国乡村被破坏的惨痛教训中,开始了乡村建设的实践,并进而思考培育中国式现代政治习惯的问题。在梁漱溟看来,中国社会是一个伦理本位社会而非阶级社会,其特征包括:更重视义务而非权利关系;在政治秩序中重视领导人和贤能之士的领导作用;比起法治,更看重礼治和人治;相对于个人自由,更看重集体的理念。因此,培育新的政治习惯要与固有的政治伦理风俗建立有机联系。

康有为所要反思的主要是民主宪政制度,而梁漱溟所处的则是社会主义的中国,其间差异巨大。但是,透过表面的不同,我们可以发现他们之间的共同点:他们坚信中国文化是中国人建构制度的价值基础,反思不同类型的现代性方案,坚信儒家可以为人类探索新的出路做出贡献。这就是现代儒学共同的精神气质。

关于孔教会的设想或许是康有为思想中最富有争议的部分。康有为的孔教观念由来已久，最初是为应对晚清的教案而提出的，后来则是为了给新的国家提供一种认同的基础。

人们对康有为的儒家宗教化努力有很多的批评。有人认为儒家不是宗教，所以宗教化的努力注定不能成功；也有人认为相对于科学，宗教是一种落后的观念，因此将儒家宗教化并不是一种儒家新的发展，而是一种倒退。对于康有为而言，这样的批评算不上是有的放矢，因为康有为之孔教努力，最主要的是要为这个新的国家提供凝聚力。

1911年之后，康有为致力于推动立孔教为国教。国教这个概念特别容易引起歧义，其实，在康有为那里，国教并不意味着是对别的信仰予以排斥的独占性宗教，而是在信仰自由的前提下，国民要建立起一种共同的价值观念，国教的作用更多是象征性的而非强制性的。

前述康有为与陈焕章推动的立孔教为国教的活动，在两次制宪投票中均没有获得通过。他所着力解释的国教与信仰自由、孔教与神教之别也没有被日趋激烈的知识人士所接受，反而因为袁世凯复辟和其他军阀在政治活动中反复利用孔子的旗号，致使陈独秀等人认定孔子与现代民主和科学之间存在着根本的对立。陈独秀认为，如果信仰孔子及其学说，则必然会支持专制和皇权，并认为将孔教立为宗教是与科学发展的大趋势背道而驰的。也就是说，立孔教活动反而促使新文化运动将打倒孔家店作为宣传民主和科学的口号。

在中西古今的关系因为各种原因难以获得协调性理解的近一百年内，康有为被各种话语体系包裹着。在革命的话语中，他是一个逐渐跟不上历史节奏的人；在观念史家眼里，他理论的激进性和实践的妥协性难以得到理解；在理性化和祛魅化的视野里，他力图拯救国家乃至苍生万民的希圣希贤的情怀是癫疯和狂妄的；在科学主义的波浪中，他立足于公羊三世的历史观是不可思议的怪论；在道德家的眼里，他则是一个欺骗者和纵欲者。即便是儒学群体，也不愿意接纳这个试图将儒家与现代性进行对接的前驱。但是，实际上后起的儒家在实际理论的开掘中却难以摆脱康有为的影子。以深受批评的孔教来说，后来的新儒家学者牟宗三先生就有人文教的设想，关注点就在体制性宗教对儒家信仰落实的层面。而儒家宗教性的讨论则是港台新儒家和海外新儒家的主要议题。康有为对于西方政治体制的吸收和警惕也是后世新儒家的核心议题，虽然进入的方式有所差异。

我们之所以认定康有为是现代儒家的开创者，就是因为康有为是始终站在对儒家经典重新解释的基础上展开儒家的现代转型的，这些转型包括对国际秩序、国家的形态和民族、人们的政治权利的多重面向的关切。

现代儒学发展应该是一种整体性的发展。由于新文化运动将儒家与现代政治秩序对立，儒家被窄化为道德学说和心性哲学，儒家在社会秩序乃至政治规则中的作用被质疑，这造成了政治儒学和心性儒学的割裂。

（三）以康有为为起点的现代儒学及其发展阶段

从康有为沿着今文学的理路对儒家传统加以赓续和转化的努力、对民族国家建构的种种构想，以及将孔教作为民族国家建构过程中价值认同基础的实践来看，康有为奠定了20世纪以后儒家发展的一些基本议题。就此而言，康有为足以作为现代儒学发展的新的起点。确定这样一个起点，是基于对儒家未来发展的期许而做出的反思性创构。就儒学发展的内部机理而言，对于现代儒学起点的厘定，是恢复儒学的整体性格局，纠正儒学学科化倾向的一种尝试。

根据上述的思考，我们需要对现代儒学的发展阶段进行重新划分。我们目前熟悉的新儒家谱系"三代四群"说，是刘述先先生根据方克立先生等对新儒家思潮的判定而补充完善的。这个划分有其一定的理据，既看到了因政治局势变迁而导致儒家人物迁徙海外的情状，也照应了现代新儒学中熊十力、牟宗三一系的传承脉络。

不过，这样的代际夹杂地域的划分也会产生一系列问题，即无法客观反映儒学应对西方挑战的客观历史过程。比如，将五四运动之前已经展开的关于中体西用等涉及古今中西这样的现代儒学的核心问题都排除于现代儒学框架之外。同时，这样的划分亦无法反映同一人物在不同历史时期的思想开展。比如梁漱溟先生，20世纪20年代提出东西文化问题，20世纪30年代之后致力于乡村建设，20世纪50年代之后则思考儒家传统与社会主义的关系问题。从某种意义上说，他后期关于"儒学与社会主义"的思想甚至比刘述先先生模型中的第三代新儒家在问题意识上还要"超前"。以此来看，简单化的"代际"视野并不能反映思潮的变迁。其他学者也有类似的问题，比如冯友兰先生，其在"贞元六书"时期和《中国哲学史新编》时期的思想立场就有很大差异。如果我们站在意识形态的立场上看，我们可以否定后期冯友兰的儒家立场，然而就他对儒家和现代中国关系的思考而言，亦可以认为冯友兰在不同的时期有不同的思考。

刘述先先生的新儒家发展脉络，给人明显的地域迁移的感觉。在他的三代划分中，第一代新儒家的活动区域主要在中国大陆，第二代主要的代表人物是港台新儒家，第三代的主要代表人物则是在海外教学的新儒家学者。这样的划分并非空穴来风，随着政治格局的变迁，1949年之后，许多坚持儒家本位立场的学者迁居到中国香港和中国台湾，因此，此一时期现代儒学的影响范围和发展空间主要集中在中国香港和中国台湾，甚至是美国和欧洲。

在这样的格局下，我们依然要正视其他区域的儒家思想家的工作。比如第三代海外新儒家，代表人物主要在美国，而同时期台湾的新儒家活动依然丰富而活跃，牟宗三、唐君毅和徐复观的弟子都开始产生影响，我们该如何正确地评价他们呢？随着改革开放带来的思想解放和对外交流的频繁，从 20 世纪 90 年代开始，认同儒家价值的新儒家群体在中国内地（大陆）开始形成，该如何看待这个群体和内地（大陆）以外儒学的关系呢？因此，我们应该从儒家问题意识的不同来区分现代儒学的发展阶段，这样同一个人可以因为思想的变化而列入不同的阶段中，而地域的因素只可以被视为不同阶段的一种儒学面向，客观上可以记录分散在全球的不同儒学学者对现代儒学的贡献。有鉴于此，我试图给出一个新的现代儒家阶段划分。

第一阶段从 19 世纪 90 年代开始，人物包括张之洞、康有为、梁启超、章太炎和刘师培。这个阶段的儒家面对西方文化、政治和军事的全面挑战，要对儒学的生存和发展问题、中西文化的关系问题做出全方位的回应。而这个阶段的儒学家又大多身兼政治家和思想家的多重身份，所以他们对于现代国家的建设问题，不仅有理论的思考，也有实践性的参与。他们饱读经典，对儒家价值依然是深信不疑，所以试图从不同的经学立场出发理解儒家传统与现代社会的贯通问题。

第二阶段从 20 世纪 20 年代开始。在新文化运动的冲击下，儒家在形态上已经脱离经学的传统而进入学科化的新形态，新儒家群体必须直面否定儒家价值的整体文化氛围。不过，在民族危机面前，儒家依然发挥出凝聚民族力量抵抗外敌的作用。这个阶段的代表人物包括熊十力、梁漱溟、冯友兰等。

第三阶段从 1949 年开始。因为政治环境的影响，留在中国大陆的儒家学者开始思考儒家与社会主义的关系，而港台新儒家则因担心文化主体性的失落，开始探索儒家的现代转化，力图借助西方的学术资源来激发儒家在新的知识体系和政治形态中的作用。其核心议题是牟宗三等人的儒家宗教性、良知坎陷和内圣开出新外王等议题。而作为他们的学生，杜维明、刘述先等人虽侧重于文明对话和多元现代性的思考，但其问题域有连续性。

第四阶段可以从 20 世纪 90 年代开始。随着中国大陆的社会发展和经济改革的推进，人们对于儒家的态度已由绝对否定转变为理性分析，有远见的政治家也开始思考儒家作为文化传统的主干对于现代中国社会的正面价值。新一代的儒家学者开始在中国大陆、港台地区形成，他们走出港台新儒家对于五四运动时期"民主"和"科学"议题的"附和式回应"。这个阶段的儒家学者的思考侧重于从中国的社会需要和政治实际出发，强调反思儒家经典和现代学科之间的关系。

这个阶段的儒家学者对于民主政治不再是抽象的肯定，而是试图寻求民主落实方式的多样性，并提出文化多元性所必然带来的制度和发展方式的多元性。有些学者积极地介入社会问题，试图重建儒学与中国人日常生活之间的关系，代表性议题包括中国哲学合法性、政治儒学、儒家宗教性等，其社会活动包括读经运动、建议以孔子诞辰为教师节等，呈现出儒学复兴的新气象。

现代儒学是一个复杂的思潮，尽管已经经历了 100 多年的历程，但是，由于中国文化和社会遭受了前所未有的冲击，许多问题并没有真正展开。如果我们期待儒学思想的现代转型，那么重新厘定现代儒学的开端则是必要的一步。